고용창출형 혁신성장

잡스경제

-박철우 편-

"숲과 나무를 함께 보는 일자리정책"

화산미디어

〈대표저자약력〉

박철우
(현)한국산업기술대학교 교수
(전)한국산업기술대학교 특임부총장
(전)한국직업자격학회 회장
(전)국가과학기술심의회 기초기반위원회 전문위원
(전)경제사회발전노사정위원회 청년고용협의회 공익위원
(전)교육부 정책자문위원(고등교육정책 분과)

공저서

- 한국의 장년고용(2018)
- 한국의 청년고용II(2017)
- 한국의 청년고용 I(2016)
- 산학협력의 내일 그 길을 말하다(2015)
- 시스템 어프로치! 생태계 전략(2013)
- 벌거벗은 공학교육과 산학협력(2008)
- 혁신주도 경제도약을 위한 신산학협력(2004)

잡스경제

초판 인쇄 2021년 10월 1일
초판 발행 2021년 10월 5일

저 자 · 박철우
발 행 인 · 현근택
발 행 처 · 화산미디어

주 소 · 경기도 고양시 덕양구 용현로 10, 507-102 (행신동, 무원마을)
신 고 · 2009년 2월 16일/제395-2009-000012호
전 화 · 02-2608-6928
팩 스 · 02-2608-6930
홈페이지 · www.hwasanm.com

정가 35,000원
ISBN 979-11-5977-053-1 (93320)

본 책자는 산학협동재단의 도움으로 발간되었습니다.

서언

사람에게 있어, 일자리와 주거는 삶의 기본 조건입니다. 그 중에서도 일자리는 먹고 사는 문제를 해결하는 기본 수단이기도 하고, 사람에게 심리적 안녕감(安寧感)의 요소인 '행복'과 '삶의 의미'와 관련이 있기 때문에 과거나 현재나 미래에도 정책을 책임지는 정치인, 행정가에겐 중요할 수밖에 없습니다. 그런 일자리가 급변하는 사회 및 산업변화에 위기를 맞고 있습니다. 사실 어느 정부나 모든 정책 중에서 일자리 문제를 최우선 순위에 올려놓고 정성을 기울이고 있지만 완전한 해결이 쉽지 않았던 것은 문제가 복잡하기 때문입니다.

국가가 다루는 정책에는 다양한 분야가 있습니다. 경제, 산업, 노동 등 수많은 정책들이 매번 쏟아져 나옵니다. 과거에 그 많은 정책들이 쏟아져 나왔는데, 지금, 이 순간에도 다른 정책이 만들어지고 있고, 가까운 미래에도 새로운 정책이 쏟아져 나올 것입니다. 이는 우리가 속한 이 사회가 생명체처럼 역동적으로 움직이고, 변화하며, 문제를 야기하기 때문에 이에 늘 대응할 필요가 있기 때문입니다. 그러나 잘 만들어진 정책은 문제를 해결하고 평화를 가져오지만, 그렇지 못한 정책은 문제를 더 크게 증폭시킵니다. 그렇다면 문제를 해결하는 정책과 문제를 증폭시키는 정책의 차이는 무엇일까요? 그 답은 간단합니다. 우리가 병을 얻었을 때, 문제를 정확히 진단하고 처방이 제 때 바르게 이뤄지면 병이 나을 수 있는 것처럼 정책도 마찬가지입니다. 그러나 우리 사회의 문제는 매우 복잡하게 연결되어 있기 때문에 진단이 매우 어렵고, 해결방안도 간단치 않습니다. 뿐만 아니라 문제를 진단하고 방법을 찾는 과정, 그리고 실행하는 과정에서 비효율이 발생하고, 문제 해결에 실패하는 경우가 많습니다. 그래서 일자리 정책만큼은 숲과 나무를 함께 보듯 정교한 정책을 만들고, 추진 과정을 세심하게 관리할 필요

서언

가 있습니다. 여기에서 숲은 무엇일까요? 숲은 정책 측면에서 국가가 지향하는 발전 비전과 이를 실현하기 위한 정부의 정책 목표들로 구성된 집합체라고 할 수 있습니다. 사실 정책은 비전을 실현하기 위한 전략으로 볼 수 있고, 정부 조직과 정책의 성격을 고려해 여러 가지로 분류될 수 있습니다. 일반적으로 국가가 지향하는 발전 비전을 표현하는 방법은 일반적인 경제 개념에 몇 가지 다른 국가운영철학을 담아 표현하는 경우가 많습니다. 참여정부 때는 국가균형발전과 혁신성장으로 대표되며, 이명박 정부에서는 지식기반경제와 녹색성장, 박근혜 정부에서는 창조경제 등을 제시한 바 있습니다. 문재인 정부에서는 초기 소득주도성장과 포용성장 등을 거쳐 한국판 뉴딜을 추진하고 있습니다. 최근 거쳐간 여러 정부의 일자리 정책은 국가의 발전 비전과 전략을 포괄적 측면에서 한마디로 요약해 정의됨을 알 수 있습니다.

그래서 잡스경제를 제안합니다. 잡스경제는 숲과 나무를 보는 일자리 정책, 디지털사회로의 변화를 고려하여 일자리 정책방향에 대한 기본적인 철학을 한마디로 정리해 본 것입니다. 잡스(Jobs)경제는 일자리를 의미하는 jobs와 스마트폰을 만든 기업인 스티브잡스(Steve Paul Jobs)의 잡스(Jobs)를 차용한 것입니다. '경제' 앞에 '일자리(jobs)를 둔 것은 경제정책의 우선순위를 일자리에 둔다는 의미를 담고 있으며, 최근 논란이 되는 고용 없는 성장에 대한 해법의 중요성을 강조하고 있습니다. 잡스경제는 과거 정부의 주요 일자리 정책을 종합한 것입니다. 우선 김대중 정부가 IMF 금융위기 극복을 위해 강조했던 창업정책은 지금도 유효합니다. 노무현 정부가 강조한 슘페터의 혁신은 기업의 성장전략을 넘어 국가단위 경제전략의 핵심이었으며, 문재인 정부가 집권 중반 선택한 성장전략 중 하나였습니다. 이명박 정부의 녹색경제는 기후변화 대응을 위한 미래 투자였고, 지식기반경제는 아무리 강조해도 지나치지 않은 산업의 깊이(지식, 특허 등)의 중요성을 강조한 미래 전략이었습니다. 박근혜 정부의 창조경제는 창의적 인재를 중요시하였고, 인문학적 관점에서 창의적 아이디어, 즉 비즈니스 모델의 사업화를 강조한 경제였습니다. 그래서 모든 정부의 정책을 담아 진영으로 나눠 싸우지 않고, 한 방향으로 지속할 정책 목표를 종합한 것입니다.

일자리 정책에 있어 가장 중요한 것은 양질의 일자리를 많이 창출하는 데 있습니다. 일반적으로 양질의 일자리는 민간이 선도하고 있기 때문에 기업하기 좋은 환경을 통해 민간이 양질의 혁신일자리를 만들어 낼 수 있도록 정책을 추진해야 합니다. 일자리 전략에서 혁신일자리 창출은 매우 중요합니다. 엔리코모레티는 혁신일자리가 1개 만들어지면, 비혁신일자리는 5개(전문직 2개, 서비스업 3개)가 만들어진다고 하였습니다. IT의 경우에는, 파괴되는 일자리 1개 당 2.6개의 일자리가 창출된다고 합니다. 다만, 일자리의 손실은 지리적으로 널리 퍼져 있지만, 일자리 증가는 대체로 특정 지역에 집중되기 때문에, 우리 지역 내 혁신일자리가 만들어지고 정착되도록 하는 것이 중요하다는 분석입니다. 또한, 제조업 일자리 1개를 유치하면, 추가적인 지역 서비스업 일자리는 1.6개 증가하고, 반대이면, 1.6개 감소한다고 합니다. 현재, 어려움을 겪고 있는 코로나19 감염병 사태, 이후의 세상은 디지털 경제로 더욱 빠르게 바뀔 것으로 예측됩니다. 저성장, 고용 없는 성장시대 대한민국의 미래는 창의성에 바탕을 두고 얼마나 혁신일자리 창출에 역량을 집중하느냐에 달려있다고 할 수 있습니다. 이러한 혁신일자리 창출에 대한 개념도 잡스경제 정의에 담았습니다.

고용창출형 혁신성장

잡스Jobs경제

저서의 내용은 다수 전문가들이 모여 일자리에 대한 생각을 정리한 것입니다. 내용은 '숲'에 대한 개념 정의와 '나무'에 해당하는 정책 제안들로 구성되어 있습니다. 거시적인 경제현황과 정책방향부터 미시적인 산업기술정책 등 다양한 분야의 전문가들이 일자리 정책에 대한 문제 인식과 아이디어를 제안하고 있습니다. 완벽한 답이 아니라 문제를 풀어나가기 위해 아이디어 하나하나 올려놓는 마음으로 참여한 원고입니다. 이들 제안이 우리나라 일자리 어려움을 극복해가는 기초가 될 수 있기를 소박한 마음으로 기대해 봅니다.

2021년 10월

필자를 대표하여, **박철우**

목차

목차

3부 세대와 젠더 특성을 고려한 일자리 정책

목차

4부 혁신환경

프롤로그

숲과 나무를 함께 보는 일자리 정책

박철우(한국산업기술대)

프롤로그
숲과 나무를 함께 보는 일자리 정책

박철우(한국산업기술대)

1. 들어가며

사람에게 있어, 일자리와 주거는 삶의 기본 조건이다. 그 중에서도 일자리는 먹고 사는 문제를 해결하는 기본 수단이고, 사람에게 심리적 안녕감(安寧感)의 요소인 '행복'과 '삶의 의미'와 관련(박선영·권석만, 2012)이 있기 때문에 과거, 현재, 미래에도 정책을 책임지는 정치인, 행정가에겐 중요할 수밖에 없다. 그런 일자리가 급변하는 사회 및 산업변화, 이에 대응한 정부 정책과 시행 과정의 비효율성 때문에 완전한 해결엔 한계가 있다. 사실 어느 정부나 모든 정책 중에서 일자리 문제를 최우선 순위에 올려놓고 정성을 기울이지만 완전한 해결이 쉽지 않았던 것은 문제가 복잡하기 때문이다. 본 저서 집필의 목적은 이러한 일자리 문제의 복잡성을 파악하여 국가단위에서 보다 효율적인 일자리 정책을 어떻게 수립하고, 시행하며, 관리할 수 있을까? 그리고 개인단위에서 어떻게 생애 일자리 설계를 하고 직업을 선택하면 될까? 하는 고민에서 출발했다.

2. 일자리 개념과 정의

직업(職業, Vocation)과 직무(Job)

일자리를 표현하는 방법으로 '직업'이란 표현이 있다. HRD용어사전에 의하면, 직업(職業, Vocation)은 '개인이 생계를 위하여 지속적으로 수행하는 경제활동을 의미한다.'라고 정의하고 있다. 통계표준용어에서는 직업(Occupation)을 '돈을 벌기 위해 개인이 하는 일을 말한다.'라고 정의하고 있다. 그리고 직무(Job)는 자영업을 포함하여 특정한 고용주를 위하여 개별 종사자들이 수행하거나 수행할 일련의 업무와 과업을 말하며, 직업은 '유사한 직무의 집합'으로 정의된다. 이와 달리 실무노동용어사전(2014)에서 정의하는 '직업'의 개념은 다소 종합적이다. '직업이란 사회에서 생활하는 사람들이 재능과 능력에 따라 업(業)에 종사하며, 정신적·육체적 에너지 소모에 따른 대가로서 경제적 급부를 받아 생활을 지속해 나가는 활동양식이다.'라고 정의하고 있다. 특히, 직업은 4가지 요건이 갖춰져야 한다고 주장하고 있다. 첫째, 공공의 복지에 반하는 것이어서는 안된다는 '윤리성', 둘째, 사회에 대하여 부담하는 봉사의 연대의무를 갖는 '사회성', 셋째, 보수를 얻으며 일상생활을 유지할 수 있도록 하는 '경제성', 넷째, 계속적 활동이 수반되는 '계속성'이 있어야 한다고 정의하고 있다.

생애 경험할 수 있는 일자리 유형의 분류

우리가 이 세상에서 경험할 수 있는 일자리는 인생 3모작으로 표현되기도 한다. 이와 같은 정의는 생애주기별 일자리 개념으로 이해하면 쉬울 것 같다. 인생 1모작의 의미는 생산가능인구 시작 나이인 15세 이후 선택하게 되는 소득이 높은, 주된 일자리 경험을 의미한다. 사람들은 생산가능인구 연령에 해당하는 15세를 지나면서 각종 아르바이트 경험을 지나 인생 1모작에 해당하는 '주된 일자리'에 정착하게 된다. 주된 일자리로 선택한 첫 직장이 평생직장이 되기도 하지만, 모두가 그렇게 되기는 어렵고 여러 사정으로 이직을 경험하게 된다. 이직의 사정은 개인사정일 수도, 기업의 사정에 따라 달라질 수도 있다. 그러나 우리 사회가 가지고 있는 기업 내에서의 근로 환경과 법적, 제도적 틀 때문에 50대 전후로 다수가 퇴직을 경험하게 되고 인생 2모작에 해당하는 '재취업 일자리'를 찾게 된다. 즉, 인생 2모작은 주된 일자리에서 퇴직했거나 퇴직할 나이지만 아직 능력과 경험을 발휘하기에 부족함이 없고 건강한 시기에 선택하는 일자리 경험이다. 재취업 일자리는 주된 일자리 소득 수준에 준하는 일자리를 찾거나 주된 일자리에 비해 소득 수준이 낮지만 개인이 좋아하는 일에 종사하기 위해 선택하는 일자리, 또는 은퇴시기까지 지속할 수 있는 일자리 유형으로 볼 수 있다. 인생 3모작 일자리는 연금수급 개시 전후에 찾게 되는 소득은 적지만 일자리를 통해 보람을 느낄 수 있거나, 소득에 관계없이 일을 통해 사회적 관계에 중점을 두는 '사회공헌 일자리'라고 할 수 있다.

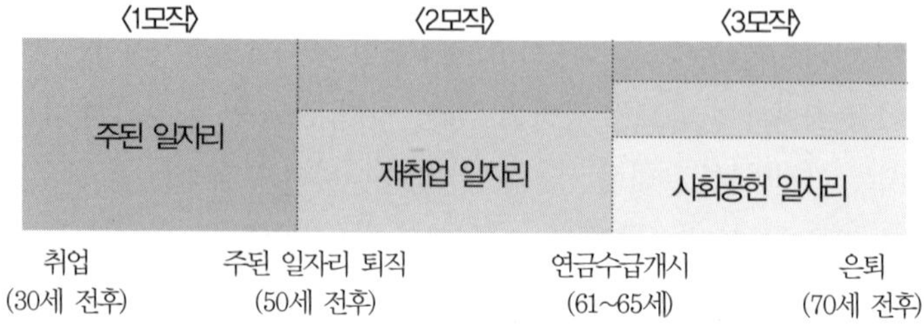

자료 : 고용노동부(2017. 2)

[그림 1] 인생 3모작 개념도

정부에서는 주된 일자리 정책과 별도로 인생 2모작에서 3모작으로 이어지는 중장년 근로자의 일자리 진흥을 위하여 전직지원서비스 정책을 도입하고 확대한 바 있다. 특히, 최근 100세 시대를 맞이하여 중장년의 범위를 확대한 신중년[1] 개념을 도입하고, 신중년 인생 3모작 기반 구축 방안을 2017년 8월에 발표한 바 있으며, 인생 3모작에 맞도록, 생애주기에 걸쳐 생애경력설계 및 노후준비 맞춤서비스 개발, 생애경력경로 준비를 위한 인프라 보강, 생애경력서비스 제공 등을 체계화해오고 있다. 생애주기별 일자리 개념을 살펴본 것은 개인적인 측면에서 우리 생애 전주기에 걸쳐 일자리 비전과 전략을 어떻게 가져가야 할지 준비할 필요가 있다는 점에서다. 그리고 정부 관점에서 보면 국가 인적자원 경쟁력과

---

1) 필자는 법적으로 정의된 청년(19~34세)과 달리, 명칭 사용에 있어 다소 정리가 되어 있지 않은 장년, 중년, 신중년을 다음과 같이 정의한다. 장년(35~44세), 중년(45~54세), 신중년(55~69세)으로 구분하고, 별도 구분 없이 노인으로 분류되고 있는 70세 이후 노인을 홍년(70~79세), 백년(80세~)으로 개칭하여 구분할 것을 제안한다.

복지 지원 측면에서의 정책 완결성 측면에서 구조화가 필요하기 때문이다.

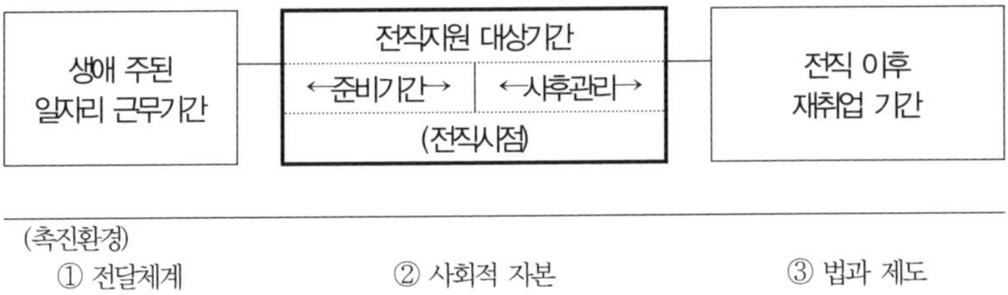

[그림 2] 생애주기 관점의 전직지원 생태계

일자리 관리 지표, 고용률과 실업률

정부차원에서 일자리 문제를 다루기 위하여 통계청 주관 경제활동조사를 실시하고 있다. 바로 취업통계다. 취업통계는 만 15세 이상 생산가능인구를 대상으로 하고 있다. 고용률(雇傭率, employment to population ratio)은 15세 이상 생산가능인구 중 취업자가 차지하는 비율로 실질적인 고용 창출 능력을 나타낸다. 취업인구 비율이라고도 불린다. 이러한 고용률은 실업률 통계에서 제외되는 비경제활동인구 수를 포함해 계산하므로 구직을 단념했거나 노동시장에 빈번히 들어오고 나가는 반복실업 등에 의한 과소 추정의 문제를 반영한다. 이와 대비되는 실업률은 '실업자 수/경제활동인구'로 정의되는데, 실업률은 통계 작성 시 실망실업자와 같이 구직활동을 지속하다 취업될 가망성이 없다고 판단해서 스스로 취업을 포기한 사람을 경제활동인구에서 제외하므로 실제보다 실업률이 과소 추정되는 문제가 발생한다. 이러한 한계 때문에 OECD는 실업률과 함께 고용률을 병행 활용하기를 권장하고 있다(이종수, 2009).

앞서 밝힌 바와 같이 정부 일자리 정책은 크게 고용률 제고와 실업률 대책을 주로 다루고 있고, 개인의 취업 여부를 기준으로 한다. 취업

이란 국제노동기구 국제기준에 따르면 조사대상기간에 수입을 목적으로 단시간 근로, 부정기 근로, 교대 근로 등과 같은 근로형태로 최소 1시간 이상 일하는 사람을 취업자에 포함시킨다.

통계청에 정의되어 있는 취업자 기준은 다음과 같다. 15세 이상 인구 중 조사 대상기간(15일이 포함된 1주간)에 ① 수입을 목적으로 1시간 이상 일한 사람, ② 같은 가구 내 가구원이 운영하는 사업체나 농장의 수입을 위해 18시간 이상 무급으로 일한 사람(무급 가족종사자), ③ 직업이나 사업체를 가지고 있는 데도 일시적 병, 사고, 연・휴가, 교육 등의 사유로 일하지 못하였으나 이들 사유가 해소되면 다시 일할 수 있는 사람(일시휴직자)을 말한다. 이 기준 중 첫 번째 내용을 적용하여, 국가가 전 국민을 대상으로 매월 15일이 포함된 주에 1시간씩 일용직 근로자로 단기 채용한다면, 매년 12만 원 정도가 소요되고, 국내 전체 인구를 5천만 명이라고 가정할 때, 6조 원 정도의 예산이라면 완전고용이 이뤄질 수 있다는 의미다. 물론, 15세 이상, 경제적 활동 의사가 있는 경제활동인구를 대상으로 한다면 그 재원은 줄어들 수도 있다. 상대적으로 적은 재원으로 국민 일자리 문제를 일시에 해소할 수 있다는 이야기다. 그렇다고 국민들이 이를 인정하겠는가? 국민들은 소득수준 측면에서 만족할 수 없을 것이다. 이러한 문제 인식은 정부에서 고용률과 실업률을 발표하는데, 실제, 국민들이 체감하는 노동시장과 괴리가 발생하는 단편적인 이유라고 할 수 있다. 이를 반영하기 위한 일자리의 질적 수준을 가르는 지표로, 상용직근로자 개념이 있다. 상용직근로자는 임금을 받고 일하는 근로자 가운데 하루하루 일자리를 찾지 않고 안정적으로 고용돼 있는 사람을 일컫는 말이다. 통계청에서는 월별 고용동향을 작성할 때 임금(또는 현물)을 받기로 한 고용계약기간이 1년 이상인 사람을 상용직 근로자로 분류한다. 반면 계약기간이 1개월~1년 미만은 임시직 근로자, 1개월 미만은 일용직 근로자로 구분한다. 또한, 고용보험 가입여부에 따라 일자리의 질적 수준을 판단할 수 있다. 고용보험은 전통적 의미의 실업보험사업을 비롯하여 고용안정사업과 직업능력사업 등의 노동시장 정책을 적극적으로 연계하여 통합적으로 실시하는 사회보장보험이다. 고용보험은 적용 사업에 고용된 모든 근로자에게 적용되나, 다음 어느 하나에 해당하는 자에게는 적용을 제외하고 있다. 즉, 취업자 중 고용보험에 가입한 상용직 근로자라면, 직장의 안정성 측면에서 그나마 취업의 질이 양호하다고 볼 수 있지만, 소득측면에서 보면, 여전히 부족할 수 있다. 그래서 좋은 일자리에 대한 갈증이 많다. 정부에서도 소득 높은 양질의 일자리를 창출하겠다는 발표도 하지만, 일반 국민 눈높이에 맞는 양질의 일자리를 충분히 만들어내기란 쉽지 않은 것이 현실이다.

〈고용보험가입 제외 대상자〉

- 65세 이후 고용되거나 자영업을 개시한 자: 실업급여(법 제4장), 육아휴직급여 등(법 제5장) 적용 제외(고용안정·직업능력개발사업은 적용함에 따라 고용보험 피보험자격 취득 대상임)
  * 다만, 65세 전부터 피보험자격을 유지하던 사람이 65세 이후에 계속하여 고용된 경우는 실업급여 등 고용보험 전 사업 적용(19. 1. 15. 시행)
- 1개월간 소정근로시간이 60시간 미만인 자(1주간의 소정근로시간이 15시간 미만인자 포함)
  * 다만, 3개월 이상 계속하여 근로를 제공하는 자와 1개월 미만동안 고용되는 일용근로자는 적용 대상임
- 「국가공무원법」과 「지방공무원법」에 따른 공무원
  - 다만, 별정직·임기제공무원은 본인의 의사에 따라 최초 임용된 날부터 3개월 이내 임의가입 가능(실업급여만 적용)
    * 고용보험 가입을 신청하려는 경우 최초 임용된 날부터 3개월 이내 별정직·임기제공무원 고용보험 가입신청서와 재직증명서를 근로복지공단에 제출해야 함(3개월 이내 신청하지 않을 경우 가입 불가)
- 「사립학교교직원 연금법」의 적용을 받는 자
- 외국인근로자
  - 외국인근로자의 경우 고용보험 적용제외 대상이나, 일부 체류자격의 경우 당연, 임의, 상호주의로 구분 적용
- 「별정우체국법」에 따른 별정우체국 직원

좋은 일자리란?

어느 시기보다도 최근, 좋은 일자리(good job), 괜찮은 일자리(decent job, decent work)에 대한 관심이 많다. 소득격차 뿐만 아니라 산업 및 사회변화가 심해짐에 따라 격차를 해소하고 변화에 적응하기 위한 수단

으로서 일자리와 일자리의 질에 대한 관심이 높아지기 때문이다. 용어 괜찮은 일자리(decent job, decent work)는 국제노동기구(ILO, International Organization, 1999)에서 사용한 용어로 괜찮은 일자리의 기준을 고용 안정성, 높은 임금, 자아실현 가능성 등으로 제시하였다. 고용의 질적 측면에서 최소한의 기준을 충족하고 임금 측면에선 전체 산업의 월평균 명목임금 수준보다 높은 일자리의 성격이 강하였다. 즉, 국제기구에서 분석하는 좋은 일자리는 노동권이라는 인간의 기본적인 권리 차원에서 사람들이 이미 가지고 있는 지위에 대한 만족스러운 보장과 충분히 보상할 것인가에 관심이 있는 것이다. ILO가 '괜찮은 일자리(decent work)'에 대한 개념을 발표한 이후, 유럽위원회(European Commissions)에서는 2001년 일자리의 질을, OECD(Organization for Economic Cooperation and Development)에서는 2003년 21세기 고용정책의 주제를 '더 많고, 더 좋은 일자리(more and better jobs)'로 설정하며 무조건적인 일자리의 증가보다 노동의 질과 근로조건이 함께 보장되는 일자리를 강조해왔다. 또한 UNECE(유엔유럽경제위원회, United Nations Economic Commission for Europe)는 2000년부터 고용의 질 지표체계에 관한 연구를 시작하였다.

국내에서도 2000년 전후하여 연구가 활발하게 진행되었고, 좋은 일자리에 대한 정의, 좋은 일자리의 결정요인 등에 대하여 연구가 진행된 바 있다. 이에 따라 좋은 일자리에 대한 기준들이 다양한 시각으로 제시되었다. 방하남·이상호(2006)는 일반적인 관점에서 좋은 일자리라 함은 보상수준이 높고 직무만족도가 높으며 사회적 위세가 높은 일자리라고 규정하고 있다. 임금은 높지만 일이 어렵고 근무환경이 나빠 직무만족도가 낮은 일자리들은 좋은 일자리로 보기 어려울 것이다. 일이 흥미롭고 작업과정이 자율적이어서 직무만족도가 높다 하더라도 보상수준이 낮다면 역시 좋은 일자리로 보기 어려울 것이다. 한편 보상수준도 높고 일자리의 조직 및 근무환경이 좋지만 사회적 직업위세는 낮은 일자리도 존재할 것이며 이런 일자리도 '좋은 일자리'로서는 부족한 측면이 있다고 보아야 할 것이다. 이러한 측면 때문에 노동시장에서의 '좋은 일자리'란 그 일자리로부터 주어지는 결과로서의 보상(경제적 측면)과 직업적 위세(사회적 측면) 그리고 근로자 자신이 그 일자리에 대해 갖게 되는 직무만족도(주관적-심리적 측면)가 복합적으로 충족되어야 하며 따라서 좋은 일자리의 개념화와 측정도 위의 세 가지 측면을 동시에 고려하여야 한다고 주장하였다.

한국은행의 양질의 일자리 수급상황 및 대응방향 연구(장광수·임진·김상훈, 2010)에 의하면, 양질의 일자리에 대한 수요는 고학력화가 빠르게 진전되면서 크게 증가한 반면 대기업의 외주화 및 인력절감투자, 중소제조업 및 서비스업의 낮은 생산성 등으로 양질의 일자리 창출은 제약되고 있다고 분석하였고, 양질의 일자리에 있어서의 수급불균형은 우리경제 전반에 걸쳐 상당한 영향을 미치고 있다고 지적했다. 그리고 양적 수급불균형에 대하여 추정하였는데, 이 때 사용한 양질의 일자리 기준은 고용의 안정성(상용직), 보상의 적정성(평균임금 이상), 일정 사업체 규모(300인 이상) 등을 감안하여 포괄범위를 다음과 같이 설정하였다. 임금근로자의 경우에는 사업체 규모별 및 직업별로 분류된 54개 부문에서 평균임금을 상회하는 부문에 종사하는 상용직 근로자를 포함하였다. 다만 대기업 임금근로자는 직업에 관계없이 모두 양질의 일자리로 간주하였다. 비임금근로자의 경우에는 주당 36시간 이상 근무하는 관리직 및 전문직 종사자를 양질의 일자리로 분류하였다. 이러한 기준을 적용하여 분석한 결과 외환위기를 기점으로 양질의 노동력에 비해 양질의 일자리 수가 부족한 불균형이 발생하기 시작하여 2010년 기준 경제활동인구대비 15%정도에 이르는 것으로 나타났으며, 연령대별로는 양질의 노동력 및 일자리수간 격차의 70% 이상을 20대와 30대가 차지하고 있다는 점을 지적했다. 특히, 양질의 일자리에 있어서의 수급불균형은 양질의 유휴노동력 증가, 고용의 질 저하 등을 초래해 성장기반을 약화시키는 요인이 되고 있는 것은 물론, 고학력자의 하향취업 등으로 소득분배구조 개선에도 걸림돌로 작용하고 있다고 지적하면서 양질의 일자리 창출이 매우 중요함을 주장하였다.

3. 국가단위에서의 일자리 정책

왜 실패하는가?

일자리 정책의 핵심은 기업과 국민의 신뢰가 중요하다. 기업은 정부의 비전과 육성의지, 그리고 환경 및 제도 뒷받침에 따라 투자여부를 판단한다. 어느 대통령이 일자리를 만들고 싶어 하지 않겠는가? 모두 일자리 정책에서 성공하고 싶어 했다. 그러나 일자리 정책은 표류했다. 왜? 과거 정책에서 무엇을 배울 수 있는가? 과거 사례로 보면, 매번 정권초기 신산업육성이나 일자리 창출에 관한 장미 빛 청사진을 발표한다. 그러나 한 편에서는 기업에 대한 검찰조사가 대대적으로 추진된다. 기업은 장미 빛 청사진과 검찰조사 사이에서 투자시기를 늦출 수밖에 없다. 또 다른 사례는 비전과 전략이 명확하지 않은 경우다. 박근혜 정부에서 발표했던 창조경제는 집권초기 장관임명이 늦어짐에 따라 구체적인 방향이 제시되지 못하면서 혼란을 겪었다. 이후 창조경제에 대한 정의와 발전 비전 및 목표를 발표하였으나 집권 내내 "여전히 잘 모르겠다."는 비판 등 부정적인 논란을 초래했다.

정책이 시장의 수용가능성, 즉, 시계열 균형 정책을 이루지 못한 문재인 정부의 정책에 대한 비판 시각도 있다. 법인세 인상, 연구개발세액공제 축소, 최저임금인상,[2] 주 52시간, 공정거래법 강화, 공정경제3법,[3] 화평법,[4] 화관법,[5] 중대재해 처벌 등에 관한 법률 등 기업투자심리를 악화시키는 제도들을 단시간에 쏟아낸 경우다. 일부 제도는 우리가 지향해

---

2) 최저임금은 매년 꾸준히 증가하였는데 그 중에서도 2018년 최저임금은 2017년 최저임금 6,470원 대비 16.4% 증가한 7,530원을 기록하였다. 이는 2001년 16.6%인상 이후 17년 만에 가장 높은 증가율을 기록한 것이다.

3) 『한경경제용어사전』 정부와 여당이 주도한 상법개정안과 공정거래법 개정안, 그리고 금융그룹 감독에 관한 법률 제정안 등을 말한다. 2020년 12월 9일 국회 본회의를 통과하였다.

4) 『한경경제용어사전』 모든 신규 화학물질과 연간 1톤 이상 제조·수입·판매하는 기존 화학물질을 매년 당국에 보고하고 등록 절차를 거치도록 한 것으로 '화학물질의 등록 및 평가 등에 관한 법률'의 줄임말이다.

5) 『한경경제용어사전』 화학물질의 체계적인 관리를 목적으로 유해화학물질의 취급기준을 강화하는 법률로 '화학물질관리법'의 줄임말이다.

야할 방향이지만, 민간 시장이 받아줄 준비가 되어 있어야 했고, 기업도 준비할 시간이 필요했다는 지적이다. 현 정부는 2018년 법인세 최고세율을 22%에서 25%로 올렸다. 지방세를 포함하면 27.5% 수준이다. 보편적 복지를 확대하기 위한 재원 마련을 위해서라고 한다. 그러나 경제전문가들은 재정의 역할만으로는 경기를 활성화하는데 한계가 있으므로 기업 친화적 환경조성을 통해 경제 활력을 높이고 양질의 일자리를 만드는 것이 필요하다고 지적한다. 한국조세재정연구원(전병목·김학수·오종현, 2018)의 '저성장시대의 조세정책 방향–생산성·투자·고용을 중심으로' 보고서에 따르면 법인세 부담은 기업의 투자를 위축시켜 기업의 생산성과 국가경제성장에 부정적인 영향을 미친다는 주장이다. 경제 성장을 견인하려면 생산성 향상이 필요한데 법인세 인하가 경제 전반의 생산성 향상을 도모할 수 있어서다. OECD 국가들의 총요소생산성을 분석해보면 국내총생산(GDP) 대비 법인세수의 비중이 높은 국가일수록 생산성 증가율이 낮다는 설명이다. 결과적으로 일지리 창출 측면에서 부정적이었던 셈이다.

연구개발세액공제[6]는 조세특례제한법 제10조, 조세특례제한법 시행령 제9조, 조세특례제한법 시행령 [별표 6] 등에 규정되어 있는 사항으로 국가가 기업의 연구개발 및 연구 인력에 대한 투자에 대하여 세금을 일부 감면해주는 제도이다. 그러나 개정된 내용을 보면, 신청서 작성과 그 서류 증빙이 까다로워 실제 감면 받기가 어려워졌다는 지적이다. 한 예로 증빙을 받기 위해서는 기업이 연구개발 계획서를 작성하고, 연구자가 연구노트를 작성해야 하는 것은 물론 경우에 따라 이들 자료를 제출해야함으로 기업비밀 노출도 우려된다. 뿐만 아니라 감면 대상 내용으로 신성장·원천기술 등에 대해 추가적인 공제혜택을 규정하고 있으나 공제가 까다로워 제도 활용이 쉽지 않다는 주장이다. 결과적으로, 연구개발 비중이 높은 우리나라 대기업의 세액공제율은 지속적으로 축소되고 있는 추세이다. 사실상 증세라고 볼 수 있다.

소득주도성장 정책의 일환으로 추진된 최저임금 정책도 아쉬움이 있

---

6) 한국산업기술진흥협회 홈페이지.

다. 최저임금인상 의도 자체가 나쁘다고 볼 수 없다. 취약계층의 임금수준을 높여가는 기준이기 때문이다. 사실 최저임금의 대폭 인상을 앞둔 시기에 최저임금 인상이 중소기업이나 자영업 경쟁력을 떨어뜨려 일자리가 사라질 수 있다는 지적이 있었다. 그러나 '설렁탕 한 그릇 값도 안 되는 돈'이라는 논리에 인상 반대 여론은 무시되었다. 유진성(2018)에 의하면, 결국, 최저임금인상에 따라 자영업 어려움이 가중되었고, 임시직, 저소득층 일자리가 사라졌다는 보고가 있다. 특히, 급격한 인상으로 KIOSK의 급속한 확산과 무인점포의 도입이 가속화됨에 따라 저소득층 일자리가 대거 사라져 소득격차가 더 벌어졌다는 보고도 있다. 소득격차 해소, 저소득층을 위한 정책이라고 생각했으나 결과적으로 그들에게 제일 피해를 준 정책이 되고 만 것이다. 어떻게 보면, 민간이 부담해야 할 몫(임금)과 정부가 지원해야 할 몫(취약계층 지원) 사이의 결정 잘못이라고 볼 수 있다. 국가적으로 보면, 소득 낮은 일자리라도 많이 만들어 내고, 개인에게 부족한 소득은 사회보장제도를 통해 보전하는 방식이 국가 재정 측면에서 바람직할 수 있기 때문이다.

주 52시간 제도도 취지는 좋다. 그래서인지 우리나라의 장시간근로 개선 필요성에 대한 사회적 공감대 하에 여야 합의로 입법('18. 2월)이 되었다. 그러나 우리나라 대부분의 근로자가 50인 미만 중소기업에 종사하고 있어 시행시기를 좀 더 늦추자는 주장과, 업종별 비즈니스 특성을 고려해, 탄력근로제 등 노동시간 제도개선을 요구했으나 준비가 부족한 상태로 입법이 이뤄져 이후 기업들의 불만과 비판[7]이 있다. 사실 주 52시간 제도의 문제는 제조업 생산직 등의 정해진 시간동안 일하는 노동자의 노동시간 축소가 핵심이다. 어떻게 보면, 지식산업, 디지털 융·복합 산업 등에는 적합하지 않을 수 있다. 특히, '21년 7월 1일부터 5인 이상 사업장에도 주 52시간 제도가 적용되면서, 스타트업 업계에 근로시간 논쟁이 불붙고 있다. 무에서 유를 만들어야 하는 지식 노동자에 속하는 스타트업은 단기적으로는 주 52시간 넘게 근무해야 하는 때도 있는데, 정부가 일률적으로 이를 규제하는 것은 지나치다는 지적이다. 지금과 같이 정부

---

7) 서울경제(1. 22) "정만기 '주52시간제' 작심비판 "車부품사 사장들 감옥갈 판"" 기사.

의 집중 근로 감독 대상이 되거나 정부 방침과 충돌이 발생하면 본사나 연구개발(R&D)팀 근무 지역을 주 52시간 규제가 없는 미국 실리콘밸리나 싱가포르 등으로 옮기는 현상도 나타날 수 있다고 우려하는 시각이 있다. 반면, 효율적으로 일하는 것이 중요하다는 주장도 있다. 결국 '일과 삶'의 균형과 각자의 가치관 차이 문제로 귀결되는 논쟁에서 스타트업의 경우, '스톡옵션'제도 활성화 등을 반영한 예외 조치를 마련하는 것도 근로자의 직업선택권 측면에서 생각해 볼 필요가 있다고 지적한다.

기업들은 공정경제3법을 기업규제3법이라고 주장한다. 내용은 '상법 개정안'에는 소액주주의 경영감독권을 강화하는 '다중대표소송제', 감사위원의 독립성 보장을 위한 '분리선출제'와 '3%룰'을 담은 내용이 포함되어 있다. '공정거래법 개정안'에는 담합 행위에 대한 공정거래위원회의 '전속고발권'을 폐지하고 상장사에 대한 사익편취 규제 기준을 지분율 30%에서 20%로 하향하는 내용이, '금융그룹 감독법 제정안'은 자산 5조 원 이상의 복합금융그룹에 대한 금융당국의 감독권을 강화하는 내용이 담겼다. 기업이 법적 분쟁에 시간을 쏟아야 하고 경영권 지키기가 매우 어려워지는 것은 물론, 경영권 방어를 위해 기업의 재원을 주식매입에 사용해야 하기 때문에 투자를 약화시킬 수 있다는 지적이다. 상속을 추진 중인 기업은 더욱 그러할 것이다. 이렇게 정부가 바뀜에 따라 자주 정책이 바뀌거나, 그리고 준비할 시간을 충분히 주지 않고 바뀐다면, 기업은 정부를 불신하고 국내 투자는 보류될 것이며, 기업은 해외로의 이전을 결정할 것이다.

일자리를 직접 만들어내겠다는 정부의 발표에 대한 국민의 판단도 마찬가지다. 공무원 증원을 제외하고, 정부가 나서서 가령 직접 일자리를 100만 개 만들겠다고 장미 빛 미래를 선언한다고 해도, 그 100만 개에 대한 국민 체감이 다르다면, 즉, 소통오류가 생긴다면 국민 신뢰를 받기 어렵다. 앞서 이야기한 것처럼 취업은 경제활동조사가 있는 15일 주에 1시간만 근무한다면 취업자로 인정받기 때문이다. 국민들이 받아들이는 일자리는 주당 1시간 일하는 일자리를 의미하지는 않기 때문이다. 하나의 일자리 의미를 30년 동안 일할 수 있는 양질의 일자리 1개인지, 단순히 1년 이내 임시직 일자리인지 명확히 할 필요가 있다. 즉, 정부가 대책을 발표하거나 정책의 성과를 평가할 때는 올바른 통계, 상호 인정할 수 있는 소통지표를 사용할 필요가 있다. 신뢰는 섬세함이 만든다.

숲과 나무를 보는 정책

국가가 다루는 정책에는 다양한 분야가 있다. 경제, 산업, 노동 등 수 많은 정책들이 매번 쏟아져 나온다. 과거에 그 많은 정책들이 쏟아져 나왔는데, 지금, 이 순간에도 다른 정책들이 만들어지고 있고, 가까운 미래에도 새로운 정책들이 쏟아져 나올 것이다. 이는 우리가 속한 이 사회가 생명체처럼 역동적으로 움직이고 있고, 변화하며, 문제를 야기하기 때문에 이에 늘 대응할 필요가 있기 때문이다. 그러나 잘 만들어진 정책은 문제를 해결하고 평화를 가져오지만, 그렇지 못한 정책은 문제를 더 크게 증폭시킨다. 그렇다면 문제를 해결하는 정책과 문제를 증폭시키는 정책의 차이는 무엇일까? 그 답은 간단하다. 우리가 병을 얻었을 때, 문제를 정확히 진단하고 처방이 제 때 바르게 이뤄지면 병이 나을 수 있는 것처럼 정책도 마찬가지다. 그러나 우리 사회의 문제는 매우 복잡하게 연결되어 있기 때문에 진단이 매우 어렵고, 해결방안도 간단치 않다. 뿐만 아니라 문제를 진단하고 방법을 찾는 과정, 그리고 실행하는 과정에서 비효율이 발생하고, 문제 해결에 실패하는 경우가 많다. 그래서 일자리 정책만큼은 숲과 나무를 함께 보듯 정책을 바라보자는 것이다. 여기에서 숲은 무엇일까? 숲은 정책 측면에서 국가가 지향하는 발전 비전과 이를 실현하기 위한 정부의 정책 목표들로 구성된 집합체라고 할 수 있다. 사실 정책은 비전을 실현하기 위한 전략으로 볼 수 있고, 정부 조직과 정책의 성격을 고려해 여러 가지로 분류될 수 있다. 일반적으로 국가가 지향하는 발전 비전을 표현하는 방법은 경제 개념에 몇 가지 다른 국가운영철학을 담아 표현하는 경우가 있다. 노무현 정부 때는 국가균형발전과 혁신성장으로 요약될 수 있으며, 이명박 정부에서는 지식기반경제와 녹색성장, 박근혜 정부에서는 창조경제 등을 제시한 바 있다. 문재인 정부에서는 초기 소득주도성장과 포용성장 등을 거쳐 한국판 뉴딜을 추진하고 있다. 최근 거쳐 간 여러 정부의 경제정책은 국가의 발전 비전과 전략을 포괄적 측면에서 한마디로 요약해 정의됨을 알 수 있다.

정부가 발표하는 국가비전과 전략 또는 포괄적 측면에서 제시된 경제정책이 갖는 의미는 매우 중요하다. 국가의 장이 제시하는 비전과 전략 또는 포괄적 경제정책은 구성원들에게 미래 비전을 제시함으로써 향후, 미래투자를 촉진하는 심리적 영향력을 갖고 있기 때문이다. 사실 경제정책(經濟政策, Economic policy)은 재정정책, 금융정책, 산업정책 등을 포괄하는 보다 넓은 의미로 사용되는데, 정부가 경제 분야에 취하는 행위들을 가리킨다. 금리와 정부예산을 설정하는 것에서부터 노동시장 등 정부가 경제에 간섭하는 수많은 기타 영역을 아우른다. 두산백과에서 정의한 사전적 의미를 살펴보면 "국가 또는 정부가 개별 산업의 움직임이나 기업의 여러 활동에 개입하고, 상품, 금융 등의 시장형성이나 시장 기구에 직접 개입하는 정책의 총칭을 의미하며, 산업의 육성과 정비 및 발전을 통해 경제발전, 경제성장의 추진, 생활수준의 향상, 완전고용의 실현, 국제수지의 개선 등의 목적을 달성하기 위하여 실행한다." 라고 제시하고 있다. 위키백과에서 "산업정책(産業政策, industrial policy) 또는 산업전략(industrial strategy)은 경제의 일부 또는 전반의 개발 및 성장을 장려하는 공식적인 전략적 노력을 의미하며, 이 중 제조부문 전반 또는 일부에 초점을 맞춘 것이다."라고 정의하고 있다. 즉, 경제정책은 경제 전반을 아우르며, 핵심 수단으로서 산업정책과의 밀접한 관련성을 주장하고 있다.

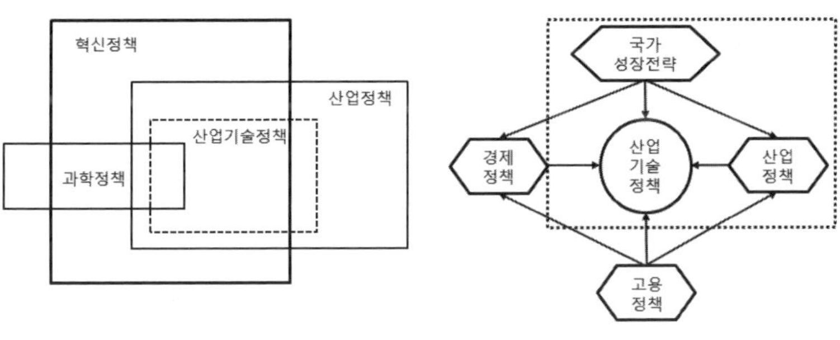

자료 : 이정동(2011).

[그림 3] 국가성장전략과 혁신정책

이정동(2011)은 정부 정책에서 혁신정책의 구성을 설명하면서, 국가 성장전략에 따라 경제정책, 산업정책, 고용정책 간의 관계를 설명한 바 있는데, 경제정책, 산업정책 등은 국가성장 비전을 실현하기 위한 실천 전략으로 볼 수 있으며, 이를 실현하기 위하여 경제, 산업 및 고용정책과 유기적인 관계가 필요하고, 산업기술정책은 산업정책의 핵심이라는 점을 주장하고 있다.

<table>
<tr><th rowspan="4">구분[8]</th><th colspan="6">경제정책</th></tr>
<tr><th rowspan="3">환율·금리·재정 등</th><th colspan="3">산업정책</th><th rowspan="3">노동
시장[9]</th><th rowspan="3">기타[10]</th></tr>
<tr><th rowspan="2">(환경, 보건, 과기 등)</th><th colspan="2">산업기술정책</th></tr>
<tr><th>기술</th><th>입지</th></tr>
<tr><td>산업 α</td><td></td><td></td><td></td><td></td><td></td><td></td></tr>
<tr><td>⋮</td><td></td><td></td><td></td><td></td><td></td><td></td></tr>
<tr><td>산업 ω</td><td></td><td></td><td></td><td></td><td></td><td></td></tr>
</table>

[그림 4] 경제정책과 산업정책

산업정책은 기업의 설립과 성장에 영향을 미칠 수 있는 환율, 금리, 재정(조세 및 예산정책 등) 등에서 기재부의 정책과 인적자원 수급 측면에서는 교육부, 노동환경 규제에선 고용노동부 등과 밀접한 관계를 가진다. 또한 산업정책은 광의의 의미에서 환경부, 보건복지부, 국토교통부, 과학기술정보통신부 등 관련 업종에 대한 기업관련 제도(규제)와 산업통상자원부, 중소벤처기업부 등 각 부처의 관련 업종 진흥정책으로 볼 수 있다. 다만, 협의의 의미에서는 산업통상자원부와 중소벤처기업부의 산업기술정책 등과 입지정책으로 볼 수 있다. 산업기술정책은 산업의 경쟁력을 목표로 산업기술 발전의 요인, 속도, 방향과 관련한 정부의 제반 정책으로 기술을 명시적으로 이용하는 산업정책이다. 기능적 측면으로 접근하여 볼 때, 산업기술과 관련한 인프라, 연구개발, 실용화 및 확산,

8) 통계청 한국표준산업분류.
9) 고용부 – 근로감독관제도, 주 52시간, 최저임금, 산업재해, 외국인노동자관리 등.
10) 법무부·공정거래위원회·금융위원회– 상법·공정거래법, 금융그룹통합감독법 등.

그리고 이와 관련된 제반 환경적 여건 개선 등을 목적으로 하는 제반 시책을 모두 포함한다. 한편, 수단적 측면에서는 산업기술과 관련한 세제 지원제도, 연구개발보조제도, 투·융자제도, 구매제도, 인력제도 등 산업기술의 발전을 촉진하고자 하는 지원수단을 모두 포함한다고 할 수 있다. 최근, 산업정책은 기술개발을 통한 산업육성이 주요 목표가 되면서 정책의 많은 부분이 산업기술정책을 동반하고 있다. 따라서 국가성장전략 목표의 효과적 달성을 위한 한정된 R&D 자원의 선택과 집중 투자 등 종합적인 산업기술정책과 각 산업별 정책의 조화·연계가 필요하다는 주장이 있다.

4. 미래를 향해가는 힘

국가비전으로서의 완전고용

국가의 고용정책은 완전고용을 지향한다. 고용정책은 광의의 의미에서 일자리 만들기, 보듬기, 채우기, 나누기 전반에 걸친 정책으로 이해될 수 있으며, 협의의 의미에서 일자리 채우기로 해석될 수 있다. 일반적으로 일자리 만들기, 일자리 보듬기 전략은 산업정책(산업통상자원부, 중소벤처기업부 등)으로 분류되며, 일자리 나누기 전략은 노동정책(고용노동부) 또는 복지정책(보건복지부)으로 분류되고 있다. 지자체의 정책

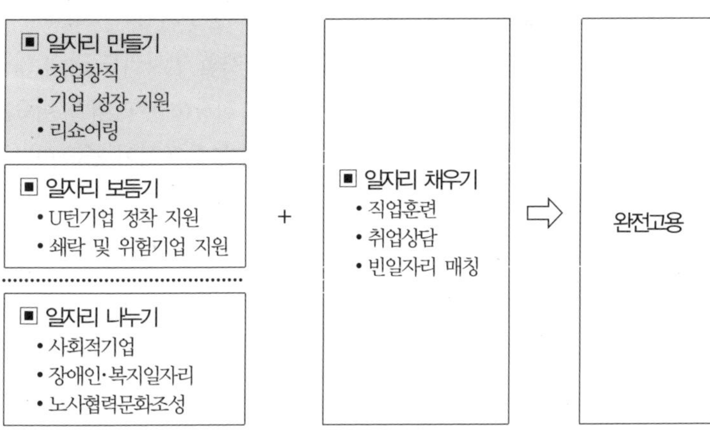

[그림 5] 일자리 정책방향 개념도

목표는 이러한 중앙정부의 고용정책 전반을 지역(공간) 단위에서 종합적으로 다루되, 지역 단위에서 일자리 창출이 효과적으로 진흥되고, 안정적으로 착근될 수 있도록 하는 데 있다.

혁신 일자리가 답이다! 스타트업(Start Up)과 스케일업(Scale Up)

일자리 정책에 있어 가장 중요한 것은 양질의 일자리를 많이 창출하는 데 있다. 일반적으로 양질의 일자리는 민간이 선도하고 있기 때문에 기업하기 좋은 환경을 통해 민간이 양질의 혁신 일자리를 만들어 낼 수 있도록 정책을 추진해야 한다. 일자리 전략에서 혁신일자리 창출은 매우 중요하다. 엔리코모레티(2014)는 혁신일자리 1개 만들어지면, 비혁신일자리 5개(전문직 2개, 서비스업 3개)가 만들어진다고 보고하고 있다. IT의 경우엔, 파괴되는 일자리 1개당 2.6개의 일자리가 창출된다고 했다. 다만, 일자리의 손실은 지리적으로 널리 퍼져 있지만, 일자리 증가는 대체로 특정 지역에 집중되기 때문에, 우리 지역 내 혁신 일자리가 만들어지고 정착되도록 하는 것이 중요하다는 분석이다. 또한, 제조업 일자리 1개를 유치하면, 추가적인 지역 서비스업 일자리 1.6개가 증가한다. 반대이면, 1.6개 감소한다. 그래서 대부분 일자리 비중을 차지하는 중소기업 일자리 유치 및 성장이 중요하다고 한다. 다만, 중소기업은 대기업이 지배하는 교역적 부문의 활력에 의존한다. 그 외 중소기업은 소매 그리고 기타 비교역적 서비스를 영위한다. 만약, 대·중소기업 간 교역적 부문에서 발생하는 소득이 없다면 한 도시에서 소매업 일자리도 많지 않을 것이다. 그래서 우리나라에서 창업이 이뤄지고 성장해 뿌리내릴 필요가 있으며, 지역 내에서 대·중소기업 상생 협력생태계 조성이 중요하다는 점을 강조하고 있다.

일자리 만들기와 나누기 그리고 일자리 복지

우리 사회엔 다양한 일자리가 있다. 기업, 공무원 등 상식적으로 생각할 수 있는 일반 일자리와 정부와 민간의 기부 재원 또는 제도를 바탕으로 만들어질 수 있는 사회적 일자리, 복지 일자리 등이 있다.

일반 일자리	사회적 일자리	복지 일자리

사회적 일자리는 우선, 제도적으로 만들어지는 일자리가 있다. 장애인, 고령자 등 사회적 취약계층을 배려하는 일자리가 바로 그것이다. 일자리 총량 측면에서 늘어나는 것은 아니지만, 기존 일자리 나눔을 통해 건강한 공동체를 지향하는 일자리 정책 영역이다. 또한, 민간의 비즈니스 모델을 준용하지만 공동체의 가치를 반영한 협동조합, 사회적 기업 등도 사회적 일자리의 유형으로 볼 수 있다. 뿐만 아니라 민간이 기부를 통해 만드는 공익재단, 시민단체 등도 사회적 일자리 유형으로 구분할 수 있다. 공공근로 등과 같은 복지 일자리는 민간시장에서 일반인과 경쟁하기엔 어려움이 있는 사람들을 대상으로 국가가 재정을 투입하는 일자리를 의미한다. 다만, 기초생활연금과 같이 일반적인 재정지원만이 아니라 국민 개인의 경험을 끌어내 사회적 발전을 도모하고, 그 과정에 국민 개개인의 가치 실현을 지원하는데 그 목적이 있다. 이렇게 민간 중심으로 이뤄지는 일자리 창출 전략과 함께 좀 더 따뜻한 사회, 포용사회를 만들어가기 위한 사회적 일자리나 복지 일자리와 같은 일자리 나누기 전략이 병행될 필요가 있다.

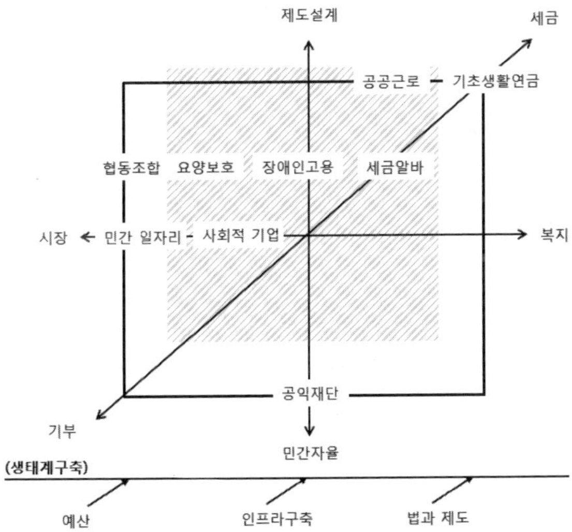

[그림 6] 일반 일자리-사회적 일자리-복지 일자리

일하는 근로자를 위한 소득보전, 근로장려세제 (Earned Income Tax Credit, EITC)

국가경쟁력, 가구소득 증가를 위해서는 비경제활동인구가 감소될 필요가 있다. 모두 일할 수 있는 환경이 되어야 한다는 것이다. 그러나 우리 일자리 사정은 매우 다르다. 어느 것이나 일자리로서의 의미가 있지만 소득격차 때문에 소득 높은 일자리를 찾아 이직한다. 그러면 소득 낮은 일자리는 나쁜 일자리인가? 아니다. 적게 받고 적게 일할 수 있으며, 낮은 강도로 일할 수 있다. 즉, 소득 낮은 일자리도 개인과 우리 사회를 지탱하는데 필요할 수 있다. 그런 점에서 근로장려세제(Earned Income Tax Credit, EITC)는 중요한 역할을 한다. 근로장려세제[11]는 일하는 근로자를 위한 지원 제도이다. 근로장려금은 거주자를 포함한 1세대의 가구원 구성에 따라 정한 부부합산 총급여액 등을 기준으로 지급되며, 2019년 기준 연간 최대 지급액은 300만 원이다. 저소득 근로자 또는 자영업자가구에 근로장려금을 지급하여 실질소득을 증가시킴으로써 조세제도를 통한 근로의욕을 높이고 소득재분배 효과를 기대하고 있다. 2018년 귀속 근로장려금 지급 현황을 보면 20대 청년가구(21.7%), 60대 이상 노인가구(26%), 연 소득 1,000만 원 미만 저소득 가구(51.3%)가 혜택을 많이 받은 것으로 나타났다. 2019년 예산안에는 근로장려금이 3조8,000억 원으로 2018년 1조2,000억 원 대비 대폭 확대됐다. 또한 연령 기준을 없애고, 소득과 재산 기준을 완화해 지원 대상이 166만 가구에서 334만 가구로 크게 늘었다. 이 중, 자영업을 하는 115만 가구도 똑같은 혜택을 받게 되며, 최대 지원액[12]도 늘었다. 2019년엔 저소득 근로소득자에 대해 6개월 마다 근로장려금을 지급하는 반기지급제도가 처음 시행됐다. 정기 지급방식과 신설된 반기 지급방식 중 선택해서 신청 가능하다고 하며, 2019년 12월 상반기분 근로장려금은 96만 가구에 4,207억 원이 지급됐다. 이렇게 기업단위에서 소득은 낮지만 국가단위에서 소득을 보전함으로써 사회적으로 일자리가 유지될 수 있도록 하는 정책도

---

11) https://www.korea.kr/special/policyCurationView.do?newsId=148855408.

12) 단독가구 85만원→150만원, 홑벌이 가구 200만원→260만원, 맞벌이 가구 250만원→300만원.

일자리 정책에서 중요하다.

5. 정리하며

숲과 나무를 함께 보는 잡스경제

잡스경제는 숲과 나무를 보는 일자리 정책, 디지털사회로의 변화를 고려하여 일자리 정책 방향에 대한 기본적인 철학을 한마디로 정리해본 것이다. 잡스(Jobs)경제는 일자리를 의미하는 jobs와 스마트폰을 만든 기업인 스티브잡스(Steve Paul Jobs)의 잡스(Jobs)를 차용한 것이다. '경제' 앞에 '일자리(jobs)'를 둔 것은 경제정책의 우선순위를 일자리에 둔다는 의미를 담고 있으며, 최근 논란이 되고 있는 고용 없는 성장에 대한 해법의 중요성을 강조하고 있다. 잡스경제는 과거 정부의 주요 일자리 정책을 종합한 것이다. 우선 김대중 정부가 IMF 금융위기 극복을 위해 강조했던 창업정책은 지금도 유효하다. 노무현 정부가 강조한 슘페터의 혁신은 기업의 성장전략을 넘어 국가단위 경제 전략의 핵심이었으며, 문재인 정부가 집권 중반 선택한 성장전략 중 하나였다. 이명박 정부의 녹색경제는 기후변화 대응을 위한 미래 투자였고, 지식기반경제는 아무리 강조해도 지나치지 않은 산업의 깊이(지식, 특허 등)의 중요성을 강조한 미래 전략이었다. 박근혜 정부의 창조경제는 창의적 인재를 중요시하였고, 인문학적 관점에서 창의적 아이디어, 즉 비즈니스 모델의 사업화를 강조한 경제였다. 그래서 모든 정부의 정책을 담아 진영으로 나눠 싸우지 않고, 한 방향으로 지속할 정책 목표를 종합한 것이다.

결론적으로 잡스경제는 일자리를 중시하는 경제이다. 즉, 일자리 생산성을 '산출/투입'이라 할 때, 분모와 분자를 모두 증가시켜 가는 '국가단위 일자리 생산성 향상 경제정책'이라고 정의할 수 있다. 다른 말로 표현하면, 국가단위에서 분자에 해당하는 '일자리 만들기'와 분모에 해당하는 '일자리 나누기(고용 나누기)'를 통해, 함께 일하고 발전하며, 번영하는 완전고용 사회를 지향하자는 의미를 담고 있다.

생산성 =	분자	일자리 만들기 : 창업창직, 기업유치, 중소기업의 중견기업화, 신성장동력산업 및 융복합·신산업육성 등을 통해 부가가치를 창출하고, 새로운 일자리를 획기적으로 만들어가는(창출하는) 비즈니스 생태계 혁신전략
	분모	일자리 나누기 : 노사협력 등을 통해 기존 일자리를 지켜 함께 일할 수 있는 환경(사회적 자본 등)을 조성하거나, 사회적 기업 육성, 공공재정투입 일자리 복지 등 사회·복지적으로 만들어가는 일자리 나눔 생태계 조성을 의미함

특히, 분자를 증가시키는 일자리 만들기 전략에는 창업·창직, 기업유치, 중소기업의 중견기업화,[13] 신성장동력 및 융복합·신산업 육성이 있으며, 일자리 나누기 전략에는 사회적 자본 구축 측면에서 노사협력 등을 통해 기존 일자리를 지켜 함께 일할 수 있는 환경을 조성하거나, 사회적 기업 육성 등을 통해 일자리 나눔 생태계 조성, 즉, 사회·복지적 측면에서 만들어가는 나눔 일자리 전략을 의미한다.

나무에 해당하는 일자리 정책 제언

완전고용을 위한 일자리 정책은 잡스경제라는 가치철학을 담은 경제정책을 중심으로 다양한 세부전략으로 구체화될 수 있다.

우선 첫째, 성장을 지속해야한다. 다만, 일자리를 만들어내는 성장은 기존 산업의 성장보다는 새로운 산업, 새로운 부가가치창출을 통한 성장전략이 좀 더 효과적일 수 있다. 그래서 창업촉진, 주력산업의 재도약과 고부가가치화를 위한 신성장동력 창출이 중요하다. 뿐만 아니라 IT 융합 등 기존 산업과의 융·복합, 새로운 시장을 개척하는 신기술기반의 신산업, 기존 주력산업에 비즈니스 융·복합을 더해 새롭게 시장을 창출해가는 융·복합형 신산업육성도 중요한 전략이다.

둘째, 창업촉진을 위한 협업생태계 환경조성이 필요하다. 박근혜 정부 때 시도했던 창조경제혁신센터는 대기업이 자기 업종과 관련된 창업기업에 대하여 기술적 지원은 물론, 해외로의 시장진출을 지원했던 사례가 있다. 이러한 모델은 최근 빠른 성장과 성과를 보이고 있는 디지털혁신과 맞물려 새로운 성장모델이 되고 있다. 창업기업은 시장변화에 민감

13) 중소기업의 성장전략으로는 신기술 사업화에 의한 방법과 글로벌 시장 진출에 의한 방법 등이 고려될 수 있음.

하다. 그러나 시장파급효과는 미미하다. 대기업은 글로벌 네트워크 환경이 구축되어 있고 비즈니스 규모가 크기 때문에 시장파급효과는 크지만 시장변화에 다소 더디게 반응할 수밖에 없다. 규모의 경제가 있기 때문이다. 이를 보완한 상생모델이 창업기업과 대기업의 협업생태계다. 대기업은 창업기업을 지원하면서 새로운 비즈니스 아이디어를 얻고 필요에 따라 M&A를 통해 대기업의 성장동력으로 만들어갈 수 있기 때문이다.

셋째, 산업의 허리를 강화하고, 확대해야 한다. 산업의 허리는 중소기업이다. 우리나라 고용의 대부분은 중소기업에 의해 이뤄지고 있다. 중소기업의 성장은 대기업에 비해 고용창출 효과가 높다. 그러나 중소기업의 혁신생태계는 대기업에 비해 많이 기울어져 있다. 대기업의 연구개발투자대비 절반에도 미치지 못하고 있다. 이런 혁신의 판에 대한 균형을 잡지 못하면 대·중소기업간 격차 문제는 해소되기 어렵다. 최소한 대기업의 연구개발투자금액에 준하는 수준으로 끌어올리는 전략이 필요하다.

넷째, 정부의 과학기술정책은 기업의 비즈니스 위험을 부담하는 키다리 아저씨 역할에 집중할 필요가 있다. 즉, 국가는 중장기 미래를 위해 기초과학에 투자하거나, 가까운 미래에 신산업이 될 와해성 기술을 찾아내 선행 투자함으로써 기업의 투자 환경을 긍정적으로 만들어갈 필요가 있다.

다섯째, 우리나라에 기업이 이전하고, 더 투자할 수 있도록 환경조성이 이뤄져야 한다. 기업의 투자환경 요소는 산업공학 책에 제시된 기본 요소 외에 정치, 경제적인 요소들에 의해 좌우된다. 대표적인 것이 조세·금융제도이고, 노동·환경·산재 등 기업 경영활동에 관한 법적 규제가 있으며, 이외에 정부의 진흥정책도 포함된다.

여섯째, 고용을 늘리는 사회인식과 제도가 마련되어야 한다. 사실 기업단위 혁신은 노동생산성 향상을 위해 인력을 줄일 수 있다. 즉, 국가가 이야기하는 혁신성장은 고용감소를 내포하고 있다는 점이다. 따라서 혁신성장은 하지만 고용은 늘려갈 수 있는 제도적 환경조성이 필요하다. 예를 들어 고용 많은 기업에 세금을 줄여주거나, 노사합의에 따라 연봉인상을 자제하고, 고용을 늘리는 방식, 소득이 낮은 일자리라도 만들어지고 유지될 수 있도록 국가가 소득을 보전하는 방법 등이 있을 수 있다.

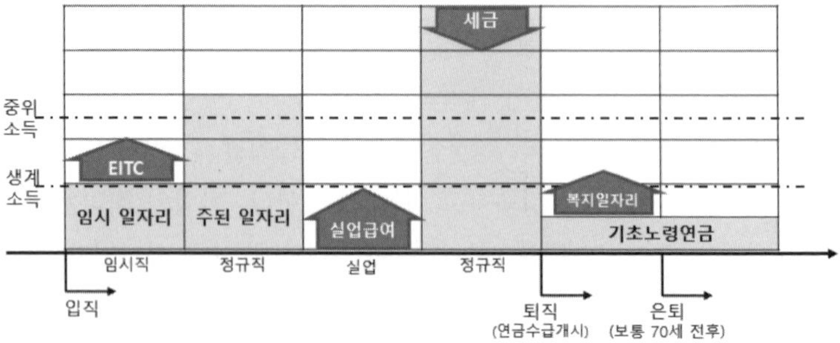

[그림 7] 사회보장제도 구축을 통한 노동시장 유연성 제고

일곱째, 노동시장유연성 제고가 필요하다. 사실 노동시장유연성에 대한 입장은 노사가 첨예하다. '노' 입장은 쉬운 해고로 받아들이고, '사'는 시장변화에 대응하자는 주장이다. 그래서 정부의 역할이 필요하다. 정부의 역할은 일자리를 잃었을 때, 실업기간동안 일정 수준 이상의 소득보전과 재취업 지원 등 대책이 신속하고, 충분하게 이뤄질 필요가 있다. 뿐만 아니라 실업으로 재취업하는 과정에서 빈곤으로 떨어지지 않도록 소득격차해소 정책과 필요하다면 국가 재정투입으로 만들어지는 일자리 복지정책이 뒤 따라야 할 것이다. 이렇게 기업과 정부가 상호 역할을 분명히 인식하고 체계적이고 종합적인 일자리 정책이 추진된다면 그 어렵다는 노동시장유연성 제고 문제도 실마리를 찾아갈 것으로 기대된다.

마지막으로 이하 저서의 내용은 숲과 나무 중, 나무에 해당하는 정책들로 구성하고자 하였다. 관련 내용으로는 일반적인 경제현황과 정책방향부터 산업기술정책 등 다양한 분야의 전문가들이 일자리 정책에 대한 문제 인식과 아이디어를 제안하고 있다. 이들 정책 제안들이 앞으로 우리나라 일자리 생태계를 만들어가는 기초가 될 수 있기를 기대해본다.

참고문헌

고용노동부(2017. 2).

박선영·권석만. (2012). 삶의 의미에 대한 이론적 고찰과 임상적 함의, 한국심리학회지 : 일반 31(3), 741-768.

박철우·이병윤·홍성민외 10명. (2014). 생산가능인구 감소시대 인력정책 10대 이슈, 도서출판 푸른사상사, 2014. 10.

박철우·이상희·이영민. (2018). 기업의 전직지원 서비스 제공 모델 및 의무 법제화 방안에 관한 연구, 고용노동부 학술연구보고서.

엔리코모레티. (2014). 직업의 지리학, 김영사, 2014. 7. 4.

유진성. (2018). 최저임금 인상이 고용에 미치는 영향 , 한국경제연구원 KERI Insight, 2020-07.

이종수. (2009). 행정학사전, 대영문화사.

장광수·임진·김상훈. (2011). 양질의 일자리 수급상황 및 대응방향, BOK경제프리프 2011-4, 한국은행.

전병목·김학수·오종현. (2018). 저성장시대의 조세정책 방향-생산성, 투자, 고용을 중심으로-. 한국조세재정연구원. 2018. 12.

ILO. (1999). "Decent work", Report of the Director-General to the International Labour Conference 87th Session, ILO, Geneva.

ILO. (1999). "opportunities for women and men to obtain decent and productive work in conditions of freedom, equity, security and human dignity".

1부

고용창출형 혁신성장
잡스Jobs 경제

민간 일자리 촉진을 위한 정책

I.

거시경제와 일자리

김지운(홍익대학교)

I

거시경제와 일자리[1)]

김지운(홍익대학교)

1. 거시경제와 일자리 : 고용탄력성을 중심으로

일반적으로 거시경제 성장은 일자리 증가를 동반한다. 경제성장률은 실질GDP의 증가율로 측정되며, 이론적으로 실질 GDP는 경제 내의 생산성, 자본 및 노동 투입에 따라 결정된다. 따라서 생산성과 자본 등 다른 요인들이 일정하게 유지된다면, 노동 투입이 늘어날 때 실질 GDP도 늘어나게 된다. 이처럼 거시경제 성장과 일자리 증가는 양의 관계를 나타낼 것으로 기대되기 때문에 거시경제와 일자리 간 관계에서 실질적으로 중요한 부분은 양의 관계 자체보다는 양의 관계의 정도, 즉 거시경제 성장과 일자리 증가가 얼마나 밀접하게 연관되어 있는지에 대한 내용일 것이다. 거시경제 성장과 일자리 증가의 관계는 생산성과 자본이 일정한 수준으로 유지되는 경우 안정적인 양의 관계로 나타날 것으로 기대되지만, 경제 내의 생산성과 자본의 양이 변하면 거시경제 성장과 일자리 사이의 관계가 변할 수 있으며, 때로는 일시적으로 양의 관계가 음의 관계로 전환될 수도 있다.

거시경제와 일자리 사이의 관계를 보다 구체적으로 파악하기 위해 고용탄력성 추이를 살펴볼 수 있다. 고용탄력성은 경제성장률이 1%p 변

1) 본 장은 「2019~2023 국가재정운용계획(일자리 분야 보고서)」에서 저자가 작성한 내용(제2부 제1장 대내외 고용환경 변화와 일자리 영향)의 일부를 수정 및 보완하여 작성하였다.

할 때 취업자 수 증가율이 얼마나 변하는지를 나타내는 지표이다.2) [그림 1]은 1981~2020년의 고용탄력성 추이를 보여준다. 고용탄력성은 취업자 증가율(%)을 실질 GDP 증가율(%)로 나눈 값이다. 고용탄력성은 1997년 외환위기와 2008년 글로벌 금융위기 직후인 2009년, 2020년의 코로나19 상황을 제외하고는 분석기간 동안 대체로 안정적으로 유지된 것으로 보인다. 고용탄력성의 분석 기간 평균은 0.35 정도로 유지되었다. 다시 말하면, 경제성장률이 1%p 증가할 때 취업자 수가 0.35%p 증가한 것으로 해석할 수 있다.

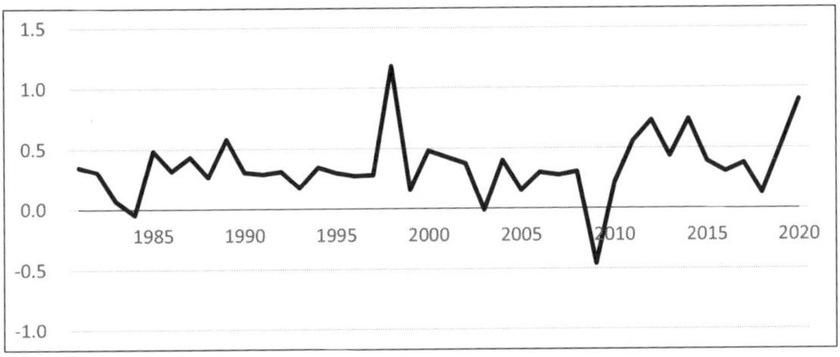

주 : 고용탄력성은 '취업자 수 증가율(%)/실질 GDP 증가율(%)'을 의미함.
자료 : 한국은행, 「국민계정」, 1981~2020.; 통계청, 「경제활동인구조사」, 1981~2020.

[그림 1] 고용탄력성 추이

1997년 외환위기, 2008년 글로벌 금융위기 직후인 2009년, 2020년 코로나19 상황에는 고용탄력성이 평균적인 수준을 벗어난 것으로 나타났다. 2009년에는 글로벌 금융위기의 영향으로 경제성장률이 0에 근접하였으나 음수로 전환되지는 않았다. 그러나 취업자 수 증가율은 음수로 전환되어 고용탄력성이 음수로 나타났다. 반면, 1997년 외환위기 시기와 2020년 코로나19 상황에서 경제성장률과 취업자 수 모두 음수로 전환되어 고용탄력성이 양수로 나타났다. 고용탄력성이 양수로 나타났지만 기간 평균 수준보다 큰 폭으로 상승한 것은 경제성장률이 감소한 폭보다 취업자 수 증가율이 감소한 폭이 훨씬 크게 나타났기 때문이다.

2) 고용탄력성은 고용탄성치라고도 불리며, 경제성장률이 1%p 변할 때 취업자 증감이 변하는 정도로도 고용탄력성을 측정할 수 있다.

〈표 1〉은 고용탄력성이 기간 평균 수준을 이례적으로 벗어난 시기에 대한 고용탄력성을 보여준다. 1983~1984년에는 연 평균 12%의 매우 높은 성장률을 기록했음에도 불구하고 취업자 수 증가율은 0.18%에 그쳐 고용탄력성이 거의 0으로 나타났다.[3] 1998년에 고용탄력성이 1.18로 크게 높아진 것은 외환위기 당시의 기업도산 및 대규모 정리해고에 따른 급격한 고용감소의 영향으로 보인다. 앞서 언급한 것처럼 이 당시 경제성장률은 −5.10%로 감소한 가운데 취업자 증가율도 −6.01%로 감소하여 고용탄력성이 양수로 나타나고 있다. 한편, 2003년과 2009년에 고용탄력성(−0.01, −0.46)이 급격히 하락한 것은 2002년 신용카드 사태 및 2008년 글로벌 금융위기, 즉 경기불황의 여파에 따른 결과로 해석할 수 있다. 경기불황 시에는 생산성 하락 등으로 인해 실질 GDP와 고용 간의 안정적인 관계가 일시적으로 변동할 수 있다.

〈표 1〉 주요 시점별 고용탄력성

연도	고용탄력성	경제성장률(%)	취업자 증가율(%)
1983~1984	0.01	12.00	0.18
1998	1.18	−5.10	−6.01
2003	−0.01	3.10	−0.04
2009	−0.46	0.80	−0.37
2012~2014	0.63	2.93	1.83
2018	0.13	2.90	0.36
2020	0.89	−0.90	−0.81
1981~2020	0.35	6.13	1.72

주 : 고용탄력성은 '취업자 수 증가율(%)/실질GDP 증가율(%)'을 의미함.
자료 : 한국은행, 「국민계정」, 1981~2020.; 통계청, 「경제활동인구조사」, 1981~2020.

2012~2014년 고용탄력성(0.63)이 일시적으로 높았던 이유는 조선업에서의 일자리 증가와 정부의 직접일자리 증가 등 실질 GDP(생산) 증가와 무관하게 고용이 늘었던 점이 반영된 것으로 추론된다. 2018년에

3) 1983~1984년 기간 동안 거시경제 및 노동시장에 특별한 일이 없음에도 불구하고 이례적으로 낮은 고용탄력성이 나타난 이유는 명확하지 않다.

도 고용탄력성이 상대적으로 낮게 나타났다. 이는 2012~2014년 기간에 생산과 무관하게 증가했던 과잉 노동 투입이 조정되는 과정에 따른 결과일 수도 있고, 최저임금 상승, 근로시간 단축 등의 노동시장 제도 변화의 영향일 수도 있으나 엄밀한 실증분석 없이는 명확한 원인을 특정하기 어렵다. 마지막으로 코로나19 확산의 영향이 반영된 2020년의 경우에도 외환위기 시기와 비슷하게 고용탄력성(0.89)이 매우 높게 나타났다. 경제성장률은 −0.90%로 감소한 가운데 취업자 증가율은 −0.81% 감소하여 고용탄력성이 양수로 나타나고 있다. [그림 1]을 살펴보면 기간별로 그 당시 경제환경 변화에 따라 고용탄력성이 평균적인 수준(0.35)를 일시적으로 벗어날 수 있지만, 대체로 시간이 흐름에 따라 다시 평균적인 수준으로 회귀하는 모습을 보이고 있다. 코로나19 상황이 점차 완화됨에 따라 고용탄력성도 다시 평균적인 수준으로 수렴할 것으로 예상되나 조정기간이 얼마나 걸릴지는 현재로서는 확실하지 않다.

2. 거시경제와 주요 산업별 일자리 : 산업별 고용탄력성을 중심으로

거시경제 성장과 일자리 증가의 관계, 즉 고용탄력성은 산업별로 다르게 나타날 수 있다. 제조업, 서비스업, 건설업 등에서 개별 산업의 고유한 특성이 반영되어 동일한 실질 GDP 변화에도 취업자 수 변화폭은 다르게 나타날 가능성이 있다. 거시경제와 산업별 일자리 간 관계를 파악하기 위해서 산업별 고용탄력성 추이를 살펴본다. 본고에서의 산업별 고용탄력성은 산업별 취업자 수 증가율(%)을 실질 GDP 증가율(%)로 나눈 값으로 정의한다. 한국표준산업분류의 21개 대분류 산업을 제조업, 서비스업, 건설업, 기타 산업으로 구분하여 주요 산업별 고용탄력성을 계산하였다. 기타 산업은 농업·임업·어업, 광업, 전기·가스·증기·공기조절 공급업을 포함한다. 기타 산업 취업자의 90% 이상이 농업 취업자임을 고려하면 기타 산업은 농업으로 해석해도 무방할 것이다. 서비스업은 21개 대분류 산업 중 제조업, 건설업, 기타 산업을 제외한 모든 산업

(16개 대분류 산업)을 포함한다.4) 본고에서는 9차 이후의 한국표준산업분류를 반영하기 위해 2004~2020년에 대해서만 산업별 고용탄력성을 계산하였다.5)

[그림 2]는 전체 고용탄력성과 제조업에서의 고용탄력성 추이를 비교하고 있다. 가장 눈에 띄는 점은 전체 산업의 고용탄력성과 비교하여 제조업의 고용탄력성 변동성이 훨씬 크게 나타난다는 점이다. 특히, 2008년 글로벌 금융위기 직후인 2009년 제조업의 고용탄력성은 -4.10으로 나타나 전체 산업의 고용탄력성(0.46)과 비교하여 현저하게 낮게 나타났다. 이는 2008년 글로벌 금융위기가 노동시장에 미치는 부정적 영향이 제조업에서 상대적으로 크게 나타났음을 시사한다. 한편, 2019

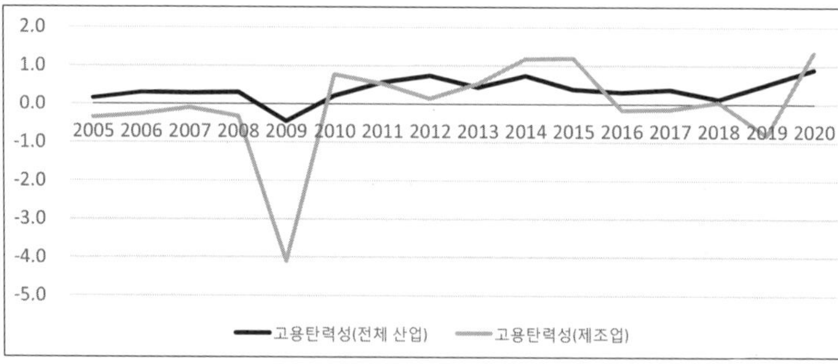

주 : 고용탄력성(전체 산업)은 '취업자 수 증가율(%)/실질 GDP 증가율(%)'을 의미하며, 고용탄력성(제조업)은 '제조업 취업자 수 증가율(%)/실질 GDP 증가율(%)'을 의미함.
자료 : 한국은행, 「국민계정」, 2004~2020.; 통계청, 「경제활동인구조사」, 2004~2020.

[그림 2] 산업별 고용탄력성 추이 : 제조업

4) 서비스업은 한국표준산업분류 대분류 중 수도·하수 및 폐기물 처리·원료 재생업, 도매 및 소매업, 운수 및 창고업, 숙박 및 음식점업, 정보통신업, 금융 및 보험업, 부동산업, 전문·과학 및 기술 서비스업, 사업시설 관리·사업 지원 및 임대 서비스업, 공공행정·국방 및 사회보장 행정, 교육 서비스업, 보건업 및 사회복지 서비스업, 예술·스포츠 및 여가관련 서비스업, 협회 및 단체·수리 및 기타 개인 서비스업, 가구 내 고용활동 및 달리 분류되지 않는 자가 소비 생산활동, 국제 및 외국기관을 포함한다.

5) 2004~2017년에 대해서는 9차 한국표준산업분류 기준의 산업별 취업자 수를 사용하였으며, 2018~2020년에 대해서는 10차 한국표준산업분류 기준의 산업별 취업자 수를 사용하였다. 본고에서는 대분류 기준의 산업별 취업자 수를 계산하고 이를 다시 4개의 산업군으로 묶어서 분석하기 때문에 2018년에 산업분류가 변경됨에 따라 발생하는 분석 오차는 크지 않을 것으로 예상된다.

년 전체 산업의 고용탄력성은 양수로 나타났으나 제조업에서의 고용탄력성은 음수를 기록하고 있다. 이는 일시적인 생산성 저하 및 노동시장 제도 변화에 따른 부정적 영향이 제조업에 집중되어 제조업의 취업자 수가 다른 산업에 비교하여 상대적으로 큰 폭으로 줄었기 때문에 나타난 결과로 해석된다.

[그림 3]은 전체 고용탄력성과 서비스업에서의 고용탄력성 추이를 비교하고 있다. 2009년을 제외하고는 전반적으로 서비스업 고용탄력성은 전체 산업의 고용탄력성과 매우 유사하게 움직이고 있다. 이는 전체 취업자 중 서비스업 취업자의 비중(약 68.8%)이 매우 높기 때문이다. 전체 산업 고용탄력성과 서비스업 고용탄력성 사이에서 가장 차이가 크게 나타나는 부분은 2009년의 고용탄력성이다. 전체 고용탄력성은 -0.46을 기록한 반면, 서비스업 고용탄력성은 1.33으로 나타났다. 이러한 결과는 글로벌 금융위기로 인한 경기침체가 서비스업에서는 오히려 고용을 상대적으로 높이는 방향으로 작용했음을 시사한다.[6] 2008년 글로벌 금융위기의 영향이 제조업, 그리고 후술된 건설업에서 상당히 크게 나타나는 점과 대조적이다. 이상의 분석결과를 바탕으로 판단할 때, 2008년 글로

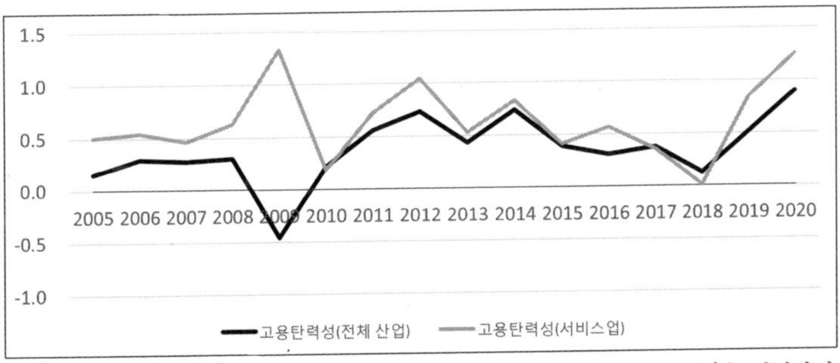

주 : 고용탄력성(전체 산업)은 '취업자 수 증가율(%)/실질GDP 증가율(%)'을 의미하며, 고용탄력성(서비스업)은 '서비스업 취업자 수 증가율(%)/실질GDP 증가율(%)'을 의미한다.
자료 : 한국은행, 「국민계정」, 2004~2020.; 통계청, 「경제활동인구조사」, 2004~2020.

[그림 3] 산업별 고용탄력성 추이 : 서비스업

6) 2008년 글로벌 금융위기 이후 서비스업 취업자 수가 상대적으로 크게 늘어난 이유에 대해서는 추가적인 분석을 통해 확인할 필요가 있다. 제조업 및 건설업에서의 실직자가 서비스업으로 이동하여 재취업하였을 가능성도 있을 것으로 추론된다.

벌 금융위기가 노동시장에 미치는 부정적 영향은 서비스업이 아닌 제조업과 건설업 중심으로 나타났음을 추론할 수 있다. 한편, 2020년에는 코로나19 확산의 영향으로 서비스업의 고용탄력성(1.25)이 전체 산업의 고용탄력성(0.89)보다 높게 나타났다. 이는 코로나19 확산의 장기화가 노동시장에 미치는 부정적 영향이 서비스업에서 집중적으로 나타나고 있음을 시사한다.

주 : 고용탄력성(전체 산업)은 '취업자 수 증가율(%)/실질 GDP 증가율(%)'을 의미하며, 고용탄력성(건설업)은 '건설업 취업자 수 증가율(%)/실질 GDP 증가율(%)'을 의미함.
자료 : 한국은행, 「국민계정」, 2004~2020.; 통계청, 「경제활동인구조사」, 2004~2020.

[그림 4] 산업별 고용탄력성 추이 : 건설업

[그림 4]는 전체 고용탄력성과 건설업에서의 고용탄력성 추이를 비교하고 있다. 2017년 근방을 제외하고는 대체로 제조업의 고용탄력성 추이와 유사하게 나타나고 있다. 2017년 건설업의 고용탄력성(1.98)이 매우 높게 나타난 것은 거시경제 환경과 무관하게 2015년 이후 건설업 착공물량이 급증함에 따라 일시적으로 건설업 취업자 수가 급격하게 늘어난 점이 반영된 결과로 해석된다.[7] 한편, 제조업에서와 유사하게 2009년 건설업의 고용탄력성은 -6.40으로 나타나 전체 산업의 고용탄력성(0.46) 보다 현저하게 낮게 나타났으며, 이는 제조업의 고용탄력성(-4.10)보다도 낮은 수치이다. 이러한 결과는 글로벌 금융위기의 부정적 효과가 제조업과 더불어 건설업에도 상당히 크게 나타났음을 시사한다.

---

7) 2017년 건설업 취업자 수 증가율은 6.35%로 2004~2020년 평균인 0.64%를 이례적으로 크게 상회하고 있다.

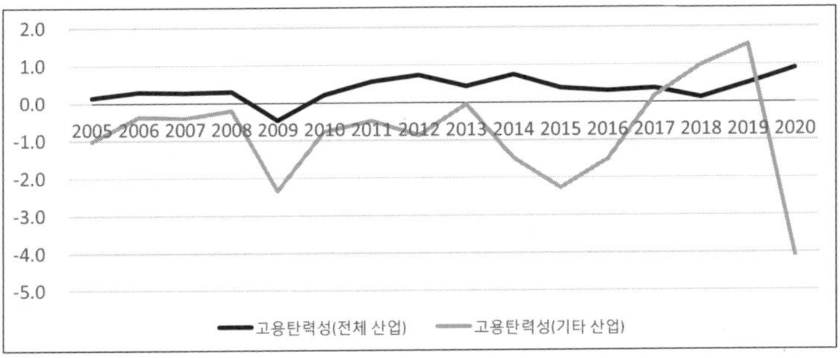

주 : 고용탄력성(전체 산업)은 '취업자 수 증가율(%)/실질 GDP 증가율(%)'을 의미하며, 고용탄력성(기타 산업)은 '기타 산업 취업자 수 증가율(%)/실질 GDP 증가율(%)'을 의미함.

자료 : 한국은행, 「국민계정」, 2004~2020.; 통계청, 「경제활동인구조사」, 2004~2020.

[그림 5] 산업별 고용탄력성 추이 : 기타 산업

[그림 5]는 전체 고용탄력성과 기타 산업에서의 고용탄력성 추이를 비교하고 있다. 기타 산업의 고용탄력성 추이는 전체 산업의 고용탄력성 추이와 매우 다르게 나타날 뿐만 아니라 앞에서 살펴봤던 제조업, 서비스업, 건설업의 고용탄력성 추이와도 상당히 다른 모습이다. 기타 산업 취업자의 대부분이 농업 취업자이며, 농업 취업자 수는 최근 몇 년간을 제외하고는 지속적으로 감소하고 있었기 때문에 기타 산업에서의 고용탄력성은 지속적으로 음수를 기록하고 있었다. 그러나 2017년부터는 기타 산업 취업자 수 증가율이 양수로 전환되어 현재까지 지속적으로 증가세가 확대되고 있다.[8] 이러한 이유로 고용탄력성도 2017년 이후부터는 양수로 전환되어 2019년까지 지속적으로 증가하였다. 2020년에는 코로나19 확산의 영향으로 경제성장률이 음수(-0.90%)를 기록하였는데, 기타 산업 취업자 수 증가율을 여전히 양수(3.67%)로 나타남에 따라 제조업, 서비스업, 건설업과는 다르게 기타 산업의 고용탄력성은 큰 폭의 음수로 계산되었다.

[그림 2]~[그림 5]에서 나타난 산업별 고용탄력성 추이 중에서 주요 시기에 대한 각 산업의 고용탄력성과 고용탄력성 계산에 사용된 경제성

8) 2017년 이후에 농업의 취업자 수가 지속적으로 늘어나고 있는 원인으로 불황으로 인한 귀농 증가, 농업 지원 관련 정부 정책 확대 등의 가설이 제기되고 있으나 이에 대해서는 보다 면밀한 분석이 필요할 것으로 보인다.

장률 및 각 산업의 취업자 수 증가율은 〈표 2〉에 정리되어 있다.

〈표 2〉 주요 시점별 산업 고용탄력성

연도	고용탄력성				경제 성장률(%)	취업자 증가율(%)			
	제조업 (17.0)	서비스업 (68.8)	건설업 (7.5)	기타 산업 (6.7)		제조업 (17.0)	서비스업 (68.8)	건설업 (7.5)	기타 산업 (6.7)
2009	−4.10	1.33	−6.40	−2.34	0.80	−3.28	1.06	−5.12	−1.87
2012~2014	0.61	0.80	0.38	−0.80	2.93	1.92	2.28	1.06	−2.32
2018	0.05	0.01	0.81	0.98	2.90	0.13	0.03	2.34	2.85
2020	1.34	1.25	0.20	−4.08	−0.90	−1.20	−1.12	−0.18	3.67
2005~2020	−0.04	0.64	−0.11	−0.82	3.23	0.29	1.63	0.64	−1.59

주 : 1) 산업별 고용탄력성은 '산업별 취업자 수 증가율(%)/실질 GDP 증가율(%)'을 의미함.
2) 괄호 안의 수치는 전체 취업자 수 중 특정 산업의 취업자 수 비중의 평균을 나타냄.
자료 : 한국은행, 「국민계정」, 2008~2020.; 통계청, 「경제활동인구조사」, 2008~2020.

3. 일자리 창출을 위한 거시경제 정책 방향에 대한 시사점

앞의 분석에서 살펴본 것처럼 거시경제 환경변화가 산업별 일자리 또는 취업자 수에 미치는 영향은 산업의 특수성을 반영하여 다르게 나타나고 있다. 한편, 거시경제 환경을 종합적으로 나타내는 실질GDP는 총수요 관점에서 소비, 투자, 정부지출, 수출 및 수입으로 구분할 수 있다. 이러한 개별 총수요 항목이 산업별 취업자 수에 미치는 영향도 다를 수 있다. 본 절에서는 거시경제의 개별 총수요 항목이 산업별 취업자 수에 미치는 이질적 영향에 대해 간략히 살펴본다. 이를 바탕으로 산업별 취업자 수 증가 또는 산업별 일자리 창출을 위한 거시경제 정책 방향에 대한 시사점을 제공한다.

〈표 3〉 총수요 항목 증가율과 산업별 취업자 수 증가율 간 관계

	제조업	서비스업	건설업	기타 산업
민간소비	0.201** (0.017)	0.272*** (0.000)	0.665** (0.010)	3.348** (0.030)
설비투자	0.078** (0.026)	0.002 (0.952)	0.136 (0.355)	−0.455 (0.556)
건설투자	0.059 (0.152)	−0.026 (0.616)	−0.092 (0.637)	−0.788 (0.411)
수출	0.075 (0.117)	0.074** (0.040)	0.240* (0.065)	0.359 (0.579)
수입	−0.088* (0.084)	−0.038 (0.404)	−0.218 (0.250)	−0.109 (0.898)
시차종속변수	0.283** (0.013)	−0.334*** (0.002)	−0.613*** (0.000)	−0.296** (0.011)
1차 시간추세	통제	통제	통제	통제
결정계수(R^2)	0.1821	0.2500	0.4257	0.1335
표본 수	66	66	66	66

주 : 1) ***, **와 *는 각각 1%, 5% 및 10% 수준에서 통계적으로 유의함을 의미하며, 괄호 안의 수치는 p−value를 의미.
2) 분석기간은 원자료 기준으로는 2004년 1분기~2020년 4분기이며, 전기대비 증가율 기준으로는 2004년 2분기~2020년 4분기임.
3) 추정계수는 특정 총수요 항목이 전기대비 1%p 늘어날 때, 각 산업별 취업자의 전기대비 증가율(%p)을 의미함(시차종속변수 제외).

자료 : 한국은행, 「국민계정」, 2004~2020.; 통계청, 「경제활동인구조사」, 2004~2020.

〈표 3〉은 개별 총수요 항목 증가율이 산업별 취업자 수 증가율에 미치는 영향을 보여준다. 총수요 항목으로는 상대적 중요성을 감안하여 민간소비, 설비투자, 건설투자, 수출 및 수입을 사용하였다. 총수요 항목 및 취업자 수 증가율은 분기 기준으로 전기대비 증가율을 의미한다. 분석결과, 제조업 취업자 수 증가율에는 민간소비와 설비투자가 중요한 역할을 하는 것으로 나타났으며, 서비스업 및 건설업 취업자 증가율에는

민간소비와 수출이 유의미한 역할을 하는 것으로 확인되었다. 한편, 농업으로 대표되는 기타 산업은 민간소비에 민감하게 영향을 받는 것으로 나타났다.

〈표 3〉의 분석결과에서 주목할 점은 민간소비 확대가 모든 산업에서의 취업자 수를 늘리고 있다는 점이다. 구체적으로 민간소비 증가율이 1%p 높아지면, 제조업, 서비스업, 건설업, 기타 산업의 취업자 수 증가율은 각각 0.20%p, 0.27%p, 0.66%p, 3.35%p 늘어나는 것으로 나타났다. 취업자 수 증가율 기준으로는 기타 산업 및 건설업 취업자 수가 민감하게 반응하는 것으로 보이지만, 실제로 전체 취업자 중 각 산업 취업자가 차지하는 비중을 고려하면 서비스업과 제조업의 취업자 수 증가폭이 크게 나타난다.[9] 한편, 설비투자 증가는 제조업 취업자 수 증가에만 영향을 미치고 있다. 구체적으로 설비투자 증가율이 1%p 높아지면, 제조업 취업자 수 증가율은 0.08%p 증가하는 것으로 추정되었다. 마지막으로 수출 증가는 서비스업과 건설업 취업자 수 증가에만 영향을 주고 있다. 수출 증가율이 1%p 높아지면 서비스업과 건설업의 취업자 수 증가율이 각각 0.07%p, 0.24%p 늘어나는 것으로 나타났다.

분석결과를 바탕으로 판단할 때, 단기적으로는 민간소비, 설비투자, 수출의 확대가 일자리 증가로 이어질 수 있으므로 정부는 거시경제 환경 변화에 맞추어 민간소비, 설비투자, 수출 중심의 총수요 조절정책을 적절히 수행할 필요가 있다. 경기변동에 대응하여 민간소비 수준을 일정한 수준으로 유지할 수 있도록 탄력적인 재정정책을 수행하고, 기업의 설비투자와 수출이 증대될 수 있도록 기업 상황에 적합한 금융지원과 법·제도 정비 등의 정책적 지원을 지속할 필요가 있다. 단기적으로 총수요를 높여 일자리를 창출시키는 거시경제 정책을 수행하는 과정에서 의도치 않게 노동시장에 부정적인 영향을 줄 수도 있다. 따라서 거시경제 정책 수행이 노동시장에 미치는 잠재적인 부작용에 대해서도 사전에 면밀히 검토하여 총수요 확대를 통한 단기적 일자리 창출의 효과를 극대화할 필요가 있다.

---

9) 실제로 2004~2020년 기준 전체 취업자 수 중 제조업, 서비스업, 건설업, 기타 산업의 취업자 수 비중은 각각 17.0%, 68.8%, 7.5%, 6.7%로 나타난다.

한국의 경제성장률이 추세적으로 낮아지고 있어 총수요 감소로 인해 경제 전체의 노동수요도 지속적으로 줄어들 것으로 예상된다. 동시에 빠른 속도의 생산가능인구 감소 및 인구고령화 진행으로 인해 노동공급 측면에서도 노동시장의 전망은 밝지 않다. 권규호(2019)에 따르면, 한국의 경제성장률 저하가 주로 생산성 저하에 기인하므로 경제성장률을 높이기 위해서는 생산성 향상이 필수적이다. 그러나 정부 정책을 통해 생산성을 높이고 경제성장률의 추세를 반전시키는 데에는 한계가 있다. 경제의 생산성 확대를 위해서는 근본적으로 민간 부분에서의 혁신 활동이 활성화되어야 하기 때문이다. 경제의 다방면에서 민간의 혁신 활동을 촉진하기 위해서 정부는 공정한 시장질서의 확립, 4차 산업혁명 또는 디지털 시대에 적합한 노동시장 및 교육제도 개혁 등의 구조개혁에 힘써야 할 것이다.

참고문헌

기획재정부. (2019). 「2019~2023 국가재정운용계획」.

권규호. (2019). 글로벌 금융위기 이후 우리 경제의 성장률 둔화와 장기 전망, KDI 경제전망, 2019 상반기.

Ⅱ.

중소기업의 혁신성장을 위한 과제

김선우(과학기술정책연구원)

Ⅱ

중소기업의 혁신성장을 위한 과제

김선우(과학기술정책연구원)

혁신이 경제성장의 원천이다. 4차 산업혁명과 코로나19로 인해 경제·사회의 디지털 전환은 가속화되고 있으며, 글로벌 경쟁이 격화되었다. 이러한 거시적 환경변화에 대응하기 위해 기업부문의 기술경쟁력과 혁신역량이 무엇보다 중요한 때이다. 기업 경쟁력이 높아지면 기업의 지불능력이 개선되고, 양질의 일자리를 창출하여 '혁신→지속가능한 성장→일자리 창출'의 선순환 구조가 작동한다.

이 장은 우리경제의 중심이며 일자리의 대다수를 차지하는 중소기업의 혁신역량과 기술경쟁력을 진단하고, 현재 일자리를 창출하는 중소기업은 누구인지 최근 주목받는 스타트업, 스케일업(고성장기업), 이노비즈(기술혁신형 중소기업)의 현황을 살펴보았다. 그리고 중소기업을 지원하는 공공의 역할에 대해서도 고찰해 보았다.

이들을 필두로 중소기업이 경제주체로 서야 한다. 또한 정부와 공공부문은 기업을 보조하는 수동적인 역할이 아니라 '가치 창조자'로서 적극적인 역할을 해야 한다. 기업 혁신에서 창출되고 유지되는 일자리가 코로나 시대의 최상의 복지라고 믿는다.

1. 중소기업과 기술혁신 현황

기업수 관점[1)]

2018년 기준 우리나라 중소기업 수는 664만 개이며 여기에 17백만명이 종사하고 있다(중소기업중앙회, 2021). 우리나라 전체 기업의 99.9%가 중소기업이며, 종사자수의 83.1%가 중소기업에서 근무한다. 주요국과 비교해 볼 때 우리나라 중소기업의 비중은 높은 편이다(〈표 1〉 참고).

경제 성장의 주축을 담당해온 제조업을 보면, 제조 중소기업의 수는 57만 개이며, 여기에 3백만 명이 종사하고 있다. 전체 제조업에서 중소기업이 차지하는 비중은 기업수로는 99.7%, 종사자는 71.2%이다.

〈표 1〉 국가별 중소기업 종사자 수

(단위 : 천명, %)

국가	한국	미국	영국	독일	대만	일본	중국
종사자수	17,104	60,556	16,836	13,306	9,054	32,201	233,876
비중	83.1	47.1	60.7	42.8	78.7	68.8	79.4

주 : 중소기업은 한국, 대만, 일본, 중국은 법적 정의에 따르고 있으며, 영국과 독일은 종업원수 250인 미만의 기업, 미국은 종업원 수 500인 미만 기업임.
자료 : 한창용 외(2020)를 재구성.

정부는 중소기업의 기술혁신을 독려하기 위해 혁신성과 연구개발투자 비중 등을 고려하여 기업을 해당 요건에 맞을 경우 인증해주고 있다. 벤처기업과 이노비즈 기업이 대표적인 기술혁신형 인증기업이다. 2020년 기준 벤처기업은 39,511개, 이노비즈는 18,920개이다. 2001년 11,392개였던 벤처기업은 2020년 39,511개로 증가하였으며, 1,090개였던 이노비즈는 2020년 18,920개로 확대되었다. 지난 20년 사이 우리나라 벤처기업은 3.5배, 이노비즈 인증기업은 17배가 늘어났다. 기업은 연구개발조직으로 기업부설연구소를 만들고 정부의 확인을 받을시 다양한 혜택을 받을 수 있다. 2020년 현재 약 7만 개의 기업연구소가 있다.

---

1) 중소기업중앙회, 벤처기업협회, 이노비즈협회, 한국산업기술진흥협회 홈페이지 최근 자료 확인 후 작성.

연구개발투자 관점2)

우리나라는 세계적인 연구개발투자 국가이다. 2019년 GDP 대비 R&D 투자비중이 4.64%로 세계 2위이다. 총 89조 471억 원 중 대학 및 공공연구기관의 투자도 있으나 기업 부문의 연구개발비가 전체의 80%로 대부분을 차지한다. 기업 부문의 연구인력은 38만 7,448명으로 전체 연구인력의 72%가 속해 있다. 중소·벤처기업의 연구개발비는 16조 6,555억 원으로 기업 부문의 23%가 중소·벤처기업의 연구개발비이며, 연구인력의 53%가 중소·벤처기업에 근무한다. 2019년 중소기업 연구개발 현황을 보면 재무제표 상 연구개발투자가 이루어지는 중소기업이 8개 중 1개 기업이다(김선우 외, 2021a)

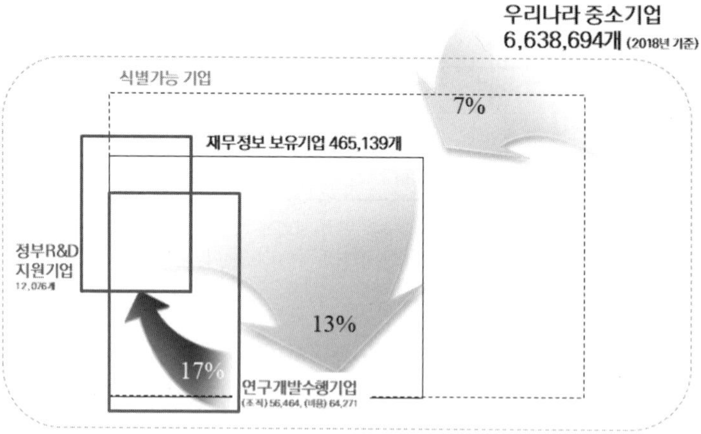

자료 : 김선우 외(2021a).

[그림 1] 중소기업 연구개발 현황 스냅샷 (2019년 기준)

총요소생산성 관점

총요소생산성(Total Factor Productivity)은 특정 경제의 총생산함수에서 생산요소의 투입으로 설명되는 부분 이외에 경제 생산에 기여하는 요소들의 생산성을 의미한다. Solow(1957)는 자본과 노동으로 설명

---

2) 과학기술정책지원서비스(K2base)에서 2019년까지의 집행액 기준 통계를 확인하여 작성함.

되지 않는 국가 경제의 생산을 잔차(Residual)로 분리하며, 이를 기술적 효율성 및 기술진보 수준으로 해석했다.

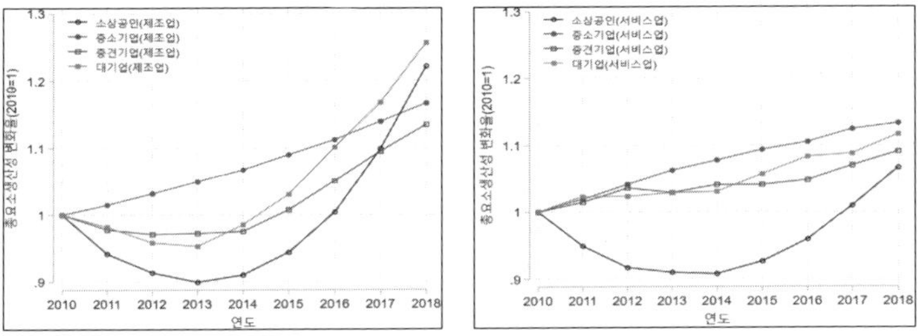

주 : 왼쪽은 제조업, 오른쪽은 서비스업임.
자료 : 김선우 외(2020).

[그림 2] 우리나라 기업규모별 총요소생산성 변화율 추이

김선우 외(2020)는 중소기업의 2010~2018년 총요소생산성 변화율을 구하고, 이 변화율을 기술진보율, 기술효율성, 배분효율성 및 규모효과로 분해하여 분석하였다. 그 결과, 총요소생산성은 지속적으로 증가하는 추이를 보였는데, 그 원인은 기술진보율 증가에 기인했다. 한편, 제조기업의 총요소생산성 변화율이 서비스기업의 총요소생산성 보다 높았는데, 이는 지난 10년간 제조업의 기술진보율이 크게 증가하였기 때문으로 나타났다.

TCB 관점

TCB(Tech Credit Bureau)는 기업이 보유한 기술정보와 신용정보를 기반으로 산출하는 기술신용등급으로, 주로 기업 대출 등의 금융권 거래에 활용되고 있다. TCB의 기술정보는 기술사업역량과 기술경쟁력으로 구분되는데, 이를 구성하는 세부평가 항목은 경영주의 기술경영 경험 수준에서 경쟁제품과의 비교우위성 등 25개로 다양하다. 김선우 외(2020)에서는 2015~2019년 TCB를 받은 제조 중소기업 13만여 개를 대상으로 기술등급을 분석하였다. 그 결과, 제조 중소기업의 기술등급은 매해 높아지고 있으며, 이는 '기술우위성' 지표가 크게 개선되었기 때문으로 나타났다. 규모별로는 소기업 보다 중기업의 기술등급이 높았는데, 이는

중기업의 '모방의 난이도' 지표가 높았기 때문이다.

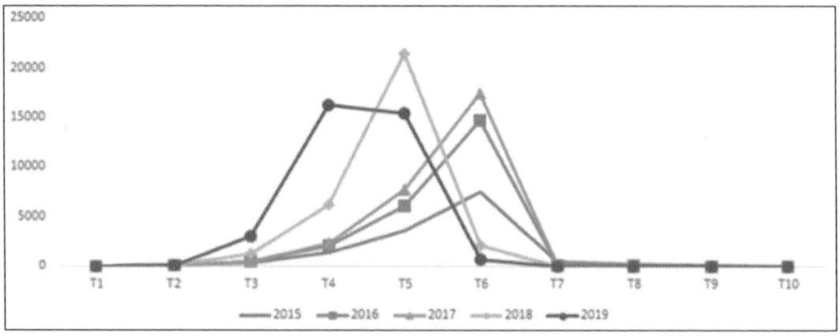

주 : T1 (우수) ~ T10 (미흡), 매년 기업의 기술등급이 좌향함.
자료 : 김선우 외(2020).

[그림 3] 국내 제조중소기업의 TCB 기술등급 연차별 추이

실태조사 관점

중소기업기술통계조사는 1995년부터 매출액 5억 원 초과 중소제조업 및 제조업 외 기술개발 수행 중소기업 3,800개 기업체를 대상으로 중소기업의 제반 기술실태를 체계적으로 파악하는 국가승인통계이다. 2013~2020년간 이들 기업의 기술개발 시도나 사업화 성공률은 감소하는 추세이다. 기술개발 사업화 성공률은 기술개발 시도 대비 사업화 성공 건수로 구하였으며, 2013년 40.4%에서 2020년은 25.2%로 감소하였다.

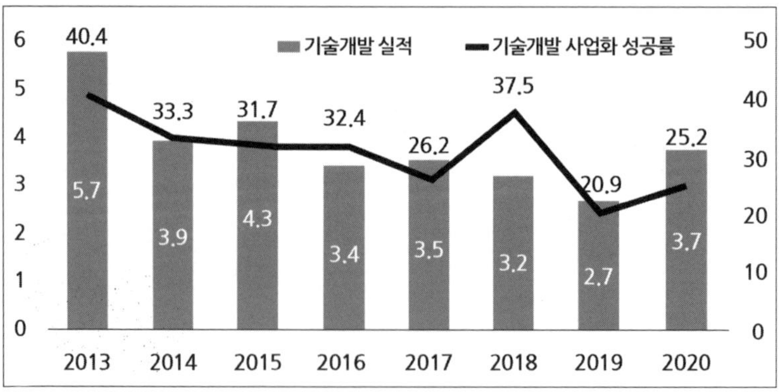

자료 : 중소벤처기업부·중소기업중앙회 (각년도) 재구성.

[그림 4] 중소기업 기술개발 시도 및 사업화 성공률

중소기업과 기술혁신 현황을 종합해보면, 우리나라 중소기업의 위상은 기업 수 관점에서 대다수이며, 연구개발 관점에서도 상당히 많은 기업이 연구개발에 투자하고 있다. 총요소생산성이나 TCB 관점에서 보면 중소기업의 성장이 기술진보와 기술경쟁력에 따른 것으로 분석되었다. 그러나 중소기업기술통계조사 상에 나타난 중소기업의 기술개발 시도나 개발기술의 사업화 성공률은 하락하고 있어 중소기업의 기술혁신역량의 긍정적 추이와 함께 아직까지 질적으로 성장해야 할 여지를 보인다.

2. 중소기업 기술혁신 지원정책의 진화[3)]

일제 강점기와 한국전쟁 이후 잘 살아보자는 국민의 강력한 의지, 무에서 유를 창조한 기업의 기민한 움직임, 정부의 경제개발 전략 등 개인, 기업, 정부의 기업가정신이 빠른 경제 성장을 이끌었다. 특히, 우리나라 중소기업 지원정책은 선진국들의 관련 법안과 성공사례를 국내 상황에 맞게 조정하고 적기에 도입하여, 정책의 체계나 내용 측면에서 체계적이고 성공적인 것으로 평가받고 있다.

우리나라 중소기업 지원정책의 출발점을 어디에 두느냐에 대해서는 여러 견해가 있으나 공식적인 정부의 전담부서가 언제 만들어졌느냐의 관점에서 본다면, 상공부 내에 『중소기업과』가 신설된 1960년이다. 1960년 이후로 중소기업 기술혁신 지원정책은 크게 3단계 즉, 중소기업 기술개발정책 형성기(1960~1970년대), 중소기업 기술혁신지원체계 구축 및 촉진기(1980~1990년대 초반), 혁신성장 추진 및 중소기업 기술혁신정책 본격화 시기(1990년대 후반~현재)로 구분해 볼 수 있으며, 이를 구체화한 것이 〈표 1〉이다.

중소기업 기술지원 정책 발아기(1960년대)

1960년부터 최근까지 중소기업을 대상으로 한 기술혁신정책은 시기별로 정치·경제·사회적 영향을 받으며 변화하고 진화되어 왔다. 국가 경

3) 중소기업 기술혁신 지원정책 60년사를 다룬 앞단은 김선우 외(2021b)에서 발췌함.

제개발의 초기 단계인 1960년대에는 노동집약적인 경공업을 위주로 수출 촉진 정책이 이뤄졌으며 이에 따라 경제성장의 주역으로서 대기업과 중소기업의 생산활동은 차이가 크게 나타나지 않았다. 박정희 정부 시절 중소기업과 신설, 중소기업정책심의위원회 구성, 중소기업 육성을 위한 종합대책을 수립(1961년)하면서 본격적 중소기업 정책이 시작되었다. 1961년 중소기업은행이 설립, 중소기업기본법이 1966년에 제정되는 등 중소기업을 지원 및 육성하기 위한 법률체계를 마련한 것이 정책적 특징이라 할 수 있다.

중소기업 기술개발 정책 형성기(1970년대)

1970년대에는 중화학공업 육성을 중심으로 한 산업·경제정책이 펼쳐진 결과 중소기업 관련정책은 계열화 및 보호·육성의 대상이었던 한편, 기술개발 촉진을 위한 정책이 시작되었다. 대기업 중심의 지원 정책기였으나 중소기업 생산력 기반을 확충하고, 시설 근대화를 위한 설비투자를 향상하였다. 1972년 기술개발촉진법과 1975년 중소기업계열화촉진법, 1978년 중소기업진흥에 관한 법률 등이 제정되었다.

중소기업 기술혁신 지원체제 구축기(1980년대)

1980년대는 대기업 중심의 주력산업 성장과 중소기업 근대화 정책이 추진되면서 비로소 중소기업을 위한 기술혁신기반 구축이 이루어졌다. 이 시기에 중소기업은 부품공급 및 생산주체로서 중간재를 공급하는 역할을 수행하였다. 1986년에 제정된 공업발전법의 시행과 같은 해에 이루어진 중소기업창업지원법, 그리고 중소기업의 기술개발을 지원하기 위한 공업기반기술사업이 1987년에 시작되었고, 1989년에는 중소기업 기술개발계획이 수립되어 본격적인 중소기업을 위한 기술혁신 지원체제가 마련되었다.

중소기업 경쟁 촉진기(1990년대 초반)

1990년대는 전기와 후기로 구분되는데 1990년대 전기는 경제 개방화의 결과로 중소기업의 경쟁 촉진과 더불어 산업의 구조 고도화와 탈공업화 및 질적 성장이 강조되었다. 1993년 신경제 5개년계획의 발표, 1994년 중소기업진흥 및 제품구매 촉진 등에 관한 법률이 제정되었다.

벤처 육성기(1990년대 후반)

1990년대 후기는 외환위기를 겪은 시기로 1996년 중소기업청이 설립되었고, 1997년에는 외환위기와 함께 중소기업 기술혁신개발 3개년계획이 수립되고 관련 기술개발사업이 추진되었으며, 벤처기업육성에 관한 특별조치법이 제정되었다. 그 다음 해인 1998년에는 정부 및 공공기관의 중소기업 기술혁신 지원제도(KOSBIR)가 도입되었다. 동 시기는 산업 구조조정이 본격화되고 정부의 벤처육성정책 등의 결과로 중소기업은 신기술 적용과 지식 집약형 벤처기업을 중점적으로 하여 발전하게 되었다. 이러한 과정을 통해 중소기업은 비로소 기술혁신과 고용창출을 위한 중요한 주체로 역할을 수행하게 되었다(창조경제시대 중소기업의 역할과 중진공의 지원방안 수립, 2013. 11). 중소기업 기술혁신개발사업 이후 상용화기술개발지원사업, 이전기술개발지원사업, 창업성장기술개발사업 등 중소기업의 기술혁신을 위한 신규 사업들이 시행되었고 확장되었다.

혁신 중소기업 육성기(2000년대)

경제 위기 극복 이후 1990년대 말부터 2000년대에 이르는 10년 간은 혁신중소기업 육성기로 벤처 등 혁신중소기업을 집중 육성하고 성장 유망분야를 지원한 시기이다. 2001년에 중소기업 기술혁신촉진법이 제정되고, 2년 후인 2003년에는 중소기업 기술통계 조사가 실시되었다. 다음 해인 2004년에는 제1차 중소기업 기술혁신 5개년계획(2004~2008)이 수립되어 본격적인 혁신중소기업을 지원하고 육성하는 정책이 추진되었다. 2009년에는 2차 5개년계획(2009~2013)이 수립되어 시행되었다.

성장동력 확보 및 혁신성장 추진기(2010년대)

2010년에서 현재까지의 기간은 성장동력 확보와 혁신성장을 추구하기 위한 중소기업의 창의적 기술혁신 역량을 강화하는 시기라 할 수 있다. 이때부터 중소기업의 성장단계별 지원체계가 갖추어졌으며, R&D지원 효율화가 추진되었고 중소기업간 격차 해소를 위한 노력도 함께 이루어졌다. 2014년에는 제3차 중소기업 기술혁신 5개년계획(2014~2018)이 수립되고, 같은 해에 민간주도형 기술창업 지원(TIPS) 프로그램이 시작되었다. 수출기업 R&D 등 선택과 집중형 사업 그리고 첫걸음기술개발사업 등 저변을 확대하기 위한 사업 등이 동 시기에 시작되었다. 특히 2017년에는 문재인 정부 출범과 더불어 청 조직수준이었던 중소기업 담당 정부조직이 부 수준의 조직인 중소벤처기업부로 확대되었다.

디지털 전환과 선도기업 육성기(2020년대)

문재인 정부는 '중소·벤처가 주도하는 창업과 혁신성장'을 국정과제 중의 하나로 제시, 이를 중장기 계획과 연계하여 이행하였다. 「제4차 중소기업 기술혁신 촉진계획(2019~2023)」에서 성장과 상생이 조화되는 중소기업 혁신생태계 조성을 비전으로 '글로벌 선도기업', '스마트 제조기술', '혁신생태계' 등을 핵심으로 제시하였다. 또한 「중소기업 육성 종합계획(2020~2022)」에서 글로벌 혁신기업 육성을 통한 디지털 강국 구현을 비전으로 '글로벌 혁신기업', '디지털 전환', '혁신 플랫폼'을 제시하였다. 문재인 정부의 국정과제로부터 주요 계획을 종합하면 핵심 주제는 ① 글로벌 선도기업 육성, ② 중소벤처기업 디지털화 촉진, ③ 상생협력 및 혁신생태계 조성으로 요약할 수 있다(김선우 외, 2021d). 최근 「중소기업 창업지원 계획(2021~2023)」에서는 ① 혁신·신산업분야 창업을 활성화하고, ② 지역 기반 건강한 창업 생태계를 조성하며, ③ 교류 및 기술창업의 저변을 확대, ④ 창업 친화적 제도 기반 마련, ⑤ 창업 정책 총괄 및 효율화를 제시하고 있다.

〈표 2〉 중소기업 기술혁신정책의 시대 구분 및 주요 정책·제도 및 조직 변화

구분	기술혁신정책	제도/조직 변화
1960년대 (산업태동기)	중소기업 기술지원 정책 발아기	1960 상공부 중소기업과 신설 1964 중소기업 육성정책 발표 1966 중소기업기본법 제정 1968 상공부 중소기업국 확대
1970년대 (중화학공업 육성기)	중소기업 기술개발 정책 형성기	1972 기술개발촉진법 제정 1975 중소기업계열화촉진법 1978 중소기업진흥에 관한 법률 1979 중소기업진흥공단 설립
1980년대 (주력산업 성장기)	중소기업 기술혁신 지원체제 구축기	1981 중소기업 제품구매촉진법 1984 하도급거래공정화에 관한 법률 1986 공업발전법 제정/시행 1986 중소기업창업지원법 1987 공업기반기술사업 추진 1987 중소기업 경영안정 및 구조조정 촉진에 관한 특별법 1989 중소기업 기술개발계획 수립
1990년대 초반 (경제개방화 추진기)	중소기업 경쟁 촉진기	1993 신경제 5개년계획 발표 1994 중소기업 진흥 및 제품구매 촉진에 관한 법률 제정 1995 중소기업기본법 전면 개정
1990년대 후반 (경제전환기, 구조조정기)	벤처 육성기	1996 중소기업청 설립 1997 벤처기업육성에 관한 특별 조치법 제정 1997 중소기업기술혁신 3개년 계획 수립·관련사업 시작 1998 정부·공공기관의 중소기업 기술혁신지원 제도 실시 1999 지역신용보증재단법 1999 산업기술기반조성에 관한 법률
2000년대 (경제선진화 진입기)	혁신 중소기업 육성기	2001 중소기업 기술혁신촉진법 제정 2003 중소기업기술통계 조사 실시 2004 제1차 중소기업 기술혁신 5개년 계획 (2004~2008) 2005 재도약 정책 도입(모태펀드 등) 2007 산업기술의 유출방지 및 보호에 관한 법률 2009 제2차 중소기업 기술혁신 5개년 계획 (2009~2013)
2010년대 (혁신경제·혁신 성장 추진기)	성장동력 확보 및 혁신성장 추진기	2014 제3차 중소기업 기술혁신 5개년 계획(2014~2018) 2014 TIPS 프로그램 도입 2017 중소벤처기업부 출범
2020년대 (혁신성장 도약기)	성장동력 확보를 위한 선택과 집중	2019 제4차 중소기업 기술혁신 5개년 계획(2019~2023) 2020 중소기업 육성 종합계획(2020~2022) 2021 중소기업 창업지원 계획(2021~2023)

자료 : 이정희 외 (2019), 일부 수정·보완.

3. 일자리를 창출하는 중소기업

우리나라 중소기업이 그 수도 많고 특징도 다양하여 단 하나의 잣대만으로 진단하기 어려운 측면이 있다. 이는 앞서 설명한 총요소생산성에서의 기술진보의 기여나 TCB의 기술등급 상향과 다르게 실태조사의 기술개발 시도나 사업화 성공률이 떨어지는 부분과 맞닿아 있다. 그렇다면 어떤 기업이 경제에 기여하고 일자리를 창출하며 성장하는지 모니터링할 필요가 있다. 우리가 주목해야 할 중소기업은 어떤 기업인가?

창업·벤처기업

최근 디지털 전환 심화와 비대면사회로의 가속화 등 산업 전반의 체질 변화의 직면으로 전세계적으로 융합 기술·산업구조에 빠르게 대응할 수 있는 기술기반기업의 육성과 기업가정신이 강조되고 있다. 기술기반기업의 정의는 다양한데 신기술기반 기업(New-Technology Based Firms, 이하 NTBFs)은 발명 또는 기술혁신에 기반한 팀창업 기업으로 우수인력의 비중이 높은 특징이 있다(Campos et al., 2011).

우리나라는 제도적으로 창업기업과 벤처기업에 대한 법적 기반을 두고 이를 육성하고 있다. 우선, 창업기업은 중소기업기본법에 따라 사업을 개시한 날부터 7년이 지나지 아니한 기업이다. 2018년 창업기업 수

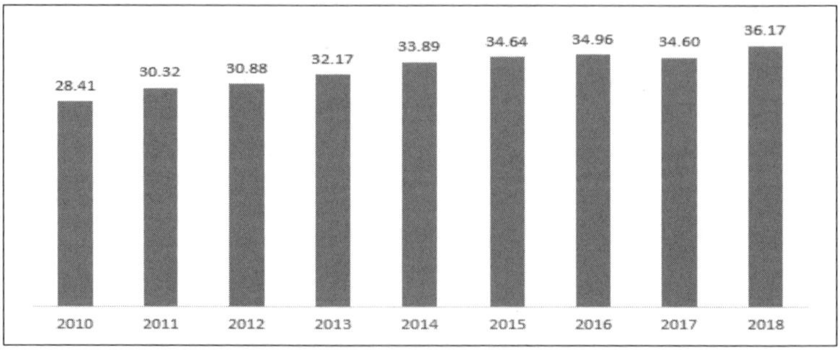

주 : 2019~2020년 미발표.
자료 : 창업기업수는 기업통계등록부, 인구는 행정안전부 주민등록인구 현황.

[그림 5] 인구(천명) 대비 창업기업 수

는 1,874,532개로 2010년 1,435,342개보다 30.6% 증가하였으며, 2018년 인구(천명) 대비 창업기업 수는 36.2개로 2010년 28.4개보다 27.3% 증가하였다.

글로벌 기업가정신 모니터링(GEM)에서도 기술창업 비중(TEA Tech)과 신기술기반 창업을 주요한 지표로 관리하고 있다.[4] GEM에 따르면 우리나라 기술창업의 비중은 2017년 기준 6.96%로 2009년 2.19%와 비교하여 크게 성장하였다. 또한 신기술기반 창업의 비중은 2009년 17.45%에서 2017년 21.89%로 성장하였다.

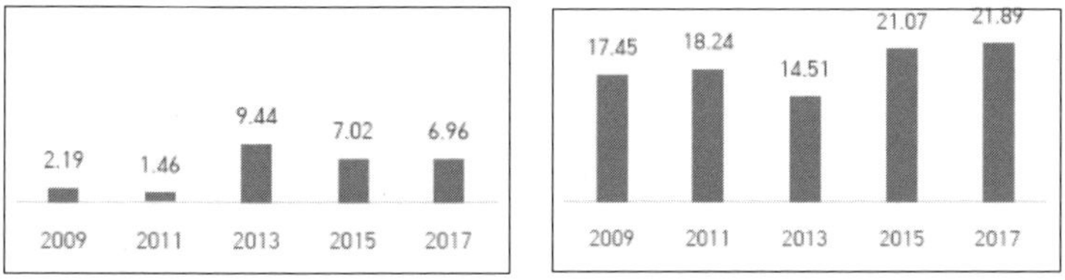

주 : GEM APS 자료임, 2018년 이후는 아직 발표하고 있지 않음.
자료 : Global Entrepreneurship Monitor(각년도).

[그림 6] 우리나라 기술창업 비중(左)과 신기술기반 창업 비중(右) 추이(%)

한편, 벤처기업은 벤처기업육성에 관한 특별조치법(약칭 : 벤처기업법)에 따라 벤처투자 유치 중소기업, 연구개발 수행 중소기업, 혁신성장 중소기업 등의 요건을 달성한 기업이다. 2020년 벤처기업 수는 39,511개로 2010년 24,645개 보다 60.32% 증가하였으며, 2019년말 기준 벤처기업의 총종사자수는 80만 4천 명이다(2020년 벤처기업정밀실태조사). 2019년 벤처천억기업 수는 617개로 2010년 315개 보다 95.87% 증가하였다.

4) GEM의 기술창업 비중(TEA Tech)은 전체 TEA에 속하는 기업체 가운데 OECD 기준 고기술 및 중기술 분야에 속하는 기업체 비율이며, 신기술기반 창업은 TEA 기업체 중 최근(1~5년) 사용해보지 못한 신기술을 활용하여 창업한 기업의 비중을 가리킴.

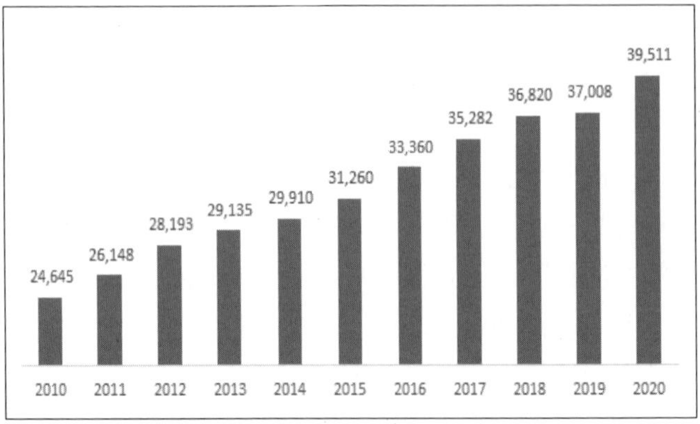

자료 : 기보 제공명단 분석.

[그림 7] 벤처기업 수

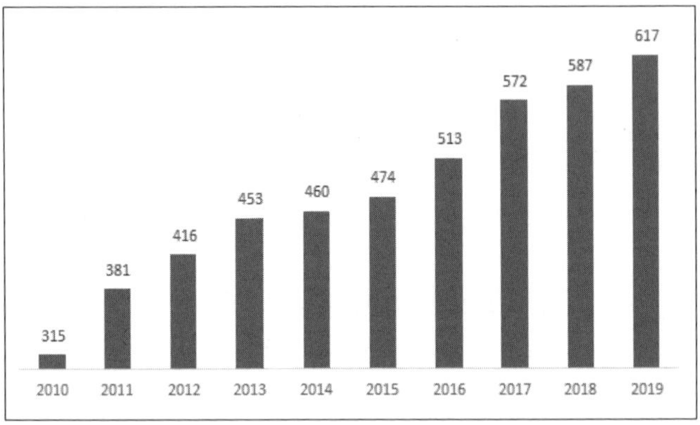

자료 : 벤처천억기업조사.

[그림 8] 벤처천억기업 수

국내 벤처기업총 매출액은 193조 3천억 원으로 254조 원을 기록한 삼성에 이어 재계 2위 수준으로 나타났다. 매출액 대비 벤처기업의 연구개발비 비율은 4.9%로 대기업(1.7%) 보다 높으며, 전년 대비해서도 증가하고 있어 기술력 확보 및 생산 투자를 확대하는 것으로 보여진다 (중소벤처기업부, 2020).

스케일업

스케일업은 일자리 창출 측면에서 국가경제에 큰 기여를 하고 있으며, 지속가능한 혁신생태계를 만드는 핵심 요소이다. 국내에서 스케일업은 고성장기업[5]으로 통용되고 있는데, 국내 고성장기업의 현황은 통계청 '기업생멸 행정통계'를 통해 확인할 수 있다.

김승현 외(2020)에서는 통계청과 OECD 기준인 '상용근로자 10인 이상 기업 중 매출액과 상용근로자의 최근 3년간 연평균 증가율이 20% 이상인 기업'을 준용하여 국내 고성장기업 통계를 정리했다. 그 결과, 국내 스케일업의 경우 기업 수는 일부 증가하는 경향이 있으나 전체 기업 중에서의 비중은 연간 성장률이 하락하고 있다.

〈표 3〉 연도별 국내 스케일업 기업수 및 변화 추이

구분	매출액 기준				상용근로자 기준				매출액과 상용근로자 기준			
	기업수	연간 성장률	비중	연간 성장률	기업수	연간 성장률	비중	연간 성장률	기업수	연간 성장률	비중	연간 성장률
2009	20,997	–	13.1	–	6,608	–	4.1	–	4,185	–	2.6	–
2010	23,400	11	13.4	2	7,625	15	4.4	7	4,862	16	2.8	8
2011	20,637	–12	11.2	–16	8,312	9	4.5	2	5,034	4	2.7	–4
2012	20,212	–2	10.7	–4	8,567	3	4.5	0	5,103	1	2.7	0
2013	17,439	–14	8.8	–18	8,836	3	4.5	0	4,568	–10	2.3	–15
2014	16,240	–7	8.0	–9	8,518	–4	4.2	–7	4,263	–7	2.1	–9
2015	17,413	7	8.5	6	7,568	–11	3.7	–12	3,998	–6	1.9	–10
2016	18,239	5	8.5	0	7,471	–1	3.5	–5	4,100	3	1.9	0
2017	21,395	17	9.7	14	7,729	3	3.5	0	4,521	10	2.1	11
2018	20,373	–5	8.9	–8	8,129	5	3.5	0	4,600	2	2.0	–5

자료 : 김승현 외(2020).

5) 통계청의 고성장기업 정의는 '상용근로자 10인 이상 기업 중 매출액과 상용근로자의 최근 3년간 연평균 증가율이 10% 혹은 20% 이상인 기업'임. 이는 OECD에서 고성장기업의 기준으로 제시하고 있는 '상용근로자 10인 이상 기업 중 매출액과 상용근로자의 최근 3년간 연평균 증가율이 20% 이상인 기업'을 준용한 것임.

또한 국내 스케일업은 수도권 밀집도가 높았다. 매출액 기준으로 볼 때 국내 고성장기업의 56.3%가 수도권에 분포하였고, 부울경 13.9%, 충청 9.9%, 대경 8.7%, 전라 7.9% 등의 순이었다. 모든 지역에서 고성장기업 수 증가가 하락 추세에 있다.

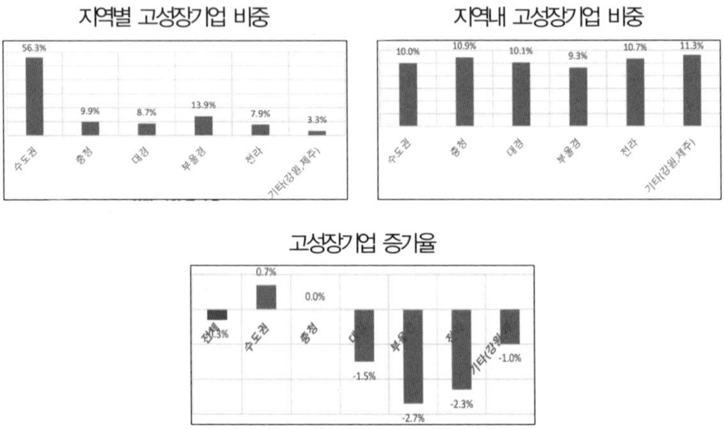

자료 : 김승현 외(2020).

[그림 9] 지역과 고성장기업

매년 고성장기업으로 등록되기는 매우 어려운 일이다. 영국의 경우는 스케일업의 지속적인 변화 추이를 살펴보며 이를 유지시키기 위한 정책 추진을 위해 관련 조직을 '기업에너지산업전략부(BEIS)' 산하에 신설(스케일업연구소, 2016년 설립)하여 밀착형 지원을 하고 있다.

우리도 한국형 스케일업 전략이 구체화되고 다양한 지원 프로그램이 마련되어야 한다. 스케일업은 각자 다른 환경과 특징을 갖고 있어 기존 정책과 같은 OO산업 육성, OO기술 촉진, 성장단계별 지원 등의 접근으로는 가능하지 않다. 개별 기업의 특수성을 반영한 맞춤형 지원이 필요하다(김선우, 2021).

기술혁신형 중소기업

기술혁신형 중소기업은 고용 창출, 매출 성장, R&D 투자 등에서 일반 중소기업 보다 높은 성과를 창출함에 따라 중소기업 문제를 해결할 수 있는 핵심 주체로 보고 있다. 이는 우리나라 뿐만 아니라 OECD, 미국, 일본 등 주요 선진국의 최근 GDP 성장 및 고용창출을 기술혁신형 중소기업이 주도하고 있는 상황이다.

정부는 기술혁신활동을 통하여 기술경쟁력의 확보가 가능하거나 미래 성장가능성이 있는 중소기업을 제도적으로 인증함으로써[6] 이들의 기술경쟁력 향상을 촉진하고 있다. 2019년 말 기준 이노비즈는 18,345개이며, 수도권에 57.7%, 대구·경북 9.1%, 대전·세종·충남에 7.3% 등이 소재해 있다. 업종별로는 기계·금속이 36.0%, 전기·전자 21.4%, 화학 10.7%, 식품·섬유 6.9%로 제조업이 많다.

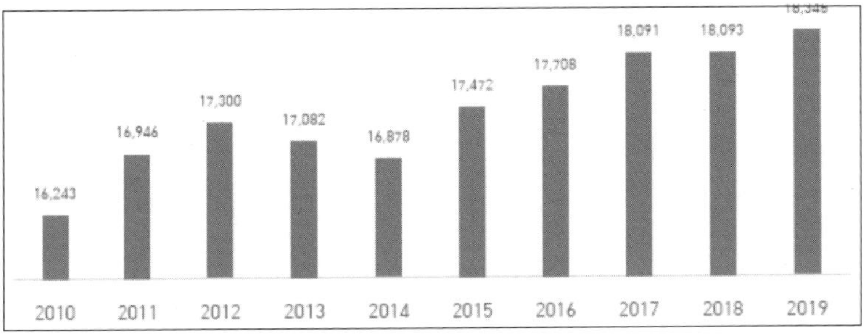

자료 : 이노비즈기업 협회.

[그림 10] 이노비즈 기업 추이

2020 이노비즈기업 정밀실태조사 자료에 따르며, 국내총생산량(GDP)의 15.8%, 중소기업 총수출액의 54.2%를 이노비즈가 창출하고 있다. 또한 소재부품장비 강소기업의 91%가 이노비즈이며, 코스닥 상장기업의 35%, 세계일류상품 생산기업의 35%가 이노비즈이다. 국가경제를 이끌고 있는 이노비즈가 최근 당면한 이슈는 디지털 전환이다.

6) Inno-Biz(이노비즈)란 Innovation(혁신)과 Business(기업)의 합성어로 기술우위를 바탕으로 경쟁력을 확보한 기술혁신형 중소기업을 의미함. 이는 Inno-Biz를 집중 지원하여 여타 기업의 기술혁신을 선도하는 역할을 하는 동시에, 자체의 국민경제적 기여도를 높이기 위한 목적으로 도입함. 제도적 정의는 기술혁신 역량을 갖춘 업력 3년 이상의 안정적 성장 기업으로 지속적으로 기술혁신, 가치혁신을 이뤄 글로벌 시장경쟁력을 확보할 수 있는 기업군이며, 금융/세제, 인력, R&D, 판로수출, 특허 등에서 혜택을 받을 수 있음.

OECD(2021)는 디지털 전환 등 최근의 변화를 반영하여 중소기업의 디지털 인프라 접근, 보안, 인공지능 등 신기술 활용 현황과 정책과제 등을 담은 보고서를 발간하였다. 주요 내용은 디지털화는 중소기업에 성과 개선, 혁신 촉진, 생산성 향상 및 대기업과의 더 공평한 경쟁 등 기회를 제공할 가능성을 포함하고 있으나, 이와 동시에 중소기업이 가지는 규모의 한계로 인하여 디지털 전화에 뒤쳐지고 있는 상황이라고 지적했다.

우리 이노비즈도 이를 반영하여 디지털 전환 뿐만 아니라 변화하는 시대 흐름에 부합한 양손잡이형 혁신을 해나가야 한다. 정부의 기술혁신형 중소기업 제도의 운영 방향성에도 새로운 재정립이 필요한 상황이다. OECD의 오슬로 매뉴얼이 최근 13년 만에 개정되었는데, 지금까지 제품혁신, 공정혁신, 조직혁신, 마케팅혁신을 상품혁신과 비즈니스 프로세스 혁신으로 개편하였다. 제품과 공정, 조직과 마케팅이라는 분절적 혁신의 추구가 아닌 고객이 요구하는 상품과 신기술에 기반한 비즈니스모델혁신이 중요한 시기이다.

종합해 보면, 스타트업과 스케일업은 일자리 창출 및 투자를 이끄는 경제성장의 쌍두마차이다(김선우, 2021). 창업과 성장은 혁신성장을 위한 필수조건이다. 창업해야 경제가 활성화되고, 기업이 성장해야 창업이 이어진다. 정부의 적극적 지원을 통해 역동적인 창업생태계가 마련되고 있다. 창업을 통해 산업구조 변화와 일자리 창출이 이뤄지고 있으며, 역대 최고 수준의 벤처투자 규모로 혁신창업의 기반이 조성되고 있다. 스타트업과 함께 스케일업은 일자리 창출과 투자를 이끄는 경제성장의 쌍두마차다. 이제는 상대적으로 정책적 우선순위가 낮았던 스케일업에 초점을 둬야 할 시기다.

4. 가치창조를 돕는 정부

정부는 디지털 기술을 반영하여 혁신생태계의 선순환을 위한 데이터 기반 구축, 이를 통해 기업의 니즈를 충족하고 플랫폼으로서의 역할을 수행해야 한다. 2022년 차기 정부의 아젠다로 다음의 3가지를 제안한다(김선우 외, 2021b). 첫째, 데이터기반의 정책을 설계하여 미래예견적

지원체계를 구축(Data-driven Policy)한다. 둘째, 개방을 기반으로 하는 플랫폼으로서의 정부(Government as a Platform)이다. 셋째, 수요를 창출하는 기업가 정부(Entrepreneurial State)를 제안한다.

우선, 향후 중소기업 지원 정책은 빅데이터를 기반으로 개별기업에 맞춤형 지원을 할 필요가 있다. 중소기업 기술혁신의 주요 성공요인으로 충분한 사전 탐색 및 기획이 1순위(23.3%), 관련 기술정보 확보가 2순위(22.0%)로 정보에 대한 요구가 점차 증대하고 있다(중소기업기술통계조사, 2019). 우리나라는 국가연구개발활동정보가 데이터로 잘 구축된 나라이다. 이를 기반으로 R&D 과제의 발굴과 과제 선정, 평가 단계에 빅데이터를 활용할 수 있다. 금융권은 다양한 평가모형을 개발하여 여신심사 등의 의사결정 과정에 데이터 지원을 받고 있다. R&D 성공예측 모형을 기업지원 R&D 선정평가에 도입하여, 정부 R&D 지원의 효과가 극대화되는 최적의 기업이 지원을 하는데 활용할 필요가 있다. 또한 향후 관리기관의 역할은 단순히 과제를 관리하는 기관으로서가 아니라 '정보 큐레이터'로서의 역할로 변화할 필요가 있다. 기업에 기술-제품 분석, 경쟁기업 분석, 산업-시장 분석 등을 제공해야 한다.

둘째, 정부 중소기업 지원의 관점이 이제 개별기업의 성공 관점에서 생태계 관점으로 전환되어야 한다. 앞서 살펴본 바와 같이 기업 연구개발 활동이 비즈니스 환경과의 상호 작용, 제품개발 속도 향상을 위해 R(연구)과 D(개발)을 분리하는 현상이 가속화되고 있다. 내부 연구개발 조직은 단기적 비즈니스 문제 해결에 초점으로 하고, 기업의 외부에서 혁신의 단초를 얻는 방향이 포착된다. 산학연협력 과제를 지원함에 있어서도 개별기업의 매출이나 고용 창출 관점에서 공급자의 지식이전역량이 충분한지, 수요자의 파트너십 역량이 있는지, 기관간 협력이 제도적으로 내재화되었는지 평가할 필요가 있다. 디지털전환을 지원하는 부분에 있어서도 산업전문가의 역할이 필요하다. 대기업에서 장기간 전문성을 축적한 전문인력을 다시 스타트업 및 스케일업을 위해 활용해야 한다.

셋째, 정부는 기업 혁신의 보조가 아닌 '가치 창출자'로 역할을 해야 한다. 중소기업 R&D 지원이 연 3조를 넘은 상황이다. 중소기업 R&D 지원의 목표가 더 이상 투입 중심이 아닌 공적 가치(public purpose)를 목표로 설정하여 그에 맞는 프로그램과 사업을 제시할 필요가 있다. 이를 유럽에서는 '임무지향형' 혁신(Mission-Oriented Research & Innovation)으로 제시한다. 예를 들어 중소기업의 '디지털 전환'을 challenge로 제시한다면 그 하단에 제조데이터 플랫폼을 구축, 스마트공장 보급·확산 등의 임무가 제시되고, 이를 각 산업별로 어떻게 도달할지에 대한 프로젝트가 수행되며, 이들은 상호협력 기반하에 수행된다. 또한 초기혁신제품의 '구매' 만으로 혁신성장의 실효성 확보가 어렵기 때문에 공공수요를 '기반'으로 기술개발 할 수 있는 지방자치단체의 공공사업이 추진되어야 한다.

5. 결론

우리나라는 지금까지 정부 주도로 경제 선진화를 이루어왔다. 큰 정부의 역할에 있어서 아직까지 미흡한 부분이 민간이 수용할 수 없는 리스크를 장기간 동안 부담하는 부분이다. 중소기업 혁신지원에 있어서도 개발비용이나 시장만을 고려한 정부의 투자는 지양할 필요가 있다. 한걸음 더 나아가 정부의 개입 방향은 단기적 부양책이나 긴축 재정과 같은 재정적 역할에 그치는 것이 아니라 혁신 시스템 자체를 강화하기 위한 수단(경쟁정책, 세금정책, 교육시스템, 금융시스템, 연구개발 정책)이 통합적으로 수행되어야 한다.

한편, 중소기업은 약자 이미지에서 벗어나야 한다. 중소기업은 우리 경제에 활력을 불어넣는 원동력이며, 시장경쟁의 초석이고, 매력적인 일자리를 창출하는 담당자이자, 지역 경제발전의 담당자가 되어야 한다. 과거까지의 중소기업 지원의 정책이 생산성 향상이나 사업활동의 불리함을 보정하는데 초점이 있었다면, 앞으로는 경영기반을 강화하고, 중소기업자의 자조적 노력을 지원해야 한다.

참고문헌

김선우. (2021). "스타트업과 스케일업은 경제성장의 쌍두마차", 나라경제 2021년 4월호, 한국개발연구원.

김선우 외. (2020). 중소기업 기술혁신역량 평가 및 글로벌 정책분석, 과학기술정책연구원.

김선우 외. (2021a). 한국의 기업지형 분석과 중소기업 혁신정책 기획연구, 과학기술정책연구원.

김선우 외. (2021b). "중소기업정책 60년사 고찰 : 기술분야를 중심으로", 중소기업정책연구 2021-봄호.

김선우 외. (2021d). COVID-19 이후의 중소기업 지원정책의 전환과 설계, 과학기술정책연구원.

김승현 외. (2020). 전환시대 지역혁신생태계에서 선도기업의 역할과 기여, 과학기술정책연구원.

벤처기업협회. (2021). 벤처천억기업조사.

이노비즈기업협회. (2021). 2020 이노비즈기업 정밀실태조사.

이정희 외. (2019). 중소기업정책 60년사, 중소기업연구원.

중소기업중앙회. (2021). 2018년 중소기업 기본통계.

중소벤처기업부·중소기업중앙회. (각년도). 중소기업기술통계조사 보고서.

중소벤처기업부. (2020). 2020년 벤처기업 정밀실태조사.

통계청. (각년도). 기업통계등록부.

한창용 외. (2020). 우리나라와 해외 주요국 중소기업 지원정책 비교분석, 산업연구원.

행정안전부. (각년도). 주민등록인구현황.

Campos, E. B., Somoza, M. L., & Salmador, M. P. (2011). CoPs & Organizational Identity : Five Case Studies of NTBFs. In Handbook of research on communities of practice for organizational management and networking : Methodologies for competitive advantage (pp. 308-336). IGI Global.

OECD. (2021). The Digital Transformation of SMEs, OECD Studies on SMEs and Entrepreneurship, OECD Publishing, Paris.

Solow, R. M. (1957). "Technical change and the aggregate production function", The review of Economics and Statistics, 312-320.

과학기술정책지원서비스 www.k2base.re.kr

글로벌 기업가정신 모니터 https://www.gemconsortium.org

Ⅲ.

중소기업 협업형 E.S.G. 가치공동체

양현모(전략컨설팅 집현)

III

중소기업 협업형 E.S.G. 가치공동체

양현모(전략컨설팅 집현)

1. 들어가는 말

2021년에 접어들면서 디지털·에너지 전환에 따른 산업구조의 대변혁과 함께 코로나19 팬데믹으로 인한 경제·산업계 전반의 위기의식이 심화되면서, 전 세계적으로 ESG경영에 대한 열풍이 불고 있다. 웬만한 글로벌·다국적 기업들이 앞다투어 ESG 위원회 및 전담조직을 설치하는 등 적극적인 도입계획을 발표하는가 하면, 많은 국가들이 정책적·제도적으로 ESG에 집중하고 있다. 심지어 일반 주식시장에서도 '착한기업에 투자한다'는 움직임이 확산된지 오래이다.

물론 기업들이 생산공정 최적화, 친환경화, 재생에너지 사용 등 새로운 환경에 적응함과 동시에 사회적 책임에 대해 관심을 갖는 것은 바람직한 일이다. 사회적 가치를 강조하는 ESG 경영을 통해 기업이 의사결정에서 재무적 가치 이외에 비재무적 가치를 고려하여 사회적 경제, 나아가 사회혁신에 참여함으로써 지속가능한 사회, 지속가능한 기업으로의 변화에 이바지 할 수 있기 때문이다.

반면 코로나로 인한 전세계적인 경영침체 속에서 하루하루 생존하기도 힘든 중소기업들에게는 자칫 남의 떡처럼 보이거나 지나가는 유행처럼 인식될 수도 있다.

ESG가 단순히 기업이 당면한 경영적 측면의 위기를 모면하거나 주가관리, 투자유치 등을 위해 소위 이미지 세탁이나 '그린워싱(Greenwashing)'

등 부정적인 행위를 감추려는 방패막이로 전락해 버릴 비판도 등장하고 있다.

특히 우리나라와 같은 생산주도형 경제산업 구조 하에서는 이러한 흐름이 자칫 선진국을 중심으로 한 새로운 무역장벽으로 작용할 우려도 있다. 해외 협력사·투자운용사의 기준 강화에 따라 ESG경영전략이 기업의 경쟁력과 직결되는 생존의 필수 요소로 급부상하고 있기 때문이다. 실제 해외 기업들이 온실가스 및 유해물질 배출여부(환경), 근로환경 및 아동노동 여부(사회), 불공정 행위 여부(지배구조), 분쟁광물 사용 여부 등 협력사 행동규범을 마련하여, 국내기업에도 해당 규범에 따를 것을 요구하고 있어 해외 납품하는 수출 중소·중견기업의 어려움이 가중되는 현상도 발생한다. 이런 문제는 개별적 대응역량이 부족한 중소제조기업에게서 더욱 심각한 리스크로 작용할 수 있다.

이러한 관점에서 ESG 경영에 대해 다양한 시각에서 특성과 전망을 파악하고 중소기업들의 입장에서 대응가능한 실천전략들을 도출해 낼 수 있도록 보다 근본적인 고민과 전략적인 접근이 시급한 실정이다.

2. E.S.G. 경영에 대한 전 세계적인 관심 집중

미래 기업생존의 필수요소로 주목받는 ESG 경영전략의 개념 및 특성

'ESG'는 E(Environmental), S(Social), G(Governance)의 약어로, ESG경영은 기업이 단기적·경제적 성과뿐 아니라 친환경 사업, 사회적 책임, 지역사회 공헌, 지배구조 개선 등을 적용하여 가치집약적이고 지속가능한 발전을 추구하는 경영방식을 의미한다.

ESG의 등장은 2015년 지속가능개발목표(Sustainable Development Goals : SDGs) 발표로 거슬러 올라간다. 2015년 9월 전 세계 UN 회원국들이 합의하여 기존 국제사회 공동 이행목표였던 밀레니엄개발목표(MDGs)를 대체하는 새로운 국제적 약속으로 SDGs를 채택하고, 2030년까지 인류 보편적 문제와 지구 환경문제, 경제사회문제 해결을 위한 목표를 설정하였는데, 이를 계기로 세계적으로 ESG에 대한 관심이 급증하게 된 것이다.

최근 코로나19의 확산과 더불어 미래를 대비한 탄소중립의 중요성이 강조되면서 ESG 경영은 새로운 기업의 규칙으로까지 자리잡기 시작했다. 이는 4차 산업혁명이 대두되고 세계적으로 '디지털 전환(Digital Transformation)'과 '녹색/에너지 전환(Green/Energy Transformation)'이 주목받게 되면서 4차 산업혁명에 따른 각종 기술발달과 탄소중립 선언 등이 다양한 분야에 광범위한 영향을 주었기 때문이다. 특히 산업분야의 경우 기존 산업의 최적화와 친환경화 추세가 가속화되면서, 글로벌 환경규제 강화와 차세대 ICT기술 활용한 에너지 효율성의 실현 가속화 및 기존 산업구조의 변화에 대한 이슈들이 함께 부상하기 시작했다. 결국 디지털·에너지 전환에 따른 산업구조의 대변혁에 대비하기 위해 기업들은 생산 최적화, 친환경화, 재생에너지 사용 등 새로운 환경에 적응하기 위해 ESG경영전략을 추구할 수밖에 없어진 것이다.

일반적으로 ESG경영에 대한 개념은 아래 표와 같이 여러 기관별로 다양하게 정의되는데, 크게 신재생에너지 전환, 디지털기술 융합, 공급망 관리, 협력사 상생체계, 근로자 권익보호, 이익환원 등의 내용을 포함한다.

〈표 1〉 주요기관의 ESG 정의

구분		정의
해외	UNCED UN 환경개발회의	미래 세대의 필요를 충족시키면서 현재 세대의 필요도 동시에 충족시킬 수 있도록 경제성장·환경보호를 동시에 달성
	Dow Jones 다우존스	경제·환경·사회적 발전을 통해 파생되는 기회를 포착하고 리스크를 관리하여 장기적인 주주가치를 창출하는 비즈니스
	국제표준화기구 ISO 26000	기업 활동으로 야기되는 사회에 대한 부정적 영향을 최소화하고, 기업의 사회적 책임을 통해 사회의 지속가능 발전에 기여
국내	산업발전법 (제19조)	기업이 경제적 수익성, 환경적 건전성, 사회적 책임성을 함께 고려하는 지속가능한 경영 활동
	한국지속가능 발전기업협의회	환경·경제·사회의 지속가능성을 위해 노력하고 리스크를 최소화하며 주주가치를 포함한 기업가치를 제고하는 경영

〈표 2〉 기업 내 ESG경영전략의 지향점

구분	내용		
Environmental	- 에너지·디지털기술 활용 및 융합 - 신재생에너지 산업 확대 - 친환경 제품 및 부품 개발 (EV 등) - 금속 폐기물 자원 재활용 - 모니터링 및 빅데이터 플랫폼	⇒	- 환경오염 및 유독물질 배출 관리 - 친환경 사업 전환 - 자원재활용 순환경제 참여 - 탄소중립 기여
Social	- 협력사 성과급 공유 - 환경·안전·보건 가이드라인 정비	⇒	- 협력사 상생 및 공급망 관리 - 공정 효율화 및 생산안전관리
Governance	- 근로자 재교육 프로그램 - 직원 평가 및 보상 제도 정비 - 소비자 참여 캠페인 확대 - 감사기구 설치 및 공시 정정	⇒	- 근로자 권익보호 - 소비자 / 지역사회 공헌 - 기업지배구조 개선

주요 선진국 및 기업들의 ESG 경영 도입 현황 및 사례

미국, 유럽 등 선진국가와 국제기구를 중심으로 기업의 ESG경영에 대한 요구가 확산되면서, 전세계적으로 통용되는 ESG 관련 정책 및 규범들도 증가하고 있다. 실제 2013년 28개에 불과했던 글로벌 ESG 관련 신규 규제 및 정책은 2018년 210개까지 증가하였으며 특히, 2016년 이후 ('16) 51개 → ('17) 111개 → ('18) 210개로 매년 2배 이상 가파르게 증가하는 추세이다.

이미 선진국들은 금융기관의 투자대상 기업에 대한 ESG 공시규제 등 기업의 ESG보고를 자발적 공시가 아닌 의무공시로 바꾸어 강제하고 있다.

EU는 ESG 경영을 실질적으로 앞당기기 위해 ESG 공개법을 2014년에 의결하고 2017년부터 실행하고 있는데, EU회원국내에서 500인 이상의 기업을 운영하거나 2억 유로 이상의 매출을 올리는 기업은 EU가 정한 ESG 공개 원칙에 따라 사회·노동·인권·반부패를 포함한 ESG 정보를 의무적으로 공개해야 한다. 우리나라 기업들을 포함한 EU시장에 진출한 외국계 기업도 당연히 포함된다. 이를 발전시켜 2021년 3월부터 유럽의 금융기관을 대상으로 지속가능금융 공시규제(SFDR : Sustainable Finance Disclosure Regulation)를 세계 최초로 시행했으며, 투자 대상

기업의 기후변화 대응(온실가스, 생물다양성 등), 사회적 대응(성차별, 대량살상무기 등) 등 18개 항목을 공시대상으로 의무화했다. 현재 EU는 2023년부터 거의 모든 기업들이 ESG 정보를 공개해야 하는 방향으로 법 개정을 추진하고 있다.

이와 함께 EU 내 각 국가별로도 ESG에 대한 공개의무 강화 및 연기금 중심으로 ESG를 고려한 책임투자도 확산 추세이다. 영국은 상장기업과 대기업을 대상으로 2025년까지 기후 관련 재무 데이터의 의무공개를 결정했다. 노르웨이 국부펀드(GPFG)는 인권침해·환경파괴·부패 등 행위 발생시 투자를 배제하고 있으며, 네덜란드 공무원연금(ABP)은 화석연료에 대한 투자를 철회하고, 인권리스크가 높은 분야에 대해서는 개선을 요구하고 있다.

그간 대응에 미온적이었던 미국도 바이든 행정부 취임 이후 환경에 대한 관심이 전반적으로 높아지면서 금융기관 등을 중심으로 ESG 점검을 강화하는 방침을 밝히고 있다. 미국 증권거래위원회(SEC)는 개별 ESG 펀드가 추구하는 ESG 전략 및 목표에 대한 명시를 의무화하였고, 글로벌 기업의 협력사 선정시, 투자은행의 투자결정시, 신용평가기관의 기업 실사시 등 민간 차원에서도 ESG에 대한 요구를 강화하는 추세이다. 그밖에 2017년 싱가포르도 주식시장에 상장한 기업들의 ESG 정보를 공개하는 법을 통과시켰고, 홍콩도 2025년까지 기후변화가 경영에 미치는 재무적 영향의 의무공시를 요구하기 시작하는 등 국가들도 규제 동참 가능성이 점점 높아지고 있다.

이러한 가운데 UN, OECD 등 국제기구들도 관련 규범을 제정하여 회원국에게 준수할 것을 권고하고 있는데, '다국적기업 가이드라인' 및 '기업책임경영 실천 지침', '지속가능발전 목표(SDGs)' 등을 통해 적극적인 의지를 보이고 있다. 더불어 MSCI, Blackrock 등 투자회사, 은행, 신용평가사 등 금융권에서도 ESG경영 강화를 강력히 권고하면서 투자결정시 ESG경영 정도를 평가하여 반영하고 있다.

이러한 정책적·제도적 흐름에 맞춰 각 기업들도 ESG 도입을 가속화하고 있다. 투자자들의 기업에 대한 경제적·사회적 가치 창출 요구가 확대됨에 따라 ESG경영전략은 기업 생존의 필수요소로 주목받기 때문이다.

먼저 EU 내 선도적인 글로벌 기업들이 가치집약적 ESG경영의 확산에 선도적인 역할을 수행하고 있다. 독일의 화학기업인 바스프(BASF)는 ESG행동강령을 제정하여 협력사에 배포하고 켐사이클링(chemcycling)을 통해 공정폐기물 재활용을 늘리고 있다. 영국의 생활용품 제조사 유니레버(Unilever)는 플라스틱 사용량 감소, 재활용 등을 통한 친환경성 강화와 공급망 관리(SCM)에서의 '지속가능한 소싱(Sustainable Sourcing)'을 강조하며 ESG경영을 강화하였다.

애플 Google, Microsoft, Amazon과 같은 미국 내 글로벌 IT 기업들도 탈탄소화, 재생에너지 효율화, 다양한 분야와의 협업을 강화하고, 협력사 선정시 사회적 책임, 환경 등 ESG 사정을 고려하여 기준에 미달할 경우 협력을 중지하겠다고 선언하는 등 ESG경영방침을 강화하고 있다. 또한 미국 의류회사 파타고니아(Patagonia)는 '환경보호의 상징'으로 통하며, 원자재 공급망에서부터 환경보호를 실천하는 ESG경영 사례의 대표주자로 활동하고 있다. 글로벌 점포를 가진 Starbucks도 블록체인 기술을 활용해 커피 원두의 생산 및 유통이력을 기록·조회하는 '빈 투 컵(Bean to cup)' 프로젝트를 진행하고 있다.

이런 기업들의 활동에 힘입어 전세계 ESG 투자규모는 2018년 30조 6,830억 달러(37,329조원)로 2012년 대비 3배가량 증가했으며 여전히

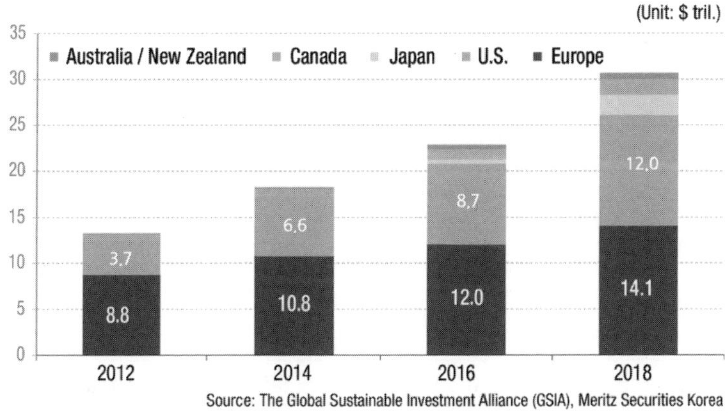

출처 : GSIA(The Global Sustainable Investment Alliance), 메리츠증권.

[그림 1] 전세계 ESG 관련 투자규모

확대 추세이다. 과거에는 미국, 유럽 중심으로 ESG 투자 확산이 나타났으나 최근 일본을 중심으로 아시아 등 기타 지역에서도 ESG 투자 규모가 확대되고 있다. 특히 2008년 금융위기 이후 주주행동주의(Activism)가 주목받은 점도 ESG 투자규모 증가에 영향을 준 것으로 본다.

이러한 움직임들은 계속 강화되고 있는데, 최근 영국에서 진행된 G7 정상회담에서는 회원국의 기업들이 파리기후협약에서 만들어진 TCFD에 따라 환경경영에 대한 정보를 의무적으로 공개하는 것을 결정함으로써, 전 세계적인 참여가 확대될 것으로 전망되고 있다.

우리나라에서도 2007년 산업발전법 개정을 통해 지속가능경영 종합시책을 마련(제19조)하는 등 일찍부터 기업의 지속가능경영에 대한 정책지원을 추진해 왔다. 국민연금·거래소 등 금융권에서도 '13년 국민연금 내 책임투자팀을 설립하고 '15년 이미 ESG 평가기준을 마련하는 등 공공조달·기관투자시 지속가능경영 요소를 고려하기 시작하는 등 ESG경영 정책을 강조해 왔으며, 최근에는 기금운용원칙에 '지속가능성의 원칙'을 새롭게 명시하는 등('20) 지속적 의지를 표방해 왔다.

그럼에도 불구하고 산업계에서의 인식이 부족하고, 조달 투자시 지속가능경영 요소 고려 등 기업의 참여를 유도하는 정책이 부족하여 지속가능경영 확산이 정체되어 있는 실정이다. 실제 산업연구원의 조사('16)에 따르면 지속가능개발목표(UN SDGs) 인식기업은 전체 국내기업의 50% 미만인 것으로 나타나고 있다.

〈표 3〉 최근 법-제도-정책 동향

연도	내용
'16	- 기관투자자 수탁자 책임에 관한 원칙(스튜어드십 코드) 제정(한국기업지배연구원) - 조달시 ESG 고려, 사회책임공공조달 장려(조달청)
'17	- 국민연금에 사회책임투자위원회 설립 공식화(복지부) - 자율적 기업지배구조 공시제도 시행(금융위)
'18	- 한국거래소 ESG 사회책임경영지수 발표
'19	- 국민연금 스튜어드십 코드 개정 → 의결권 행사 등 사회책임 투자 강화
'20 ~	- 사회적 가치 실현을 위한 공공부문의 추진전략 발표(부처합동) - 한국형 녹색분류체계(K-taxonomy) 마련 추진(부처합동, 잠정)

다행스럽게도 최근 들어 중앙부처를 중심으로 기업의 ESG경영을 지원하는 정책들을 발표하면서, 사회적 책임과 기업, 근로자, 지역주민의 소외 없는 공정한 전환을 포함하는 ESG경영 확산정책 의지를 표방한 바 있다. 대통령은 '21년 3월 상공의 날 기념식에서 "올해를 ESG경영 확산의 원년으로 삼고, ESG표준을 마련할 것"이라고 강조하면서 "지속가능경영보고서 공시제도를 개선하고, ESG 표준 마련과 인센티브 제공도 추진하겠다"고 밝혔다. 국무총리도 국회시정연설에서 "함께 성장할 수 있는 ESG경영 문화를 확산하겠다"고 지속가능한 ESG경영의 중요성을 언급한 바 있으며, 산업부장관 또한 "ESG촉진 등 미래형 산업기반 조성에 소홀하지 않을 것"이라며 ESG 지원에 대한 정부의 강력한 의지를 밝혔다.

또한 2021년부터 상장사에 대한 ESG 공개규범을 예고하였는데, 2025년부터는 자산 2조원 이상, 2030년부터는 모든 상장사가 ESG 정보를 한국기업지배구조원의 표준 규범에 따라 공개해야 한다.

이러한 정책방향에 맞춰 '20년 12월 산업통상자원부는 '지속가능경영 확산 대책'을 발표하고, 민간주도의 한국형 지표(K-ESG) 개발, ESG경영 문화 확산, ESG경영성과 인센티브 마련 등 ESG경영전략을 강조하는 정책방향을 제시하였다.

한편, ESG경영이 글로벌 트렌드로 자리잡으면서 ESG경영을 구체적으로 정확하게 측정하고자 하는 수요가 증가함에 따라 각종 신용평가기관, 정책연구기관 등에서 기업들의 ESG 역량과 성과를 측정하는 평가지표를 개발하고 있다. Moody's, Broomberg, MSCI(Morgan Stanley Capital International) 등 각종 언론사, 연구기관, 신용평가사 등에서는 기업의 다양한 비재무적 성과를 측정하고 평가하여 ESG경영 정도를 점수화하려고 시도 중이다.

이에 따라 글로벌 기업들은 주주·브랜드 가치 구축 및 제고를 위해 MSCI(모건스탠리캐피탈인터내셔날) ESG 지수, UN SDGBI(지속가능개발목표경영지수), 서스테이널리틱스 ESG 지수 등 외부에서 평가받은 ESG 등급을 공개하는 한편, 기관의 투자를 유치하기 위해 SASB(지속가능회계기준위원회), TCFD(기후변화 관련 재무정보 공개 협의체), GRI(글로벌 지속가능보고서 이니셔티브) 등 글로벌 ESG 기준을 통해 비재무적 정보도 공시하고 있다. 이와 함께 투자자와 소비자의 마음을 잡기 위해 글로벌 친환경 인증도 받는데, 이는 '탄소 제로'와 친환경을 위한 노력이 글로벌 최상의 수준이라는 점을 공표하는 방법이다. 또한 RE 100(Renewable Energy 100%)과 GRP(Guidelines for Reducing Plastic Waste & Sustainable Ocean and Climate Action Acceleration·플라스틱 저감, 지속가능한 해양과 기후환경 대응 인증 및 가이드라인)도 점차 많이 활용되고 있다.

3. 중소기업이 부딪히는 현실적인 한계와 도전과제

대기업 중심의 ESG 경영 평가 지표 및 지원 정책의 한계

일반적으로 ESG경영 실현을 위해서는 기업 내 기존 재무전략·목표의 전면수정, 환경이슈와 사회이익 공유를 고려한 프로그램 추진 등에 따라 대규모 재원과 인력이 소요되는 것이 특징이다. 그러다 보니 ESG에 대한 성과 및 시스템은 기업의 규모가 클수록 보다 더 신속하고 체계적으로 갖추게 되고 결국 대기업 중심으로 편중되기 쉽다.

실제 2021년 연초 신년경영계획에서 삼성, SK, LG, 포스코 등 제조업 기반의 그룹사는 친환경 에너지 정책을 중심으로, KB금융, 네이버, 카카오 등 서비스 기반의 그룹사는 소셜이슈(인권, 개인 정보 보호, 디지털 책임, 사회적 약자 보호 등)를 중심으로 중장기적인 ESG경영 확대 계획을 발표했다. 대부분 충분한 자본과 인력을 보유한 대기업 중심으로 ESG가 진행되고 있는 것이다.

ESG 현황을 평가하기 위한 지표 관점에서도 많은 경우 대기업 등 규모가 큰 기업을 중심으로 구성되어 있는 것이 현실이다. 산업통상자원부가 개발하고 있는 K-ESG 지표의 경우, 공신력을 갖춘 국내외 주요 13개 지표를 분석하여 정보공시·환경(E)·사회(S)·지배구조(G) 분야별 문항 비중을 균형 있게 구성되도록 개발하였는데, 여전히 기업 규모에 따른 편향을 해소하지 못하고 있다.

반면 국내 산업의 대부분을 차지하는 중소기업은 ESG 경영 필요성에 공감할 뿐, 실질적으로는 추진 능력을 갖추지 못한 실정이다. 많은 중소기업들은 자체적으로 ESG경영전략을 수립·도입하는데 한계를 느끼고 있으며, 1인 다역이 많은 기업 특성상 ESG 활동하는 담당자나 조직이 겸직인 경우가 많다 보니, 전담부서와 전담인력을 확인하여 평가를 받기도 어렵기 때문이다.

최근 중소벤처기업진흥공단이 중소벤처기업 1,000개 사를 대상으로 조사한 '중소벤처기업 ESG 대응 동향('21.7)'에 따르면 중소기업 대부분이 ESG 경영의 필요성은 공감하지만 기업의 74.3%는 대응 준비 계획이 없는 것으로 조사됐다. ESG에 적용할 시스템을 구축하려면 상당한 자원이 필요한 데, 자금·인력이 부족한 중소기업엔 여력이 없기 때문이다. 특히 국내 중견·중소기업의 경우, 직접적인 디지털·그린 전환은 물론 타 기업과의 협력을 통한 전환조차도 어려운 형편이다.

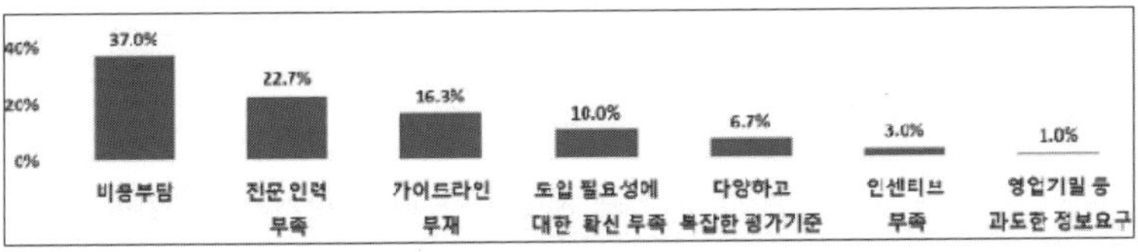

[그림 2] 중소·벤처기업의 ESG 경영 도입·실천시 애로사항(중진공, '21. 7)

그나마 디지털·그린 전환 외에 ESG 각 요소별 특성을 보면, 중견·중소기업이 ESG를 개별 추진하기는 더욱 쉽지 않을 것으로 보인다. 녹색경영부터 그동안의 정책적 노력으로 환경적 측면에 대한 이해나 역량은 어느 정도 성장하였으나, 지배구조나 사회적 관점에 대해서는 이해조차 쉽지 않기 때문이다.

실제 국내 한 연구결과에 따르면 ESG에 대한 성과와 시스템은 기업의 규모가 작을수록, 기업의 수익이 적을수록, 사업의 수익성이 낮을수록 낮은 점수를 보이고 있는데, 중소기업의 경우 특히 사회적 영역이 가장 취약한 면을 보이고 있다. 다음 〈표 4〉와 같이 대기업은 ESG 영역 모두 120점 내외로 나타났지만, 중소기업의 경우 지배구조와 환경 영역에서 90점에 미치지 못했으며, 특히, 사회영역은 60점대로 낮게 나타난 것을 알 수 있다.

〈표 4〉 기업유형별 ESG 점수 비교

기업군	기업수	Governance	Social	Environmental
대기업	262	122.7	121.0	121.9
중견기업	331	99.2	76.9	96.3
중소기업	117	89.6	62.8	87.4
전체	710	106.3	106.3	104.3

출처 : 한국기업지배구조원, 「중소 중견기업의 ESG 현황분석」을 바탕으로 재구성.

물론 이러한 중견·중소기업의 ESG 이행에 대한 어려움을 해소하기 위해 우리 정부도 다양한 사업을 펼치고 있다.

산업통상자원부와 중소벤처기업부는 2021년 7월 공동으로 'ESG 경영지원 플랫폼(온라인)'을 운영하고 '중소기업형 ESG 가이드라인'도 마련하기로 했다. 중소기업진흥공단은 유관기관·지자체와 협업으로 다양한 탄소중립 지원체계를 구축하여 고탄소 업종 15곳을 대상으로 스마트공장 구축을 지원함과 동시에 ESG경영에 필요한 관련정보 제공과 인센티브 마련 등을 통해 중소벤처기업 ESG경영 전환을 지원한다. 중소기업중앙회는 ESG전담팀을 신설해 중소기업의 ESG 역량 강화와 ESG를 기반으로 한 대기업·공기업과의 상생협력을 활성화하고 중소기업에게 ESG 경영에 대한 필요성을 알리고 있다.

하지만 여전히 정부의 정책들은 기존 대기업 중심으로 형성된 ESG 경영의 틀 안에 머물러 있다. 소위 '잘 나가는 기업의 홀로 성장'을 위한 활동에 작은 기업들도 열심히 따라갈 수 있도록 도와주는 수준인 것이다. 대-중소기업 상생을 통한 방안도 도입되고 있으나 여전히 대기업 주도형 산업구조 하에서 중소기업은 하나의 사업부, 부속품 수준으로 다뤄질 우려도 없지 않다. 우리 경제의 대다수를 차지하는 중소기업(사업체 중 99%)의 특성과 현실에 맞는 ESG경영을 어떻게 새롭게 정의하고, 규제가 아닌 혁신성장·포용성장의 전략으로 받아들이도록 할 것인가가 중요한 숙제인 것이다.

중소기업의 ESG 경영 추진을 위한 해결방향

우리나라의 기업생태계 안에서 중소·중견기업의 특성을 좀 더 살펴보자.

국내 대부분의 중소·중견기업은 개별기업이 독자적으로 생존하는 구조가 아닌, 서로 가치사슬 또는 협업 네트워크 구조로 복잡하게 얽혀있어 동일 군의 기업이 함께 ESG경영전략을 추진하지 않으면 현실화가 불가능한 상황이다. 특히 제조중소기업의 경우, OEM방식의 생산으로 모기업중심으로 경영활동이 집중되는데, 스마트팩토리로 대표되는 디지털 전환의 경우 대개 모기업 사양에 따라 생산방식 및 계획이 결정되거나 관련 공급망 내 다른 기업들과 기존 공정을 한꺼번에 개선하지 않으면 스마트화하는 것이 불가능하다.

또한 장기간에 걸쳐 대기업의 발주생산 체제에 종속되어 있다보니, ESG경영전략 등 미래 성장동력 확보를 위한 체질개선을 등한시했거나 생산 수율과 품질 동시에 배가시킬 다양한 혁신적인 기술들을 도입·실행하는 과정에서 혁신역량 및 수용성 부족, 단기적 자금 압박 등 다양한 이슈가 발생한다. 일부 모기업, 즉 대기업들로부터 많은 변화를 요구받더라도 협력업체 현장에서 개별기업이 독자적으로 ESG경영 트렌드에 맞는 전략 수립과 추진의지를 갖는다는 것은 현실적으로 어렵다는 의미이다.

이런 원인들로 인해 국내 중견·중소기업들은 ESG 전환에 소요되는 비용과 기간, 리스크를 감당할 만한 여력이 없는 경우가 많고, 상호협력을 통한 전환을 시도한다 하더라도 사익을 추구하는 기업간 협의를 이뤄내는 것이 어려우며, 혁신공정에 대한 사용자, 근로자들의 수용력이 떨어지는 등 복합적인 한계에 부딪히고 있다. 기존 소수 재벌 중심의 경제구조가 가진 한계를 극복해야 함에도 불구하고 새롭게 열리는 ESG의 흐름에서도 결국 대기업에 편향된 전환이 진행되어 중소기업이 소외될 수 있다는 우려가 발생하는 것도 이 때문이다

결국 우리 중소·중견기업이 ESG경영의 트랜드에서 소외되지 않고 산업경쟁력 강화의 주축으로 거듭나기 위해서는 개별 기업들의 의지와 노력 못지 않게 정부의 관련 지원이 시급하다. 과거 산업화 주역인 중

견·중소기업이 다가올 신시대에서 도태되는 것을 막기 위해서는 중소·중견기업의 특성 및 수준에 맞춘 새로운 개념과 방식의 ESG 도입·활성화 정책이 필요한 것이다.

상기 제시된 문제를 해결하기 위해서는 단일·개별 기업차원이 아닌, 동일한 목적이나 업종의 중소·중견들을 기업군(Group)으로 묶어 상호 협업을 통해 ESG 경영전략을 도입하도록 추진하는 것이 필요하다. ESG 도입을 위한 막대한 투자 및 전환의 노력이 효율적인 성과로 이어지려면 적어도 대기업의 거대한 사업장에 준하는 수준으로 규모의 경제를 달성할 수 있도록 가치사슬 내 중소기업 간 연결된 구조를 만드는 것이다. 일례로 최근 수요가 급증하고 있는 감염병 진단키트 생산 분야의 경우, 진단키트, 진단기기, 처리기, 시험분석 등 전체 공정별로 필요한 솔루션을 각기 다른 기업이 담당하다 보니, 모든 기업이 협업하여 동시다발적으로 ESG 전략을 채택하지 않는 이상 개별 기업들의 ESG전략 실현은 불가능하다.

해외에서는 이미 산업/업종별로 네트워크 및 협력체계에 기반하여 사회적 책임 및 지속가능성을 강조, 새로운 산업생태계를 구축하는 사례가 늘어나고 있다. IT를 중심으로한 RBA(Responsible Business Alliance), 자동차 기업을 중심으로 하는 Drive Sustainability 등 ESG 경영으로 급변하는 세계 환경에 맞춰 새로운 생태계를 구축하고 있는 중이다. 물론 제시된 사례들은 대기업을 중심으로 거대한 기업군이 형성된 경우지만, 이보다 작은 규모의 기업군에서도 충분히 ESG의 도입이 가능하다.

〈표 5〉 해외 주요 산업별 지속가능경영 이니셔티브

구 분	세부내용
Responsible Business Alliance	- 애플·인텔·테슬라 등 IT기업 중심 147개 社 참여 - RBA 참여기업에 납품시 RBA에서 규정한 지속가능경영 요건 준수
Drive Sustainability	- BMW·다임러·토요타 등 자동차 기업 10개 社 참여 - 지속가능 원칙을 제정하여 기업활동시 준수 요청(구속력 無)

이러한 기업군 중심의 ESG를 추진함에 있어 가장 중요한 것은, 단순히 몇몇 기업간 공급망 관리를 강화하는 차원이 아니라, 해당기업들과

혁신지원기관인 대학·연구소, 지역 내 주민들이 모두 참여하여 이해관계자 간 갈등요소를 배제한 거버넌스와 일자리 문제, 사회공헌 등 사회적 가치를 반영할 수 있도록 사업모델을 개발·적용해야 한다는 점이다. 특히 참여주체간의 상호합의 및 신뢰 관계 구축을 통해 지속가능한 운영 거버넌스를 구축하는 것도 핵심적인 성공요인으로 작용한다. 전통적인 ESG의 개념이 기업 내 주주와 경영진, 종업원 간의 지배구조를 거버넌스(G)로 정의되었다면, 기업군의 경우에는 참여하는 기업들, 관련된 협력주체 및 주변 주민들까지 그 범위가 확장되어야 하기 때문이다. 또한 일반 기업간 협력에서 마찬가지로, 추진전략 및 목표에 대한 충분한 사전협의를 통한 공감대 형성, 진행과정에서 발생하는 다양한 갈등 상황에 대한 현명한 중재·조정, 그리고 창출된 이익에 대한 공정한 배분 등이 필요하다.

실제 ESG 대표격인 에너지기술 분야는 여러 설비·장치가 결합된 공공재 성격의 시스템인 만큼, 기술 도입·운영 과정에서 다양한 기업과 지역주민과의 갈등은 물론 경제성 등 사업화 문제가 복합적으로 작용할 수 있다. 실제 시스템 적용 현장에서의 수용성 확보 실패, 적절한 자금 미확보, 마케팅 비용 과다 등 다양한 어려움에 직면함으로써 기술 성과물의 활용·확산이 가로막히는 결과가 도출되는 경우가 허다한 것이다. 사용자 환경과 이해관계를 고려하지 않은 기능 중심의 시스템 도입으로 인해 시범사업 이후 대규모 확산과정에서 실패하는 경우도 종종 발생하게 된다.

이때 이러한 복잡한 과정을 단순히 소수 리딩기업에게만 책임과 역할을 부과하기에는 한계가 있다. 중견·중소기업들의 경우 자사 내 ESG 도입에만도 벅찬데 전체 가치사슬/공급망 내 이해관계자들을 다독여 가면서 전체 프로젝트를 이끌어 갈 만한 역량과 여유가 없기 때문이다. 특히 적절한 수익배분을 반영한 비즈니스 모델 및 ESG경영 전략을 설계하는 것 자체도 어려운데 진행과정 중에 발생할 돌발상황에 적절히 대처하기를 기대하는 것은 불가능에 가까울 것이다.

결국 ESG 도입의 효과가 크고 기업들의 참여의지가 높은 업종 및 기업군을 중심으로 공동혁신을 통해 ESG를 추진해 나가는 "가치공동체"

를 구성하여 전체 과정을 하나로 프로젝트화하여 추진할 수 있도록 지원하는 신개념의 혁신정책이 필요하다. 이러한 특정 기업군의 시도가 성공할 경우, 해당 플랫폼 및 성공의 경험이 동종 분야로 쉽게 확산되거나 타 분야로 확장될 가능성이 높은 만큼, 정부 예산 투자의 타당성은 충분하다 할 수 있다.

4. 중소기업을 위한 E.S.G. 가치공동체

ESG 가치공동체의 개념 및 기본 방향

ESG 가치공동체란 ESG경영이 추구하는 환경·사회·공정의 공동가치를 실현하기 위해 동일한 업종 혹은 가치사슬 내에서 중소·중견기업 중심의 이해관계자들이 연대·협업을 목적으로 모인 컨소시엄을 의미한다. 이는 대기업 등 개별기업의 성장을 위한 ESG 관점이 아닌, 중소·중견기업 및 이해관계자 간 연대·협업, 공동체 지원을 통해 폭넓은 혁신주체들이 참여하여 ESG 성공모델을 개발하고 실행해 나가는 것을 목표로 한다. 즉 다수기업 중심의 ESG경영전략의 도입 및 공정한 전환을 달성하기 위해 동일한 산업구조 또는 가치사슬에 위치한 기업들이 참여하여 새로운 해결책을 제공하기 위해 분야 간 융합을 촉진하고 가치사슬 내 서로 다른 행위자들의 행동을 한데 모아 가치를 증진할 수 있도록 협업하는 것이다. 스마트공장의 발전과정에서 등장하는 Connected Factory 혹은 Connected Enterprise의 개념과 유사하다.

이러한 ESG 가치공동체의 주요 활동 및 전략은 다음과 같이 정리될 수 있다 .

먼저 환경(E) 측면에서는 친환경 비즈니스모델 공동개발, 에너지 효율성 향상을 위한 공정 개선(개별/연결), 전체 공동체 내 재생에너지 사용 증대 등을 통해 탄소중립에 기여하도록 연구개발 및 실증을 추진한다.

사회(S) 측면에서는 제조 근로환경의 개선, 일자리 보전 및 창출, 공정거래 촉진 등 환경·사회 공동가치를 창출하도록 상호 협업한다.

또한 산업생태계 이해관계자들의 협력적 거버넌스(G)를 기반으로 수용성 문제, 수익배분 문제 등을 해소하는 등 산업생태계 전반의 혁신과 이의 확산을 통해 기업군 나아가 해당 지역/산업단지 등의 지속가능성을 확보한다.

이러한 ESG 가치공동체는 업종(Sector)별 협단체를 통해 제안되거나 산업단지 내 협의체(미니클러스터 등)를 통해 만들어질 수도 있다. 이때 기업 뿐 아니라 관련된 이해관계자가 모두 참여하는 거버넌스 구성 및 합의된 전략의 수립, 핵심기술 개발 및 적용을 위한 연구개발 및 실증, 플랫폼 시범운영 등 핵심요소를 연결하여 추진하는 것이 필수적이다.

이때 리빙랩(Living Lab), 애자일(Agile) 워킹그룹 등 각 컨소시엄에 적합한 유형으로 플랫폼을 만들고 해당분야의 전문기관들과 협업하여 최적의 솔루션을 발굴, 개발, 적용해 나가야 한다. 특히 공공재 성격을 지닌 에너지기술의 적용과 관련하여 기술의 도입·운영 과정에서 해당 지역, 기업, 주민들과의 갈등, 경제성 등 사업화 문제가 복합적으로 작용할 가능성이 존재하는 만큼, 컨소시엄과 해당 지역 지자체 및 중앙정부 등과의 긴밀한 협조 하에서 추진되어야 할 것이다.

ESG 가치공동체 육성을 위한 정책 지원 방안

기업들의 자발적인 ESG 가치공동체 구성 및 체계적인 공동혁신(Co-nnovation)을 촉진하기 위해, 가치사슬 기업군(컨소시엄)을 대상으로 하는 전용지원사업을 신설할 필요가 있다. 가치공동체 내 ESG전략의 수립과 ESG 가치 실현을 위해 필요한 혁신활동(R&D, 비R&D)를 통합지원하여 ESG형 산단의 성공모델을 도출하기 위함이다.

먼저 공통의 목적을 지닌 이해관계자들로 구성된 컨소시엄이 상호윈윈 가능한 ESG전략을 공동수립하고 E.S.G. 각 부문별로 필요한 기술 연구개발을 수행하도록 지원해야 한다. 특히 기술개발 및 현장 적용 과정에서 필요한 다양한 네트워킹 및 커뮤니케이션, 실증 프로그램 적용 및 데모시스템 구축/운영 등 활동을 각 과제별 특성·목표에 따라 맞춤형으로 설계하도록 메뉴화하여 지원함으로써 개별 공동체에 필요한 효율적 지원이 가능할 것이다.

핵심기술 및 사업모델의 개발과 실증을 위한 플랫폼 구축을 위해서는 다음과 같은 지원들이 필요하다.

① 산업공정 탄소 및 유해물질 저감 등 핵심기술 및 융합서비스 개발
- 탄소중립을 위한 산업공정상 탄소와 환경유해물질의 배출을 저감·제거하는 기술 및 관리 시스템 등의 개발·실증
- 이해관계자의 수용성 제고를 기반으로 한 핵심기술과 융합서비스 개발 지원

② 실증지원 및 사업모델 개발·시범적용을 통한 타당성 검증
- (테스트 및 파일럿을 지원) 시제품, 데모시스템 등을 대상으로 실증 및 테스트, 파일럿을 통해 주기적으로 축적된 기록·실적(Track Record) 확보
- (실증지원) 중대형 에너지 시스템 또는 디지털 플랫폼 중 지역·기업·사용자의 수용성 확보가 필요한 주요과제에 대해 리빙랩(Living Lab), 애자일(Agaile) 워킹그룹 등 협력단체 및 이해관계자 참여형 실증 프로그램 추진
- (수익배분 사업모델 개발 및 시범운영) 신규사업 모델에 적합하고 이해관계자 모두 수용할 수 있도록 수익배분 모델을 개발하고 시범운영 및 확산을 지원
- (공유경제 사업모델 개발 및 시범운영) 산단내 탄소중립에 기여하는 공유경제 비즈니스 모델(lean platform 등)을 개발하고, 실제 적용하도록 지원

③ 플랫폼 구축·운영을 통한 성과 확산
- 플랫폼 구현(데모 운영), 영역별 세부 프로젝트에 대한 정의 및 구체적 운영방안, 플랫폼 통합 등 상세설계 및 시범운영 지원을 통해 산업단지 탄소중립 및 ESG가치 확산 기여

이러한 ESG 가치공동체가 성공적으로 추진되려면 공통된 목적과 혁신역량을 가진 주체들이 상호 신뢰관계 하에 컨소시엄을 구성하고 각자의 역할을 담당해야 한다.

ESG경영전략 및 사업모델의 수립과 실행을 위해서는 가치사슬 상에서 연결되는 참여기업(앵커기업 포함)들 뿐만 아니라 혁신활동을 지원하기 위한 대학 및 연구기관, 전 과정을 컨설팅·조율하는 전문회사, 그리고 관련 협단체 및 지역주민 협의체 등이 참여하는 것이 바람직하다.

이때 전 프로젝트를 총괄할 주관기관/기업은 ESG 핵심기술 및 서비스 선정, 사업모델 개발, 실증프로그램 운영, 플랫폼 구축 등을 주도하고 지속가능한 운영을 위해 협동조합 혹은 SPC 등의 설립을 추진하는 역할을 담당한다. 참여기업들은 선정 기술/서비스 개발 및 실증프로그

램 및 플랫폼 구축에 협력하고, 필요 데이터를 제공하며, 협동조합/SPC 설립시 의결에 참여한다.

대학 및 연구소는 원천기술 제공(개발/이전) 및 기업 내부인력의 재/전환 교육 및 훈련을 지원함과 동시에, 추진된 ESG 경영의 성과분석 등을 수행하고, 전문컨설팅기관은 ESG 전략의 공동 수립 및 협의체 구성/운영 과정을 지원하고 분쟁을 조정함과 동시에 사업화 등 비즈니스 전략에 대한 컨설팅 서비스를 제공한다.

관련 산업 내 협·단체의 역할도 중요한데, ESG 전략의 공동수립 및 사업모델 개발에 참여함과 동시에, 해당 산업 내에서 발생할 법/규제관련 애로를 발굴하여 개선을 위한 정책연계방안을 모색한다. 또한 지역주민 등과 함께 실증 프로그램에 참여하여 사업 및 플랫폼 관련 피드백을 줌과 동시에 성공모델을 확산하는 역할도 담당한다. 특히 ESG 컨소시엄 주변 환경오염의 심화 또는 완화 등으로 인해 지역주민이 향후 기술·서비스의 이해관계자일 경우, 공유경제 플랫폼을 통한 이익공유 참여 등 다양한 방식으로 협의-조정이 필요할 것이다.

5. 맺음말

최근 증가하고 있는 소비자들의 '가치 소비 중시' 경향은 ESG경영전략이 기업들의 시장 경쟁력에도 막대한 영향을 미칠 수 있음을 보여준다. 반대로 얘기하면, 경제적 가치 창출을 넘어 사회공헌 및 일자리 개선 등 사회적 가치 창출에 대한 소비자의 요구에 부합하지 않는 기업은 시장에서 도태될 위험이 더 커지고 있다는 의미이다.

하지만 경제주도형 성장의 한계에 직면한 국내 중소·중견기업에게 ESG경영은 아직도 다른 세상의 이슈로 인식되어 있거나 추진의지가 있어도 개별기업이 독자적인 ESG경영전략을 도입한다는 것은 여러 한계가 있는 실정이다.

이러한 상황에서 ESG 가치공동체를 중심으로 기업 간 공동혁신(co-innovation)을 통해 중견·중소기업에게 적합한 ESG경영전략을 도입하고 새로운 비즈니스 모델의 혁신을 추구하는 것은 '위기를 기회로 전환하는 도전'이 될 수 있다. 다양한 혁신주체 간의 협업을 통해 산학연의 다양한 참여를 유도하여 특정 업종 혹은 산업단지 내의 변화를 이끌어 냄으로써 지속가능한 성장의 플랫폼과 성공사례를 창출하기 때문이다.

특히 국내 대부분의 중소·중견기업은 ESG관련 핵심기술이나 미래전략을 수립할 전문인력 등 혁신역량이 부족하고, 장기적 투자와 지속가능한 협업을 끌고 나갈 여력이 없는 만큼, 정부의 정책적 지원을 통한 마중물 역할이 긴요하다 할 수 있다.

ESG경영전략의 도입 및 공동혁신 의지가 있는 ESG 가치공동체를 발굴, 지원하여 탄소중립 및 사회공동가치를 추구함으로써, 미래 시장수요에 대응할 수 있는 융복합 신기술·신사업을 창출하는 기술적 파급효과가 발생할 것이다. 특히 기술혁신을 통해 확보된 에너지/디지털 기술은 국내 주력분야인 제조공정의 디지털화, 에너지 수용성, 전력송출, 통신 등과 밀접한 관계가 있는 만큼, 향후 국내의 고부가가치 기술제품산업의 성장에 기여할 것으로 기대된다.

또한 ESG경영가치가 강화되는 글로벌 트렌드에서 소외된 중소·중견기업들의 ESG 기업으로 전환을 지원함으로써 세계시장에서의 경쟁력 강화도 가능할 것이다. 중소·중견기업형 ESG 가치창출 모델의 도입 및 공정한 전환의 성공사례를 확산하여 기업간 협업 생태계를 정착시킴으로써, 국내 제조업의 혁신·포용적 성장을 견인함과 동시에 우리 기업들의 글로벌 경쟁력을 제고할 것으로 전망된다.

한편 사회적 측면에서도 여러 기대효과를 창출할 것이다. 탄소중립의 당면과제인 산업, 지역, 고용 관련 사회적 인식을 제고하고 이를 위한 사용자와 이해관계자의 참여를 유인하여 기술의 이해도 및 사회적 공감대 형성을 앞당길 수 있다. 또한 ESG 기업으로 인정받은 중소·중견기업을 육성하고 다른 기업이나 대학, 연구소, 사업화전문기관, 협력단체, 지역주민 등 다양한 이해관계자를 아우르는 공동혁신 컨소시엄을 확산함으로써 지속가능경영을 실현하는 문화 조성에 기여할 것으로 기대된다.

참고문헌

김현제. (2018). 에너지부문의 공유경제 활성화 방안 사례 연구. 에너지경제연구원 연구보고서 18-10.

메리츠증권. (2020) GSIA(The Global Sustainable Investment Alliance).

산업통상자원부. (2021). K-ESG 지표 정립 본격 착수, 보도자료.

손호철 외. (2015). 환경·사회책임·가버넌스 통합지수(ESG)가 재무성과에 미치는 영향. 경영경제학회 48권 2호 pp. 123~146.

이정기 외. (2020). "지속가능경영" 연구의 현황 및 발전방향 : ESG 평가지표를 중심으로. 전략경영연구 23권 2호 pp. 65~92.

중소벤처기업진흥공단. (2021.7). 중소벤처기업 ESG 대응 동향. 이슈포커스.

한국기업지배구조원. (2018). 중소 중견기업의 ESG 현황분석. CSR 리포트.

Ⅳ.
제조융합시대 중소기업의 일자리 정책

정안정(KoPEA)

Ⅳ

제조융합시대 중소기업의 일자리 정책

정안정(KoPEA)

1. 머리말

각종 매체를 통해 산업융합, 기술융합 등 사회 다양성을 강조하는 융합이란 단어를 많이 사용하고 경제환경 속에서 많이 접하게 된다. 융합의 국어 사전적 의미는 '다른 종류의 것이 녹아서 서로 구별이 없게 하나로 합하여지는 일.'이며 화학에서 사용하는 말이다. 즉, 여러 가지의 개념을 합쳐서 한 가지의 개념으로 만드는 것을 융합이라고도 한다. 우리가 일상적 생활 속에 융합이라는 말을 많이 사용하지만 생활적 실상에서는 융합적 언급에 대해 다소 부담스러워하는 경향이 모두에게 존재하는 것 같다. 산업적인 측면에서 융합의 필요성과 제조 중소기업에서의 기술 및 경영적 측면에서 융합은 필연적인 활동이고 경영 전반의 필요적 내용이라 생각한다. 그러면 산업기술에서 융합이란 무엇이며 제조 중소기업 측면에서 융합형 기술성장이 필요한 이유는 무엇 때문일까? 산업 측면에서 융합(fusion)은 "서로 다른 가치사슬을 구성하는 프로세스간의 결합을 통하여 새로운 서비스를 창출하는 것"으로 정의되며 나노공학(NT), 유전공학(BT), 디지털 정보기술의 IT, 인공지능 및 네트워크 고도화 등 신기술 통합(Technology Integration)을 통해 새로운 가치를 만들어내는 가치상승을 말한다. 세상이 바뀌고 회사의 일상 또한 기존의 주어진 틀이 아닌 새로운 기업환경과 비즈니스 모델의 다양화로 산업적 환경이 급변하고 있다. 이러한 경제·사회의 변화와 더불어 기업이 처한 과학 기술 환경 또한 초연결·초지능·초실감 시대 도래와 더불어 4차 산업혁명發 산업 전반에 메가트랜드 변화가 도래하고 있다. 모듈형 애자일(Agile) 생산기술과 Factory-less 콘텐츠-디자인 중심의 사업화 모델로 대표되는 중소벤처기업 중심의 융합형 신개념 제품 출현과 산업적 변화가 중소기업 산업생태계에 급격하게 다가오고 있는 것이다.

애플, 구글 등 글로벌 기업들을 중심으로 IoT, 웨어러블과 같은 개인 맞춤형 기능을 갖춘 융합미래형 전자제품 성장과 중소기업 측면에서 4차 산업혁명 시대 유연전자부품, 웨어러블, IoT 센서 등을 통한 국가주력산업 고도화·내실화가 중요한 키워드로 부상하고 있다. 이러한 측면에서 융합형 신산업 시장동력 창출 및 기존 주력산업 내실화가 중소기업 산업 성장 측면에서 중요한 요인이 되고 있다.

기술 및 경제환경의 급진적인 변화로 인해 기업 특히 중소기업 관점에서 혁신적인 사업모델이나 기술적 아이디어를 창출해 내는 창의적이고 도전적인 인재가 필요할 것이다. 하지만 업무 역량 및 직무 역할에서 글로벌 전문성이 요구되는 인재의 확보는 대기업 그룹이 아닌 중소기업이란 현실 상황에서 언감생심(焉敢生心)일 것이다. 이에 더해 국가주력산업에 해당하는 디스플레이, 스마트폰, 반도체 생산기지를 차례로 중국, 베트남, 인도 등에 넘겨주어 발생하고 있는 중소기업 공동화 및 청년실업 가속화는 또 다른 일자리 문제의 일면이 되고 있다. 이러한 경제적 현실과 제조 융합형 중소기업의 산업 및 기술적 내용을 중심으로 중소기업 일자리 문제와 방향성을 풀어가고자 한다.

2. 융합기술 정책 방향과 중소기업 성장!

21세기 세계 경제·사회는 양자역학(Quantum mechanics)을 중심으로 나노물질을 다루는 NT, 유전자(Gene)를 다루는 BT, 비트(bit)의 디지털 정보기술의 IT 및 언어학, 심리학, 신경과학, 인류학, 인공지능을 컨버전스한 인지공학(Cognitive Science)의 융합적 결합을 획기적으로 발전시키고 있다. 이러한 국제적 추세에 맞춰 우리나라는 한국판 뉴딜 정책 대응으로 3대 프로젝트 및 10대 중점과제[1)]에 부합할 수 있는 미래 신산업 및 청년 일자리 창출이 가능한 핵심 분야를 도출하였다. 3대 프로젝트의 핵심적 주제는 ① 디지털 인프라 구축, ② 비대면 산업 육성, ③ SOC 디지털화로 기업측면에서 융합화된 기술적 내용의 산업 환경 적응을 요구하고 있는데, 기술 성장 중심의 스타트업, 벤처중소기업 측면에서 새로운 성장의 기회임과 동시에 해결해야 할 산업적 난제일 것이다.

우리나라의 미래 산업정책과 더불어 국외에서도 활발하게 신기술 및 신산업 확대를 위한 전면적인 비전제시와 정책적 지원이 이뤄지고 있다. 미국은 웨어러블 건강 모니터링 기기, 노인용 소프트 로봇, 건축물·비행기·자동차용 센서, 군용 센서 분야의 기술융합 및 개발정책을 국방부 중심(DARPA)으로 연방정부에서 지원하고 있다. 영국은 캠브리지 대학 Caverndish Lab.의 유연디스플레이 연구를 시작으로 융복합 산업의 국가경쟁력 확보를 위한 20개 이상의 대학과 민간 공공부문의 관련 연구센터 설립(Technology Strategy Board, Engineering Physical Science Research Council 등) 및 프로젝트를 진행 중이다. 독일의 경우 BMBF(Federal Ministry of Education and Research)를 통해 유기태양전지, OLED조명, 스마트라벨의 3개 분야에 2억5천4백만 달러(2,949억 원)규모를 지원하고 있으며, Organic Electronics Saxony클러스터 구축을 통한 중소기업 중심의 융복합 유기 전자 분야 약 200여 관련 기관이 세계적인 협력체제를 구축하고 있다. 중국은 터치패널·OLED 등 디스플레이산업, 반도체 패키징 산업을 중심으로 대기업 주도의 중소기업 성장형 기술지원을 국가적 차원에서 진행 중에 있다. 가까운 일본의 경우에도 Flexible PCB·디스플레이, 유연 생산기술, 전자소재를 집중 지원함으로써 중소기업 중심의 전자소자 부품 산업을 육성중이며, 도시계획에 디지털 사이니지를 적용하는 등 다양한 어플리케이션 실증 작업 추진을 통한 기업에 의한 상품화 지원을 적극적으로 추진하고 있다. 이처럼 융합向 미래 산업 기술 육성은 세계적인 흐름이며 중소기

1) 10대 중점과제 : ① 데이터 전주기 인프라 강화, ② 6대 분야 데이터 수집·활용 확대, ③ 5G 인프라 조기구축, ④ 5G+ 융복합 촉진, ⑤ AI데이터·인프라 확충, ⑥ 全산업으로 AI융합 확산, ⑦ 비대면서비스 확산기반 조성, ⑧ 클라우드 및 사이버 안전망 강화, ⑨ 노후 국가기반시설 디지털화, ⑩디지털 물류서비스 체계구축.

업 측면에서 성장과 생존을 위해 빠르게 진화하고 받아들여야 하는 추세일 것이다. 결국 새로운 제조업 육성을 위한 뉴노멀, 뉴하드웨어 시대에 다양한 기업과 연동한 플랫폼으로 진화와 서비스 내용을 확대하고, 커뮤니티 조성을 통한 적극적인 기업적 참여가 필요한 시대이다.

융복합 시대가 요구하는 중소기업向 人材란!

중소기업 대비 대기업의 인력은 자질과 능력 면에서 우수한 인재를 선발할 가능성이 높다. 반면 중소기업은 공무원, 공공기관, 공기업 및 대기업에 필요한 인력을 일차적으로 내어 주고 두 번째 단계에 해당하는 인력을 차출할 수밖에 없다. 이 또한 수도권 중심의 출퇴근이 용이한 중소기업에서나 가능한 일이고 수도권 이외 지역을 비롯한 출퇴근이 용이하지 못한 곳에 사업장이 존재하는 중소기업은 실질적 인력 수급이 전무한 지경까지 온 것이 현실적 이야기일 것이다. 이러한 인력 수급의 어려움과 더불어 중소기업의 업무 역량은 어쩌면 인력확보를 위한 경쟁자인 대기업보다 더 높은 역량이 필요한 것이 중소기업이다. 대기업의 업무는 각 부서별로 레고조립과 같이 분할하여 진행되는 반면, 중소기업의 업무는 기술개발, 제품개발, 마케팅 등 제품 기획에서 생산에 이르기까지 통합적으로 진행되는 특징을 갖고 있다. 이러한 중소기업 인력에서 요구되는 첫 번째 인재형은 기업에 대한 애착과 주인의식에 기인한 자기 일에 대한 열정이다. 업무적 특성상 다면적 역할과 다양한 대안을 찾기 위해 기업 업무에 대한 이해 및 기업 성장에 함께하는 열정이 필요한 것이다. 두 번째는 주어진 문제 그 자체에 집중하면서 새로운 접근방법을 고안해 내고 차별화된 해결책을 찾는 창의적인 문제해결 능력이다. 세 번째는 여타 기술 분야의 전문가들과 의사소통을 하며 전문용어의 생소함을 극복하고 상이한 산업적 생태계에 대한 이해의 폭을 넓혀야 하는 풍부한 네트워크의 활용이다. 중소기업 산업 및 기술 분야의 전문성을 기반으로 관련 대기업 및 기술 영역과 소통할 수 있는 역량을 갖춘 기술융합형 인재가 실질적으로 필요하다. 새로운 기술 전환의 시대가 요구하는 제조융합형 중소기업向 인재는 전문성과 함께 열정, 문제해결 역량, 소통의 기술 등을 구비한 창의적인 인재일 것이다. 국내 중소기업 일자리 환경에서는 불가능한 바램이겠지만, 산업 및 정치 환경 변화를 통해 이러한 인재가 중소기업에 활력을 불어넣어 새로운 중소기업 중심의 산업성장과 기술적 확대가 있었으면 한다.

새로운 일자리 경쟁!

'로봇 시대, 인간의 일'에서는 변화된 미래 환경에서 남들보다 일자리 경쟁에서 유리해지는 데는 몇 가지 팁을 소개하고 있다. 첫째는 적극적인 최신 기술 수용과 이를 통한 새로운 과업의 발견이다. 둘째는 직업을 유지, 개선, 탐색하기 위한 지속적인 학습과 재교육이다. 마지막은 주위에서 함께 일하고 싶도록 덕성과 신뢰를 갖춘 사람이 되는 길이다(구본권, 2020).[2] 이러한 관점에서 산업적 추세를 살펴본다면, AI와 스마트팩토리, 3D Structural Electronics 등 4차 산업혁명 관련 산업의 일자리는 사회적 관점에서 새로운 일자리 창출로 이어져 산업전반의 일자리 창출효과는 높일 것이다. 하지만 이러한 첨단산업 기술의 발전은 기존의 자본과 노동 간의 손익분배 구조를 파괴하고 개인 또는 계층 간 빈부 격차를 심화시킬 것이다. 1993년 영국의 경제학자 존 메이너드 케인스(John Maynard Keynes)는 "기술혁신으로 노동의존도를 줄일 수 있는 수단의 채택이 노동의 새로운 활용을 찾는 속도를 앞섬으로써 발생하는 실업의 확대(widespread technological unemployment)가 예상된다." 하였는데, 즉 기술혁신은 기존 일자리 파괴를 통해 융합적 기술이 적용된 새로운 일자리에 노동자들이 배치되는 속도가 늦어짐으로 인해 불가피하게 실업으로 이어진다는 것이다. 이는 산업과 기술의 발달로 일시적 일자리 불일치일 뿐 멀지 않은 시간에 일자리는 산업과 기술의 새로운 활용에 맞춰 나간다는 것이다.

중소기업의 제조융합 기술 활동에 따른 애로요인

우리나라의 산업은 90% 이상이 중소기업으로 이루어져 있는 산업구

2) 로봇 시대, 인간의 일(개정증보판) 저자 구본권 | 어크로스 | 2020. 5. 28.

조를 형성하고 있다. 이러한 산업구조 측면에서 제조 중심의 중소기업 기술적 융합생산은 산업전반에 걸쳐 확대되고 중요성이 가중되는 상황이다. 국내 대부분의 중소기업은 기업 전반에 걸친 제조혁신 관련 융합의 필요성을 실감하고 있으며, 융합을 통해 개발하고자 하는 산업기술 아이템의 확보는 기업 활동 측면에서 중요하게 인식하고 있다. 특히 제조 융합 기술의 중소기업 참여 필요성은 단순한 공정개선의 내용보다 신규 사업아이템 발굴 및 장래 새로운 사업 분야 확대 등일 것이다.

제조융합 중소기업의 산업기술 경쟁력 강화 활동의 주요 내용을 살펴보면 첫째, 중소기업의 신제품 개발 및 신규아이템 및 사업 발굴을 위한 역량강화가 중요하다. 둘째는 제조융합 혁신을 위한 수행 파트너로 중소기업만이 아닌 대학 및 연구기관의 연계 협력이 필요하다. 중소기업 중심의 융합기술개발을 추진하기 위해서는 중소기업의 기술 인력의 확보 및 확보된 인력의 기술적 부족 해소를 위한 그룹 간 유기적 협력관계가 필수적이다. 셋째, 중소기업 제품 사업화 단계에서 살펴보면 전문화된 기술 인력과 더불어 경영 인력이 필요하다. 마지막 중소기업 측면에서 융합적 사업 활동을 체계적으로 지원받기 위한 사업적 인프라 네트워크 구축이 추가적 필요하다. 융합형 중소기업 측면에서 신기술과 산업트렌드 변화의 속도가 빠른 만큼 중소기업의 혁신 성장 및 신산업 분야로의 사업 다각화에 머뭇거릴 시간이 없다. 중소기업이 융합시대에 대응하여 신산업 창출을 위해서는 산업생태계, 사업화, 시장창출, 성장기반 등 혁신성장 역량 강화가 필요하고 이를 통해 혁신적 중소기업 역량 강화와 미래 유니콘 기업으로의 성장이 필요할 것이다.

이와 함께 중소기업의 도전적이고 창의적인 분야에 해당하는 신생, 신산업으로 기업 성장 및 확장을 위해 인문·기술 융합형 인력의 확보나 전문조직화는 또한 필요할 것으로 보인다. 하지만 이러한 모든 것들의 핵심적 내용은 인력이다. 중소기업 측면에서 신기술, 혁신제품의 개발을 통해 사업적 영역을 확대하고 기업 성장 이후 경영 효율화를 추진하는 일련의 과정에서 가장 필요한 것은 적재적소의 인력 구조이다. 하지만 이러한 것을 중소기업 중심에서 이뤄내기 위해서는 유능하고 고급화된 인력이 필요한데, 노동시장의 실질은 이러한 인력을 수급하기가 힘들다는 것이다. 필요인력의 수급과 업무역량이 향상된다고 하더라도 현실의 중소기업은 정부, 공공기관 및 대기업의 인력 빼가기에서 지켜내는 것이 너무나도 힘든 상황이다.

3. 제조 융합형 기업 일자리

뽑고 싶은 청년들은 다 어디로 갔을까?

정부 발표 자료인 e-나라지표에서 2018년 현재 중소기업 기업 수는 약 664만개로 총 기업체 대비 99.9%이며, 중소기업 종사자는 1,710만 명으로 총 종사자 대비 83.1%를 차지하는 것으로 나타나고 있다(2018년, 2021년 새롭게 조사된 지표 발표 예정). 이를 언론매체 등에서는 한국 경제의 '9983'이라고 부른다. 전체 기업의 99%, 근로자 83%가 중소기업을 통해 고용되고 산업이 유지된다는 의미이다. 국가 전체적인 산업과 고용 측면에서 중요성을 가지는 중소기업의 인력 채용 시장은 힘든 보릿고개이다.

"배달 月 400만 원 벌어 … 중기 갈 필요가 없어"란 신문기사의 핵심적 내용은 청년 구직자들이 배달과 같은 비정규직 일자리를 중소기업 정규직 일자리보다 선호하면서 중소기업 기피 현상은 더욱 심해지고 있다는 것이다(김강한, 2021).[3] "중소기업에서 일하려면 지방에 가야 하지만 배달은 서울에서 할 수 있다는 점도 장점"이라면서 "직급이나 조직에 얽매이지 않고 본인이 하고 싶을 때만 일하기를 원하는 MZ세대가 특히 배달원을 선호한다"고 언급하고 있다. 이에는 수도권 중심의 일자리 경쟁과 청년세대의 특징으로 언급되는 MZ세대의 현실적 상황을 반영하고 있는 것이다.

국내 중소기업의 인력 부족률(2.8%)은 대기업(1.0%)의 세 배에 달하는 실정이다. 이는 청년층을 중심으로 살펴보면 더욱 심각한 수준이다. 최근 청년층 실업률은 9.8%로 사상 최고치에 달하지만, 정작 중소기업으로 오는 인력은 거의 없는 실정이다. 임금수준이 양호한 수도권 특히

---

3) "배달 月 400만 원 벌어.. 중기 갈 필요가 없어" 김강한 기자 입력 2021. 7. 26.

서울 중심의 청년인력 수급은 다소 용이한 반면, 수도권 이외의 지역에서 중소기업의 청년층 인력 수급은 어렵다는 게 기업 CEO의 전반적인 의견이며 채용에 성공한다 하더라도 1년을 채우는 것이 힘든 현실이다. 중소기업 인력 확보가 힘든 것에는 두 가지 상이한 배경이 존재한다. 취업자 측면에서 ① 열악한 근로조건 ② 급여 수준 차이 ③ 지역, 교통 등이 열악 ④ 사회적 인식의 문제가 핵심적 내용이며, 인력 확보를 위한 제조 융합형 중소기업에서 살펴보면 ① 필요 인력의 빈번한 이직 ② 지원 인력의 역량 문제 ③ 정작 필요한 사람은 찾기 어렵다는 문제로 귀결된다. 이러한 중소기업의 인력난과 상이하게 청년층이 선호하는 직장 선호도를 살펴보면 공무원, 공공기관 및 대기업을 중심으로 취업활동이 이루어지는 것을 알 수 있다.

산업규모 측면에서 우리나라 경제의 절대규모를 차지하는 대기업이 투자를 확대한다면 중소기업의 매출이 증대되고 경제적 성장에는 도움이 되지만 고용창출에 있어서 대기업의 투자는 산업 및 기술적 특성에서 한계점을 가지고 있다. 실질적인 일자리 창출을 확대하려면 전체 고용의 83%를 차지하고 있는 중소기업이 산업성장과 기술 및 산업적 투자가 확대되어야 한다.

인력양성 사관학교가 된 중소기업의 현실!

대부분의 중소기업에서 직원의 이직이 기업에 미치는 영향에 대해 관심을 가지고 있더라도 이직비용을 정확히 산출하고 있지는 않고 있다. 미국 기업의 경우 이직 비용을 일반적으로 이직 근로자 연봉의 약 2배 정도로 계산하고 있다. 대기업보다 중소기업이 근로자 이직을 통해 잃게 되는 기회비용이 더 심각할 것이다. 기업 측면에서 볼 때 높은 이직률은 경쟁력 강화를 위한 인재투자의 손실로 기인된다. 인력 손실은 직접적으로 기업의 경쟁력 약화 요인이 되며 중소기업의 기술유출이라면 기업의 생존과 직결되는 직접적인 연관성을 갖고 있다. 고숙련·고기술적 인력을 요구하는 중소기업 일수록 많은 노력과 비용을 들여서 영입한 우수한 인재가 이탈하지 않도록 당근 전략을 추구해야 하는 실정이다. 우수한 인재를 발굴하여 뽑는 것도 중요하지만 수년간 학습과 훈련을 통해 개발한 우수한 인재를 관리하여 이직으로 인한 손실 및 재투자 비용을 줄이는 것이 중소기업의 성장률 저하, 기업의 지적역량 감소, 경쟁력 감소, 기업 이미지 실추, 다른 직원의 동요 및 사기 저하를 막는 핵심적 요인이 되고 있다. 무엇보다 중소기업 측면에서 볼 때 높은 이직률은 경쟁력 강화를 위한 인재투자의 손실로 해석되며, 이는 기업의 경쟁력 약화 요인으로 이제는 많은 노력과 비용을 들여서 영입한 우수한 인재가 이탈하지 않도록 기업입장에서의 노력을 경주하지만 쉽지 않은 현실이다.

국내 코스닥에 상장된 중소기업의 대표이사를 만나 핵심인재의 추천과 기업의 조직 구성원의 변화에 대해 다음과 같은 이야기를 들었다. "중소기업 입장에서 적재적소의 필요한 인력을 찾는 것은 무척이나 힘든 일입니다. 하지만 그 보다 더 힘든 현실은 수년간 근무한 유능한 인재가 보다 근무환경이 좋은 대기업이나 재벌기업으로 이직하는 것입니다. 현재의 기업 자금여력과 기업 규모로 옮겨가는 기술자를 잡을 수가 없습니다. 중소기업 입장에서 제품개발과 생산을 위해 연구개발 협력을 대기업 또는 재벌기업과 수행해야 하는데 이에 참여한 능력있는 인력만 어떻게 알고 빼어 가는지, 전문화된 인력이 계속 유출되는 기업을 운영하는 것은 진심으로 힘든 과정인 것 같습니다. 우리 기업이 인력양성 사관학교도 아니고 키워놓으면 데려가고, 기업을 성장시키려면 새롭게 인력을 뽑아 키울 수밖에 없는데, 키워만 놓으면 데려가는 대기업은 인력 고용측면에서 참으로 힘든 상대인 것 같습니다."라는 이야기를 들으면서 중소기업의 인력유출과 중소기업에서의 숙련된 고급인력의 관리적 관점이 중요한 이슈라고 생각한다.

청년 취업을 위한 보편적 정부 정책이 필요하다.

제조 융합형 중소기업 일자리 핵심은 필요 인력 부족이며 양질의 기술 인력 부족이다! 중소기업 측면에서 양질의 기술 인력과 젊은 청년일자리를 수급하기 위한 필요적 요소는 무엇일까? 결국 중소기업 스스로 "정적 임금, 기업의 존속 가능성과 미래 비전, 역량 개발 기회에 따른 기업 성과 공유 및 복지 혜택"을 보장할 수 있는 기업이 되어야 하고 기업의 성장 가능성을 공유해야 한다. 하지만 이러한 양질의 일자리를 제공하며 미래 비전을 공유할 수 있는 중소기업은 극소수일 것이고 대부분 취업의 선호대상은 공무원, 공공기관 및 소수 대기업에 한정될 것이다.

중소벤처기업연구원의 국내 중소기업의 전반적 현황을 살펴보면 중소기업은 성별·학력별 임금 격차가 크고, 고졸 인력의 고령화 현상이 심화되고 있다.[4] 특히 평균 임금과 평균 근로자 근속기간을 살펴보면 대기업 대비 중소기업의 열악한 현 상태를 확인할 수 있다. 대기업 대비 중소기업의 평균임금 비중은 59.4%('19)로 중소기업 근로자가 대기업 근로자 임금의 2/3 수준도 못 받고 있다. 이러한 결과를 반영하듯 대기업 근로자의 평균 근속기간이 10.7년인데 반해 중소기업 근로자의 평균 근속기간은 6.0년으로 장기적인 기업성장 가능성과 기업 성장의 미래 비전을 공유하지 못함을 알 수 있다. 이것은 대기업 대비 소수 인력으로 운영되는 중소기업 입장에서 유능한 근로자를 잃는다는 점에서 큰 손실일 것이다. 이러한 현실을 반영하듯 다수의 중소기업들은 청년 채용을 사실상 포기 또는 청년 채용에 있어 무능력 상태인 것이다.

수년 전 창업한 스타트업 중소기업 CEO의 고용 인력에 대한 이야기는 현 채용시장을 대변하는 말처럼 생각된다. "젊은 친구들은 채용을 해도 1년, 몇 달 못 버티고 그만두는 게 일쑤다. 현재 같이 일하는 인원 중 1년을 넘게 일한 근로자가 없다. 유능한 인재를 뽑는 게 아니라 중소기업에 지원하는 사람이 유능한 인재다"라고 말했다. 그나마 중소기업 고용시장에서 서울 중심의 경기도 권역은 청년채용이 다소 수월한 편이다. 하지만 경기 외곽 및 수도권 이외의 지역은 그야말로 청년 인력을 고용하는 것이 너무 힘든 것이 현실이고 지원자 또한 거의 없다고 보는 것이 중소기업 대표자들의 한탄이다. 이러한 결과는 우수한 기술을 가진 중소기업에서도 기술 노하우 전수는 단절되고, 중소 제조업의 기술이 축적되지 않고, 제조 경쟁력도 뿌리부터 흔들리게 되는 것이다.

정부가 청년 취업 증대를 위해 매년 일자리 지원으로 정부가 추진하

4) 대-중소기업 간 노동시장 격차 변화 분석(1999~2019) 중소기업연구원 2021. 4. 16.

는 주요 사업은 "청년내일채움공제·국민취업지원제도·청년특별채용장려금"으로 매년 수조원의 예산이 들어가는 사업이다. 청년내일채움공제는 중소기업에 2년 다니면서 300만 원을 모은 청년에게 기업(300만 원)과 정부(600만 원)가 공동으로 지원해 총 '1200만 원+α'의 목돈을 마련해주는 제도이다. 국민취업지원제도는 구직촉진수당을 주고 취업활동을 지원해주는 사업으로 가구 소득을 중심으로 정책을 시행하고 있다. 청년특별채용장려금은 청년을 신규 정규직으로 뽑는 기업에 청년 1인당 월 75만 원씩 최대 1년간 최대 900만 원을 주는 제도이다. 추가로 중소기업에 취업한 청년에게 5년간 소득세 90%를 감면해주는 제도를 2023년 말까지 시행하고 있다. 정부가 추진하고 있는 일자리 지원 사업만 간략하게 살펴봐도, 중소기업 중심의 일자리 확대 정책을 추진하는 사업임에도 불구하고 청년 모두가 차별없이, 제한없이 참여가 가능한 보편적인 지원 사업이 아닌 제한적 기준을 중심으로 사업을 지원하고 있다. 세부적으로 가구별 소득 기준, 근무기간, 정규직 선발 등을 기준으로 중소기업의 일자리 지원을 촉진하는 정책을 시행하고 있는데, 이는 중소기업 일자리 확대 측면에서 우수한 인재확보 및 일자리 지원자의 양적 확대보다 일시적 고용창출 효과만 유발하는 것으로 지표상 나타나고 있다.

중소기업 고용 문제와 관련하여 신문 및 방송 기사에 '노동시장의 이중구조'라는 단어가 자주 등장하는데, 노동시장 이중구조란 "노동시장이 임금, 일자리 안정성 등 근로조건에서 질적 차이가 있는 두 개의 시장으로 나뉘어 있다는 것"을 말한다. 임금, 일자리 안정성, 노동복지 등에서 일반의 사람들이 선호하는 양질의 일자리를 제공하는 1차 노동시장과 상대적으로 열악한 2차 노동시장으로 구분되어 있음과 동시에 두 시장 간 일자리의 이동이 자유롭지 않다는 의미도 담겨 있다. 양질의 일자리에 해당하는 1차 노동시장은 선호도가 높은 공무원, 공공기관, 공기업 및 대기업이 포함되는 반면, 2차 노동시장에는 중소기업 및 영세기업, 비정규직 일자리가 해당되는데, 우리나라 전체 임금 근로자의 10% 정도만 1차 노동시장에 종사하고 90% 이상의 근로자는 2차 노동시장에서 일하고 있다.

자신의 능력과 노력보다 근로자가 처한 노동시장 환경에 따라 보상이 달라진다면 노동인력의 건전한 근로 의욕과 소득불평등 문제를 보다 심화시킬 수 있다. 앞으로 정부는 노동시장 청년 인력의 고용구매와 관련한 이중적 시장구조 문제 등 근본적으로 손을 대지 않았던 일자리 문제에 대한 개혁 방안도 함께 준비해야 할 필요성이 존재한다.

중소기업 CEO들은 무엇을 바라는가?

중소기업 경영에 있어 가장 큰 문제는 세계적인 불황과 국가 경쟁력 약화에 따른 경기침체가 가장 큰 문제일 것이고 자금난, 인력난, 인허가 규제, 인건비 상승 등에 대한 우려도 만만치 않을 것이다. 중소기업의 CEO가 기업경영의 측면만 바라본다면 가장 바라는 것은 무엇일까?

기업은행이 중소기업 CEO를 대상으로 조사한 바에 따르면, 고용 유연성, 규제개혁, 정책자금 효용성, 동반성장 구조개선, 필요 인력 확보, R&D 자금 확대, 중소기업 글로벌화, 중소기업 사업영역 보호, 소상공인 성장 정책, 4차 산업혁명 대응의 순으로 고충과 필요성을 요청하였다(IBK기업은행 경제연구소, 2017).[5] 이러한 정책적 필요성 중 중소기업의 CEO가 가장 바라는 내용은 고용유연화이며 특히, 제조 융합형 중소기업의 기업경영 환경변화에 따른 고용유연화 정책이 필요하다고 본다. 대기업은 대외적 경영환경에 불황에서 버틸 수 있는 여력과 국가적 차원의 보호와 더불어 정부 재정투입이 이루어지지만 기업 경영 위기가 도래할 경우 중소기업은 기업 성장 가능성과 미래비전과 무관하게 사회와 정부로부터의 지원과 도움의 손길에서 처절하게 버림받는 실정이다. 국내 고용의 83%를 담당하는 중소기업의 성장이 곧 고용인력 확대와 귀결된다. 기업이 창업되고 직원을 고용하고 매출확대를 성장하는 과정은 어린아이의 성장과 같이 조심스럽고 매우 위험한 절차적 흐름을 겪으면서 성장한다는 것은 누구나 아는 상식이다. 이처럼 하나의 중소기업이 태생하고 성장하는 과정은 대체로 장기적이고 어렵지만 경영위기를 통한 중소기업의 폐업은 상상 이상의 빠른 시간으로 진행되는 것을 볼 수 있다. 중소기업의 경영위기에 인력 편제는 중요한 기업생존 내용일 수 있으며

---

5) 生生현장의 목소리! 중소기업 10대 이슈 - IBK기업은행 경제연구소 2017. 2. 16.

중소기업의 인력구조는 대기업의 인력구조와 다르게 소수가 다수의 업무를 유기적으로 분담해야 하는 총합적 구조로 되어 있다. 이러한 인력구조로 말미암아 중소기업의 인력채용의 중요성은 대기업의 인력 활용보다 기업성장과 생존 측면에서 더 중요할 것이다. 이러한 중소기업의 인력 활용과 성장 측면에서 다양한 고용 형태의 인정 필요성이 존재하며 더 이상 정규직만을 고집할 수 없다고 본다. 이러한 고용유연화 정책에 대한 보완으로 ① 중소기업 재직 중인 저숙련 및 고령인력의 직업 재교육비 지원이 중소기업 중심으로 지원될 필요성이 존재한다. 이와 함께 중소기업 재직자의 직업훈련 및 평생교육 프로그램의 개발이 정부차원에서 필요하다고 본다. ② 중소기업은 성장확대 및 기업의 계속 기업 가능성을 확대하기 위한 고용보조금 제도 확대와 전문기술 및 연구개발 인력 보조금 지원 제도 등의 마련 및 지속적 유지가 필요하다고 본다. 이와 더불어 실질적 중소기업 취업에 대한 정부 및 공공기관 채용에 있어 중소기업 경력의 합리적 적용과 채용 가점제의 활용이 필요하다고 본다. 이와 함께 정부의 개방형 공직자 지원프로그램이나 공공기관(공기업) 채용에서 중소기업 경력자를 우대하는 고용정책 프로그램 또한 제조 융합형 중소기업의 우수인력 확보에 도움이 될 것이다. 더불어 고용형태가 아닌 임금차별 등 일자리 정책을 위협할 수 있는 요인에 대한 정책 또한 핵심적 내용으로 강구될 필요가 있다.

4. 에필로그

헌법 제123조 제3항은 "국가는 중소기업을 보호, 육성하여야 한다"라며 중소기업을 보호하여 대기업의 경제적 독점을 방지하고 모든 기업이 고르게 발전하기 위함을 명시하고 있다. 즉, 재벌 대기업이든 소규모의 중소기업이든 공정한 틀 안에서 더불어 공생·공존하는 것이 다수를 위한 행복 복지이기 때문이다.

우리나라 중소기업 대표적인 관련 법률은 「중소기업기본법」으로 "중소기업이 나아갈 방향과 중소기업을 육성하기 위한 시책의 기본적인 사항을 규정하여 창의적이고 자주적인 중소기업의 성장을 지원하고 나아가 산업 구조를 고도화하고 국민경제를 균형 있게 발전시키는 것을 목적"으로 하여 시행하고 있다. 2008년 6월 25일 EU집행위원회는 「중소기업법(Small Business Act」(이하, SBA)를 발표하였는데, 우리나라 중소기업기본법과 달리 SBA는 EU 회원국 중소기업의 성장촉진과 고용창출의 정책 프레임웍을 중심으로 다루고 있다. 이 법이 다루는 내용의 기본정신은 "Think Small First Principle"로서 ① 정책개발 초기 단계에 중소기업을 최대한 고려 ② Business Rule은 중소기업의 관점에서 만들어야 함 ③ 규제와 관련하여 중소기업을 최우선적으로 고려 ④ 대기업에 대한 법과 절차가 중소기업에게 부담이 안되게 함 등을 핵심으로 한다. 해당 법률의 주요 내용은 "기업가정신이 보상받을 수 있는 환경의 조성, 영세 중소기업에 대한 금융지원, 파산 중소기업에 대한 재기의 기회제공, 녹색시장 등 환경적 문제에 대한 기회로의 전환" 등 중소기업 성장과 보호에 주안점을 두고 있다. 이러한 결과는 결국 중소기업 일자리 안정성을 담보하는 방향으로 흘러갈 것이고 이러한 결과는 도전적이고 창의적인 중소기업의 성장을 촉진할 것이다.

중소기업의 고급인력은 항상 부족하며 혁신 제품 생산을 위한 연구개발 욕구는 대기업보다 더 필요하며 성장을 위한 필요요소이다. 하지만 정부가 시행하는 산업정책 연구개발 프로그램은 어떠할까? 정부에서 지원하는 대규모 프로젝트 사업은 재벌기업이 필수적이고 수요기업으로 대기업의 존재는 필연적 요소이다. 이러한 배경에 기인하여 정부가 지원하는 산업정책 프로그램은 대기업 중심의 제품 중심 프로그램으로 일관되게 구성되고 있다. 정부부처 대부분의 연구개발사업은 대기업 주력 품목과 제품을 중심으로 정부 R&D 자금이 집행되고 있다. 대기업 주력 품목과 제품을 중심으로 연구개발 사업이 기획되고 지원이 되면서 중소기업 중심의 소자·부품산업의 연구개발 사업비 지원은 단기적이고 소규모의 연구개발비로 지원되면서 제조 융합형 중소기업 사업성장의 기조유지를 더 힘들게 하고 있다. 청년 일자리 구인과 장기적인 기업 근무는 기본적으로 중소기업의 지속 가능성과 기업성장의 확신 및 기업 성과에 대한 공유가 1차적으로 필요하다. 이와 함께 정부차원의 핵심적 역할은 국가 연구개발비의 장기적이고 중소기업 중심형 산업기술에 대한 과감한 정부 R&D 지원과 R&D 자금 쿼터제 도입이라고 생각한다. 이는 융합형 제조 중소기업의 고급인력 일자리 창출과 혁신 제품 개발을 통한 고성능 인력 충원으로 이어질 수 있기 때문이다.

청년이 외면하는 일자리, 기울어진 운동장! 중소기업은 생존을 위해 달리지만 같이 달려갈 인력이 부족하다! 저임금, 사상 최악의 청년실업 속 구인난! 국내 기업의 99.9%를 차지하고 1,600만 근로자 중 1,400만 명(88%)의 종사하는 '9988'의 주인공인 350만개 중소기업이 처한 슬픈 자화상이다.

참고문헌

구본권. (2020). 로봇 시대, 인간의 일(개정증보판). 어크로스.

김강한. (2021). "배달 月400만원 벌어… 중기 갈 필요가 없어". 조선일보.

노민선. (2021). 대-중소기업 간 노동시장 격차 변화 분석(1999~2019). 중소기업연구원 중소기업 포커스 제21-04호.

이덕주. (2020). 왜 청년들은 중소기업에서 일하려고 하지 않는걸까(상). 매경프리미엄.

IBK기업은행 경제연구소. (2017). 生生현장의 목소리! 중소기업 10대 이슈. IBK기업은행 경제연구소.

V.

데이터 산업 일자리 정책의 패러다임 전환

정형철(수원대학교)

V

데이터 산업 일자리 정책의 패러다임 전환

정형철(수원대학교)

1. 디지털 경제의 가속화와 데이터 산업

코로나19 팬데믹은 사회 전반에 걸쳐 많은 변화를 가져왔다. '저성장·저금리·저물가'로 대표되던 2008년 금융위기의 뉴노멀(New Normal)이 경제뿐만 아니라 사회 전반에 걸쳐 새로운 형태로 전환되고 있다. 지금까지 당연시했던 '삶의 방식'들이 코로나19 이전으로 회귀되기는 어렵다는 현실에 직면해 있다. 팬데믹 초기였던 2020년 4월 세계보건기구(WHO) 사무총장은 '우리는 이전으로 돌아가지 않을 것이고 돌아갈 수도 없다'라고 단언하면서, "더 건강하고 더 안전하며 더 잘 준비된 '뉴노멀'이 있어야 한다"라고 주장하였다.

새로운 '뉴노멀' 시대에 기존 사회·경제 질서는 어떻게 변화할 것인가? 글로벌 컨설팅 업체 알릭스파트너스(AlixPartners)는 2020년 발간한 'Disruption Insight' 보고서에서 포스트 코로나 시대에 주목해야 할 5대 변화 트렌드로 ① 탈세계화의 가속화 ② 효율성보다는 회복탄력성 ③ 디지털 전환 촉진 ④ 소득수준 및 건강 관심도에 따른 소비행태 변화 ⑤ 높아진 신뢰의 중요성[1)]을 제시하였다. 이 중에서 '디지털 전환'은 우리의 사회·경제 활동에서 가장 빠른 속도로 뉴노멀에서 노멀로 자리 잡고 있다.

1) 조선비즈, 2020. 9. 4.

대인접촉을 피하는 '언택트' 문화가 확산되면서, 상당수의 사회·경제 활동이 비대면 서비스로 전환되고 있다. 온라인 쇼핑, 온라인 교육, 온라인 게임, 온라인 고객서비스 등 비대면·온라인 서비스의 범위와 속도가 증가하면서, 디지털 경제의 성장이 점차 가속화되고 있다. 국내총생산(GDP)에서 디지털 경제가 차지하는 규모는 2011년 8.82%에서 2017년 11.86%로 지속적으로 증가하는 추세이며, 2012년부터 2017년까지 디지털경제가 경제 성장에 기여한 평균비율도 약 22.38%[2]로 이미 우리 경제의 한 축을 이루고 있다.

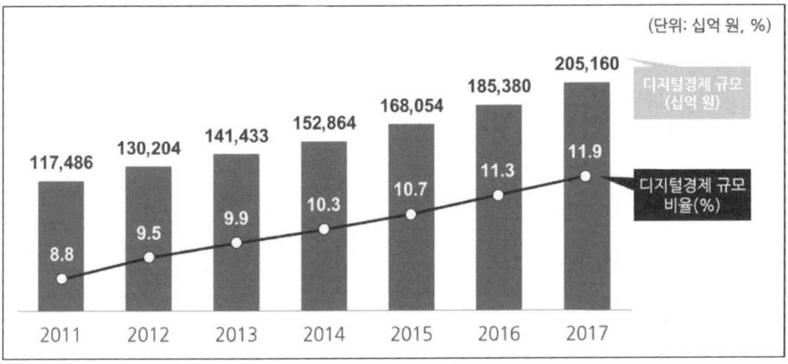

출처 : 유병준 외 2인, 디지털 경제의 파급효과 분석 연구, 한국인터넷기업협회, 2018.

[그림 1] 디지털경제 규모 및 GDP 비중

OECD(2012)는 디지털 경제를 '전자상거래를 통한 재화와 용역의 거래를 촉진하는 디지털 기술을 기반으로 한 시장으로 구성된 경제'[3]로 정의한다. ICT(Information & Communication Technology) 기술 발전과 더불어 새롭게 등장한 온라인 플랫폼과 이러한 플랫폼을 통한 활동을 의미하며, 전자상거래와 공유경제 플랫폼이 창출하는 경제적 가치가 디지털 경제이다.[4]

디지털 경제로 전환에 있어서 가장 중요한 자원은 데이터 수집, 가공, 거래, 활용으로 연결되는 데이터 산업이다.

2) 유병준 외 2인, 디지털 경제의 파급효과 분석 연구, 한국인터넷기업협회, 2018.
3) OECD, The Digital Economy, 2012.
4) 박대석, 한경닷컴, 2020. 9. 28.

데이터 산업

데이터 산업은 '데이터 생산, 수집, 처리, 분석, 유통, 활용 등을 통해 가치를 창출하는 상품과 서비스를 생산 제공하는 산업'으로 정의한다. 이러한 정의에 따라 데이터 산업을 (가) 데이터처리 및 관리 솔루션 개발 공급업 (나) 데이터 구축 및 컨설팅 서비스업, (다) 데이터 판매, 정보제공 및 분석 서비스업 (라) 데이터 인프라 서비스를 제공하는 데이터 인프라 서비스업[5] 등으로 나눌 수 있다.

〈표 1〉 데이터산업 구분 및 비즈니스 정의

구분	비즈니스 정의 및 매출 발생 구조
데이터 처리 및 관리 솔루션 개발 공급업	• DBMS, DBMS관리, 데이터 모델링, 분석·시각화, 검색엔진, 품질유지와 관련된 솔루션 제품을 판매하는 비즈니스를 의미하며 주로 라이선스, 개발·커스터마이징, 유지보수를 통해 매출이 발생함.
데이터 구축 및 컨설팅 서비스업	• DB설계, 데이터 이행 등을 포함한 DB시스템 구축, 문서·음성·영상 등의 데이터를 DB로 변환, 정비, 가공, DW, Data Lake 구축 등을 수행하며 이의 데이터·DB를 구축·가공하거나 데이터 관련 컨설팅 비즈니스를 의미함(데이터·DB 관련 SI·IT아웃소싱 포함). • 데이터 구축 및 컨설팅은 구축·개발, 유지보수·운영관리, 컨설팅 등을 통해 매출이 발생함.
데이터 판매 및 제공 서비스업	• 데이터·DB를 원천데이터 형태나 분석 및 활용이 가능한 상태로 판매하거나 중개하고, 데이터 신디케이션 및 큐레이션 등을 통한 수요맞춤형 데이터·DB를 판매하며, 데이터를 가공·활용·분석하여 주제 분야별 정보서비스, 분석 결과 정보 등을 온·오프라인(모바일, 앱 등 포함)으로 제공하는 비즈니스를 의미함. • 데이터 이용료·수수료 등의 직접매출과 광고료 등의 간접매출로 수익 발생.
데이터 인프라 서비스업	• 데이터 기반 솔루션 구축과 서비스를 위해 반드시 필요한 서버, 스토리지, 네트워크 데이터 인프라 서비스를 제공하는 비즈니스를 의미함. • 데이터 클라우드, 서버, 네트워크 인프라 이용료 등의 매출이 발생.

출처 : 한국데이터산업진흥원, 2020 데이터산업 현황조사, 2021.

---

5) 데이터 인프라 서비스업은 데이터 기반 솔루션 구축과 서비스를 위해 반드시 필요한 서버, 스토리지, 네트워크 등의 데이터 인프라 서비스를 제공하는 업이다. 지금까지의 한국데이터산업진흥원이 수행한 데이터산업현황조사에서는 데이터 인프라 서비스 제공업에 대한 분류가 없었으나, '2020년 데이터산업현황조사'에서는 데이터 인프라 서비스업을 데이터산업에 포함하여 시범조사를 실시하였다.

여기서, (가) 데이터 처리 및 관리 솔루션 개발 공급업은 ① 데이터 수집 ② DBMS(데이터베이스 SW) ③ 데이터 분석 ④ 데이터 관리 ⑤ 데이터 보안 ⑥ 데이터 플랫폼 등으로 (나) 데이터 구축 및 컨설팅 서비스업은 ① 데이터 구축 ② 데이터 컨설팅 등으로 (다) 데이터 판매 및 제공 서비스업은 ① 데이터 거래 ② 정보제공 ③ 데이터분석 제공 등으로 (라) 인프라 서비스업은 ① 플랫폼 서비스 제공 ② 유지관리 등으로 세분된다.

데이터 산업 현황

국내 데이터산업 전체 시장규모는 2015년 13조 3,555억 원에서 2019년 전년 대비 8.3% 성장한 16조 8,582억 원이었다. 코로나19 팬데믹이 확산하기 시작한 2020년에는 19조 2,736억 원으로, 전년 대비 14.3%라는 비약적인 성장을 기록하였다. 특히, 2018년부터 2020년까지 3년간의 연평균성장률 11.3%를 유지할 경우 향후 2025년에는 32조 원을 상회할 것으로 전망된다(참고, 그림 2).

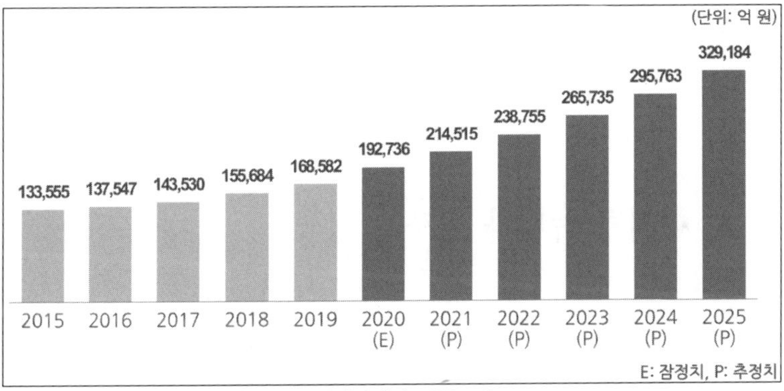

출처 : 한국데이터산업진흥원, 2020 데이터산업 현황조사, 2021.

[그림 2] 데이터산업 시장 규모 및 전망

〈표 2〉 최근 4개년(2017~2020년) 전 산업의 데이터직무 인력 현황[6)]

구분	2017년		2018년		2019년		2020년		증감률 '19~'20
	인력수	비중	인력수	비중	인력수	비중	인력수	비중	
전 산업	109,320	100.0%	117,727	100.0%	130,833	100.0%	150,177	100.0%	14.8%
데이터 산업	77,105	70.5%	82,623	70.2%	89,058	68.1%	101,967	67.9%	14.5%
일반산업	32,215	29.5%	35,104	29.8%	41,775	31.9%	48,210	32.1%	15.4%

출처 : 한국데이터산업진흥원, 2020 데이터산업 현황조사, 2021.

데이터 산업의 성장과 더불어 전 산업의 데이터직무 인력도 2015년부터 2020년까지 연평균 증가율 8.4%[7)]로 지속적으로 증가하고 있다. 특히, 코로나19 팬데믹으로 인한 데이터 산업 성장에 따라 2020년 데이터직무 인력은 전년 대비 14.8%[8)]로 높은 증가율을 보였다.

코로나19 팬데믹으로 인해 모든 산업에서 디지털 전환(Digital Transformation)이 미래의 생존과 성장을 위한 핵심 요인으로 자리 잡으면서, 지난 해 데이터 산업의 시장과 인력은 규모 측면에서 모두 급격히 성장하였다. 더욱이, 정부는 '디지털 뉴딜 종합계획'을 통해 디지털 경제로의 전환을 가속화하고 있어, 데이터 산업을 주축으로 한 디지털 경제는 지속적으로 확대될 전망이다.

2. 디지털 뉴딜과 일자리 정책

우리나라 데이터 산업의 이정표적인 사건은 2020년 8월 시행된 데이터3법[9)]의 개정이다. 그 동안 개인정보 보호 이슈로 데이터 유통에 많

6) 데이터산업 부문은 데이터산업 영위 사업체 7,153개 중 1,302개에 대한 조사결과이며, 일반산업은 금융, 제조, 유통/서비스, 교육, 공공, 통신/미디어, 의료, 건설, 물류, 농림/축산, 광업, 숙박/음식업, 유틸리티(전기/가스/수도 등) 12개 분야 100인 이상 사업체 11,808개 중 1,200개에 대한 표본조사결과 임.
7) 한국데이터산업진흥원, 2020 데이터산업 현황조사, 2021.
8) 2020년 6월 말 기준.
9) 데이터 이용을 활성화하는 「개인정보 보호법」, 「정보통신망 이용촉진 및 정보보호 등에 관한 법률(약칭 : 정보통신망법)」, 「신용정보의 이용 및 보호에 관한 법률(약칭 : 신용정보법)」 등 3가지 법률을 통칭한다. 4차 산업혁명 시대를 맞아 핵심 자

은 제약이 있었지만, 이번 법 개정으로 데이터 거래 활성화를 통한 데이터 활용이 크게 증가되었다. 비로소 본격적인 데이터 비즈니스의 서막이 열리고, '데이터 생태계'가 형성되는 등 데이터 산업이 비약적으로 성장할 수 있는 토대가 마련되었다.

데이터3법 개정과 더불어 정부는 코로나19 팬데믹으로 인한 경기침체를 극복하고 미래성장 동력을 확보하기 위해 2020년 7월 '한국판 뉴딜 종합계획'을 발표하였다. 한국판 뉴딜은 ① 디지털 뉴딜과 ② 그린 뉴딜이라는 2개 축으로 구성되어 있으며, 그 중에서 디지털 뉴딜은 디지털 역량이 국가경쟁력을 결정하는 핵심요소라는 인식하에 미래를 선도하기 위해 디지털 분야에 2025년까지 58.2조원(국비 44.8조원)을 투자하여 일자리 90만 3천개를 창출하여 디지털 대전환을 선도한다는 계획[10)]이다.

디지털 뉴딜은 전반적으로 '데이터 생태계' 구축에 상대적으로 많은 투자를 계획하고 있다. 우선, ① DNA(데이터, 네트워크, 인공지능) 생태계 강화 ② 교육인프라 디지털 전환 ③ 비대면 산업 육성 ④ SOC 디지털화의 4개 분야 중 전 산업에 데이터·5G·AI 활용을 제고하는 'DNA 생태계' 강화에 가장 많은 국비 31.9조가 투자되며, 56만 7천 개의 일자리를 창출한다는 계획이다.

원인 데이터의 이용 활성화를 통한 신산업 육성이 국가적 과제로 대두되었다. 특히, 신산업 육성을 위해서는 인공지능(AI), 인터넷기반 정보통신 자원통합(클라우드), 사물인터넷(IoT) 등 신기술을 활용한 데이터 이용이 필요하며, 안전한 데이터 이용을 위한 사회적 규범 정립도 시급하였다. 이러한 데이터 이용에 관한 규제혁신과 개인정보 보호 협치(거너번스) 체계 정비의 두 문제를 해결하기 위해 데이터 3법 개정안이 2018년 11월 15일 발의되었으며, 2020년 1월 9일 국회 본회의를 통과하였다. 해당 법률 개정안의 주요 내용은 ① 데이터 이용 활성화를 위한 가명정보 개념 도입 ② 관련 법률의 유사·중복 규정을 정비하고 추진체계를 일원화하는 등 개인정보 보호 협치(거버넌스) 체계의 효율화 ③ 데이터 활용에 따른 개인정보 처리자의 책임 강화 ④ 모호한 '개인정보' 판단 기준의 명확화 등이다 (참고 : 대한민국정책브리핑, https://www.korea.kr/special/policyCuration).

10) 기획재정부, 한국판 뉴딜 종합계획 전체본, 2020. 7. 14.

〈표 3〉 디지털 뉴딜 분야별 투자계획 및 일자리 효과

분야	추진과제	국비 투입예산 (조원)		일자리 (만개)
		~'22년	~'25년	~'25년
합 계		18.6	44.8	90.3
DNA. 생태계 강화	① 국민 생활과 밀접한 분야의 데이터 구축·개방·활용	3.1	6.4	29.5
	② 1·2·3차 전 산업으로 5G·AI 융합 확산	6.5	14.8	17.2
	③ 5G·AI 기반 지능형 정부	2.5	9.7	9.1
	④ K-사이버 방역체계 구축	0.4	1.0	0.9
2. 교육인프라 디지털 전환	⑤ 모든 초중고에 디지털 교육 인프라 조성	0.3	0.3	0.4
	⑥ 전국 대학·직업훈련기관 온라인 교육 강화	0.3	0.5	0.5
3. 비대면 산업 육성	⑦ 스마트 의료 및 돌봄 인프라 구축	0.2	0.4	0.5
	⑧ 중소기업 원격근무 확산	0.6	0.7	0.9
	⑨ 소상공인 온라인 비즈니스 지원	0.3	1.0	12.0
4. SOC 디지털화	⑩ 4대 분야 핵심 인프라 디지털 관리체계 구축	3.7	8.5	12.4
	⑪ 도시·산단의 공간 디지털 혁신	0.6	1.2	1.4
	⑫ 스마트 물류체계 구축	0.1	0.3	5.5

출처 : 기획재정부, 한국판 뉴딜 종합계획 전체본, 2020. 7. 14.

또한, 디지털 뉴딜 세부과제 중 선정기준[11]에 부합하며 미래비전을 제시하는 '5대 대표과제'를 선정하였는데, 이중에서 '데이터 댐'[12] 사업

11) 선정기준으로 ① 경제활력 제고 등 파급력이 큰 사업 ② 지역균형발전 및 지역 경제 활성화 촉진효과가 큰 사업 ③ 단기 뿐만 아니라 지속가능한 대규모 일자리 창출 사업 ④ 국민이 변화를 체감할 수 있는 사업 ⑤ 신산업 비즈니스 활성화 등 민간 투자 파급력/확장성이 있는 사업의 5가지를 제시함.

12) 데이터댐 사업은 모든 산업에서 5G 이동통신망을 기반으로 데이터 수집·가공·결합·거래·활용하고 많은 양의 데이터로 고도화한 인공지능 융합서비스를 확산하는 사업이다. 데이터댐 사업으로는 공공데이터개방, 데이터 수지 및 활용 확대, 데이터거래활성화, 인공지능 학습용 데이터 구축 등이 포함되는데 2020년 9월 이후 데이터 댐 프로젝트 7대 핵심 사업은 다음과 같다. 1) AI 데이터 가공바우처 자원 사업 2) 인공지능 바우처 사업 3) 인공지능 학습용 데이터 구축 사업 4) AI 융합 프로젝트 5) 빅데이터 플랫폼 및 센터구축 6) 클라우드 플래그십 프로젝트 7) 클라우드 이용 바우처 사업.

에 가장 많은 사업비(18.1조 원)가 투자되며, 일자리 창출도 38만 9천 개로 가장 많다.

데이터 댐 사업은 AI 학습용 데이터 수집 및 가공 사업 등을 통해 신규 일자리를 창출하고, 이를 활용하여 의료, 교육, 제조 등 연관 분야에서 새로운 비즈니스와 산업을 형성할 수 있기 때문에 '데이터 생태계' 구축에 반드시 필요한 사업이다. 실제로 정부는 데이터 댐 사업을 통해 2020년 기준 16.8조 원에 머무르고 있는 데이터 시장을 2025년까지 43조원으로 성장시키고, AI 전문기업도 2020년 56개에서 2025년까지 150개로 늘리는 것을 목표로 삼고 있다.

정부의 데이터산업에 대한 이러한 대규모 투자는 이미 코로나19 팬데믹으로 인해 확장되고 있는 데이터산업의 성장을 더욱 가속화할 것이다. 이러한 영향인지 2019년 데이터 산업 현황조사결과에서는 2020년에 필요한 인력이 5,951명[13]으로 예상되었으나, 2020년 조사에 의하면 19,344명으로 증가되어 예상보다 3배가 넘는 인력이 추가로 고용되었다. 2020년 조사결과가 디지털 뉴딜 정책이 발표되기 이전인 2020년 6월말을 기준으로 작성된 것임을 감안하면, 2020년 데이터 산업의 실제 신규 인력채용은 조사결과를 크게 상회할 것으로 예견된다.[14]

하지만, 일자리가 만들어졌다고 해서, 바로 일자리 창출로 연결되지는 않는다. 이른바, 노동시장의 수요와 공급의 균형이 필요하다. 이미 업계에서는 데이터 인력난을 호소하고 있으며,[15] 디지털 뉴딜 세부과제조차 시행이 지연되고 있다.[16] 이러한 이유로 '데이터 관련 사업 추진 및 산업 활성화를 위해 가장 필요한 정책적 지원'을 묻는 질문에 응답자의 63.5%가 '전문 인력양성 및 교육 지원'을 가장 많이 지적하였다(참고, 그림 3).

---

13) 한국데이터산업진흥원, 2019 데이터산업 현황조사, 2020.

14) 2020 데이터산업 현황조사에서 데이터직무 인력 관련 통계 결과는 2020년까지 확정치라고 밝힘.

15) 중앙일보, "돈·장비 다 있는데 사람이 없다" 데이터 산업 인력난, 2020. 11. 16.

16) 머니투데이, [마이데이터 연기] '개발자 인력난'에 연기요구 속출, 2021. 7. 8.

〈표 4〉 디지털 뉴딜 5대 대표과제별 투자계획과 일자리 효과 및 성과 지표

(단위 : 조원, 만개)

<table>
<tr><th rowspan="2"></th><th>총사업비 (국비)</th><th>일자리</th><th rowspan="2">성과지표</th><th colspan="2">성과 목표</th></tr>
<tr><th>~25</th><th>~25</th><th>'20년</th><th>'25년</th></tr>
<tr><td rowspan="3">1. 데이터 댐</td><td rowspan="3">18.1 (15.5)</td><td rowspan="3">38.9</td><td>① 데이터시장 규모</td><td>16.8조원</td><td>43조원</td></tr>
<tr><td>② 5G 보급률</td><td>14.3%</td><td>70.0%</td></tr>
<tr><td>③ AI 전문기업 수</td><td>56개</td><td>150개</td></tr>
<tr><td rowspan="3">2. 지능형 정부</td><td rowspan="3">9.7 (9.7)</td><td rowspan="3">9.1</td><td>① 공공서비스 디지털 전환</td><td>대면업무 중심</td><td>80% 이상</td></tr>
<tr><td>② 5G 국가망</td><td>유선망 중심</td><td>모든 정부청사</td></tr>
<tr><td>③ 행정/공공기관 클라우드전환</td><td>17%</td><td>100%</td></tr>
<tr><td rowspan="3">3. 스마트의료 인프라</td><td rowspan="3">0.2 (0.1)</td><td rowspan="3">0.2</td><td>① 新의료 모델</td><td>스마트병원 기반 미흡</td><td>스마트병원 18개</td></tr>
<tr><td>② 감염병 대응 인프라</td><td>호흡기 전담 진료체계 미흡</td><td>호흡기전담클리닉 1천개</td></tr>
<tr><td>③ AI 기반 정밀의료</td><td>AI 진단 기반 미흡</td><td>20개 질환 AI 진단</td></tr>
<tr><td rowspan="2">4. 디지털 트윈</td><td rowspan="2">0.5 (0.5)</td><td rowspan="2">1.6</td><td>① 정밀도로지도</td><td>고속국도 전체</td><td>4차로 이상 지방도</td></tr>
<tr><td>② 노후 지하공동구 관리체계</td><td>10km</td><td>130km</td></tr>
<tr><td rowspan="3">5. 국민안전 SOC 디지털화</td><td rowspan="3">8.2 (5.5)</td><td rowspan="3">14.3</td><td>① 차세대지능형 교통시스템</td><td>고속국도 85km (2%)</td><td>고속국도 4,075km (100%)</td></tr>
<tr><td>② 상수도 스마트 관망</td><td>기본계획 수립</td><td>광역상수도 48개 지방상수도 161개</td></tr>
<tr><td>③ 재난대응 조기경보시스템</td><td>없음</td><td>510개소</td></tr>
</table>

출처 : 기획재정부, 한국판 뉴딜 종합계획 전체본, 2020. 7. 14.

향후 데이터 산업의 지속적 성장을 위해서는 체계적인 인력 수급이 뒷받침되어야 한다. 현재 데이터직무별 평균 부족률은 데이터 산업 10.6%, 일반산업 11.0%이며, 향후 5년 내 전 산업에서 추가적으로 필요한 데이터직무 인력이 총 18,060명으로 나타났다. 하지만, 앞서 지적한 바와 같이, 이러한 조사결과는 정부가 디지털 뉴딜 정책을 시행하기 이전의 상황이기 때문에, 향후 5년 간 데이터직무 인력수요가 예상치보다 크게 증가할 것으로 전망된다.

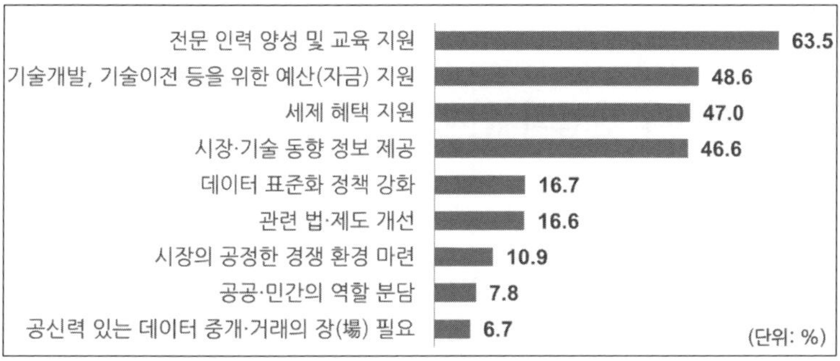

출처 : 한국데이터산업진흥원, 2020 데이터산업 현황조사, 2021.

[그림 3] 데이터산업 활성화 정책 수요

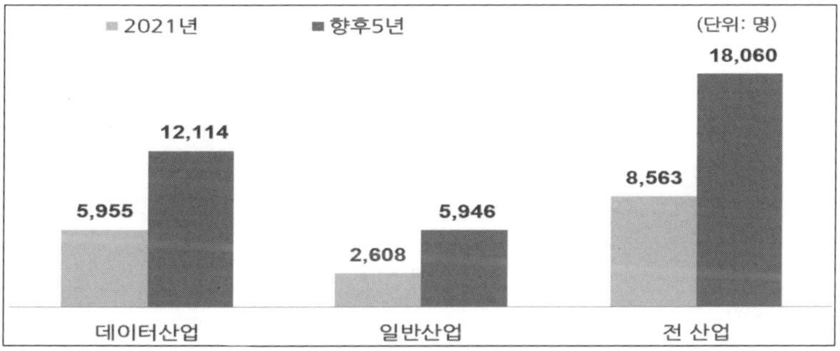

출처 : 한국데이터산업진흥원, 2020 데이터산업 현황조사, 2021.

[그림 4] 향후 5년 이내 데이터직무 필요 인력

또한, 과거 데이터 산업이 데이터의 축적과 데이터베이스 구축 중심이었는데, 최근에는 혁신적으로 변화하여 데이터의 분석 및 활용 중심으로 그 중심축이 크게 바뀌고 있다는 점도 인력수급 계획에 반드시 반영되어야 한다. 현재 전 산업에서 수요가 많은 빅데이터 관련 인력은 현재 총 16,953명으로 전체 데이터직무 인력의 11.3%에 불과하며, 빅데이터 관련 인력 부족률은 26.6%로 전 산업의 데이터직무 인력 부족률(10.7%)[17] 보다 월등히 높다. 인력양성에도 우선순위가 필요한 시점이다.

결국, 데이터 산업의 지속적 성장은 일자리 창출 이외에도 시장에서 필요한 인력을 충분히 공급하느냐에 달려 있다. 이제 데이터 산업의 일자리 정책은 필요인력의 체계적인 육성이라는 인력공급으로 그 패러다임이 전환되어야 한다.

3. 데이터 산업의 인재양성 방안

현황

주요 국가들은 '국가 디지털 전략(National Digital Strategy)'의 일환으로 AI 채택과 스킬에 중점을 둔 국가 AI 전략을 수립하고[18] AI 인재양성 정책을 시행하고 있다. 미국, 중국, 일본, 영국의 4개국의 AI 인재양성의 주요 정책으로는 ① 초중고 보편 교육 강화 ② 고급인재 육성을 위한 대학교육 강화 ③ 사회인 재교육 ④ 글로벌 AI 인재 영입 등이 있다.[19]

〈표 5〉 인공지능·소프트웨어 인재양성 확대 주요내용

구분	운영 개소	주요성과 및 계획
SW 중심대학	41개	- ('15~'20) 전공인력 25,095명, 융합인력 15,642명 양성 - ('21~'25) 전공인력 25,000명 및 융합인력(미정) 양성
인공지능 대학원	14개	- ('19~'21) 933명 석·박사과정 재학 중 → '25년까지 1,820명 이상 양성 - (교원) '19년 50명 → '24년 총 222명 확보
스타랩	42개	- ('15~'20) 석사 206명, 박사 99명 등 338명 양성 - ('21~'25) 석·박사급 인력 700명 이상

출처 : 과학기술정보통신부 소프트웨어정책과, 보도자료, 2021. 4. 22.

17) 한국데이터산업진흥원, 2020 데이터산업 현황조사, 2021.

18) 한국데이터산업진흥원, OECD 디지털경제 전망의 주요 내용 및 시사점, 데이터산업 동향 이슈 브리프, 2020. 12.

19) 김용성, 인공지능 시대 주요국의 인재양성 정책 동향, 월간SW중심사회, 2019년 8월호, 소프트웨어정책연구소, 2019.

정부도 디지털 뉴딜 이전부터 소프트웨어개발 인력의 중요성을 인식하고 K-Digital Training, ICT 이노베이션 스퀘어, 이노베이션 아카데미 등을 운영해 왔으며, 디지털 뉴딜의 일환으로 2021년부터 2025년까지 1조원을 투입하는 '인공지능·소프트웨어 핵심인재 10만명 양성계획'에 따라 ① SW중심대학 ② 인공지능대학원 ③ 스타랩 등을 선정·운영하고 있다(참고, 표 5).

기본적으로 정부의 인력양성계획은 ① 고급·전문 인재 ② 실무·융합 인재 ③ 초중등학생·일반인으로 구분하고, '고급·전문 인재 육성'에 초점을 두고 있다. 반면에, '실무·융합인재 육성'을 위한 지원은 ICT 이노베이션스퀘어 지역거점 4개소 확대 및 산업전문인력 AI 역량강화사업의 대상 분야를 기존 6개 분야에서 12개 분야로 확대하는 등에 그쳐 상대적으로 많이 부족해 보인다.[20]

〈표 6〉 민·관 협력 기반의 소프트웨어 인재양성 대책

구분	목표	주요성과 및 계획
단기	중소·벤처기업 시급한 인력부족 대응	① 중소·벤처기업 주도형 인재양성 ② 디지털 선도기업 및 지역·산업계 주도 인재양성 ③ 기업의 재직자 자체 훈련 등 지원 ④ 대상별 SW 전문교육 지원
중기	기업주도형 인재양성 체제로 개편 및 민관협력 사업 확대	① 기업·대학 협력형 고급·전문 인재양성 확산 지원 ② K-Digital Training 등 우수사업 확대·개편 ③ 대학 등 정규 교육과정을 통한 인재양성 확대 ④ 스타트업 AI 인력 및 지역의 고급혁신 인재양성
인프라	민관협의체 운영 및 인력양성사업 성과 추적·관리	① 민·관 협의체 운영 및 범부처 협업체계 구축 ② 데이터 기반 범부처 인재양성 종합 성과관리 ③ SW 등 디지털 기초역량 강화를 통한 인재육성 기반 마련 ④ 민·관 협업을 통한 양질의 교·강사 확보

출처 : 기획재정부, 보도자료, 2021. 6. 9.

한편, 코로나19 팬데믹으로 인한 디지털전환의 가속화로 소프트웨어 인력수요가 급증하면서, 정부의 인재양성 투자규모 확대에도 불구하고, 양적 부족 및 질적 미스매치에 직면하게 되었다. 특히, 중소·벤처기업은

20) 과학기술정보통신부 소프트웨어정책과, 보도자료, 2021. 1. 8.

인력확보에 상당한 어려움을 겪고 있는 상황이다. 이에 따라 정부는 '기업주도·정부지원'의 새로운 인력양성모델을 도입하고, 기존 인재양성계획을 ① 단기 추진과제(1년 이내) ② 중기(~25년) ③ 인프라 강화로 재편하였다(참고, 표 6). 이러한 정책 도입에 따라 추가 양성하는 89,000명의 인력을 포함하여 2025년까지 총 413,000명을 양성한다는 계획을 수립하였다.[21)]

기업주도형 인재양성은, 비록 뒤늦은 감이 있지만, 기업 현장에서 필요한 인력을 육성한다는 점에서 의의가 있다. 데이터 산업은 특성 상 다른 산업과의 연계성이 매우 강하다. 데이터 분석 기술을 활용하여 산업 생산성을 높이거나 비즈니스 모델을 개선하는 등 다른 산업에서 응용되는 경우가 많다. 이러한 이유로 국내 데이터 산업의 노동시장은 주로 응용 분야에 집중하여 수요가 발생하고 있다.[22)] 실제로 '데이터 전문인력 양성을 위해 가장 필요한 정책적 지원'을 묻는 질문에 '재직자 데이터 기술직무 교육'이나 '실무중심 인력 양성을 위한 대학 데이터 교육', '기업 인턴십 및 인력매칭 서비스' 등 현장실무 교육에 대한 수요가 높게 나타난다(참고, 그림 5).

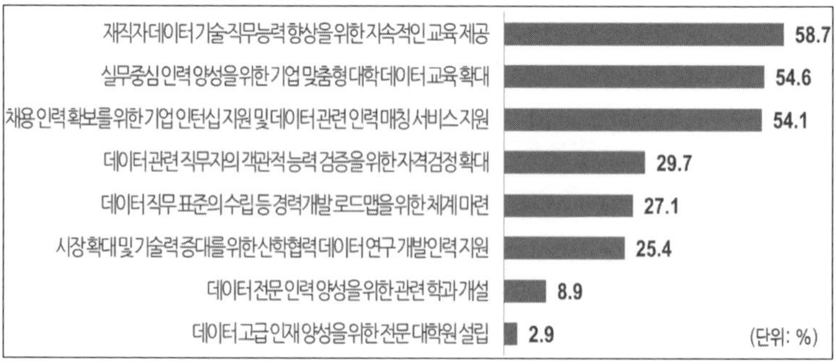

출처 : 한국데이터산업진흥원, 2020 데이터산업 현황조사, 2021.

[그림 5] 데이터 전문 인력 양성 정책 수요

21) 기획재정부, 보도자료, 2021. 6. 9.

22) 방형준 외 2명, 데이터 산업의 노동시장 분석, 정책연구 2019-06, 한국노동연구원, 2019.

데이터 산업의 인재양성에 대안 제안

데이터 산업 인재양성은 '전문성'과 '보편성'이라는 2개의 축으로 구분하여 중장기적 관점에서 접근하는 것이 필요하다. 앞으로 데이터 분석 및 활용 능력은 특정 산업 분야에 한정된 것이 아니라 전 산업에서 요구되는 필수적 자질로 변모하기 때문이다.

먼저, '전문성'은 '**고급·전문 인재육성**'을 의미한다. 디지털 전환의 전면화와 더불어 데이터 산업의 인력 수요는 빠른 속도로 증가하기 때문에 현재 운영 중인 정부의 인공지능·소프트웨어 인재양성 계획을 확대하여 추진하고, 글로벌 AI 인재 영입 등을 포함한 선제적 인력수급 계획이 요구된다.

두 번째로, '보편성'은 대학생, 취업예정자 및 기업체 인력 등 일반인의 '**데이터 스킬향상**'을 의미한다. 데이터스킬은 "소프트웨어 및 기타 도구를 통해 매우 빠른 속도로 매우 상세한 대량의 비즈니스 및 조직 데이터를 저장, 검색, 분석함으로써 재정적 경제적 가치를 창출하는 기술"[23)] 로 정의된다. 즉, 데이터스킬은 AI·SW분야의 신기술 연구에 초점을 두는 것이 아니라, 데이터를 응용하고 활용하여 산업의 생산성과 경쟁력을 강화하는데 초점을 둔다. 이러한 측면에서 보편적 인재양성은 데이터직무 인력의 확대보다 업무에 필요한 데이터스킬을 갖출 수 있도록 데이터 스킬의 수요-공급 격차를 줄이는 것에 초점을 두고 계획되어야 한다.

영국은 '국가 데이터 전략(National Data Strategy)'의 공공교육과 직업교육에 데이터 스킬을 추가[24)]했을 뿐만 아니라, 데이터스킬의 수요-공급 불일치를 정량적으로 측정하기 위한 조사도 시행하고 있다.[25)] 일본도 'AI 전략 2019'를 통해 고등학교에서 데이터 과학, 인공지능에 대한 기초지식을 교육하고 있다.[26)]

그런데, 우리 정부의 '실무·융합인재' 육성을 위한 지원은 '체계적인

---

23) Digital Reality. Data Economy Report, 2018.
24) 한국데이터산업진흥원, 2020 데이터산업 백서, 2021.
25) 한국데이터산업진흥원, 영국의 데이터 스킬 격차에 대한 정량적 분석, 데이터 산업 동향 이슈 브리프, 2021. 7.
26) 송지환 외 3명, 4차 산업혁명 시대의 AI·SW 인재 육성 정책 방안 연구, 소프트웨어정책연구소, 2021. 7.

데이터스킬 향상'이라는 관점에서 보면 매우 회의적이다. 구직자들을 대상으로 한 교육은 특정 프로그램(R, Python, Java 등) 사용방법에 너무 치우쳐 있어 기업 현장에서 데이터가 어떻게 활용되는지 알기 어렵다. 또한, 재직자들을 대상으로 한 교육도 업종 및 규모에 따라 상이한 데이터스킬이 요구됨에도 불구하고, 대기업을 제외하고는 맞춤형 교육을 제공 받기 어려운 상황이다.[27] 더욱이 이러한 교육과정마저도 교육훈련기관마다 서로 달라 체계적인 스킬업이 불가능한 상황이다. 이러한 부분에 대한 개선과 심도 있는 개선이 필요하다.

결론적으로 효과적이고 효율적인 '**전문적이며 보편적인 인재양성**'을 위해서는 무엇보다도 체계적인 '인공지능과 데이터스킬 교육·관리시스템'의 투 트랙을 추가도입 및 운영 할 필요성이 있다. 이를 위해 다음과 같은 점을 고려하길 제안한다.

첫째, 여러 교육훈련기관으로 분산되어 있는 교과과정을 인공지능과 데이터스킬의 관점에서 ① 기초 ② 핵심 ③ 응용의 3단계로 분류한 교육과정을 새롭게 개발·운영하는 것이 필요하다. 즉, 어느 교육훈련기관에서 교육을 받더라도 각 단계별로 요구되는 인공지능과 데이터스킬을 습득할 수 있는 교과과정 개발 연구가 필요하다.

둘째, 데이터 개발 및 처리에 초점을 둔 자격증 제도도 데이터 활용이라는 관점에서 개편할 필요가 있다. '기술 중심'의 현재 자격증 제도에 '데이터 활용·응용'이라는 새로운 시각을 추가할 필요가 있다. 이를 위해 6시그마 자격증 벨트[28] 등을 참고하는 것도 한 방안이다.

셋째, 데이터 산업 빌드업 단계에서 특정 구직자를 대상으로 하는 기술 교육이나 교육홍보에서 벗어나, 전 사업체에 데이터 서비스를 제공할 수 있는 정책 홍보를 실시하며, 산업 전체(일반 국민까지 포함)에 인공지능 및 데이터스킬과 데이터분석 역량이 스며들 수 있도록 전담 정부

---

27) 송지환 외 3명, 4차 산업혁명 시대의 AI·SW 인재 육성 정책 방안 연구, 소프트웨어정책연구소, 2021. 7.

28) 6시그마 교육은 그린벨트(현업 및 모든 임직원), 블랙벨트(프로젝트 추진책임자), 마스터 블랙벨트(교육 및 지도 전문), 챔피언(사업부 책임자) 등의 등급으로 구분한다. 이는 하단의 화이트벨트를 교육하여 단계적으로 전 사원의 역량을 강화시킨다는 의미를 가지고 있다.

기관의 조직 확대(필요시 신설)를 고려할 필요가 있다.

넷째, 모든 국민이 디지털 경제 시대에 디지털 역량을 강화[29)]하며 시대에 대응할 수 있도록 '디지털 배움터' 등을 확대·운영하는 것도 장기적인 관점에서 인재육성을 위해 필요하다.

4. 결론

현재 국내의 데이터 산업은 소수의 공급사와 전 산업분야에 걸쳐 데이터분석이 필요한 대다수의 수요사가 존재하는 산업생태계로 변모하는 중이다. 모든 산업 분야에서 데이터 서비스를 받고자 하는 다수의 수요사(기업 및 개인)로 인해 데이터 산업은 지속적으로 발전할 것이다. 여기서 주목해야 할 점은 데이터 산업 양상이 과거와 크게 바뀌고 있다는 점이다. 과거 데이터 산업이 데이터베이스 구축과 운영, 소프트웨어 개발 등에 제한되었다면, 최근에는 데이터 스킬, 데이터 큐레이션 그리고 데이터 분석 및 활용 중심으로 그 축이 이동하고 있으며, 데이터 분석에 인공지능, 머신러닝, 통계분석 등이 요구된다는 점이다.

현재 정부 주도의 데이터 산업 육성 정책들로 전 산업분야에서 데이터 분석의 필요성이 대두되는 매우 긍정적 효과가 발생하고 있다. 하지만, 문제는 인력수급이다. 이를 위해 데이터산업의 일자리 정책은 필요인력의 체계적 육성이라는 인력공급에 정책이 맞추어질 필요가 있으며, '고급·전문 인재육성'과 '보편적 인재양성'을 둘 다 고려하는 방향을 무엇보다도 고민해야 한다. 이로 인해 데이터산업 인재양성과 공급 및 일자리 창출이 가능하리라 생각한다.

---

29) 정부의 디지털 포용 추진 계획은 ① 전 국민 디지털 역량 강화 ② 포용적 디지털 이용 환경 조성 ③ 디지털 기술의 포용적 활용 촉진 ④ 디지털 포용 기반 조성 등이다.

참고문헌

OECD. (2012). The Digital Economy, Directorate for financial and enterprise affairs competition committee, OECD.

과학기술정보통신부. (2021). 소프트웨어정책과 보도자료, 과학기술정보통신부.

기획재정부. (2020). 한국판 뉴딜 종합계획 전체본, 서울 : 기획재정부.

김용성. (2019). 인공지능 시대 주요국의 인재양성 정책 동향, 월간SW중심사회, 소프트웨어정책연구소.

방형준, 손연정, 노세리. (2019). 데이터 산업의 노동시장 분석, 한국노동연구원.

송지환, 이중엽, 서영희, 김한성. (2021). 4차 산업혁명 시대의 AI·SW 인재 육성 정책 방안 연구, 소프트웨어정책연구소.

유병준, 전성민, 강형구. (2018). 디지털 경제의 파급효과 분석 연구, 한국인터넷기업협회.

한국데이터산업진흥원. (2020). OECD 디지털경제 전망의 주요 내용 및 시사점, 데이터산업 동향 이슈 브리프, 서울 : 한국데이터산업진흥원.

한국데이터산업진흥원. (2020). 2019 데이터산업 현황조사, 서울 : 한국데이터산업진흥원.

한국데이터산업진흥원. (2021). 2020 데이터산업 현황조사, 서울 : 한국데이터산업진흥원.

한국데이터산업진흥원. (2021). 영국의 데이터 스킬 격차에 대한 정량적 분석, 데이터산업 동향 이슈 브리프, 서울 : 한국데이터산업진흥원.

Ⅵ.

과학기술 연구자의 기술 창업 겸업 지원 현황과 과제

박일주(한국과학기술기획평가원)

Ⅵ

과학기술 연구자의 기술창업 겸업 지원 현황과 과제

박일주(한국과학기술기획평가원)

1. 들어가며

기술기반 창업기업의 생존률 및 고용 창출 효과가 다른 분야보다 높아 기술기반 창업의 활성화가 산업 발전뿐만 아니라 일자리 정책에도 도움이 될 수 있는데, 정작 우리나라 과학기술 연구자들의 창업 선호도는 높지 않은 편이다. 그러므로 이미 취업한 과학기술인의 경제적·심리적 부담을 낮추면서도 창업 지원에 따른 정책 효과를 누릴 수 있도록 하는 방법 중 하나로 '과학기술인의 기술창업 겸업'에 대한 정부 지원을 생각해보기 위해 그 현황과 향후 과제를 생각해보려 한다.

창업과 일자리 창출에 대한 소고

우리나라 정부가 운영하는 「대한민국 일자리 상황판」이라는 홈페이지에 들어가보면 '일자리 창출'의 주요 지표로 창업기업 수가 있다. 이처럼 일자리 정책을 논할 때 빠지지 않는 주제 중 하나로 창업 활성화를 꼽는 이유는 창업기업이 창출하는 일자리에 주목하기 때문이다.

실제로 창업이 일자리 증가에 영향을 미칠까? 적어도 한국 창업가들은 최근 들어 예전보다 더 일자리 창출에 대한 자신감을 가진다고 추정된다. 미국 Global Entrepreneurship Monitor Consortium의 Adult

Population Survey 자료에 따르면 창업가 중 5년 내 6개 이상 일자리를 창출할 것이라 기대하는 이들의 비율[1)]이 2017년부터 계속 증가하고 있다. 미국의 비율이 대략 평균 30%대를 꾸준히 보여주는 반면 한국의 비율은 2017년 9.7%였던 것이 2020년에는 27%까지 성장한 것을 보면 한국 창업자의 일자리 창출에 대한 자신감이 증대되고 있음을 추정할 수 있다.

그리고 위의 한국 창업가들의 기대는 실제 성과로도 이어지는 것으로 보인다. OECD(2019)에 따르면 우리나라 산업연구원과 OECD의 공조로 2010년부터 2015년 사이의 우리나라 및 타국 일자리 통계를 평균 분석한 결과 벤치마크 국가[2)] 평균치 대비 우리나라 제조업 및 서비스업 모두 창업기업(entrants)의 일자리 순증 비율(net job creation rate)이 높다고 파악되었다.[3)] 비록 기존 기업(incumbents)이나 퇴출 기업(exiters)의 일자리 순증 비율이 높지 않아 업력이 낮은 기업에서 일자리 창출 효과가 높고 업력이 높아질수록 일자리 창출에 미치는 영향이 낮다고 보이나, 타국의 창업기업 대비 우리나라의 창업기업이 일자리 창출에 미치는 영향이 상당할 수 있다는 점에 주목할 만하다.

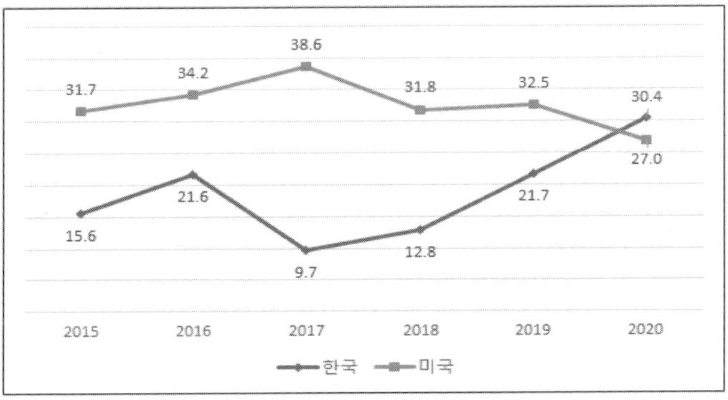

출처 : 미국 Global Entrepreneurship Monitor(GEM) Adult Population Survey(APS).

[그림 1] 창업가 중 5년 내 6개 이상 일자리를 창출할 것이라 기대하는 이들의 비율 - 한국과 미국의 비교(%)

---

1) Percentage of those involved in TEA who expect to create 6 or more jobs in 5 years. 출처 : GEM 홈페이지.

2) Austria, Belgium, Brazil, Canada, Costa Rica, Finland, France, Hungary, Italy, Japan, the Netherlands, Norway, Portugal, Spain, Sweden, Turkey.

3) 제조업에서는 5%에 약간 못 미치는 수치였고 서비스업에서는 10%를 약간 상회하는 수치로, 각각 벤치마크 국가 평균보다 약 3배 이상 높은 수치를 보임.

이러한 경향은 2020년 기준 우리나라 벤처기업에서 특히 두드러졌다. 중소벤처기업부가 한국고용정보원 고용보험가입 현황 통계를 분석한 결과 2020년 말 전체 벤처기업 3만 9,511개 사 중 고용정보 유효기업 3만 6,885개 사의 고용은 72만 4,138명으로, 2019년 말 대비 5만 2,905명 증가하여 고용 증가율이 약 7.9%이라고 밝혔다. 그리고 2020년 말 벤처기업 당 평균 고용 증가는 2019년 말 18.2명보다 약 1.4명 증가한 19.6명이라 밝혔다.[4] 비록 1인 기업 등 고용 증가 효과가 제한적인 창업들도 증가하고 있어 창업이 가져오는 고용 증가 효과가 유의미한 수준일지는 계속 관찰해야겠지만 창업 성장세로 인해 일자리 수 증가 역시 기대해 볼 수 있다는 점은 분명하다.

그런데 마치 당연해 보이는 이야기를 조금 더 들여다보면 창업기업이 창출하는 일자리가 마냥 당연한 것은 아님을 쉽게 깨달을 수 있다. 창업이 고용 창출에 미치는 영향에 대해 기존 기업보다 창업기업이 창출하는 고용 성과가 높을 수 있다는 것을 분석한 연구들(Kane, 2010; OECD, 2019 등)이 있었고 앞서 언급한 설문조사나 통계들이 실제 그러하다는 것을 보여주지만, 창업기업의 고용 창출 효과를 측정하는 방식조차 중론이 부족하고 창업 "지원" 정책이 단순히 일자리 수를 증가하는 정책인지, 아니면 소위 "좋은 일자리(decent job)"의 양적 성장을 의미하는 것인지 모호해 보여 "어떤" 창업기업이 일자리 정책에 도움을 주는지에 대한 논의가 다소 부족해 보인다. 즉, 창업 지원 정책을 일자리 정책과 동일시할 수는 없다. 창업을 지원하는 정책은 말 그대로 창업활동을 활성화하기 위한 정부의 지원 정책을 의미하여, 이 정책의 목표는 사실 일자리 창출에만 매몰될 것이 아니라 경제 및 산업의 발전, 신산업 육성 등에 있기 때문에 그 단계와 수준에 있어 상이하기 때문이다.

그럼에도 불구하고 창업 지원 정책은 일자리 정책과 불가분의 관계를 갖는다. 산업의 육성은 곧 해당 산업에서 필요로 하는 인력 수의 순증을 요구하기 때문이다. 물론 혹자는 이에 대해 기술 기반(technology-

---

4) 중소벤처기업부(2021. 2. 16.), "'고용 버팀목' 벤처·스타트업, 코로나에도 일자리 5만여 개 늘렸다", https://www.korea.kr/news/policyNewsView.do?newsId=148884041. 접속일: 2021. 7. 31.

driven) 산업들은 오히려 기존 인간이 소화하던 업무를 로봇 등 기계가 대체할 수 있어 일자리 수가 감소할 것이라며 의문을 제기할 것이다. 그러나 심지어 인공지능(AI)이 도입되어도 사람이 할 수 있고 해야 하는 업무가 남아 있기에 신기술 기반 산업의 육성은 곧 일자리 수의 순증, 나아가 새로운 종류의 일자리 생성을 수반한다는 해석도 있다.

그렇다면 관건은 창업기업이 얼마나 많은 일자리를 만드는가만이 아니라, 얼마나 오래 그 일자리가 유지되는가, 앞으로 점점 줄어들 노동집약형 산업 대신 기술집약형, 지식집약형 산업들이 그 일자리를 지속해 줄 것인지가 될 것이다. 이런 점에서 유망 기술을 기반으로 한 창업, 소위 '기술창업'의 성장에 주목할 필요가 있다.

2. 기술창업의 성장과 과학기술인의 창업

우리나라 기술창업의 성장세

중소벤처기업부 「창업기업동향」 자료에 따르면 2020년 전체 신규 창업 기업 수 1,484,667개 대비 신규 기술기반 창업 기업 수가 228,949개여서 신규 창업 기업 중 기술기반 창업 기업의 비율이 15.4%라고 한다. 이는 2019년 전체 신규 창업 기업 수 1,285,259개 대비 신규 기술기반 창업 기업 220,607개가 차지하던 비율인 17.2%보다는 작은 것이지만, 전년 대비 약 8,300여 개, 비율로는 3.8% 증가한 것이다. 소위 '제2벤처붐'이라고 일컬어질 정도로 창업에 대한 열기가 뜨거운데 그 가운데 매년 신규 기술기반 창업 기업의 수도 꾸준히 규모가 증가해왔다는 점은 주목할 만하다. 특히 기술기반 창업 기업 중 '전문, 과학 및 기술 서비스업'이 전체 신규 창업기업 수 대비 차지하는 비율이 비록 3.7%에 불과하나 2019년 대비 2020년 증가율이 전체 신규 창업기업 수 증가율인 15.5%를 상회하는 17.2%라는 점도 주목할 만하다.

〈표 1〉 연도별 신규 창업기업 수 추이

(단위 : 개, %)

	2016년	2017년	2018년	2019년	2020년	
					기업 수	전년대비 증가율
전체	1,190,177	1,256,267	1,344,366	1,285,259	1,484,667	15.5%
기술기반[5]	190,674 (16.0)	198,911 (15.8)	212,237 (15.8)	220,607 (17.2)	228,949 (15.4)	3.8%
전문, 과학 및 기술 서비스업	35,185 (3.0)	37,061 (3.0)	40,455 (3.0)	46,413 (3.6)	54,411 (3.7)	17.2%

출처 : 중소벤처기업부 「창업기업동향」.
※ 괄호 안 수치는 전체 기업 대비 비율.

여기서 창업률 중에서도 기술기반 창업률을 살펴보는 것은 기술기반 창업이 가져오는 산업 성장 및 일자리 창출 효과가 유의미한 수준이기 때문이다. 기술 기반 창업은 다른 아이템을 다루는 창업 대비 기업의 생존(retention) 비율이 비교적 높은 것으로 우리나라 여러 연구들이 추정한 바 있다(전지은(2017), 전지은·김선우(2019), 신동평·배용국·손석호(2018)).

통계 기반 추정뿐만 아니라 실제 과학기술인들의 기술기반 창업의 사례도 살펴볼 수 있다. 오래된 사례 중 하나로, 독일 Menlo Systems을 생각해 볼 수 있다. 이 기업은 독일 막스 플랑크 양자광학 연구소(Max-Planck-Institute for Quantum Optics (MPQ))에서 2001년 스핀오프(spin-off)한 기업이다. 이 기업의 공동창업자 테오도르 헨슈(Theodor W. Hänsch)는 광학 주파수 빗(optical frequency comb) 기술로 2005년 노벨 물리학상을 받은 학자인데, 이 기술을 기반으로 창업한 것이다.[6] 이처럼 연구소에 소속되어 있으나 자신이 개발한 기술을 기반으로

5) EU 및 OECD 정의를 준용, 경제적 파급효과가 높은 제조업과 일부 고부가가치 서비스업을 포함하여 정의한 업종분류 (* 기술기반업종 : 제조업 + 지식기반 서비스업(정보통신, 전문·과학·기술, 사업지원, 교육, 보건·사회복지, 창작·예술·여가). 출처 : 중소벤처기업부 「창업기업 동향」.

6) Menlo Systems 홈페이지. https://www.menlosystems.com/company/about-menlo-systems/.

창업하는 과학자들의 사례가 우리나라에도 종종 있다. 일례로 차세대융합기술연구원에서 2012년에 '연구자창업지원제도'를 시행한 이래 2017년 5월 기준 월 매출 최대 100억 원 규모의 기업으로 성장[7]하고 2020년 말 기준 약 48억 원의 매출액을 기록한 '엔트리움' 등이 있다.

그리고 위 사례들이 우리나라에서 일부만의 사례가 아님을 수치로도 확인할 수 있다. 과학기술정보통신부와 연구개발특구진흥재단은 2006년 콜마 BNH 이후 2020년 2월 24일까지 연구소기업[8]이 900호를 돌파했다고 밝힌 바 있다. 두 기관의 2020년 2월 분석에 따르면 연구소기업은 일반 기업 대비 창업 5년 후 생존율이 66.7% 높고 고용효과도 우수하다고 파악되었다.[9]

창업보다 취업을 선호하는 과학기술인

그런데 기술창업이 일자리 창출에 기여하더라도 기술창업을 할 수 있는 과학기술인들의 창업에 대한 시각이 부정적이라면 우리나라 기술창업의 성장을 기대하기 힘들다. 우리나라 과학기술분야 박사학위 취득자들의 취업률을 보면 대학, 기업 혹은 공공/민간연구소에 취업하는 이들의 비율이 높은 편이다. 반면 이들의 창업률은 2017년 3.2%, 2018년 2.7%, 2019년 3.4%로 매년 3% 수준에서 큰 변화가 없다.

물론 과학기술분야 박사 중 창업하는 이들의 비율이 반드시 증가할 필요는 없다. 그러나 대부분의 이들이 취업을 하고 창업을 하지 않는 현실은 과학기술분야 박사들의 일자리가 상대적으로 부족하지 않다는 것과 함께 이들의 선호 역시 창업보다는 취업에 있다는 것을 방증한다고 볼 수 있다. 이들의 선호를 설문으로 알아본 과학기술정보통신부·한국

---

7) 중앙일보(2017. 5. 15.), "융기원, 연구자 창업제도 1호 기업 엔트리움, 100억 규모 성장", https://news.joins.com/article/21571194. 접속일 : 2021. 7. 31.

8) 「연구개발특구의 육성에 관한 특별법(연구개발특별법)」 제9조의3 제1항 각호의 기관·회사가 공공연구기관의 기술을 직접 사업화하기 위해 자본금 가운데 10~20퍼센트 이상 출자하여 연구개발특구 안에 설립하는 기업(「연구개발특별법」 제9조의3, 시행령 제13조).

9) 조선비즈(2020. 2. 24.) "국내 연구소기업 900개 돌파... 창업 5년 후 생존율 66.7%", https://biz.chosun.com/site/data/html_dir/2020/02/24/2020022403655.html?form=MY01SV&OCID=MY01SV. 접속일 : 2021. 7. 31.

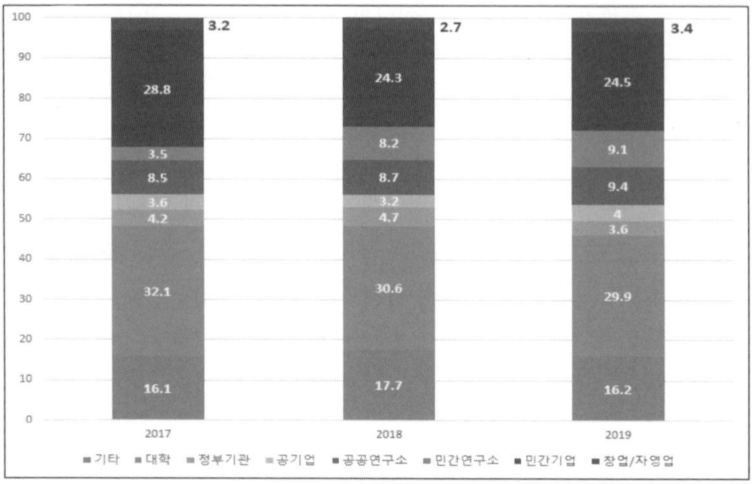

출처 : 한국직업능력개발원 「박사패널조사」, 한국과학기술기획평가원 과학기술인재정책 플랫폼.

[그림 2] 과학기술분야 신규 박사 졸업자의 취업직장 유형(%)

과학기술기획평가원(KISTEP)의 「2019 이공계인력 육성·활용과 처우 등에 관한 실태조사」에서도 2019년 이직을 희망하는 이공계 박사의 이직 희망 직장 유형은 대학(58.1%) 〉 공공연구기관(18.4%) 〉 기업(16.6%) 〉 기타(창업 등)(6.9%) 순으로 응답되어 과학기술분야 박사들의 창업 선호도가 과히 높지 않음을 짐작할 수 있다. 국가과학기술인력개발원(KIRD)에서 2020년 실시한 「과학기술인 경력개발 실태조사」결과 역시 비슷한 결과를 보여주었다. 이공계 대학 학·석·박사과정 학생연구원과 박사연구원 867명을 대상으로 조사한 결과 이들의 희망 직종 선호도 1순위는 '국내 대기업(30.8%)', 2순위는 '공공연구소(18.0%)', 3순위가 '국내 대학(17.6%)'이었고, 창업은 전체의 1.4%만이 선택하여 가장 낮은 순위를 보였다(손정은·조형대, 2021).

위 통계를 이해할 때 인간 본연의 위험 회피 성향에 대해 생각해 볼 필요가 있다. 사람들은 흔히 창업가들이 자신의 인적·물적 자원을 총동원하여 소위 인생을 거는 모험을 하는 위험 감수자(risk taker)들이라 생각하지만, 일부 연구들은 창업가들 역시 위험을 가능한 피하고 실패를 최소화하려 한다는 점에도 주목했다(Miner & Raju, 2004; Raffiee &

Feng, 2014). 이러한 창업가들의 행동 패턴은 다양한 곳에서 드러나는데, 이 중에서도 직장에 고용된 이들이 직장을 그만두지 않고 고정적 수입을 유지하면서 자신의 아이디어를 검증하기 위해 창업을 겸업하는 이들의 행태에 주목할 만하다. 중소벤처기업부·창업진흥원의 「2020년 창업기업실태조사」에 따르면 2012년부터 2018년 사이에 창업한 이들 중 8,000개 사업체를 표본으로 조사한 결과 창업 직전 미취업 상태였던 이들이 전체의 40.7%, 취업 상태였던 이들이 전체의 59.3%였는데, 취업 상태였던 이들을 세분화해보니 퇴직 후 전업으로 창업한 이들이 39.8%, 겸직 상태로 창업한 이들이 12.8%, 휴직한 상태로 창업한 이들이 6.6%였다. 즉, 전체의 19.4% 정도는 겸직 혹은 휴직한 상태로 창업을 한 것이다. 즉, 이미 일자리를 갖고 있던 사람들이 창업에 나서는 경우가 창업가 100명 중 약 19.4명이었다는 것인데, 이들은 취업 상태에서 창업 상태로 전환하거나 겸업하는 것, 일명 "하이브리드 창업(hybrid entrepreneurship)"[10]을 시도한 것이다. 이들은 취업과 창업을 배타적인 것으로 보지 않아도 됨을 몸소 보여주었다. 이 하이브리드 창업이라고 불리는 방식은 일정한 급여를 유지하면서 사업도 시작함으로써 '위험을 최소화하려는' 행동방식으로, 쉽게 말하면 "창업 겸업"이라 할 수 있다. 그렇다면 우리나라 과학기술분야 취업 연구자들은 창업 겸업에 대해 어떻게 생각하고 있을까.

3. 과학기술인의 기술창업 겸업

기술창업에 대한 지원 기반 성장

최근 10여 년간 '단군 이래 창업하기 가장 좋은 때'라는 말을 곳곳에서 들을 수 있을 정도로 우리나라 창업 지원 정책의 범위나 규모가 대폭 성장했다. 이제 많이 알려진 TIPS(Tech Incubator Program for Startup Korea)는 이스라엘의 지원 모델을 차용한 우리나라 대표적 민간투자주

---

10) 급여를 지급받는 주요(primary) 직업을 유지하면서 창업활동을 하는 것을 일컫는 용어인데, 이 용어에 대한 학술적 동의(consensus)가 완벽히 이루어진 것은 아니라서 같은 행위를 두고 다르게 표현하는 학자들도 있다(Demir, C., Werner, A., Kraus, S., & Jones, P.(2020)).

도형 민관협력 기술창업지원 프로그램으로, 창업보육뿐만 아니라 엔젤투자, R&D자금 매칭 등을 지원한다. 이런 프로그램을 비롯하여 다양한 정부지원을 펼친 결과인지 중소벤처기업부에 따르면 지난 2000년대 초반에 일어난 '제1벤처붐' 이후 20년이 지난 현재 당시보다 창업기업의 수가 6만여 개 증가하였는데 이 중 2만 7천 개가 최근 4년간 증가하여 증가세가 뚜렷하고, 벤처투자액 역시 제1벤처붐 당시 2조원 정도였던 것이 정체를 겪다 2019년 4조원을 돌파하였고, 특히 OECD 기준에 따라 제조업 및 지식서비스업 6종을 모은 '기술기반 창업'이 최근 4년간 20.1% 증가하여 2020년 약 22만 9천 개라고 한다.[11] 이러한 양적 성장의 이면에는 정부의 전문가 대상 기술창업 지원 강화뿐만 아니라 창업에 대한 접근성 향상을 위한 일반인 대상 지원도 있었다. 인공지능 등 4차 산업혁명 신기술 기반 창업 아이디어 공모전을 일반인 대상으로 개최하는 등 일반인들의 신기술 기반 창업 겸업 활성화에 보탬이 될 정책도 펼치고 있다. 또한 국내에서 최근 두드러진 성장을 보이는 와디즈(Wadiz) 등 일반인이 다가가기 쉬운 사업화 지원 크라우드 펀딩(crowdfunding) 플랫폼들이 늘어나고 있다. 자신의 작은 아이디어를 사업 아이템으로 만들어 선보일 때 플랫폼이 없어 고민하는 이들이 많다는 점에 착안하여 일종의 '통로'가 되어주는 것이다. 와디즈는 이뿐만 아니라 사업화 및 창업에 대한 다방면의 교육도 제공하여 더 많은 이들의 유입을 이끌고 있다. 소비자 입장에서도 신기술을 더욱 손쉽게 접하고 유망해 보이는 기술 기반 창업기업에 소규모 금액이나마 직접 투자할 수 있는 기회를 갖는다. 아이템을 직접 구매할 수도 있고 지분 투자를 할 수도 있다. 어렵게 생각되던 창업기업, 비상장기업에 대한 투자가 한결 손쉬워진 것이다.

이러한 플랫폼들의 성장은 기술 기반 창업에 대한 접근성을 향상시켰고, 본업을 갖고 있는 사람들의 창업, 일명 "하이브리드 창업(hybrid entrepreneurship)"이 활성화될 계기를 마련하였다. 이 하이브리드 창업은 창업자 본인이 꾸준한 현금 흐름을 확보하면서도 창업에 도전한다는 점에서 창업자 본인의 심리적·경제적 안정을 어느 정도 확보케 하여

11) 중소벤처기업부, 2021. 4. 26.「한국 창업 생태계의 변화 분석」.

설령 실패하더라도 회복이 수월할 뿐만 아니라 이미 갖고 있는 네트워크를 활용할 수 있게 한다. 그러나 기술 개발 시 본 직장에서 해당 기술에 대한 지식재산권을 요구할 가능성을 배제할 수 없고, 본업과의 병행 시 내적 갈등을 겪고 심지어는 본업에 실질적인 지장을 받을 수도 있다.[12] 특히 연구를 업(業)으로 삼고 있는 직장인들은 이러한 갈등을 더 겪을 것이다. 그렇다면 우리나라 과학기술분야 연구자들은 창업 겸업에 대해 어떻게 생각하고 있을까?

과학기술분야 연구자의 창업 겸업을 위한 정부 지원

우리나라 정부는 소위 'lab-to-market'형 기술창업에 대한 정책을 강화하는 등 과학기술 분야 전문가들의 연구 성과를 사업화하기 위한 정책을 이미 오래 전부터 추진해 왔다. 즉, 법·제도적 측면에서는 크게 부족한 것이 없어 보인다. 과학기술분야 정부출연연구기관(이하 출연연)의 연구자들의 기업 업무 겸업·겸직에 대한 제한을 완화하여 연구소-기업 간 인재 교류가 원활해지도록 정부 역시 꾸준히 관심을 가져왔고, 이러한 관심이 법 개정으로도 이어졌기 때문이다. 대학교원 및 연구원의 휴직 규정을 만들고 중소기업의 대표자·임직원을 겸임·겸직할 수 있는 자에 과학기술분야 정부출연연구기관 연구자들을 포함하고 인사상 불이익을 주지 않으려 이미 2010년 7월에 「중소기업인력지원 특별법」 및 동법 시행령을 개정·시행한 바 있다. 이를 통해 연구인력의 원활한 교류를 기대한 것으로 보인다.[13] 또한 과학기술정보통신부는 2018년 12월 출연(연) 연구원의 과기협동조합 창업겸직이 중소기업 창업겸직과 달리 제한

12) Forbes. "The Pros And Cons Of Hybrid Entrepreneurship". 2018. 7. 26. https://www.forbes.com/sites/forbeslacouncil/2018/07/26/the-pros-and-cons-of-hybrid-entrepreneurship/?sh=e0f361c2e5d5. 접속일 : 2021. 7. 31.

13) 대학의 교원 및 국·공립연구기관의 연구원 등은 중소기업의 대표자 또는 임원 및 직원을 겸임하거나 겸직할 수 있으나, 대학교원 및 연구원이 휴직할 수 있는 규정이 마련되어 있지 않아 연구인력의 원활한 교류가 이루어지기 힘든 실정이므로 대학교원 및 연구원이 휴직할 수 있는 근거 규정을 마련하고, 아울러 중소기업의 대표자·임원 및 직원을 겸임·겸직할 수 있는 자에 「과학기술분야 정부출연연구기관 등의 설립·운영 및 육성에 관한 법률」에 따른 연구기관의 연구원도 포함하려는 것임(법제처 제공 법 개정이유).

되는 현실을 개선하고자 국가과학기술연구회(NST) 산하 출연연 연구원의 기술창업 겸직 허용 규정(내규)에 과기협동조합 겸직 허용도 명문화하여 과기협동조합 창업도 중소기업 창업에 준하여 인정할 것을 권고하였다.[14] 그리고 「국가정보화 기본법」이 「지능정보화 기본법」으로 2020년 6월 전면 개정되면서 2021년 6월 이후 교육공무원 등이 소속 기관장의 허가를 받아 지능정보기업 대표자 또는 임직원을 겸임·겸직할 수 있도록 하였는데, 이는 학계와 산업계에서 겪는 인공지능 분야 전문 인력 부족 현상을 해소하기 위해 법적 근거를 마련한 것이라고 한다.[15]

그러나 여전히 연구현장에서는 이러한 것이 일부 연구자들에게만 와 닿는 이야기인 것 같다. 창업 겸업에 대한 인식 전환이 절실한 상황이다. 정부 역시 이에 주목하였는지 법·제도 개선뿐만 아니라 정책 지원을 함께 내세웠다. 2017년 「혁신창업 생태계 조성방안」 중 '기업·대학 등 핵심 기술인력의 창업도전 환경 조성'이라는 제목 아래 창업실적·창업지원 등의 지표를 교원·대학·출연연 평가에 반영, 휴·겸직 기간 및 조건을 완화하여 창업을 권장하는 조직 분위기를 조성하자고 제시하기도 하였다. 구체적으로는 창업실적을 교원 재임용 평가에 반영하고 휴·겸직 가능 기간이나 조건을 완화하는 것을 권고하면서 관련 매뉴얼(창업친화적 교원인사제도 매뉴얼)을 제정 및 배포하겠다고 밝혔다. 또한 대학재정지원 평가 시 LINC+(산학협력 선도대학사업) 정성지표 중 창업부문 비중을 확대하고, 출연연 평가 시에는 창업지원규정 신설·개선 시 출연연 평가에 긍정적으로 반영, 공공기관 평가 시 공공기관 경영평가에 가점부여를 추진하기 위해 평가지침을 개정 완료하였다고 언급하였다.

이러한 노력 덕분인지 한국생산기술연구원, 광주과학기술원(GIST), 서울대학교 등 다양한 대학 및 출연연에서 교수나 연구자의 창업 시 휴직을 허용하고 있다. 또한 과기정통부는 '공공 연구기관을 통한 소재·부

14) 과학기술정보통신부. "출연(연) 연구원의 과기협동조합 창업겸직 제한 완화". 2018. 12. 4., https://www.korea.kr/news/pressReleaseView.do?newsId=156307162. 접속일 : 2021. 7. 31.
15) Ai타임스. "AI 전문가 겸직 가능해진다...지능정보화기본법 국회 통과". 2020. 5. 21. http://www.aitimes.com/news/articleView.html?idxno=128624. 접속일 : 2021. 7. 31.

품·장비 기업지원 강화방안'을 2020년 5월 13일 제4차 소재·부품·장비 경쟁력강화위원회에서 확정하였는데, 그 내용에는 공공 연구기관 소속 연구원의 기업 겸직을 허용한 것이 있다. 예전에는 기업 파견 기간 동안 본 소속 기관 근무를 못 하였는데, 주 5일 근무 기준으로 파견 기업에서 3일, 본 소속 기관에서 2일 등으로 근무할 수 있도록 하는 식이라는 것이다. 그리고 겸직기간 중 기업 지원 실적이 우수한 연구자에게 정년을 연장해주거나 인사고과 평가, 승진 심사 등에서 우대할 수 있도록 하고, 이런 연구자가 소속된 연구소에 정부 출연금을 더 주거나 기관 평가 시 가산점을 주는 방안을 마련하였다고 한다.[16] 법·제도 개선뿐만 아니라 정책적으로도 겸직·겸업을 허용하여 연구계와 산업계 간 인력 부족 현상을 해소하고 기술사업화를 촉진함으로써 과학기술 분야 창업 활성화에 기여하겠다는 정부의 의지를 엿볼 수 있다.

뿐만 아니라 실험실 창업에 대한 정부의 관심도 지대하다. 2021년 5월 말 관계부처 합동으로 발표된 「청년 창업 활성화 방안」에 따르면 정부가 대학 실험실 연구성과를 활용한 기술창업을 촉진하기 위해 부처 간 협업을 통해 창업교육과 사업화 지원에 노력하겠다고 밝혔다. 또한 2021년 2월 발표된 교육부·과기정통부의 「실험실 특화형 창업선도대학」 육성사업 2021년 시행계획 문건에 따르면 실험실 특화형 창업선도대학은 2018년 5개 지정 후 2020년 10개, 2021년에 10개를 지정하여 대학 실험실에서 창출되는 연구개발 성과를 기반으로 한 창업을 지원하는 것으로, 사업화 자금을 최대 2억 원까지 지원하는 것이다. 2021년 현재 60개사에 총 90억 원, 기업 당 평균 1.5억 원 지원된다고 한다. 대학교수 및 대학(원)생의 본업에서 창업도 겸할 수 있도록 정부에서 지원하는 것이다.

과학기술분야 연구자의 창업 겸업 지원을 위한 과제

우리나라 대학과 출연연의 연구자 인식이 전수조사된 적은 없지만 앞서 살펴본 표본 설문조사 연구들이나 언론보도를 통해 추측하면, 대학

16) 한국경제. "공공 연구소 연구원, 기업 직원 겸직 가능해진다". 2020. 5. 13. https://www.hankyung.com/it/article/202005134501i. 접속일 : 2021. 7. 31.

과 출연연의 연구자들 또한 창업에 대해 부정적으로만 생각하지는 않는 듯하나 취업이라는 강력한 선택지가 있어 선호도가 높지 않은 듯하다. 그런데 창업에 대한 인식을 차치하고 자신들이 개발한 기술의 사업화에 대한 인식만 보아도 연구자가 기술사업화를 인식할 때 "하고 싶은 것"보다는 "해야 하는 것"이라고 인식하는 경향이 더 큰 듯하다. 이는 그동안 고질적인 문제로 꼽혀온 연구개발 성과의 낮은 활용도 문제 때문에 최근 정부에서 국가 R&D 성과의 활용을 강조하기 때문인 듯하다. 어찌 되었든 자신이 개발한 연구 성과가 사업화되거나 창업 아이템이 되지 못하고 사장되는 것을 두고 우리나라 연구자들은 크게 2가지 생각을 갖는 듯하다. 하나는 애초부터 연구 목표 달성에 급급한 탓에 활용할 수 없는 연구 성과임을 알았다는 것, 다른 하나는 활용할 수 있을 것 같은데 본인이 직접 창업하고 싶지 않다는 것이다.

기술창업 아이템은 연구개발(R&D) 결과를 기반으로 하기에 주로 R&D 기반을 갖춘 기업이나 공공 연구개발기관 등의 시설·장비를 기반으로 만들어진 경우가 많다. 이 성과들이 창업으로 이어지려면 이미 투입된 기술개발 비용이나 성과 소유권 문제 등을 고려하여 사내벤처나 스핀오프(spin-off) 창업 형태를 벗어나기 힘들고, 창업 후 모기업과 제휴협력하거나 일정 조건 하에 납품하는 등 불가분의 관계를 유지하는 경우가 종종 있다. 이렇게 해서라도 매출이 유지되면 그나마 다행이지만, 그것만으로는 한계가 있고 시장 개척 및 진출에 유리한 형태가 단순한 기술사업화뿐만 아니라 창업이라고 판단하여 별도 사업체로 창업한 것이기에 창업주는 기존 일자리를 포기하고, 즉, 기업이나 연구개발기관의 소속으로서 누릴 수 있는 각종 경제적 안정이나 심리적 안정을 포기하고 갑자기 창업 일선으로 뛰어드는 경우가 많다.

이들의 창업에 기반이 된 기술은 주로 자신들이 수행한 과제의 연구성과에서 비롯되었다. 그래서 실험실에서 나온 성과를 기반으로 한 창업을 '실험실 창업'이라고 부르는 것이다. 그런데 실험실 창업은 실험실에서 생겨난 R&D 성과를 창업을 통해 시장에 선보일 것으로 의미하므로 해당 기술을 누구보다 잘 알고 있는 연구자가 직접 참여하는 창업이 성공적인 사업화를 이끌 것이라는 대전제가 깔려있다. 물론 맞는 말이다.

그렇지만 이들이 최고 기술 경영자(Chief Technical Officer) 이상의 역할을 할 수 있는지는 해당 연구자의 역량에 따라 달라질 수 있을 것이다. 사업은 연구개발과는 다른 영역이다. 연구자로서 훌륭한 역량과 실력을 갖추었음에도 비즈니스 스킬과 마인드가 부족하면 창업 후 실패할 가능성이 높다. 그러므로 이들을 지원하기 위한 VC, 엑셀러레이터, 컴퍼니 빌더 등에 대한 지원이 절실한 상황이다. R&D를 하는 연구자들이 시장 수요에 부합하는 기술을 개발하는 것을 두고 볼 것이 아니라 시장을 선도할 수 있는 기술을 개발하게 하고 이를 창업이라는 기제로 시장에 선보일 수 있도록 그 과정에서 필요한 사업화 노력과 능력을 사업화 지원 전문 인력에게서 빌려올 수 있게 정부가 지원할 필요가 있다. 말 그대로 기술기반 창업을 위해 나선 연구자들을 물가에 내놓은 아기처럼 혼자 있도록 하지 말고 옆에서 지켜보며 '사업화'를 지원해줄 필요가 있다는 것이다.

또한 이들이 창업기업으로 전업하기 전 준비 시간을 많이 가질 수 있도록 겸업을 허용할 때 선언뿐인 지원이 되지 않도록 법·제도 설계뿐만 아니라 관련 예산·인력 투입이 필요하다. 겸직을 허용한다는 것만으로는 부족한 감이 있다. 최근 여러 곳에서 도입하고 있는 창업휴직제 등은 창업을 결심한 연구자들이 본업을 내려놓지 않고도 창업을 시도할 수 있도록 돕는 좋은 지원제도 중 하나이다. 사실 사내벤처만으로도 기존 기업 내 자원을 활용하여 개방형 혁신(open innovation)을 확산하고 기업의 역량이 혁신창업으로 이어질 수 있게 하는 한편 개인이 갖는 실패에 대한 부담을 줄일 수도 있다(박일주, 2019). 그러나 무작정 창업하라고 내몰기 보다는 본인이 보유한 기술가 경험이 궁극적으로 창업효능감으로 이어질 수 있도록 구체적인 정책적 기제를 마련할 필요가 있다는 것이다. 일례로 연구개발특구진흥재단은 2019년에 '기획형 창업 지원사업'을 시범적으로 운영하였는데 그 결과 연구원 창업 6건과 46억 원의 투자금을 유치하였다고 한다.[17] 이 '기획형 창업 지원사업'은 연구자가

17) 한국경제, "연구개발특구진흥재단, 연구원 창업 6건 및 46억원 투자 유치 성과". 2020. 7. 29.
https://www.hankyung.com/economy/article/202007290612h. 접속일 :

혼자서 창업 전(全)주기를 관리하지 않고 시장진출 및 투자유치 등에 있어 창업기획사의 도움을 받을 수 있도록 지원하여 연구자가 겪을 시행착오를 줄이기 위한 지원사업이다.

또한 창업 후 성과 배분 관련해서도 실험실 창업을 특정 연구자만을 위한 창업이 아니라 실험실 자체에서 나온 성과 기반의 창업이라고 간주하는 것이 수월할 것이다(고혁진, 2019). 그 동안의 실험실 창업 지원 정책은 교수 혹은 학생 등 주체 중심의 지원 정책이었는데, 이러다 보니 해당인이 역량이나 의지를 갖고 있지 않으면 사업화가 쉽지 않았고 개인의 역량에 의존하는 경우가 많았다. 또한 직장의 연구 시설·장비를 사용하였는데 개인이 이득을 취한다는 주변의 부정적 인식을 이기기 쉽지 않았다. 만약 실험실 창업의 지원 단위를 개인 연구자로 두기보다 실험실 자체, 즉 산학협력단 등 관련 사업자나 법인으로 둔다면 성과 소유·분배 관련 분쟁도 줄일 수 있고 사회적 인식에서도 보다 자유로울 수 있을 것이다. 즉, 이들에 대한 지원이 개인에 대한 지원이 되지 않고 실험실과 연구개발기관에 대한 지원이 되어서 다른 이들도 타인의 성과에 대해 부정적으로 생각하지 않도록 문화를 조성하는 데 조금이라도 보탬이 되도록 할 필요가 있다.

교육과 네트워킹 지원도 중요하다. 이공계 박사들이 창업교육에 대해 필요하다고 생각하지만 만족도는 높지 않음을 2019 이공계인력 육성·활용과 처우 등에 관한 실태조사를 통해 알 수 있었다. 해당 조사 연구진들은 2016년에서 2019년까지 '창업관련 교육 등' 항목에 대해 필요도는 높지만 만족도가 다소 낮다고 응답하여 만족도 제고를 위한 방안 마련이 필요하다는 해석을 내놓은 바 있다. 이들에게 단순히 기술사업화만을 강조할 것이 아니라 시장 진출 및 새로운 비즈니스의 개발 역시 중요함을 강조하고 R&D가 R&D만을 위한 R&D가 되지 않도록 재편할 필요가 있다. 시장에도 이런 수요가 있음을 기술 인큐베이터 회사 중 하나인 요즈마그룹의 이원재 아시아총괄대표의 인터뷰에서도 확인할 수 있다.[18] 무엇보다, 연구자들이 혼자서 모든 것을 다 해내야 한다는 부담에

2021. 7. 31.

18) 서울경제, 2020. 6. 1., "[청론직설] 韓 'R&D 위한 R&D' 벗어나 기술사업화·창업

서 벗어날 수 있도록 사업화 관련 인재들과의 네트워킹 지원과 관련 교육에 힘쓸 필요가 있다.

마지막으로, 관련 개념의 정립 및 통계의 수집이 절실하다. 과학기술인들의 창업 겸업은 창업가들이 느낄 경제적·심리적 부담을 완화하면서도 기술기반 창업을 활성화하여 관련 일자리를 창출하는 한편 활용되지 못하던 연구 성과의 사업화를 촉진하는 등 다양한 효과를 거둘 수 있을 것임에도 아직까지 관련 기본 용어조차 통일되지 않아 어떤 때는 OECD 기준에 따라 제조업을 포함한 "기술기반 창업"이라 부르기도 하고, 다른 때는 신기술이 창업 아이템이 되면 무엇이든 "기술창업"이라고 부르기도 하는 등 그 범주부터 명확치 않고, 통계의 수집 역시 세밀하지 못하다. 심지어 기술 기반 창업을 최근 딥테크 창업, 실험실 창업(Lab-to-market), 연구자 창업 등으로 다양하게 부르고 있는데, 이들의 공통점은 R&D 성과를 사업화하여 창업한다는 것이다. 이에 대한 공통된 용어(term)를 정부 차원에서 정립할 필요가 있어 보인다. 그리고 위에서 다룬 과학기술인의 창업 겸업 실태는 표본 설문조사를 기반으로 추정할 뿐이다. 정책의 효과를 제대로 측정하기 위해서라도 관련 전수조사 및 주기적 통계 구축이 절실해 보인다.

4. 맺는 말

창업 활성화 지원을 우리나라 일자리 정책의 수단으로 삼기엔 창업률 상승이 갖는 의미를 여러 각도에서 먼저 살펴보고 신중히 접근할 필요가 있다. 창업률만큼 폐업률도 상승했다는 점도 생각해야 하고, 업종에 따라 고용 창출 효과가 상이하다는 점 등을 고려해야 하는 것이다. 그런데 창업기업 중에서 기술기반 창업의 폐업률이 상대적으로 낮고 고용 창출 효과가 비교적 좋은 편이라는 분석이 있어 기술기반 창업의 활성화만큼은 일자리 정책의 수단이 될 가능성이 높아 보인다.

중심으로 나가야".
https://www.sedaily.com/NewsVIew/1Z3UXIXTNQ
https://www.sedaily.com/NewsVIew/1Z3UXIXTNQ. 접속일 : 2021. 7. 31.

그런데 기술기반 창업의 핵심주체가 될 수 있는 과학기술인들의 취업률이 다른 분야 대비 높은 편인데다 이들의 창업 선호도가 높지 않은 편이라 그동안 과학기술인을 대상으로 많은 창업 지원 정책이 있었음에도 일부의 전유물이라는 인식을 벗어날 수 없었다. 그러므로 과학기술인들의 위험 회피 성향에 주목하여 이들의 전업 창업만을 고집할 것이 아니라 급여 수급을 유지하면서 창업도 겸할 수 있도록 하는 일명 '창업 겸업'을 할 수 있도록 지원하는 법·제도 및 정책 설계에 조금 더 관심가져도 좋을 것이다. 이미 우리나라 법·제도상 공공분야나 학계의 과학기술인 창업 겸업을 허용하며 정책 지원도 개시하였지만 현장에서 체감하기에는 다소 역부족인 상태다. 현재 제정 여부가 논의되는 「실험실창업지원법」[19]과 같이 과학기술인의 창업 겸업에 대한 체계적 지원 기반을 마련하는 한편 지원의 효과를 측정할 수 있는 각종 관련 통계의 설계 및 수집도 절실하다. 그리고 이 과정에서 과학기술인들이 점점 더 본인이 개발한 원천 기술을 사업화하고 창업으로 이어지는 데에 관심을 갖고 다른 과학기술인들의 창업 겸업을 긍정적으로 바라봐 줄 수 있도록 하는 인식과 문화 조성에 초점을 둔 정부 지원이 뒷받침되어야 할 것이다.

참고문헌

고혁진. (2019). 실험실 창업 활성화를 위한 기술사업화 전문인력 양성 방안 연구. 한국연구재단 NRF ISSUE REPORT-2019-5.

과학기술정보통신부(2018. 12. 4.)"출연(연) 연구원의 과기협동조합 창업겸직 제한 완화", https://www.korea.kr/news/pressReleaseView.do?newsId=156307162. 접속일 : 2021. 7. 31.

과학기술정보통신부·한국과학기술기획평가원(KISTEP). (2020). 「2019 이공계인력 육성·활용과 처우 등에 관한 실태조사(개인)」.

19) SBS Biz., "[단독] 한국판 DJI 키운다…과기부, 실험실창업지원법 제정 검토", 2021. 7. 15. https://biz.sbs.co.kr/article/20000023282. 접속일 : 2021. 7. 31.

관계부처 합동, 2021. 5. 28., 「청년 창업 활성화 방안」. 비상경제 중앙대책본부 21-36.

교육부·과학기술정보통신부, 2021. 2. 「실험실 특화형 창업선도대학」 육성사업 2021년 시행계획.

미국 Global Entrepreneurship Monitor(GEM) Consortium Adult Population Survey(APS) Menlo Systems 홈페이지. https://www.menlosystems.com/company/about-menlo-systems/.

박일주. (2019). 사내기업가활동이 창업효능감에 미치는 영향. 벤처창업연구, 14(2), 165-180.

서울경제(2020. 6. 1.), "[청론직설] 韓 'R&D 위한 R&D' 벗어나 기술사업화·창업 중심으로 나가야",
https://www.sedaily.com/NewsVIew/1Z3UXIXTNQ
https://www.sedaily.com/NewsVIew/1Z3UXIXTNQ

손정은·조형대. (2021). 이공계대학 연구원의 진로 및 경력에 관한 인식 분석. KIRD 인재성장브리프 2021년 제1호.

신동평, 배용국, 손석호. (2018). 기술기반 창업 활성화 지원정책의 현재와 시사점, KISTEP Issue Weekly, 2018-08호(통권 제226호).

전지은, 김선우. (2019). 실험실창업의 고용 창출 파급효과 분석. 과학기술정책연구원 정책자료 2019-03, 1-89.

전지은. (2017). 공공기술창업 지표 현황과 시사점. 국회입법조사처 지표로 보는 이슈 제86호.

조선비즈(2020. 2. 24.) "국내 연구소기업 900개 돌파... 창업 5년 후 생존율 66.7%",
https://biz.chosun.com/site/data/html_dir/2020/02/24/2020022403655.html?form=MY01SV&OCID=MY01SV. 접속일 : 2021. 7. 31.

중소벤처기업부(2021. 2. 16.), "'고용 버팀목' 벤처·스타트업, 코로나에도 일자리 5만여개 늘렸다",
https://www.korea.kr/news/policyNewsView.do?newsId=

148884041. 접속일 : 2021. 7. 31.
중소벤처기업부, 「창업기업동향」 (2016-2020).
중소벤처기업부, 2017. 11. 2. 「혁신창업 생태계 조성방안」.
중소벤처기업부, 2021. 4. 26. 「한국 창업 생태계의 변화 분석」.
중소벤처기업부·창업진흥원, 「2020년 창업기업실태조사」.
중앙일보(2017. 5. 15.), "융기원, 연구자 창업제도 1호 기업 엔트리움, 100억 규모 성장", https://news.joins.com/article/21571194. 접속일 : 2021. 7. 31.
한국경제, 2020. 7. 29. "연구개발특구진흥재단, 연구원 창업 6건 및 46억원 투자 유치 성과"
https://www.hankyung.com/economy/article/202007290612h. 접속일 : 2021. 7. 31.
한국경제. "공공 연구소 연구원, 기업 직원 겸직 가능해진다". 2020.5.13. https://www.hankyung.com/it/article/202005134501i. 접속일 : 2021. 7. 31.
Ai타임스. "AI 전문가 겸직 가능해진다…지능정보화기본법 국회 통과". 2020. 5. 21.
http://www.aitimes.com/news/articleView.html?idxno=128624. 접속일: 2021. 7. 31.
SBS Biz., "[단독] 한국판 DJI 키운다…과기부, 실험실창업지원법 제정 검토", 2021. 7. 15.
https://biz.sbs.co.kr/article/20000023282. 접속일 : 2021. 7. 31.

Demir, C., Werner, A., Kraus, S., & Jones, P. (2020). Hybrid entrepreneurship : a systematic literature review. Journal of Small Business & Entrepreneurship, 1-24.
Forbes. "The Pros And Cons Of Hybrid Entrepreneurship". 2018.7.26.
https://www.forbes.com/sites/forbeslacouncil/2018/07/26/

the-pros-and-cons-of-hybrid-entrepreneurship/?sh=e0f361c2e5d5. 접속일 : 2021. 7. 31.

Kane, T. J. (2010). The importance of startups in job creation and job destruction. Available at SSRN 1646934.

Miner, J. B., & Raju, N. S. (2004). Risk propensity differences between managers and entrepreneurs and between low-and high-growth entrepreneurs : A reply in a more conservative vein. Journal of applied psychology, 89(1), 3-13.

OECD. (2019). Insights from K-Emp : Business Dynamics in Korea. MOTIE-OECD-KIET Forum.

Raffiee, J., & Feng, J. (2014). Should I quit my day job? : A hybrid path to entrepreneurship. Academy of management Journal, 57(4), 936-963.

Ⅶ.

신산업 육성을 위한 규제혁신

박문수(단국대학교)

Ⅶ

신산업 육성을 위한 규제혁신

박문수(단국대학교)

1. 서론

최근 빅데이터, 인공지능 등 ICT산업의 발달로 경제·사회 구조 패러다임의 변화가 가속화되고 있으며, 기존의 경제개념을 벗어나 새로운 신성장 동력기술과 융합기술이 산업으로 성장하는 등의 현상이 나타나고 있다. 지금의 산업 변화를 4차 산업혁명과 디지털 전환이라는 화두로 설명하곤 한다. 이러한 시대적 변화와 빠른 산업 환경 변화에 대응하기 위해 기존 규제체계의 유연성 확대 필요성이 커지고 있다. 우리나라 정부도 오랜 시간에 거쳐 규제개선을 위한 제도적·정책적 노력을 지속적으로 경주해 왔으며, 규제샌드박스, 규제자유특구 제도 등 규제개선 노력을 꾸준히 추진해 왔다. 하지만 신산업 육성을 위한 규제개선의 효과와 효율적 규제체계 마련을 위해 필요한 정책적 이슈들이 여전히 많이 제시되고 있고, 시행과정에서 개선해야 할 부분들도 많이 도출된 것이 사실이다. 특히 최근 정부에서 대표적인 규제개선 정책으로 규제샌드박스와 규제자유특구 제도를 추진 중에 있다. 본 원고는 그간 추진되어온 정부의 규제샌드박스와 규제자유특구 제도를 중심으로 검토하고, 국가적 차원에서 규제혁신을 통한 신산업 육성을 위해 향후, 어떤 정책 방향이 필요한지 제시하고자 하였다. 특히, 본 저서에서는 직접적인 사례로 자율주행차의 시범 주행과 해당 규제의 주요 내용을 검토하였다. 이와 같이 사례분석을 통해 현재 시행되고 있는 규제샌드박스와 규제자유특구 등의 문제점과 이를 개선하기 위한 방안을 정책제언을 제시하고자 하였다.

2. 규제 혁신을 위한 제도적 장치 : 규제샌드박스와 규제자유특구

규제샌드박스는 아이들이 안전하게 뛰어놀 수 있는 모래 놀이터(Sandbox)에서 유래한 용어로, 2016년 영국에서 핀테크 산업을 육성하면서 처음 등장하였으며 기업들에는 신기술·신산업을 시도하는 실험장을 의미한다. 한국에서는 2018년 3월 현재의 규제체계로는 신기술 신산업의 빠른 변화를 신속히 반영할 수 없다는 인식에 따라 규제샌드박스 도입 등을 위해 「행정규제기본법」, 「금융혁신지원특별법」, 「산업융합촉진법」, 「정보통신진흥 및 융합활성화 등에 관한 특별법」, 「지역특구법」으로 대표되는 규제혁신 5법 개정안이 발의되었다. 규제혁신 5법은 규제샌드박스와 관련하여 기존 규제에 발목이 잡혀 새로운 제품과 서비스가 싹도 트지 못 하는 일이 없도록 규제혁신을 위한 3가지 제도인 규제 신속확인,[1] 임시허가,[2] 실증특례[3]를 도입하였으며 규제를 일시적으로 면제하고 기술 사업화를 진행할 수 있는 근거를 제공한다(이재훈, 2019).

아래의 표 내용은 규제혁신 5법과 관련된 주요 내용을 정리한 것이다. 이러한 규제샌드박스의 특징은 다음과 같다. 첫째, 신기술·신산업 분야에 원칙적 허용·예외적 금지(negative list regulation) 방식인 '선(先)허용–후(後)규제' 대원칙을 규제샌드박스를 통해 도입하였다. 즉,

---

1) 기업이 신기술·신산업 관련 규제가 존재하는지, 허가가 필요한지 여부를 문의하면 30일 이내에 회신을 받는제도로써 30일 이내에 회신하지 않으면 관련 규제가 없는 것으로 간주한다.

2) 안정성과 혁신성이 검증된 신제품·신서비스임에도 불구하고 관련 규정이 모호하거나 불합리해 시장 출시가 어려울 경우, 일정 조건 하에서 기존 규제의 적용을 받지 않는 임시허가로 시장 출시를 허용하는 제도로써 '민관 합동 규제특례심의위원회'의 심의 의결을 통해 최대 2년간 허용, 2년 연장 가능하다.

3) 관련 법령이 모호하고 불합리하거나 금지규정 등이 있어 신제품·신서비스 등에 대한 시험 검증이 필요한 경우, 기존 규제에도 불구하고 제한된 구역·규모·기간 등 일정 조건 하에서 신기술이나 신서비스의 테스트를 허용하는 우선 시험 검증 제도로써 '민관 합동 규제특례심의위원회'의 심의 의결을 통해 최대 2년간 허용, 2년 연장 가능하다.

법률이나 정책에서 금지한 행위가 아니면 모두 허용하는 규제방식으로 '원칙적 허용·예외적 금지' 규제방식으로 불리며, 사후규제의 성격을 띄고 있다. 둘째, 행정 실무상 명백한 허용규정이 없으면 과학기술 분야의 다양하고 새로운 시도를 금지하려는 관행을 탈피하기 위한 제도이다. 셋째, 규제샌드박스는 일정한 제한 조건을 설정하고, 해당 조건 하에서 현행 규제 집행을 유예 또는 면제를 적용할 수 있게 하고 있다. 넷째, 별도의 다른 법률에서 타법의 적용을 전면 내지 일부 조항에 대해 그 적용을 유보하거나 충돌하는 조항을 둠으로써 적용을 면제하고 있다. 다섯째, 신기술·서비스·제품의 규제 적용이 부적합인 경우 관련 규제의 개정 이전에 시장 출시가 가능토록 한시적으로 규제 적용 유예 또는 면제하고 있다(박문수·김재현, 2020).

〈표 1〉 규제혁신 관련 5건의 법률 및 주요내용

법률명	주요내용
「행정규제기본법」 개정안	신기술을 활용한 신서비스와 신제품에 대해서는 우선적으로 허용하되 사후적으로 규제하는 포괄적 네거티브 규제 전환 추진
「금융혁신법」 개정안	금융 분야에서 혁신과 경쟁을 촉진함으로써 혁신성장을 선도할 수 있도록 금융 규제샌드박스를 도입, 운영할 수 있는 법적 근거를 마련
「산업융합촉진법」 개정안	새로운 융합 서비스 또는 제품에 대해 허가 필요 여부 등을 신속하게 확인해주는 '규제 신속확인', 혁신적 사업시도가 가능하도록 '실증을 위한 규제 특례' 및 '임시허가' 제도를 도입
「정보통신융합법」 개정안	국민의 생명·환경 및 개인정보가 침해받지 않는 범위 안에서 신기술·서비스는 먼저 시장 출시를 허용하고 필요 시 사후 규제하는 포괄적 네거티브 규제 원칙을 도입하고, 혁신적 기술·서비스는 기존 규제에도 불구하고 시장에서 실험·검증할 수 있는 '규제샌드박스' 제도를 도입
「지역특구법」 개정안	지역의 혁신성장을 지원하기 위해 기존 시군구의 지역특화발전특구와는 구별되는 새로운 유형의 '지역혁신성장특구제도'를 시·도 단위를 대상으로 추가 도입하고, 지역혁신성장특구 내에서 추진되는 지역의 혁신성장사업에 대해 혁신적인 규제특례를 부여할 수 있는 법적 근거를 마련

출처 : 이재훈 (2019) 참조.

규제샌드박스의 운영절차는 아래의 그림과 같이 1단계 규제 여부 확인, 2단계 규제 조치, 3단계, 규제 제거 및 사후관리의 방식으로 운영된다. 1단계 규제 여부 확인을 통해 규제가 없다면 신속 확인제도가 작동하고, 2단계 규제가 있다면 규제 조치로서 임시허가와 실증특례로의 제도적 지원이 된다. 그에 따라 3단계의 규제 제거 및 사후관리의 형태로 정식 허가와 법령 정비 등의 정책적 조치가 이루어진다. 복잡하고 다양화되는 산업적 상황에서 산업 및 기술분야 규제개선에 대한 규제샌드박스의 각계 요구는 지속적으로 커지고 있다. 우리나라 규제샌드박스의 규제개선 추진현황(2020년 9월 말 기준)은 총 333건이 승인되어 실행되고 있으며(임시허가 36건, 실증특례 275건, 적극행정 22건 등) 향후 지속적으로 늘어날 전망이다.

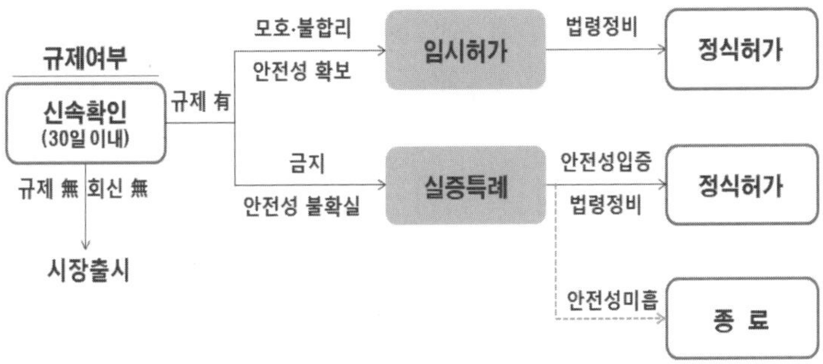

출처 : 중소벤처기업부 규제자유특구 홈페이지 http://rfz.go.kr/, 2020.

[그림 1] 규제샌드박스 운영 절차

규제샌드박스와 달리 규제자유특구라는 우리나라만의 특색있는 제도가 있다. 규제자유특구라는 제도는 2018년 10월 공포된 「규제자유특구 및 지역특화발전특구에 관한 규제특례법」(이하 「지역특구법」이라 한다.)에 따라 지역산업 육성을 위해 지역 단위 규제샌드박스 등의 규제특례 및 지자체·정부의 투자계획을 담은 특구계획에 따라 지정된 구역을 말한다. 규제자유특구는 중앙 정부가 주도하는 제도이다. 중앙 정부는 제한된 예산 지원을 하고, 지방자치단체와 기업이 주체가 되어 추진하는 제도로써 지역 내 투자 활성화 및 양질의 일자리 창출을 유도하여 지역의 혁신성장과 균형발전을 도모하고 있다. 또한 규제자유특구는 지역을 단위로 지역과 기업이 직면한 신사업 관련 덩어리 규제를 패키지로 완화해주는 제도로서 메뉴판식 규제 완화라는 새로운 규제 혁신의 특징을 가지고 있다. 규제자유특구에서는 특구 내 사업자를 대상으로 규제샌드박스가 적용된 신기술·서비스의 실증 및 상용화 R&D를 지원하며, 원활한 실증특례 수행에 필요한 공용 인프라를 구축하기도 한다.

2019년 7월 23일 규제자유특구 1차 지정을 통해 7개 지자체를 선정하여 시행되었으며 실증특례 48개, 메뉴판식 실증특례 9건 등 총 57개의 실증특례를 시행하였다. 2019년 11월 12일 추가로 지정된 2차 규제자유특구는 실증특례 23개, 메뉴판식 실증특례 3건 등 총 26개의 실증특례를 허용하였다. 2020년 7월 6일 3차 규제자유특구로 지정된 7개의 지역은 COVID-19 등 감염병 대응능력을 높일 수 있는 의료·비대면 분야의 특구 지정, 실증특례 41개, 메뉴판식 실증특례 1건 등 총 42개의 규제 특례를 허용한 바 있다(중소벤처기업부, 2020).

3. 신 산업 육성을 위한 규제 혁신 사례 : 자율주행차 시범 주행

최근 기술적으로 가장 관심이 높은 주제를 꼽으라면 자율주행자동차와 인공지능이라고 할 수 있다. 인공지능이 전 산업과 사회경제에 폭넓게 영향을 미친다면 자율주행자동차의 경우도 주력 제조업인 자동차 산업에 깊은 영향을 미칠 수 있기 때문이다. 우리나라에서 전체 산업 규모에서 자동차 산업이 차지하는 비중은 매우 높다. 2018년 한국자동차산업은 수출 640억불, 수입 175억불로 465억불의 무역흑자를 달성하는 등 대표적인 효자 수출 산업이다. 뿐만 아니라 2만여 개 부품으로 생산되는 전후방 연관효과가 큰 산업이며 제조업 생산의 13.6%, 고용의 11.8% 및 부가가치의 12.0%를 차지할 정도로 많은 비중을 차지한다(통계청, 2015). 이미 향후 자율주행차의 발전이 자동차산업 발전 전체를 주도할 것이라는 전망은 예견된 바 있다. 2020년에 발간된 관련 보고서에 따르면 국내 자율주행 자동차시장 규모는 2020년 약 1,509억 원 수준에서 2035년까지 26조 1,794억 원 수준으로 연평균 40% 성장할 것으로 전망되고 있다. 또한 세계 자율주행차 시장 규모도 2020년 약 8조 5천억 원에서 2035년 약 1,334조 원 수준까지 늘어날 것으로 예상된다(삼정 KPMG, 2020). 자율주행차가 가져올 사회경제적 변화도 막대할 것으로 예상된다. 첫째, 교통안전의 확보이다. 자율주행차는 사고발생과 관련된 전체 단계에 대해 관여하게 된다. 먼저, 사고발생 전 예측 및 경고시스템이 사고 발생 위험을 줄이고, 사고발생 후 비상 상황 관리체계를 활용하여 신속한 사고 처리를 돕는다. 마지막으로 사고발생 처리에 있어 빠른 주변 경보와 안내로 사고 후 빈번하게 발생하는 2차 피해를 방지한다. 둘째, 교통 운영의 효율성을 증대한다. 지체와 정체로 반복되는 도시 교통의 효율성을 높일 것으로 판단된다. 차량의 자율주행 기능을 통해 불필요한 안전거리를 줄이고, 통합 관리를 통해 교통 흐름의 최적화를 달성한다. 셋째, 교통 수요의 예측 가능성을 높여 고속도로, 다리, 대중교통시스템 등의 SOC 투자의 주요 기초 자료로 활용되며 결과적으로는 국가적인 SOC 투자의 효율성을 높일 수 있다. 교통 수요 예측이 어긋나 발생하는 국세의 낭비와 불필요한 인프라 구축의 폐해를 상당부분 감소시킬 수 있다(삼정 KPMG, 2020). 이러한 상황에서 글로벌 국가들의 자율주행차 패권 경쟁은 갈수록 심화되고 있다. 미래 자율주행차의 거대 시장 주도권을 획득하려는 전쟁이 시작된 지 오래되었다. 그간 완성차 및 부품업체로 양분되던 시장에 전통적인 IT회사들을 중심으로 진출을 선언하고 있고, 기존의 글로벌 자동차 제조업체에서도 앞 다투어 우위를 점하기 위해 노력하고 있다. 특히 최근 놀라운 소식은 대표적인 스마트폰 회사인 애플이 2024년까지 전기차 배터리로 운행되는 자율주행차를 생산할 계획이라고 발표한 것이다. 애플은 2014년 이미 '프로젝트 타이탄'이라는 이름으로 자율주행차 사업부를 신설했고, 2017년에는 미 캘리포니아 주 교통당국에서 자율주행차 시험을 위한 도로 주행의 허가받은 바 있다(조선일보 보도자료, 2020. 12. 22.).

<table>
<tr><th colspan="2">기술단계</th><th>Lv.2(부분자율)</th><th>Lv.3(조건부자율)</th><th>Lv.4(고도자율)</th><th>Lv.2(완전자율)</th></tr>
<tr><td colspan="2">연도</td><td>2018~2020</td><td>2020~</td><td>2025~</td><td>2035+</td></tr>
<tr><td colspan="2">개념</td><td>주 : 사람/보조 : 시스템</td><td>주 : 시스템/요청시 : 사람</td><td>주 : 시스템/요청 시 : 사람 또는 시스템</td><td>시스템</td></tr>
<tr><td rowspan="4">규제 이슈</td><td>운전 주체</td><td>운전자 재정의</td><td>군집주행 선두차량 자격
사전교육 의무화</td><td>자율주행용 간소 면허</td><td></td></tr>
<tr><td>차량 장치</td><td>자율주행 기능 정의
자율주행 안전 기준 등의 재정의</td><td>자율차 검사
제도 정비
사고기록 시스템 재구축</td><td>튜닝 등의
기능 변경</td><td></td></tr>
<tr><td>운행</td><td>민형사 책임소재</td><td>군집주행관련 운행 규제</td><td>주차장, 발레파킹 이슈</td><td></td></tr>
<tr><td>인프라</td><td>위치정보활용,
영상정보 수집 등</td><td colspan="3">자율주행 보안 지침
자율주행 인프라 연계
스마트 도로 및 교통 시스템 연계</td></tr>
</table>

자료 : 국무총리실 보도자료(2018)와 박문수(2021)로 재구성.

[그림 2] 우리나라의 자율주행차 규제 개혁 로드맵

위의 그림처럼 우리나라도 급변하는 경쟁 환경과 글로벌 경쟁에서 뒤처지지 않기 위해 정부뿐 아니라 많은 기업과 기관들이 자율주행차의 발전을 위해 노력하고 있다. 정부차원에서도 자율주행차 기술을 개발하고, 자율주행 기술의 실증을 위해 〈표 2〉와 같이 다양한 법 제도를 개정 혹은 제정하려는 노력을 하고 있다. 또한 국토교통부에서는 자율주행자동차 실증을 원활하게 지원하고자 자율주행자동차 임시운행 면허를 제공하기 위한 2016년 자율주행자동차 임시운행 면허 제도를 도입하는 등의 노력도 기울이고 있다. 그리고 규제 혁신의 조치로 앞서 설명한 규제자유특구 차원에서 세종시의 자율주행 분야 규제 특구를 지정 지원하고 있다. 자율주행자동차와 관련해서는 규제 특구와 규제 샌드박스를 통해서도 많은 규제 혁신이 이루어질 뿐만 아니라 많은 관련 법률적 규정들도 변화가 필요한 상황이다.

〈표 2〉 자율주행차 관련 규제 개혁을 위한 법률 개정 방향

	과제명	규제 혁신 조치관련 법률
가. 운전 주체 영역		
1	운전자 재정의	도로교통법 개정
2	시스템 관리 의무화	자동차관리법및 도로교통법 규정 신설(~'20)
나. 차량·장치 영역		
3	자율주행 기능 정의 개선	자동차관리법, 자율주행자동차의 안전운행요건 및 시험운행 등에 관한 규정, 자동차 및 자동차부품의 성능과 기준에 관한 규칙 개정
4	자율주행여부 외부표시 의무화 논의	자동차관리법 규정신설
5	제어권 전환규정 신설	자동차관리법령, 자동차 및 자동차부품의 성능과 기준에 관한 규칙 규정 신설
6	자율주행 운행설계영역 (ODD)명시	자동차관리법령, 자동차 및 자동차부품의 성능과 기준에 관한 규칙 규정 신설
7	기능안전 기준 마련	자동차관리법령, 자동차 및 자동차부품의 성능과 기준에 관한 규칙, 규정 신설
8	자율주행차 검사/정비제도 개선	자동차관리법령 개정
다. 운행 영역		
9	민사책임 소재 정립	자동차손해배상보장법, 제조물책임법 개정
10	형사책임 소재정립	교통사고처리특례법, 특정범죄가중처벌법 등 개정
11	보험규정 정비	자동차손해배상보장법 등 개정
라. 인프라 영역		
12	영상정보 수집·활용 규제 개선	개인정보보호법 유권해석 또는 정보통신망법 개정
13	위치정보 규제개선	위치정보법 개정

자료 : 국무총리실 보도자료(2018)와 박문수(2021)로 재구성.

이를 이해하기 위해서는 자율주행차의 주행 단계를 먼저 이해할 필요가 있다. 미국 기준에 의거하여 자율주행자동차의 운영 수준을 레벨 0부터 레벨 5까지 6단계로 나눴다. 0~2단계까지는 현재 고속도로 등에 적용되고 있는 수준으로서 부분 자율주행을 지원하는 일반 차량을 의미한다. 우리의 경우 아래와 같이 자율주행 3단계 이후부터는 미적용한다. 3단계는 가속, 주행, 제동 등이 모두 자동으로 제어되는 자동화시스템이

고, 운전자 스스로가 자동 주행 옵션을 선택할 수 있는 단계이다. 4단계는 고도 자율주행이 가능하며 주변 환경에 관계없이 운전자 제어가 불필요한 상황이며 5단계는 완전 자율주행으로서 사람이 타지 않고도 움직이는 무인 주행차를 의미한다.

〈표 3〉 자율주행 발전단계

단계	Lv.0	Lv.1	Lv.2(현재)	Lv.3(2021~)	Lv.4(2025)	Lv.5 (2035+)
명칭	무자율	운전자 보조	부분자율	조건부자율	고도자율	완전자율
정의	모든 운전 운전자가 수행	운전자 : 주행, 시스템 : 조향, 가감속의 특정 주행모드 수행	운전자 : 주행 시스템 : 조향, 가감속 기능 복합되어 특정 주행모드 수행 (현재 수준)	시스템 : 주행 운전자 : 시스템의 개입 요청에 적절 대응, 항상 차량 제어를 위한 준비자세	시스템 : 주행, 운전자가 개입요청에 적절히 대응 못하는 경우에도 시스템 주행가능	모든 조건에서 시스템이 상시 운전
주요 기능	자율주행 기능없음	• 차간거리 유지 • 차선유지	• 차간거리 유지+ 차선유지 • 자동주차	• 고속도로 자율주행	• 특정 구간 및 기상상황 제외한 자율주행	• 자율주행 • 무인운송

자료 : 국무총리실 보도자료, 2018. 11, 자율주행차 분야 규제 개혁 로드맵.

이 와중에 우리나라의 벤처기업이 자율주행 시범 주행을 한 사례가 있다. 제주도의 IT관련 벤처기업인 이 회사는 공유자동차 회사인 쏘카와 함께 제주도에서 2020년 5월 18일부터 제주공항과 쏘카스테이션 제주 구간(왕복 5km)을 오가는 자율주행 셔틀 시범 서비스를 시작했다. 이는 국내 최초로 민간이 주도하는 승객 수송이 가능한 자율주행 시범 서비스이다. 교통 통제 속에 단기로 진행되는 기존의 자율주행 시범 서비스와 달리 차량이 혼잡하게 운행되는 도로에서 실제 이동 수요가 있는 승객들을 대상으로 운영되었다. 자율주행 셔틀은 쏘카스테이션 제주 방문객을 대상으로 하며, 무료로 운영되었다. 매일 오전 8시부터 오후 10시까지 제주 공항과 쏘카스테이션 구간을 왕복으로 운행한다. 차량에는 전문 교육을 받은 세이프티 드라이버(Safety Driver)가 안전을 위해 동승하였다(쏘카블러그, 2020). 2020년 5월부터 2021년 1월까지 시범서비스를 통해 자율주행 운행 횟수는 5,683회, 자율주행 시간은 31,228분, 복잡한 교통 환경인 교차로, 횡단보도 등을 통과한 횟수는 105,887회를 수행하는 등 실질적인 자율주행 서비스를 수행하였다(쏘카블러그, 2020). 또한 2021년 부터 제주공항에서 중문단지까지 편도 38km 구간에서 미니밴을 이용해 유상 자율주행 서비스를 운영하고 있다. 이 구간은 2020년 11월 국토교통부에서 선정한 자율주행차 시범운행지구 6곳 가운데 하나이며 여러 시범운행지구 중 최장거리 구간으로서 제주 관광객이 많이 찾고, 머무르는 중문단지와 공항을 오갈 때 최대 5인까지 탑승(캐리어 2개 포함)이 가능한 구간이다.

자료 : 쏘카 블러그(https://blog.socar.kr/10345?category=724972).

[그림 3] 혁신기업의 자율주행 시범 서비스

세종시에도 자율주행 규제자유특구를 통해 실증 사업이 적용되고 있다. 세종시는 기존에 운영되던 광역교통버스교통체계(BRT) 등의 교통 인프라가 잘 운영되고 있다. 이를 활용하여 자율주행 셔틀을 200대 이상 도입하는 것을 목표로 하고 있다. 특히 세종시 복합커뮤니티센터와 주거단지 간 연결하는 저속 자율주행셔틀서비스를 운행하여 도심 생활공간 자율주행 서비스의 실증과 시범 운영을 추진한다. 이는 제주도와 같이 사업자가 여객운송서비스를 실증 및 시범 운영함으로써 기업의 비즈니스화(유료화)의 가능성도 체크하게 된다(중소벤처기업부, 2020).

자율주행자동차 분야는 신산업 창출이 기대되는 대표적인 분야로서 기존의 자동차 관련 규제 완화가 반드시 필요한 측면이 있다. 결과적으로 전 부문에 걸친 규제 완화와 보완이 필요한 상황에서 향후 규제 혁신의 바로미터가 될 수 있는 영역이다. 앞서 제시한 규제샌드박스와 규제자유특구라는 핵심적인 규제 조치와 관련하여 자율주행자동차 분야도 적극적으로 참여하고 있다. 규제샌드박스와 관련하여 각 분야별 실증특례가 이루어지고 있고, 규제자유특구는 자율주행자동차 특화형 특례가 세종시를 중심으로 적용되고 있다. 자율주행자동차의 규제완화와 시범주행 사례인 제주도와 세종시에서와 같이 우리나라의 자율주행 3단계 이상의 주행은 일부 지역에서만 시범적 연구와 실증이 적용되고 있다. 이러한 지역에서는 이미 국내 우수한 자율주행 혁신 기업과 기관들이 집적화되는 특징을 볼 수 있다. 예시한 자율주행 혁신기업의 경우도 본사를 제주도로 옮긴 바 있다. 결과적으로 해당 지역을 중심으로 혁신 기업이 이전하고, 양질의 고용이 창출되는 등의 혁신 생태계가 마련될 수 있는 기회가 될 수 있을 것으로 판단된다. 우리는 이번 자율주행차의 규제 혁신 사례를 통해 미래 먹거리 산업을 위해서는 중앙정부, 지자체, 혁신 기업의 삼박자가 골고루 노력 할 때 혁신이 가능함을 확인할 수 있다. 자율주행자동차와 같은 미래 시장 파급력이 큰 제품의 경우 중앙정부인 국토부와 중소벤처기업부뿐 아니라 제주도와 세종시 등 지자체의 지원과 협력이 필수적이며 이를 통해 지역 기반이 낮은 혁신 기업이 뿌리를 내릴 수 있도록 하는 노력이 중요함을 확인할 수 있다.

4. 신산업 육성을 위한 규제 혁신 정책 방향 제언

우리나라는 신산업 육성과 혁신 역량 제고를 위해 규제혁신 차원에서 규제자유특구와 규제샌드박스라는 새로운 제도를 설계하고 활용하고 있다. 앞에서 제시한 규제 혁신 차원 자율주행차의 사례 등을 통해 규제혁신을 위한 제도적 장치와 함께 중앙정부, 지자체, 혁신기업 등의 각고의 노력이 수반되어야 실질적인 신산업 육성과 산업 혁신이 이루어질 수 있음을 확인할 수 있다.

이러한 문제의식에 기반하여 규제샌드박스와 규제자유특구의 제도적인 문제점과 발전방향을 구체적으로 제시하고자 한다. 먼저 규제 혁신 정책인 두 제도적인 문제점을 제시하면 다음과 같다. 첫째, 규제에 대한 사전심의 및 발굴 차원에서 규제자유특구제도의 핵심 주체인 지자체의 역할과 책임이 명확하지 않고, 규제개선을 위한 기업들의 신청 건수가 많아짐에 따라 법제도에 기반하지 않는 컨설팅 방식으로 단순 처리하고 있다는 문제점이 제기되었다. 또한, 규제샌드박스에서 계획된 신속확인 제도가 실제로 운영되지 않고 있는 점도 확인되었다. 둘째, 규제개선 실행과 관리 차원에서의 문제점은 규제개선 적용 기간이 2년으로 비교적 단기여서 적용기간 종료 후의 사업 지속가능성에 대한 우려가 있고, 의학 및 바이오 분야 핵심 부처인 보건복지부가 규제개선 제도에 적극적으로 참여하지 않고 있어 규제개선의 사각지대가 발생하는 것으로 파악되었다. 셋째, 사후관리 차원의 문제점은 규제개선의 핵심적인 목표인 법률 개정이 시행령 개정 수준에 그치고 있어 규제개선의 실질적인 효과를 담보하지 못하는 상황이고, 사후관리를 담당하는 기관이 국무총리실(국무조정실)과 중소벤처기업부로 이원화되어 있으며, 사후관리를 위한 전문적인 역량도 부족한 것으로 파악되었다. 넷째, 규제 거버넌스 차원에서는 규제샌드박스와 규제자유특구의 관리체계가 국무총리실과 중소벤처기업부로 이원화되었고, 이를 이행하는 전담조직도 부처별로 달라 산업기술진흥원, 중소기업진흥공단, 정보통신산업진흥원 등으로 분산화되어 있다는 점이 문제점으로 제기되었다. 또한 복합 규제가 발생했을 때 이에 대응할 수 있는 상설위원회가 운영되지 않아 건수 위주의 단기적인 성과중심으로 규제개선이 치중되고 있어 오랜 시간과 역량이 필요한 복합 규제에 대해서는 기업들의 부담이 가중되고 있다는 점도 확인하였다.

<표 4> 규제혁신의 분야별 정책 방향

분야	정책 방향의 내용
사전심의 및 발굴 강화	규제자유특구의 지자체 역할 및 책임 강화
	규제샌드박스 사전심의위원회 상설화
	신속확인제도의 제도 개편
규제 실행 및 관리 역량 강화	규제개선 적용 기간의 연장(2년→3년 또는 유연화)
	규제개선 양적 성과 목표 계획 미반영
사후관리 강화	사후관리 전담부처 통일화 및 명확화
거버넌스 체계화	규제 거버넌스의 실질적인 통합
	복합 규제에 대한 대응능력 강화(상설위원회 신설)

이에 신산업 육성을 위한 정책적 방향을 위의 표와 같이 사전심의, 규제실행, 사후관리, 거버넌스 체제 등 4가지 차원에서 제시하고자 한다. 첫째, 사전심의 및 발굴 차원에서 지자체의 역할 강화가 필요하다. 규제자유특구에서는 지역의 특화된 기술개발과 규제개선이 동시에 추진되어야 하기 때문에 지자체의 의지와 역할이 중요하다. 기존 지역 기업을 지원하는 방식이 아닌 파격적인 규제개선과 R&D 지원이 동시에 추진될 때 타 지역의 우수한 기업유치와 실질적인 규제개선 효과가 기대된다. 이에 따라 현재의 규제자유특구위원회의 구성과 방식을 바꾸는 것도 필요하다. 규제자유특구위원회의 지자체장의 당연직 참여와 규제자유특구의 지자체의 역할이 확대되는 것도 중요하다. 현 법령상 규제자유특구위원회는 중앙부처 공무원만이 참여하는 상황이고 지자체장의 참여는 부재하다. 관련 법령에서도 지자체의 역할이 중요하나 관련 내용이 전혀 언급되지 않고 있다. 현 법령상에서 규제자유특구위원회에서 지역의 의견을 듣고 고려할 수 있는 대표적인 기관의 참여 및 지자체장 대표 등이 규제자유특구 공식 조직으로 참여하여 역할을 수행해야 한다. 둘째, 사전심의 및 발굴 차원에서 규제샌드박스 사전 심의위원회 상설화가 필요하다. 현 규제샌드박스는 사전심의 규정이 없음에도 실질적인 사전심의를 컨설팅 명목으로 진행하는 상황이다. 규제샌드박스 신청 건수가 많아

지면서 신청과정에서 규제확인이 되거나 규제샌드박스로의 요건에 맞지 않는 사례들이 많이 발생한다. 해당 신청 건수의 경우 별도의 심의위원회 없이 컨설팅 등의 명목으로 개별 기업들에게 신청 취소를 권유하는 편이다. 물론 타다 및 우버 사례와 같이 규제샌드박스로도 충분히 검토하기가 어려운 사회경제적으로 민감한 사안에 대해서는 심의위원회가 실질적으로 진행되지 않는 경우도 있다. 결과적으로 규제개선을 위한 사전 스크린(사전심의)이 이루어지고 있으나 법적으로는 신청과 심의에 대한 공식적인 내용만이 존재한다. 신청한 기업의 입장에서는 안내된 내용에 따라 신청했으나 신청을 취소하라는 종용을 받거나 신청 후 심의위원회 자체가 열리지 않는 경우 상대적인 어려움이 발생한다. 이를 위해 규제샌드박스 사전 심의위원회를 두어 규제샌드박스 심의 신청건과 심의의 필요성이 없거나 심의 자체가 어려운 건에 대한 명확한 안내 및 설명을 해 줄 필요도 있다. 현 법령상 진행되는 신청과 심의의 내용을 추가하여 사전심의 과정에 대한 법적인 제도화를 하고 이를 기반으로 신청한 기업에 대한 실질적인 사전심의를 해서 해당 심의 내용에 따라 규제확인 및 규제개선의 방향을 설명하는 것만으로도 중요한 규제개선 정보 제공의 효과를 줄 수 있다. 복잡화되고 다양화되는 규제 상황에서 늘어나는 기업 신청을 단순히 컨설팅 명목으로만 접근하고, 선별적으로 심의하는 방식은 적절치 않으며 사전심의 및 사전 스크린 제도를 두어 해당 규제 신청 내용을 명확하게 신청 기업에게 설명을 하고 정보를 제공하는 것이 필요하다. 셋째, 신속확인제도의 제도 개선이 필요하다. 규제샌드박스에서 규제 신속확인제도는 제도적으로 거의 활용되지 않고 있다. 해당 제도가 활용되지 않는 이유는 일반적인 경우 규제와 관련한 신청 기업이 이미 규제 주무 부처를 통해 사전 질의를 하거나 확인하는 제도가 있기에 해당 제도를 특별히 활용해서 진행해야 할 이유가 없기 때문이다. 해당 신청 기업이 신속 확인을 규제샌드박스 규제 주무 부처인 국무조정실 등에 진행해도 결과적으로는 이에 대한 답변 역시 규제 법령을 가진 산업부, 과기부 등에서 답변할 수밖에 없기에 이중 확인에 불과한 것도 사실이다. 규제샌드박스의 신속확인제도를 현재의 단순한 기업 단위 규제확인제도에서 업종 단위 규제개선을 확인하는 제도로 개편이 필요하다.

신속확인제도를 기업 단위에서 신청하여 개별 기업에 국한된 규제를 확인하는 제도를 넘어서 동종 업종 및 산업 관련 기업들이 규제샌드박스를 통해 규제개선 사항을 적용할 수 있도록 하는 제도로 개편할 필요가 있다. 규제샌드박스 제도는 개별 기업 및 기관이 신청하는 방식이기에 해당 기업의 규제개선이 이루어지면 관심 있는 업종 및 산업 분야 기업들이 이를 확인할 방법은 거의 없고 향후 법률 개정이 이루어진 후 확인 가능하다. 이를 개선하여 업종 단위에서 동종 기업의 경우 규제샌드박스의 신속확인이 이루어질 경우 이를 통해 정보를 공유하고 해당 사업과 관련하여 규제의 내용을 파악하고 대비할 수 있도록 제도 개선이 필요하다. 넷째, 규제 실행 및 관리 역량 강화 차원에서 규제 개선 적용 기간의 연장이 필요하다. 규제샌드박스와 규제자유특구 참여 기업의 경우 현재 진행되는 실증특례의 적용 기간이 2년으로 매우 짧다고 인식하고 있다. 규제샌드박스의 경우 2년 이후 2년 연장이 가능하나 규제자유특구의 경우 규제개선은 2년 연장이 가능하나 R&D 지원은 2년만 가능한 것으로 2년 내 성과 창출의 부담도 있다. 이에 규제개선의 기간을 3년으로 연장하는 방안을 검토하고 고려할 필요가 있다. 규제샌드박스 및 규제자유특구 추진과 관련하여 첫 적용 기간을 2년에서 3년으로 확장하고, 2년이 지난 후 규제 혁신이 완료된 경우 패스트트랙으로 졸업할 수 있도록 제도적 유연화도 가능할 수 있다. 다섯째, 규제 실행 및 관리 역량 강화 차원에서 규제개선 양적 성과 목표계획을 미운영하여 중앙 부처의 성과 지상주의를 불식시킬 필요가 있다. 현행 법률상 각 부처는 기본계획을 통해 규제개선의 양적 성과 목표를 계획하는데 이러한 건수 위주의 성과주의가 규제개선 행정 및 수요자의 불편을 야기하는 것이 현실이다. 다수의 기업 및 지역 참여 주체들의 의견을 종합하면 규제 주무 부처와 관련된 많은 협·단체와 기업들에게 규제개선에 대한 양적 성과 달성을 위한 규제개선 수요조사 및 결과 조사에 대한 압박이 있음을 확인할 수 있다. 이러한 현상은 규제개선을 현장 기업들을 위한 행정 서비스로 판단하는 것이 아니라 부처별 목표치를 채우기 위한 정책 수단으로 전락하는 문제로서 귀결된다. 규제개선에 대한 지나친 성과 달성 압박은 불필요한 행정 소요와 비용 발생뿐 아니라 규제개선 자체의 장기성을 고려할 때 정부에 대한 불신초래까지 확장될 수 있다. 이를 개선하기 위해 각 부처의 규제개선을 위한 기본계획 수립에 있어 법률적으로 양적 성과를 제시하지 못하게 명기하고, 실질적인 규제개선 성과를 중심으로 홍보와 확산에 초점을 맞추도록 제도 개선이 필요하다. 규제개선을 하나의 건수로 보는 것은 구시대의 유물이며 사회경제의 복잡 다단화로 인해 복합화된 규제와 숨은 규제가 산재한 상황에서 제한적인 규제개선 하나를 푸는 것만으로 규제개선의 효과를 창출한다고 판단하는 행정 편의주의를 제한할 필요가 있다. 여섯째, 규제 사후관리 강화 차원에서 사후관리 전담부처의 통일화 및 명확화가 반드시 필요하다. 규제샌드박스와 규제자유특구로 규제개선 프로그램이 이원화되면서 사후관리 전담부처도 국무총리실과 중소벤처기업부로 이원화되어 있다. 특히 중소벤처기업부의 경우 해당 부처의 상대적 영향력이 부족한 상황에서 타 부처의 핵심 규제와 관련하여서는 지속적인 관리 및 사후관리가 진행되기 어려운 구조이다. 사후관리의 핵심은 해당 규제 부처의 법 개정이 진행되고 그에 따른 시장 활성화를 검토하는 과정으로 오랜 시간이 소요되고 관심이 필요한 업무이다. 다만 그에 따른 역할을 이원화하는 과정에서 충분한 영향력과 지속적인 관심을 진행할 수 있는지에 대한 의문이 있다. 규제샌드박스와 규제자유특구의 이원화된 사후관리 전담부처를 일원화하고 복수의 전담기관이 아닌 단수의 전담기관이 사후관리를 전임하는 것으로 개편이 필요하다. 두 규제 혁신 제도의 본질적 목표는 동일하기에 사후관리 전담부처를 일원화하고 단수의 전담기관이 이를 사후관리하는 방식이 적절하며 현재 수준의 복수의 사후관리 부처, 복수의 사후관리 전담기관을 지양할 필요가 있다. 수요자인 규제개선 신청 기업의 입장에서도 사후관리를 하는 주체가 다양하다 보면 불필요한 행정 처리 및 관리 비용이 추가되고 결과적으로 규제개선 자체의 효과에 관심을 가지지 못하는 한계가 발생한다. 일곱째, 규제 거버넌스 체계화 관점에서 규제거버넌스 통합이 필요하며 구체적으로 국무총리실 등으로 통합하고, 수요자 관점 규제 정보의 통합이 절대적으로 필요하다. 규제개선을 위한 사례 조사에서 가장 큰 관심사는 규제거버넌스의 다원화에 따른 우려와 피로감이다. 그간 가장 어려운 것으로 지적된 것은 지나치게 많은 상위기관 난립과 규제거버넌스의 다양화가 지적되었다. 규제샌드박스의 경우 국무조정실 및 관련 부처, 한국산업기술진흥원 등의 전문 기관 등이 관련되고 규제자유특구의 경우 중소벤처기업부와 관련 부처, 한국산업기술진흥원 등의 전문 기관, 지자체, 지역 테크노파크 등의 지역 전담기관 등으로 다차원으로 구성되어 있다. 규제개선을 원하는 기업 및 민간 기관의 입장에서는 기업 스스로 규제개선을 진행하고자 하는 경우 국무조정실을 중심으로 하는 규제샌드박스를 찾게 되나 그간 지역의 전담기관과의 협력 관계가 있다면 규제자유특구를 지원하게 된다. 규제개선을 실질적으로 원하는 기업의 입장에서 제도의 다양화는 오히려 혼란을 줄 수 있으며 규제자유특구와 같이 복잡한 거버넌스가 이루어진 경우 더욱 이해당사자가 많아져 진행이 더딜 수 있다. 이에 규제샌드박스와 규제자유특구의 주무 부처를 국무조정실 등으로 통합하고, 규제샌드박스 및 규제자유특구의 창구를 일원화할 필요가 있다. 현재도 민간 기업이 가장 먼저 볼 수 있는 규제정보포털(www.better.go.kr)의 경우도 규제샌드박스만이 제공되고, 규제자유특구에 대한 내용은 부재하다. 정보의 일원화와 체계화를 위해서는 규제 관련 행정 주무 부처를 일원화하는 것이 적절하다. 규제 혁신을 위한 두 제도의 중요성은 이미 현장에서 검증된 상태이나 규제혁신을 원하는 수요자 관점에서는 어떤 제도를 선택해야 하고 어떤 과정을 거쳐 규제개선이 되는지에 대한 의문이 있는 것이 사실이다. 이에 규제샌드박스와 규제자유특구의 주무 부처를 국무조정실 등으로 통합하고 현재의 규제정보 포털도 통합하여 두 제도를 수요자 관점에서 모두 비교하고 규제개선 제도를 선택할 수 있도록 제도 개선이 필요하다. 여덟째, 규제 거버넌스 체계화 관점에서 복합 규제에 대응능력 강화를 위한 관련 위원회의 상설화가 필요하다. 규제의 경우 단순하고 일회적인 규제가 있을 수 있으나 최근의 사례는 복합 규제가 발생했을 때 지속 가능한 규제개선이 중요한 화두로 등장하고 있다. 규제샌드박스와 규제자유특구를 고려할 때에도 규제개선을 함에도 여전히 사업 추진이 어렵거나 해당 규제 주무 부처에서 핵심 규제를 개정하지 않는 사례도 발생하는 등 복합 규제를 처리하는 데 어려움이 있는 것이 사실이다. 이에 복합 규제 대응을 위한 상설 위원회 운영이 필요하다. 규제샌드박스와 규제자유특구에 참여한 기업

중 새로운 비즈니스 모델 및 신사업을 추진하는 경우 규제개선 프로그램에 참여시에는 확인되지 않은 복합 규제 및 숨은 규제가 새롭게 발굴되는 경우가 발생한다. 해당 규제 발생 시 규제샌드박스 및 규제자유특구를 새롭게 신청하는 경우 사회경제적 부담이 많아 사업을 포기하거나 사업이 정체되는 상황이 발생한다. 관련 문제를 극복하기 위해서는 복합 규제 상설위원회가 운영되어 유사한 업종과 사업과 관련하여 진행되는 복합 규제의 경우 지속적으로 개선하는 방식으로 개선할 필요가 있다. 현재는 개별 기업 및 기관이 한 가지 사안에 대해서만 규제개선을 신청하고 이에 대한 규제개선을 심의하는 방식으로 진행되다 보니 복합 규제나 숨은 규제 발생 시 중복적인 행정 부담이 발생한다. 상설위원회를 두어 유사한 기업들의 규제개선을 공개하고 관련하여 개선된 복합 규제에 대해서는 신청하지 않도록 유도하고 기업이 새롭게 발굴되는 유사한 규제에 대해서는 상설위원회를 두어 지속적으로 개선하고 지원할 필요가 있다.

참고문헌

국무총리실 보도자료. (2018. 11). 자율주행차 분야 규제 개혁 로드맵.

박문수·김재현. (2020) 혁신성장을 위한 규제개선 정책과제 연구 및 사례분석. 국회입법조사처 연구보고서.

박문수. (2021). 자율주행 자동차 사업 현황과 개선 : 자율주행 자동차 시범 주행 사례. 입법조사처보 2021년 봄호.

삼정KPMG. (2020). 자율주행이 만드는 새로운 변화. 삼정 INSIGHT, Vol 69.

이재훈. (2019). 제도 규정 분석을 통한 국내 규제샌드박스 법제 개선 연구 충청북도 : 한국과학기술기획평가원 연구보고서.

조선일보 보도자료. (2020. 12. 22). 애플, 2024년까지 자율주행 전기차 생산.

중소벤처기업부. (2020). 규제자유특구, 지난 1년의 발자취 백서.

통계청. (2015). 경제총조사 조사보고서.

중소벤처기업부 규제자유특구 홈페이지 http://rfz.go.kr/, 2020.
쏘카블러그. 쏘카뉴스(https://blog.socar.kr/10345).

2부

고용창출형 혁신성장
잡스^{Jobs} 경제

지역일자리 정책

Ⅰ. 지역균형발전 정책의 역사와 정책방향

송우경(산업연구원)

I

지역균형발전 정책의 역사와 정책방향

송우경(산업연구원)

1. 머리말

지역균형발전 정책은 국가를 구성하는 하위단위인 지역을 대상으로 지역 간 발전격차를 해소하고 지역별 특성화 발전을 촉진하기 위한 정책이다. 지역균형발전 정책은 근본적으로 지역 간 발전격차의 해소와 균형발전을 지향하고 있는데, 우리나라 헌법은 제120조, 제122조, 제123조에서 균형발전을 국가가 관심을 가지고 수행해야 할 의무로 규정하고 있다.[1] 국가균형발전특별법은 국가균형발전을 지역 간 발전의 기회균등을 촉진하고 지역의 자립적 발전역량을 증진함으로써 삶의 질을 향상하고 지속가능한 발전을 도모하여 전국이 개성있게 골고루 잘 사는 사회를 구현하는 것으로 정의하고 있다.

해외 선진국들도 지역균형발전을 다각적으로 추진하고 있는데, 독일은 헌법인 기본법(Grundgesetz)에 부자 지역(州)이 가난한 지역(州)을 지원하도록 재정조정 의무를 명시화하고 있고, 프랑스는 헌법에 민족 간 연대 의식과 협력을 중시하면서 균형발전 추진기구로 국토평등위원회

---

1) 헌법 제120조(국토와 자원은 국가의 보호를 받으며, 국가는 균형있는 개발과 이용을 위하여 필요한 계획을 수립), 제122조(국가는 국민 모두의 생산 및 생활의 기반이 되는 국토의 효율적이고 균형있는 이용·개발과 보전을 위하여 법률이 정하는 바에 의하여 그에 관한 필요한 제한과 의무를 부과), 제123조(국가는 지역 간 균형있는 발전을 위하여 지역경제를 육성할 의무를 짐)에서 균형발전을 국가의 의무로 규정하고 있다.

(CGET)를 1963년에 구성하여 운영 중에 있다. 영국은 1960년대부터 균형발전 차원에서 런던권 소재 공공기관을 70여 개 지방도시로 이전 중에 있는데 BBC 방송국이 런던에서 맨체스터 Salford로, 통계청은 런던에서 웨일즈 Newport로 이전되었다. EU는 창설 초기부터 EU통합을 위해서 균형발전을 최우선 과제로 인식하고 있으며, 로마조약(1957) 전문에서 지역 간 격차를 해소하고 낙후지역의 개발을 지원함으로써 균형잡힌 경제발전을 이룩하여 경제통합을 강조한 바 있다.

해방 이후 국내 지역균형발전 정책을 돌이켜 볼 때, 중요한 분수령은 2003년 출범한 참여정부이다(송우경, 2017). 그 이전에는 지역균형발전 정책이 독자적인 정책 위상을 갖지 못하고, 국토부, 산업부 등 관련 부처에서 개별적으로 추진되면서 정책연계나 통합적 조정이 제대로 이루어지지 못하였다. 그리고 1960년대 이후 급속한 산업화·도시화에 대응하여 수도권 집중억제를 위한 여러 정책(3·4공화국의 그린벨트 지정, 5공화국의 수도권정비계획법, 문민정부의 수도권 공장총량제 및 과밀부담금)이 추진되었지만, 지방발전보다는 수도권 집중억제에 초점을 둠에 따라서 당초 정책목표를 달성하는데 한계를 보였다. 참여정부는 지역균형발전정책의 안정적·체계적 추진을 위해서는 법·제도적 기반 마련이 중요하다고 보고, 국가균형발전특별법 제정(2003), 대통령 자문기구로 국가균형발전위원회 구성(2003년), 국가균형발전 5개년계획 수립(2004년), 국가균형발전특별회계 설치(2004년)를 국내에서 처음으로 실천하였다.

최근 문재인 정부의 임기가 끝나가고 2022년 대통령선거와 차기 정부의 출범이 다가옴에 따라서 지역균형발전 정책에 대한 사회적 관심이 높아지고 있다. 대통령 5년 단임제의 한국적 특수성으로 인해 5년마다 새로운 정부가 출범하고 이에 따라 지역균형발전 정책의 방향과 내용에도 적지 않은 변화가 있었다. 지역균형발전 정책은 중앙부처, 지자체, 기업체, 대학, 연구소, 지역주민 등 다양한 이해관계자들과 직·간접적으로 연관되어 있어서 정부 교체 시기에 지역균형발전 정책에 대해 사회적 관심이 높은 것은 당연하다 할 수 있다. 때로는 지역균형발전 정책에 대해서 정치권을 중심으로 적지 않은 오해와 편견이 있었는데, 이는 지역균형발전 정책에 대해 객관적 이해에 도움을 줄 수 있는 연구와 자료의 부족에도 원인이 있다고 생각한다.

본 글에서는 2000년대 이후 출범한 참여정부, 이명박 정부, 박근혜 정부, 문재인 정부 지역균형발전 정책의 방향과 내용에 초점을 두고 정책변화를 정권별로 살펴보고, 향후 지역균형발전 정책이 나아갈 방향을 모색하고자 하였다. 영국의 낭만파 시인 바이런(George Gordon Byron)이 '가장 뛰어난 예언자는 과거이다'라고 언급했듯이, 지난 정부의 지역균형발전 정책을 살펴보는 것은 향후, 정책 방향을 모색하는데 도움이 될 것으로 판단된다.

2. 지역균형발전 정책의 변천

정책 분석 틀

지역균형발전 정책은 다른 영역의 정책들과 마찬가지로 국가와 지역사회가 직면한 정책 이슈, 여기서는 지역문제를 해결하기 위한 공공부문의 전략적 행동이다. 정책학에서 사용하는 정책 과정(다수의 지역문제 → 정책의제 설정 과정 → 핵심 지역문제 도출)과 정책 구조(정책목표·전략, 주요정책, 제도 기반, 공간 대상)의 개념을 토대로 지역균형발전 정책의 분석 틀을 구성하였다(노화준, 2003, 정정길 외, 2003). 이를 통해서 각각의 정부가 중요하게 인식한 지역문제가 무엇인지, 이러한 지역문제에 대응하여 지역균형발전 정책의 구조를 어떻게 구성하였는지를 파악하고자 하였다.

참여정부 지역균형발전 정책

2003년 출범한 참여정부는 당시 지역문제 중에서 정책적 대응이 시급한 핵심적 지역문제로 수도권 일극집중에 따른 지역 간 불균형의 심화를 들었다. 수도권에 인구, 권력, 경제, 자본, 정보 등이 과도하게 집중됨에 따라 수도권에서는 과밀로 인한 집적의 불경제가 발생하고, 비수도권에서는 지역발전 자원이 충분히 활용되지 못하는 '고비용 저효율의 국토'가 고착·심화되고 있다고 판단하였다(성경륭 외, 2007). 1970년대 이후 수도권 집중을 막기 위해 다양한 정책이 추진되었으나 수도권 집중현상은 지속·강화되는 가운데, 수도권 집중억제 위주의 소극적 방법으로는 수도권과 지방의 발전격차를 근본적으로 해소할 수 없다고 인식하였다. 또한 수도권과 지방의 발전격차로 인한 지역 간 갈등은 국민 대통합을 저해하고 선진국 진입에도 주요한 걸림돌이 되고 있다고 보았다.

참여정부는 이러한 지역문제에 대응하여 지역균형발전 정책의 목표로 '다핵형·창조형 선진국가 건설'을 제시하고, 혁신주도형 발전전략, 다극 분산형 발전전략, 공간의 질·삶의 질 중시 질적 발전전략을 설정하였다. 이러한 목표 달성을 위한 주요정책으로 혁신정책, 균형정책, 산업정책, 공간정책, 질적 발전정책(삶의 질, 공간의 질)을 추진하였다(국가균형발전위원회, 2006).

혁신정책은 외부 의존적 발전이 아니라 내생적 지역발전을 지향하는 정책으로서 지역혁신체계(RIS)구축, 지방대학 혁신역량 강화(누리사업), 지방연구개발(R&D) 투자확대 등을 통해 비수도권 지역의 혁신역량을 강화하고자 하였다. 균형정책은 급격한 산업화와 도시화 과정에서 소외되었던 비수도권의 낙후지역을 대상으로 발전기회를 균등하게 만들기 위한 정책으로서 新활력사업(70개 시군)과 지역특화발전특구가 대표적 사업으로 추진되었다. 산업정책은 소득과 일자리 창출 등 비수도권 지역의 산업경제기반을 강화하기 위한 정책으로 시도 전략산업의 육성, 국가산업단지의 혁신클러스터 사업을 세부수단으로 사용하였다. 당시 사회적으로 많은 관심을 끌었던 공간정책은 수도권의 과밀을 해소하는 동시에 수도권 소재 행정기관 및 공공기관의 지방이전을 통해 다극 분산형 국토공간을 형성하는 데 초점을 둔 정책으로서 행정중심복합도시, 혁신도시(10개), 기업도시(6개)가 대표적인 사업이었다.

정책 추진을 위한 제도 기반 조성측면에서 2003년 국가균형발전특별법 제정, 대통령자문 국가균형발전위원회 중심의 추진체계 구축, 제1차 국가균형발전 5개년계획 수립, 균형발전계획 및 사업을 재정적으로 뒷받침하기 위한 국가균형발전특별회계를 설치하였다. 참여정부가 추진한 지역균형발전 정책은 대부분 광역시도, 시군구 등 기존 행정체계의 공간단위에서 추진되었다.

참여정부는 헌법에서 규정한 지역균형발전을 국정과제로서 위상을 부여하고 제도 기반(특별법, 위원회, 5개년계획, 특별회계) 구축, 지역혁신체계(RIS)와 혁신클러스터를 중심으로 혁신주도형 경제발전전략의 도입, '先지방발전 後수도권 규제 합리화'의 기조 속에서 수도권 소재 공공기관의 지방이전에 대한 합의를 도출하고 행정중심복합도시, 혁신도시, 기업도시를 건설한 점은 주목할 만한 성과라 할 수 있다. 다만, 지역균형발전정책의 추진에도 불구하고 수도권으로 인구(2002년 47.1%, 2006년 48.7%)와 산업(총사업체비중, 2002년 45.6%, 2005년 46.6%)의 집중현상 지속(김동주 외, 2007), 지역균형발전의 가치에 대한 국민적 공감대 확산 미흡, 지역혁신역량 마련을 위한 지방의 능동적·자발적 노력 부족 등은 아쉬운 점이라 할 수 있다.

〈표 1〉 참여정부 지역균형발전정책

<table>
<tr><td colspan="2">지역문제</td><td>수도권 일극 집중과 지역 간 발전격차</td></tr>
<tr><td rowspan="5">지역균형
발전정책
구조</td><td>정책목표</td><td>다핵형·창조형 선진국가 건설</td></tr>
<tr><td>추진전략</td><td>혁신주도형 발전, 다극분산형 발전, 질적 발전</td></tr>
<tr><td>주요정책</td><td>혁신정책
균형정책
산업정책
공간정책
질적 발전정책</td></tr>
<tr><td>제도기반</td><td>국가균형발전특별법 제정, 국가균형발전위원회 구성,
국가균형발전 5개년계획 수립, 국가균형발전특별회계 설치</td></tr>
<tr><td>공간단위</td><td>시도, 시군구 행정구역</td></tr>
</table>

이명박 정부 지역발전 정책

2008년 출범한 이명박 정부는 당시 정책적 대응이 필요한 지역문제로 지역의 글로벌 경쟁력 취약에 주목하였다. 세계화, 정보화, FTA 확산 등으로 지역 간 글로벌 경쟁이 치열해지는 가운데, 지역의 경쟁력이 국가의 경쟁력을 좌우하는 시대에 진입했음에도 불구하고, 국내 지역들의 글로벌 경쟁력 취약은 시급히 대응해야 할 과제로 인식하였다. 국내 지역들의 글로벌 경쟁력 부족은 기존 행정구역(시도, 시군구)을 중심으로 이루어지는 소규모 분산·중복 투자, 小지역주의의 고착화, 인접 지역 간의 연계·협력 부족 등과 관련이 있다고 보았다(최상철 외, 2009). 지역의 글로벌 경쟁력을 강화하기 위해서는 기존의 행정구역보다 규모가 큰 광역권에서 지역 간 연계와 협력을 기반으로 규모의 경제(Economy of Scale)와 네트워크의 경제(Economy of Network)를 실현하는 것이 중요하다고 보았다.

이명박 정부는 지역의 글로벌 경쟁력 취약에 대응하여 지역발전 정책의 목표로 '일자리와 삶의 질이 보장되는 경쟁력 있는 지역창조'를 제시하고, 광역경제권 구축, 특성화된 지역발전, 지방분권·자율, 지역 간 협력·상생을 4대 전략으로 설정하였다. 주요정책으로 광역경제권을 중심으로 전 국토의 성장잠재력 극대화, 신성장동력 발굴 및 지역특화발전, 중앙권한 지방이양 등 분권강화, 수도권·지방의 상생발전, 기존 시책의 발전·보완을 추진하였다(지역발전위원회, 2008).

지역발전 정책의 핵심정책은 광역경제권을 중심으로 한 3차원 지역발전 정책(광역경제권+기초생활권+초광역개발권)이었다. 광역경제권 정책은 5+2, 7개 광역경제권(수도권, 충청권, 대경권, 호남권, 동남권, 강원권, 제주권)을 대상으로 지역의 경쟁력을 높이기 위한 선도 프로젝트에 초점을 두었다. 선도프로젝트는 광역경제권별 발전 모멘텀을 조기에 창출하기 위하여 지역과 협력하여 중앙정부가 지원하는 프로젝트이다. 권역별 여건 및 잠재력, 발전 비전 등을 고려하여 선정한 선도산업-인력양성- SOC를 패키지로 연계·추진함으로써 권역별 경쟁력을 높이고자 하였다. 광역경제권 정책과 함께 제시된 기초생활권 정책은 163개 시군을 대상으로 주민의 삶의 질 개선을 목표로 하였고, 초광역개발권 정책은 4+3, 7개 초광역벨트를 조성하여 대외개방형 지역발전을 지향하였다. 신성장동력 발굴 및 지역특화발전 정책은 지역발전을 견인할 수 있는 핵심 프로젝트 추진(예 : 새만금, 첨단복합의료산업단지, 신공항 등) 및 전술한 광역경제권별 선도산업 육성에 초점을 두었다.

중앙권한 지방이양 등 분권강화 정책은 지방재정의 확충을 위한 지방소비세와 지방소득세 도입, 재정 자율성 제고를 위한 포괄보조금(200여 개 국고보조금을 22개 포괄보조금으로 통합) 설치, 그리고 중앙정부가 보유한 인·허가권의 지방이양과 지방의 계획·개발권의 확대를 주요 사업으로 추진하였다. 수도권·지방의 상생발전 정책은 지방의 기업유치 지원과 투자 확대, 지역경제 활성화를 위한 각종 규제 완화, 서울·인천·경기 3개 시도가 10년간 3조 원을 출연하여 비수도권 지역개발사업에 지원하는 지역상생발전기금 설치·운영에 초점을 두었다. 기존 시책의 발전·보완은 행정중심복합도시, 혁신도시의 정주여건 및 자족기능 강화를 목표로 하였다.

이러한 정책목표의 달성과 주요 정책의 효율적 추진을 위해 2009년 국가균형발전특별법 개정, 대통령자문 지역발전위원회와 광역경제권 발전위원회 중심의 추진체계 구축, 지역발전 5개년계획(2009~2013년) 수립, 광역·지역발전특별회계를 설치하였다. 이명박 정부의 지역발전 정책은 기존 시도, 시·군·구 등 행정구역을 유지한 상황에서 광역경제권(5+2개), 기초생활권(162개), 초광역개발권(4+3개)의 새로운 공간 단위에서 추진되었다.

이명박 정부는 지역의 글로벌 경쟁력 강화와 행정구역에 고착된 小지역주의 극복을 위해 광역시도를 넘어선 광역경제권 정책의 도입 및 연계협력 사업 추진은 의미있는 정책시도라 평가할 수 있다. 또한 수도권과 지방의 상생발전을 위한 상생발전기금의 도입, 지방재정의 확충을 위한 지방소비세·지방소득세 도입과 자율성 제고를 위한 포괄보조금 운영은 재정분권 측면에서 주목할 만한 성과라 할 수 있다. 다만, 광역경제권 정책 추진을 위해서는 지역에서 안정적 추진체계가 구축되어야 하는데, 시·도지사들이 공동 위원장을 맡은 광역권발전위원회의 제한된 권한과 역할, 광역경제권 세부사업(산업, 인력, R&D, SOC 등)의 유기적 연계 부족은 광역경제권정책의 성과 창출의 걸림돌로 작용하였다. 또한 재정분권을 위해 도입된 지방소비세·지방소득세, 그리고 포괄보조금 제도에 대해 지방의 체감도가 낮았던 점은 한계라 할 수 있다(국가균형발전위원회, 2018).

〈표 2〉 이명박 정부 지역발전 정책

지역문제		지역의 글로벌 경쟁력 취약
지역발전 정책구조	정책목표	일자리와 삶의 질이 보장되는 경쟁력 있는 지역창조
	추진전략	광역경제권 구축, 특성화된 지역발전, 지방분권·자율, 지역 간 협력·상생
	주요정책	全국토의 성장잠재력 극대화 新성장동력발굴 및 지역특화발전 중앙권한 지방이양 등 분권강화 수도권과 지방의 상생발전 기존 지역발전시책의 발전·보완
	제도기반	국가균형발전특별법 개정, 지역발전위원회 구성, 지역발전 5개년계획 수립, 광역·지역발전특별회계 설치
	공간단위	광역경제권(5+2), 기초생활권(162), 초광역개발권(4+3)

박근혜 정부 지역발전정책

2013년 출범한 박근혜 정부는 수도권과 지방 간에 삶의 질 측면에서 격차가 지속되는 가운데, 지역주민들의 낮은 행복도와 삶의 질 수준은 정책적 대응이 시급한 지역문제로 인식하였다(이원종 외, 2015). 2000년대 이후 지역 간 균형발전을 위해 다양한 정책이 추진되었지만, 수도권과 지방 간에 경제적 측면에서 격차가 지속되는 가운데, 지역주민들의 체감도가 높은 주거, 교육, 문화, 환경, 보건·의료, 복지 등 삶의 질 분야에서도 지역 간 격차가 확대되는 상황에 주목하였다. 이와 함께 우리나라가 1960년대 이후 급속한 산업화와 도시화로 빠른 경제발전을 이루었지만, 그 이면에는 여러 가지 사회적 문제가 상존하는 가운데, 주민들이 느끼는 삶의 질 수준과 국민행복지수가 낮아 개선이 시급한 문제로 인식하였다.[2)]

박근혜 정부는 이러한 지역문제에 대응하여 지역발전 정책의 목표로 '국민행복, 지역희망 : HOPE 프로젝트'를 제시하고,[3)] **지역행복생활권**

---

2) 국민행복지수는 148개 국가 중에서 97위(2012년, 미국 갤럽), 자살률은 OECD 국가에서 제일 높은 수준(2011년, 10만 명당 33.3명), 서울의 삶의 질은 세계 230개 도시 중 72위(2015년, Mercer Consulting)에 머물고 있다(이원종 외, 2015).

3) HOPE 프로젝트는 주민이 실생활에서 행복과 희망을 체감하고(Happiness), 행복

구현, 맞춤형·패키지 지원, 지역주도의 협력강화를 전략으로 설정하였다. 이러한 목표 달성을 위한 주요 정책으로 지역행복생활권 활성화, 일자리 창출을 통한 지역경제 활력 제고, 교육여건 개선 및 창의적 인재양성, 지역문화 융성 및 생태복원, 사각 없는 지역복지·의료 등을 추진하였다(지역발전위원회, 2013).

지역행복생활권 정책은 전국 어디에서나 주민이 일상생활에서 불편함이 없도록 상수도, 하수도 등 기초 인프라뿐만 아니라 일자리, 교육, 문화, 복지 등 고차서비스의 충족을 목표로 하고 있다. 지역행복생활권은 중심도시, 농촌중심지, 배후마을을 포함하는 개념으로 기초 지방자치단체인 시군이 자발적으로 인근 지역과 협의하여 생활권을 설정하고 발전계획을 수립하면 정부는 맞춤형 지원을 제공하도록 하고 있다(지역발전위원회, 2013). 주민들의 관점에서 현실 생활의 불편을 해소하고 주민행복 증진에 필요한 인프라 확충을 위해서 기초 지방자치단체의 자발적 협의를 토대로 63개 생활권을 구성하였고, 생활권 단위의 지역 간 연계사업, 취약지역 생활여건 개조사업(새뜰마을사업), 지역중심지 활성화 사업 추진에 역점을 두었다.

일자리 창출을 통한 지역경제 활력 제고 정책은 일자리 창출에 초점을 둔 지역산업의 육성, 지역투자촉진을 통한 일자리 창출, 산업단지의 창조경제거점화, 농어촌 일자리 확충 등을 세부사업으로 추진하였다. 교육여건 개선 및 창의적 인재양성 정책은 지방 초중고교 교육여건 개선, 지방명품대학 육성, 지역인재와 기업의 선순환 지원 사업을 포함하였고, 지역문화 융성 및 생태복원 정책은 지역 문화역량 강화 및 특성화 지원, 맞춤형 문화서비스를 통한 문화격차 해소, 지역 관광산업 육성 등을 세부사업으로 추진하였다. 사각 없는 지역복지·의료 정책은 박근혜 정부에서 지역발전 정책 영역에 새롭게 포함된 정책으로서 주민밀착형 복지 전달체계 구축, 수혜자 특성을 반영한 맞춤형 복지시책 추진, 취약지역 응급의료체계 구축 및 응급의료 인프라 확충 등에 역점을 두었다.

한 삶의 기회를 고르게 보장하며(Opportunity), 자율적 참여와 협업의 동반자 관계를 통해(Partnership), 전국 어디에서나 정책의 사각지대가 없도록(Everywhere) 하겠다는 정책의지를 담고 있다.

이러한 정책목표의 달성과 주요 정책의 효율적 추진을 위해서 박근혜 정부는 2014년 국가균형발전특별법을 개정하고 대통령자문 지역발전위원회와 시도 생활권협의회 중심의 추진체계를 구축하였다. 또한 제2차 지역발전 5개년계획(2014~2018년)을 수립하고 기존의 광역·지역발전특별회계를 지역발전특별회계로 개편하였다. 박근혜 정부의 기존 시도, 시·군·구 등 행정구역을 유지한 상황에서 지역행복생활권(63개)이란 새로운 공간 단위를 설정하여 정책을 추진하였다.

이전 정부들이 지역발전 정책에서 장소의 번영(Place Prosperity)에 초점을 두었다면, 박근혜 정부는 지역에서 실제 생활을 하는 주민의 번영(People Prosperity)으로 정책 방향을 전환하고, 63개 생활권의 구성과 지역 간 협력사업(교육, 의료·복지, 환경 등)을 추진한 점은 주요한 성과라 할 수 있다. 기존의 장소 중심적 양적 성장에서 주민 중심의 질적 발전, 중앙주도의 거대개발사업에서 지역 주도의 주민 체감형 사업으로 정책 패러다임의 전환은 의미가 크다고 할 수 있다. 많은 지역들이 지역행복생활권 정책의 취지에 공감하고 인식을 공유하고 있었으나, 생활권 단위의 연계협력에 대한 경험이 부족하여 적극적인 지역 협력 및 주민 참여가 활성화되지 못했다(국가균형발전위원회, 2018). 또한 지역발전정책의 목표로 제시한 주민 행복 및 삶의 질이 지닌 주관적 특성으로 인해서 정책 추진의 효과 및 성과를 객관적으로 평가하는데 한계가 있었다. 아울러 국정논단과 연계된 대통령 탄핵으로 지역발전정책의 추진동력이 약해지고 정부 출범 4년 차에 조기 종료된 점은 아쉬운 점이라 할 수 있다.

〈표 3〉 박근혜 정부 지역발전 정책

지역문제		지역주민의 낮은 삶의 질 수준과 만족도(행복도)
지역발전 정책구조	정책목표	국민행복과 지역희망 : HOPE 프로젝트
	추진전략	지역행복생활권 구현, 맞춤형·패키지 지원, 지역주도 협력강화
	주요정책	지역행복생활권 활성화 일자리 창출을 통한 지역경제 활력 제고 교육여건 개선 및 창의적 인재 양성 지역문화 융성 및 생태복원 사각 없는 지역복지·의료

	제도기반	국가균형발전특별법 개정, 지역발전위원회 구성, 지역발전 5개년계획 수립, 지역발전특별회계 설치
	공간단위	지역행복생활권(63개)

문재인 정부 지역균형발전 정책

2017년 장미대선을 통해 출범한 문재인 정부는 저성장 기조 속에 수도권과 지방의 격차 심화, 인구절벽과 지방소멸 위기, 지방의 4차 산업혁명 수용능력 부족과 지방산업의 경쟁력 약화를 대응이 시급한 지역문제로 인식하였다(국가균형발전위원회, 2018). 국내 경제가 외환위기를 거치면서 경제성장률이 낮아지고 저성장이 고착화되는 가운데,[4] 인구, 생산·소득, 재정, 교육·문화·보건·복지·안전 등 서비스 접근성 측면에서 수도권과 지방간의 격차는 확대되었다.[5] OECD 최하위 수준의 출산율과 고령화로 인한 지방소멸의 위기감이 현실화되고 있고, 지역산업은 4차 산업혁명에 대한 낮은 수용력, 전통 주력산업의 경쟁력 약화, 지역경기 침체 등의 문제에 직면해 있다고 보았다. 이러한 지역문제에 대한 해결과 지속가능한 국가발전을 위해서는 국가균형발전이 주요한 해법이라고 인식하였다.

문재인 정부는 이러한 지역문제에 대응하여 지역발전 정책의 목표로 '지역주도의 자립적 성장기반 마련'을 제시하고, 안정되고 품격있는 삶(사람 전략), 방방곡곡 생기도는 공간(공간 전략), 일자리가 생겨나는 지역혁신(산업 전략)을 설정하였다. 목표 달성을 위한 주요 정책으로는 전술한 3개 전략별로 각 3개의 핵심과제, 총 9개의 핵심과제를 추진하였다(국가균형발전위원회, 2018).

지역에서 안정되고 품격있는 삶을 위한 주요 정책으로 지역인재-일자리 선순환 교육체계(지방대학의 자율적 교육역량 강화, 지역 맞춤형

---

4) 한국은행 통계에 의하면 연평균 국내경제성장률이 '91년~'00년 7.0%, '01년~'10년 4.4%, '11년~'17년 3.0%로 지속 하락하였다.

5) 수도권에 전국 인구의 49.5%('15년), 신용카드 사용금액의 81%('15년), 1,000대 기업 본사의 73.6%('16년), 고용보험 신규취득자수의 60.8%('17년)가 집중된 한편, 서비스 접근성 취약지역의 92.5%는 지방에 위치하고 있다(국가균형발전위원회, 2018).

우수 지역인재 양성, 지역인재 취업 지원 등), 지역자산을 활용한 특색 있는 문화·관광(지역 간 문화격차 해소, 지역 관광거점 육성, 지역 고유 자산을 활용한 특화관광 육성 등), 기본적 삶의 질 보장을 위한 보건·복지체계 구축(의료 사각지대 해소, 지역 중심의 보건·복지체계 구축, 일자리 창출과 연계한 사회서비스 혁신사업 등)을 추진하였다.

지방소멸에 대응하여 방방곡곡 생기도는 공간을 위한 주요 정책으로 매력있게 되살아나는 농산어촌(농촌신활력플러스사업 추진, 농촌 3·6·5 생활권 구축, 귀농어·귀촌 정착 지원, 재생에너지 보급 확대 등), 도시재생 뉴딜 및 중소도시 재도약(지역 맞춤형 뉴딜사업 활성화, 지속가능한 뉴딜사업 기반 마련, 중소도시 연계협력에 기반한 강소도시권 육성 등), 인구감소지역을 거주강소지역으로 육성(인구감소지역의 정주여건 개선 및 지원 법·제도 마련, 지자체간 연계·협력을 통한 상생·협력벨트 조성, 마을공동체 기반 지역 활력 촉진 등)을 제시·추진하였다.

지역 주력산업의 위기 및 4차 산업혁명의 급진전에 대응하여 일자리가 생겨나는 지역혁신 정책은 혁신도시 시즌 2(이전 공공기관의 지역발전 선도역할 강화, 스마트 혁신도시 조성, 혁신도시 산업 클러스터 활성화 등), 지역산업 혁신(중견기업 중심의 지역혁신 생태계 구축, 세종시·새만금·국가혁신클러스터 등 혁신성장의 거점 육성), 지역 유휴자산의 경제적 자산화(유휴 국유재산 활용, 산림자원 및 해양자원을 활용한 지역 재창조 등)를 주요 사업으로 포함하였다.

문재인 정부는 정책목표의 달성과 주요 정책의 실행력을 높이기 위해서 2019년 국가균형발전특별법을 개정하면서, 참여정부 때 구성하였던 국가균형발전위원회와 시도 지역혁신협의회를 다시 복원하였다. 또한 제4차 균형발전 5개년계획(2017~2022년)을 수립하고, 기존의 지역발전특별회계를 국가균형발전특별회계로 개편하였다. 문재인 정부는 지역균형발전정책을 기존 시도, 시군구의 행정구역을 중심으로 추진하였고, 최근 부산·울산·경남, 충청권 등에서 메가시티에 대한 논의가 제기되면서 기존 광역시도를 초월한 초광역권에 대한 검토를 진행하고 있다.

문재인 정부의 지역균형발전 정책이 아직 진행 중에 있어서 성과평가에 한계가 있지만, 참여정부에서 시작한 지역균형발전의 철학과 가치를 계승하고 균형발전의 추진체계를 다시 복원한 점은 성과라 할 수 있다. 지역발전위원회를 국가균형발전위원회로 복원하고 시도에 지역혁신협의회를 10년 만에 재구성하였다. 또한 기존의 지역발전 5개년계획과 지역발전특별회계를 국가균형발전 5개년계획과 국가균형발전특별회계로 개편하였다. 정책구성의 측면에서 삶의 질에 초점을 둔 사람전략, 지방소멸에 대응한 공간전략, 4차 산업혁명의 대응과 일자리 창출을 위한 산업전략 등 3대 전략의 제시는 의미가 있다고 할 수 있다. 지역균형발전 정책의 추진에도 불구하고, 수도권 인구의 전국 대비 점유 비중이 2019년 처음으로 50%를 넘은 가운데, 지역총생산, 총사업체수, 종사자수, 예금, 병원, 연구기관, 국고보조금 등 수도권으로 집중 현상을 반전시키지 못하고 가속화되고 있다(김현아 외, 2020).[6] 또한 과거 정부와 비교해 보면, 대표적이고 상징적인 핵심 정책(예 : 세종시, 혁신도시, 광역경제권, 지역생활권 등)이 제시되지 못했고, 지역균형발전에 대한 국민적 지지와 공감대를 형성하지 못한 것도 아쉬운 점이라 할 수 있다.

〈표 4〉 문재인 정부 지역균형발전 정책

지역문제		수도권과 지방의 발전격차와 지방소멸 등 지역위기
지역균형발전 정책구조	정책목표	지역주도의 자립적 성장기반 마련
	추진전략	(사람전략)안정되고 품격있는 삶, (공간전략)방방곡곡 생기도는 공간, (산업전략)일자리가 생겨나는 지역혁신
	주요정책	지역인재-일자리 선순환 교육체계 지역자산을 활용한 특색 있는 문화·관광 기본적 삶의 질 보장을 위한 보건·복지체계 구축 매력있게 되살아나는 농산어촌 도시재생 뉴딜 및 중소도시 재도약 인구감소지역을 거주강소지역으로 육성 혁신도시 시즌 2 지역산업 혁신 지역 유휴자산의 경제적 자산화
	제도기반	국가균형발전특별법 개정, 국가균형발전위원회 구성, 국가균형발전 5개년계획 수립, 국가균형발전특별회계 설치
	공간단위	시도, 시군구 행정구역

6) '09년 대비 '18년 기간에 수도권 점유 비중을 변화를 보면 다음과 같다. 지역총생산(48.6%→51.8%), 총사업체수(46.8%→47.2%), 종사자수(50.8%→51.5%), 예금(69.2%→70.2%), 병원(51.4%→51.9%), 연구기관(61.5%→64.5%), 국고보조금(25.7%('08년)→32.6%).

3. 향후 정책 방향

2000년대 이후 국내 지역균형발전 정책을 되돌아보면, 4번의 정권 변화와 연동하여 많은 변화가 있었지만, 지역균형발전의 정책 경험과 노하우를 축적하는 과정으로도 볼 수 있다. 참여정부는 지역혁신과 기능분산에 초점을 둔 균형발전, 이명박 정부는 광역경제권에 기반한 지역의 경쟁력 향상, 박근혜 정부는 지역주민 체감형 정책을 통한 삶의 질 제고, 문재인 정부는 지역 자율과 분권에 기반한 균형발전이란 특징을 갖고 있다. 향후 지역균형발전 정책의 방향을 모색하는 과정에서, 과거 정부가 추진했던 정책의 긍정적인 성과는 유지·발전시키고, 부정적 측면과 노출된 한계는 극복하려는 노력이 필요하다고 생각된다.

최근 인구감소와 고령화로 인한 지방소멸의 위기감 확대, 일자리와 교육의 기회를 찾기 위한 청년층의 수도권 집중 지속, 4차 산업혁명으로 인한 디지털 전환, 기후변화에 대응하기 위한 탄소중립 및 순환형 경제 시대, 지방분권 및 주민참여의 욕구 증대, 부산·울산·경남 및 충청권을 중심으로 메가시티 논의 등 지역균형발전정책을 둘러싼 여건 및 환경이 변화하고 있다. 이러한 여건변화와 지난 정책추진의 경험을 토대로 향후 지역균형발전 정책을 설정할 때 다음의 사항들을 고려할 필요가 있다.

지역균형발전 정책의 목표는 직면한 지역문제의 해결을 통해 달성하고자 하는 미래상을 제시해야 하기 때문에 어떠한 지역문제를 핵심적으로 볼 것인가가 중요하다. 최근 우리사회가 직면하고 있는 복합적인 지역문제(인구절벽 및 고령화의 급진전, 지역 간 경제적·삶의 질 격차 확대, 저성장 기조와 지역경제의 침체 등)와 체감도 높은 정책요구 등을 고려할 때, 정책목표를 중층적으로 구성하는, 즉 정책믹스(Policy Mix)가 필요가 있다. 지역균형발전정책의 목표로서 균형발전, 경쟁력 강화, 삶의 질 향상을 배타적 관점이 아닌 상보적 관점으로 연계하여 정책의 방향성을 보다 분명하게 나타낼 필요가 있다. EU는 2007년부터 2013년 기간에 추진한 지역정책의 목표로 균형발전, 지역경쟁력 강화와 일자리 창출, 지역 간 협력을 복합적으로 제시하고 추진한 바 있다.

지역균형발전 정책의 주요 사업을 기획·발굴하는 과정에서 정책목표(균형발전, 경쟁력 강화, 삶의 질 향상 등)와 수직적 정합성이 높도록 사업 내용을 구성하되, 주요 사업들 간에 시너지 효과를 창출할 수 있도록 수평적 연계도 강화할 필요가 있다. 또한 주요 사업을 발굴하는 과정에서 지역이 자발적·창의적으로 추진하고 있는 정책과 사업을 지역으로부터 제안 받고(역제안), 이를 국가적 사업으로 설정함으로써 지역의 정책 수용성과 성공 가능성을 높일 필요가 있다. 아울러 균형발전, 경쟁력 제고, 삶의 질과 직결되어 있는 일자리 기반을 확충하기 위해서는 지역별 비교우위의 지역산업 육성이 중요하다는 인식의 공유가 필요하다. 이러한 인식하에 4차 산업혁명과 연계한 미래형 신산업의 육성과 함께, 제조업 중심의 기존 주력산업의 구조고도화를 위한 사업들의 구체화가 중요하다.

향후 지역발전 정책의 추진체계를 구축함에 있어 국가균형발전위원회를 통한 부처 간, 지역 간, 부처와 지역 간 조정 역할(위원회 정례 개최, 국정보고 활성화 등)을 강화할 필요가 있다. 또한, 중앙단위에서 국가균형발전위원회의 위상 강화와 병행하여 지역단위의 추진기구(현재 지역혁신협의회)의 역할 강화를 통해 지역균형발전 정책에 대한 지역의 관심도 제고와 성공적인 추진기반을 마련할 필요가 있다. 아울러 공공부문이 지닌 자원과 역량의 한계를 고려할 때 지역의 민간부문(대학, 기업, 금융, 언론, 사회적 경제조직 등)의 참여를 강화하는 것이 중요하다.

기존의 정부들은 국가균형발전특별법에 근거하여 5년 단위의 지역균형발전계획을 수립하여 왔다. 지역균형발전 정책은 기본적으로 중장기적인 관점에서 일관성 있는 추진이 중요하기 때문에, 현재 5년 단위의 계획을 10년 이상의 중장기 계획으로 전환하되, 여건 변화가 있을 경우에 평가를 통해 부분적으로 수정·보완이 가능하도록 계획체계의 전환이 필요하다. 지역균형발전계획의 실천성을 높이기 위해 특별회계의 개편도 필요하다. 지역균형발전계획에 포함된 사업과 특별회계 세출 간에 연계성을 높이고, 지역의 자율성을 높이기 위해 포괄보조금 및 지역발전투자협약의 확대가 필요하다. 지역균형발전 정책의 공간단위는 기존 행정구역(시도, 시군구)을 유지하되, 비수도권에 초광역권(인접 광역시도간 협력, 공간적으로 떨어진 광역시도간 기능적 협력)이 활성화되도록 지역의 자발적 노력과 중앙정부의 적극적 지원을 기대해 본다.

참고문헌

김동주 외, (2007), 국가균형발전의 이론과 실천, 국가균형발전위원회.

국가균형발전위원회, (2006), 국가균형발전 정책 추진성과와 향후과제, 국정보고자료.

국가균형발전위원회·산업자원부, (2004), 제1차 국가균형발전 5개년 계획.

국가균형발전위원회, (2018), 문재인 정부 국가균형발전 비전과 전략, 국정보고자료

국가균형발전위원회·산업통상자원부, (2019), 제4차 국가균형발전 5개년계획.

김현아 외, (2020), 재정분권과 지역 간 경제력 격차 및 인구이동에 관한 연구, 한국조세재정연구원.

노화준, (2003), 정책학원론, 박영사.

법제처, 국가법령정보센터, www.law.go.kr.

성경륭 외, (2007), 국가균형발전 정책의 이론과 실천, 국가균형발전위원회.

송우경, (2012), 2000년대 이후 한국 지역정책의 비교와 시사점, 산업연구원.

송우경, (2017), 2000년대 이후 지역발전정책의 회고와 新정부 지역발전정책의 방향, 월간 KIET 산업경제 2017-8월호.

이원종 외, (2015), 지역발전정책 이론과 실제, 율곡출판사.

정정길 외, (2003), 정책학원론, 대명출판사.

지역발전위원회, (2008), 新지역균형발전 정책 추진 구상, 국정보고자료.

지역발전위원회, (2013), 국민에게 행복을, 지역에 희망을, 국정보고자료.

지역발전위원회·지식경제부, (2009), 지역발전 5개년계획.

지역발전위원회·산업통상자원부, (2014), 지역발전 5개년계획.

최상철 외, (2009), 지역발전과 광역경제권 전략, 지역발전위원회.

한국지역정책학회, (2016), 저성장시대 지역정책의 새로운 패러다임 모색.

통계청, 국가통계포털 KOSIS, kosis.kr.

Ⅱ.

미래를 여는 공간기반 산학협력, 대학도시!

박철우(한국산업기술대)

Ⅱ

미래를 여는 공간기반 산학협력, 대학도시!

박철우(한국산업기술대)

1. 들어가며

인구절벽과 지방소멸

30년 내에 전국 시군 가운데 3분의 1 이상이 '인구 소멸지역'이 될 것으로 전망되고 있다. 전국의 7대 광역시 가운데 인천을 제외한 서울, 부산, 대구, 대전, 광주, 울산 등 6개 도시에서도 2018년 말보다 인구가 감소했다는 내용이 발표되었다(이상호, 2019). 홍성국(2018)은 수축사회라는 책을 통해서, "우리나라는 이미 팽창사회에서 수축사회로의 전환 시대를 살고 있다. 세상은 빠른 속도로 마이너스 섬 게임,[1] 그리고 게임의 차원을 넘어 구조적 변화를 수반하는 수축사회로 전환되고 있다."고 주장한 바 있다. 지방소멸은 1인 가구와 빈집의 증가, 지방재정의 악화, 일자리 감소, 교육소멸 등을 불러오고, 이로 인해 지방 인구유출이 되풀이되는 악순환 현상이 발생될 수 있다. 사실, 인구유출을 막을 수 있는 '댐' 역할을 할 행정, 의료복지, 상업인프라 등과 지역대학은 상호적 관계이다. 그러나 2000년부터 2018년 사이 총 16곳의 대학이 폐교하였으며, 현재의 대학 입학정원 수준이 유지될 경우 5년 이내 대학 입학이 가

1) '플러스 섬'의 경우 팽창사회, 즉, 파이가 늘어나는 사회를 '마이너스 섬'의 경우는 수축사회, 즉, 파이가 줄어드는 사회를 의미하며, '제로 섬'은 둘 사이의 중간 영역이라고 정의함.

능한 학생 자원이 약 12만 4,000명 부족해질 것이라는 전망이다. 이렇게 지방의 인구감소와 소도시의 인구감소는 대도시를 선호하는 사회적 추세와 밀접한 관계가 있다. 리처드 플로리다(2018)는 "도시는 왜 불평등한가?"라는 저서에서 도시 불평등 진행과 그 원인을 분석하여 보여준 바 있다. 미국에서의 사례지만, 관련 내용에서 산업 및 사회변화에 따라서 사람들이 도시로 모였다가 도시 외곽의 삶을 선호한 시대가 있었으며, 최근엔 기술과 도시환경의 발전에 따라 거대도시로 집중하고 있다고 지적하고 있다. 즉, 인재와 경제적 자산의 집중이 일방적이고 불평등한 도시화를 낳고 있다고 하였으며, 비교적 소수의 슈퍼스타도시[2]와 그 속의 몇몇 엘리트 지역이 혜택을 보는 대신 다른 많은 지역은 정체되고 있다고 하였다. 그런데 이러한 불평등이 개선되기보다 더욱 심화될 것이라고 지적하고 있다.

[그림 1] 도시 양극화

대처방안

우에타 가즈히로(2007)는 사람이 행복한 삶을 사는데 필요한 삶의 요소들이 의·식·주 등 기본적인 생존 수단과 함께 의료, 교육, 문화 등이 있다고 주장하였다. 단순하게 의·식·주 만으로는 지역에서 인간다운 삶을 누리기 어렵다. 도서, 산간 지역에서도 인간다운 삶을 누리기 위해서 가까운 지역에 의료, 교육, 문화 등을 경험할 수 있는 도시가 필요하다. 그러나 이러한 도시의 형성조건은 소비 시장이 형성될 수 있는 임계

2) 슈퍼스타도시 : 뉴욕, 런던과 같은 글로벌 허브도시, 테크허브도시 : 샌프란시스코 등 지식산업도시.

규모 이상의 인구가 필요하다. 이러한 점에서 대학은 지방경쟁력의 요소로 작용될 수 있다. 또한, 지역이 존속하기 위해서는 소득을 확보할 수 있는 일자리 환경도 중요하다. 지역경제의 핵심은 일자리인데, 생산적인 (부가가치 높은) 일자리가 필요하다. 단순히 1차 산업만으로는 도시를 떠나는 청년들을 잡아둘 수 없다. 지방 소도시도 양질의 일자리가 필요하다. 그럼 어떻게 이러한 일자리를 만들어낼 수 있을까? 바로 대학이 그 역할을 만들어 낼 수 있다는 것이다. 권영섭·신정철(2006)은 지방도시가 지역혁신사업을 성공적으로 추진하면 혁신성과, 생산성 및 고용률이 증가되고, 이는 지방도시 삶의 질 향상에 기여하며, 이는 곧 지방도시의 경쟁력강화에 이르는 하나의 길이라고 주장한 바 있다. 그리고 여기서 중요한 것은 지방도시가 지역혁신사업 추진역량을 갖추는 것이 중요하다고 주장하였다. 지역혁신사업 추진역량은 지역의 역량과 지역혁신사업 추진력, 성공적인 관리 운영정도로 보았는데, 이 역량이 높을 경우 지방도시의 혁신성과를 높이고 생산성과 고용률을 증가시킬 수 있다고 주장하였다.

본 저서에서 주장하고 싶은 내용은 바로 대학이 지역 소비시장에 대한 기여와 지역 경제 기여, 이 두 가지에 대한 해법으로 대학도시가 수단이 될 수 있다. 즉, 지방의 인구감소에 따른 지방소멸 위기를 극복하기 위하여 인구 증가시기에 적용하던 '점→선 → 면' 확장 정책에서 '면→점선'으로 전환하면서, 도시를 다극화된 거점에 균형적으로 분포시켜, 국토를 합리적으로 관리할 뿐만 아니라 전 국민에게 생활편의시설을 효율적으로 제공하자는 것이다. 여기서 '점'이란 도시를 '선'이란 교통망을 의미한다. '면'은 토지 등 공간을 의미한다. 공간적 측면에서 '확장'에서 '축소와 집중'을 지향하면서 대학을 중심으로 미래 지속가능한 도시를 구축하자는 목표와 방향을 담고 있다. 이렇게 되면, 소비시장 측면에서 대학은 시장 임계규모를 확보하는데 기여할 수 있고, 또한 지역경제를 선도하는 측면에서 대학이 역할을 해낼 수 있을 것이다.

2. 대학도시의 개념과 사례

대학도시 개념

전통적인 의미에서 대학도시(大學都市)는 대학이 해당 도시에 있고, 도시 공동체 인구에서 대학 관계자가 많이 차지하고 있는 도시를 의미한다. 이러한 도시는 학원도시 또는 교육도시 등으로도 불리며, 도시의 기능 분류 가운데 소비도시 가운데 하나이다. 즉 대학의 활동이 지역에 대해 점점 더 사회적, 문화적, 기술적이고 경제적인 영향을 미치며, 학술도시로 발전한 사례다. 영국의 케임브리지·옥스퍼드, 미국의 프린스턴·버클리, 독일의 라이프치히·하이델베르크 등이 있다.

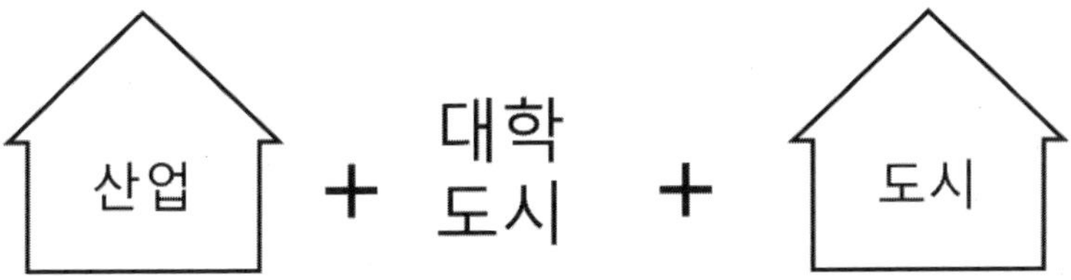

[그림 2] 미래 대학도시의 개념

미래 대학도시

미래 대학도시는 산업(일자리 등)경쟁력과 도시(생활, 삶 등)경쟁력 동반 상승이 목적이다. 지역혁신시스템 이론에서 대학의 역할은 사회책무성 측면에서 창업, 기업성장을 견인한다는 산업에 대한 기여 중요성을 강조하고 있다. 지역단위에서 공간중심 지역혁신을 일자리 문제와 연계하여 고려할 때, 기존 지역혁신 관점의 스타트업(Start-Up), 스케일업(Scale-Up)뿐만 아니라 도시설계 관점에서 창조문화관광, 도시생활산업 등 분야에서 다양한 혁신역할을 기대할 수 있다.

[그림 3] 대학의 역할과 지역 산업과의 관계

또한, 인재와 지식창출의 핵심인 전문가와 청년 인구가 거주함에 따라 파급되는 '존재', 그 자체로서의 역할도 중요하다. 즉, 대학도시(도시형 캠퍼스 등)가 형성됨에 따라 지역 소상공인들의 활력소, 생애[3] 일자리 창출의 기반이 되는 등 지역경제의 지속 발전에 근본적 경쟁력으로 작용하며, 행정, 의료복지시설 등 기반구축으로 '삶의 질' 제고 환경조성에 기여가 가능하기 때문이다.

해외사례

Multiversity 개념의 창안자 Kerr는 도시(통상 인구 25만 이상)와 함께 협력하여 성장 발전하는 대학의 모델을 "Urban University"로 명명하고 이의 육성을 위한 연방과 주정부의 Urban University Grant 사업을 제창한 바 있다. 제시된 Urban Campus는 교외형(suburban) 캠퍼스와 도시형(urban) 캠퍼스로 나눌 수 있다. 사실 학문적 정의가 없으므로 캠퍼스의 유형을 입지적 분류가 아닌 공간적 구성과 형태에 의해 분류한 것으로 파악되며, 도시형 캠퍼스란 도시블록의 형태와 기능에 대학의 시설과 기능이 위치하는 공간적 의미를 의미한다. U-Penn의 Urban University 사례는 대학의 지역사회 책임과 역할을 강조하고 있다.

3) 필자는 사람의 생애를 법적으로 정의된 내용과 다소 다르게 정의한다. 법적으로 정의된 청년(19~34세)과 달리, 명칭 사용에 있어 다소 정리가 되어 있지 않은 장년, 중년, 신중년을 다음과 같이 새롭게 정의할 것을 제안한다. 장년(35~44세), 중년(45~54세), 신중년(55~69세)으로 구분하고, 별도 구분 없이 노인으로 분류되고 있는 70세 이후 노인을 홍년(70~79세), 백년(80세~)으로 개칭하여 시대변화를 담고자 했다.

U-Penn의 Urban University Action Plan 내용을 참고하면, 지역 대학이 "다양한 방식으로 개입하여 지역사회를 깨끗하고 안전한 매력적인 곳으로 만든다. 지역사회의 주거시장을 발전시킨다. 점포, 식당, 문화적 상업시설을 최대한 대학이 유치하고 주민의 이용을 활성화 한다. 지역의 기업과 협력하여 지역경제성장을 견인한다. 공립학교교육개선에 적극 참여 한다." 등의 내용을 담고 있다(지역발전위원회, 2009).

본 저서에서는 이러한 대학도시 개념을 바탕으로 해외 추진 사례 내용을 담아 보다 효과적으로 대학과 연계된 지역 발전 전략을 수립할 수 있도록 대학도시 설계 및 추진전략을 제시하고자 한다.

3. 대학도시의 유형과 정책방향

대학도시의 유형

대학도시는 산업적 측면과, 도시적 관점에서 정의될 수 있다. 산업적 관점에서는 스타트업(Start-Up) 또는 스케일업(Scale-Up) 등 두 가지 진흥 전략이 있으며, 이들 전략을 반영하여 공간적으로 추진될 수 있는 성과 모형은 사이언스파크, 산학연클러스터, 혁신클러스터 등으로 구분될 수 있다. 도시구축 관점에서는 도시의 개발과 발전 시간적 측면에

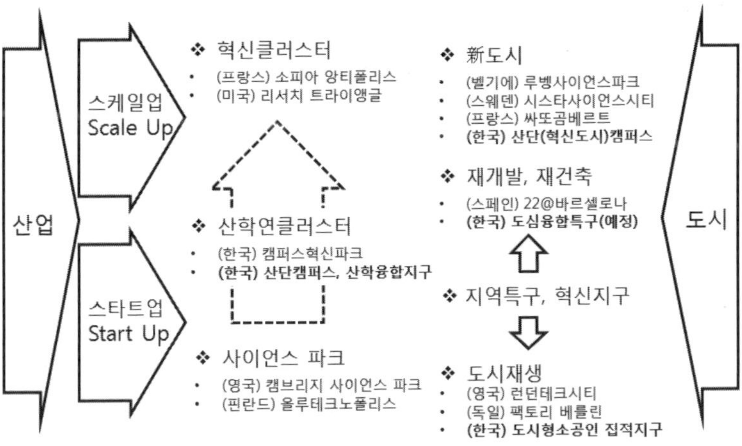

[그림 4] 산업 및 도시 관점에서의 대학도시 추진방향

서 신도시, 재건축·재개발, 도시재생 등의 형태가 있으며, 도시특성 강화 측면에서 지역특구·혁신지구 등으로 모형을 제시할 수 있다.

산업진흥 관점에서 추진되는 성과모델인 사이언스파크, 산학연클러스터, 혁신클러스터 등 대학도시 3가지 모형은 산학연 협력을 바탕으로 혁신일자리를 창출하고, 지역기업의 성장을 견인하는데 목적을 둔 것이 공통점이다. 다만, 사이언스파크는 스타트업(Start-Up) 육성을 중심으로 공간 전략을 펼쳐가는 방법이라 할 수 있고, 혁신클러스터는 산업단지 등 기존 기업집적지역에 대학이나 연구소 등 혁신환경을 조성해 기업의 성장, 즉, 스케일업(Scale-Up)을 지향하는 데 방점을 두고 있다. 산학연클러스터는 소프트웨어적인 협력관계를 중시하는데, 보다 더 비중을 둔 모형이라고 할 수 있으며, 협력의 효율성 등을 고려하여 공간적 범위를 제한할 수 있다. 이들 모형에 정주여건, 생활환경 개선 등 도시적 인프라 구축을 포함시킨다면 대학도시 모형이 될 수 있다. 도시발전 관점에서 추진하는 신도시, 도시재생, 혁신지구(특구) 등은 삶의 질 측면에서 도시를 설계·운영하는 과정에 일자리 문제를 해소하기 위한 전략으로 볼 수 있다. 즉, 도시생활 균형(경쟁력) 측면에서 접근하는 방식이다. 신도시 사례는 기존 도심에서 떨어진 벌판이나 농촌 지역을 활용한 사례가 있다. 벨기에 루뱅사이언스파크, 스웨덴 시스타사이언스시티가 그 사례다. 이 두 경우는 도시 전체를 설계하면서 대학과 기업 이전을 바탕으로 도시의 삶과 일자리 문제를 복합적으로 해결한 경우다. 유사한 경우지만 기존 도심을 재개발하면서 대학을 이전시킨 스페인 바로셀로나, 도시재생 모델로서 독일의 베를린을 창업의 성지로 만든 베르나우어거리(Bernauer Strasse)의 팩토리 베를린[4] 경우도 찾아 볼 수 있다. 영국의 런던테크시티는 베를린 사례와 마찬가지로 기존 시가지 일부지역에 창업환경을 조성해 활력을 불어넣은 사례로, 도시재생을 위해 특정지역을 혁신지구로 조성하여 도시를 발전시켜 주목을 받은 바 있다.

왜 이러한 정책을 만들고 추진할까? 엔리코 모레티(2014) '직업의 지리학'이라는 저서에서 그 답을 찾을 수 있다. 그는 지역단위에서 혁신

---

4) https://www.bizhankook.com/bk/article/21729.

일자리창출은 매우 중요한데, 혁신일자리 1개 만들어지면 비혁신일자리 5개(전문직 2개, 서비스업 3개)가 만들어진다고 한다. IT의 경우 파괴되는 일자리 1개당 2.6개의 일자리가 창출되는데, 다만, 일자리의 손실은 지리적으로 널리 퍼져 있지만 일자리 증가는 대체로 특정지역에 집중되기 때문에 우리 지역에 일자리가 집적되도록 하는 것이 중요하다고 지적하고 있다. 또한 '제조업 일자리 유치 및 성장'과 '중소기업 일자리' 효과 측면에서 제조업 일자리를 1개 유치하면, 추가적인 지역 서비스업 일자리 1.6개가 증가한다. 반대이면, 1.6개 감소한다고 한다. 그리고 대부분 중소기업은 대기업이 지배하는 교역적 부문의 활력에 의존[5]하기 때문에 교역적 부문에서 발생하는 소득이 없다면 한 도시에서 소매업 일자리가 많지 않을 것이기 때문에 지역 내 앵커기업의 유치가 중요하다고 했다. 결과적으로, 산업진흥과 도시발전 전략은 일자리 창출을 통한 지속가능한 도시를 만들고자 하는 궁극적인 목적을 위해 다양한 수단과 방법을 동원하고 있는 것이다.

사이언스파크

사이언스파크(Science Park)는 우리나라에서 과학단지라는 용어로 익숙하다. 그리고 대표적인 국내 모델로 대덕연구단지가 있다. 실제 과학단지의 개념은 많은 기관(조직)들에 따라 다양하게 정리되고 있기 때문에 한 마디로 정의하기는 어려우나, 각 기관(조직)별로 정리된 과학단지 용어 정의를 참고하면, 산학연협력, 공동연구개발, 창업, 기술이전 및 사업화 등 혁신을 수행하기 위한 물리적 공간인 것과 동시에 기반시설 및 지원 서비스를 제공하는 조직으로 정의할 수 있다(이원철·최종인, 2014). 필자의 생각은 위 내용의 범위를 조금 좁혀서 대학이나 연구소를 기반으로 창업과 연구결과의 기술이전·사업화를 촉진하는 지역(공간)으로 정의하고 싶다. 이런 측면에서 사이언스파크(Science Park)는 대학원중심대학에 적절한 모델로 대학원생 또는 졸업생의 창업 촉진에 기반

5) 중소기업의 대부분은 소매 그리고 기타 비교역적 서비스를 영위하기 때문에 지역 내 대기업의 위치가 중요하다.

을 두고 있는 모델이라 할 수 있다. 대학의 연구결과를 기술이전·사업화 하는 과정에서 창업이 일어나고, 이러한 창업기업의 성장을 통해 지역을 발전시키는 모델인 것이다. 대표적인 해외 사례로 영국의 캠브리지 테크노 폴이 있다. 본 모델은 1970년에 캠브리지 대학 트리니티 칼리지(Trinity College)가 캠브리지 사이언스파크(Cambridge Science Park)를 설립하였으며, 이후, 창업기업이 지역 내 확산되면서 캠브리지 테크노 폴 발전으로 이어졌다. 이러한 발전은 중앙정부의 개입에 의한 하향식보다는 상향식에 의한 것이었다(국가균형발전위원회, 2004). 우리나라도 과학기술부에서 사이언스파크 지원 사업을 만들어 몇 개 지역에 건물 신축을 지원한 사례가 있으나 성공적인 결과를 얻지는 못했다. 이후 산업통상자원부에서 테크노파크사업을 신설해 건물을 짓고 창업기반을 마련하고자 하였으나, 이후 지역 내 창업 및 중소기업 지원 사업을 전담하는 혁신행정 위탁조직으로 굳어지게 되었다. 이렇게 우리나라에서 대학을 기반으로 사이언스파크가 성공하지 못했던 핵심 이유는 대학원 규모가 작기 때문이다. 사실 창업기능이 활성화되기 위해서는 창업의 원천인 석·박사 규모가 어느 정도 되어야 하는데, 해외 사례와 비교했을 때 지역 경제의 허브가 되기엔 양적 규모가 부족했다는 지적이다. 그래서 우리나라는 대학의 환경을 활용하되, 창업기업은 외부에서 수혈하는 모델을 활용한다. 이러한 정책 지원 사업으로 캠퍼스혁신파크사업이 있다. 그러나 기술혁신형 창업을 촉진하기 위해서는 역량을 갖춘 대학원 규모를 키워 창업을 촉진하는 모델이 생산성 측면에서 바람직할 수 있다. 대학과 관계없는 창업기업이 대학에 공간을 확보하는 것 보다, 졸업생이 창업하고, 자신이 배웠던 대학원 랩으로부터 지속적인 기술과 인력지원을 받기 용이하기 때문이다.

지금까지 파악한 문제점을 개선하기 위한 방안으로 필자는 국립대학을 학·석사통합 과정으로 전환하면서 대학캠퍼스를 사이언스파크로 조성하는 것을 제안한다. 즉, 대학원 석·박사 규모를 키워, 학생들이 연구개발하고, 기술사업화의 창업을 이루는 벤처창업캠퍼스로 조성하자는 제안이다. 특히, 지방 국립대학을 학·석사 통합, 석·박사통합과정으로 전환하면 대학원 경쟁력을 확보할 수 있다. 또한, 정원의 50%를 전국 단위 외부 입학 자원으로 충원한다면 지방대학 입학자원 문제도 해소될 수 있을 것이라 판단된다. 그리고 미래 신산업 동향은 석·박사급 우수인력 수요가 많고, 우수인력의 연봉이 높은 장점이 있어 기존 학부 4학년을 학·석사 통합 5년으로 하면서 수학기간이 4년에서 5년으로 늘어나도 석사인력으로 시장에 진출하기 때문에 개인적으로 투자한 비용과 시간투자를 상쇄할 수 있을 것으로 기대된다. 물론 박사학위 진학 수요도 많아질 수 있다. 이러한 모델을 진흥하기 위해서 대학캠퍼스 내 벤처창업 기업들이 집적될 수 있도록 대학유휴부지 개발에 관한 특례 확대도 필요하다. 현재, 「지방대육성법」 제5조에 따라 매 5년마다 수립되는 제2차 기본계획이 수립되어 발표 된 바 있다(교육부, 2021). 내용 중에 국립대학 재정확충 및 자율성 확대, 지자체의 투자 유도 등의 안정적 추진을 위한 「국립대학법」 제정('21~)과 연계하여 충분한 재정을 확보하고 학제개편에 관한 제도적 기반도 마련할 필요가 있다.

혁신클러스터·테크노폴리스

혁신클러스터란 같은 업종이나 연관 및 보완관계에 있는 기업과 관련기관의 공간적인 집적을 의미한다. OECD는 혁신클러스터를 "부가가치를 창출하는 생산사슬에 연계된 독립성이 강한 기업들과 지식생산기관(대학, 연구기관, 지식제공 기업 등), 연계조직(지식집약 사업서비스, 중개기관, 자문 등) 및 고객의 네트워크"로 정의하고 있다. 혁신클러스터는 한 지역이나 국가가 경쟁우위가 있는 부문의 우위를 바탕으로 관련 산업들이 한정된 지역에 집적하면서 형성된다. 혁신클러스터에 속해 있는 기업은 상호 마케팅, 정보 및 의견교환 채널을 가지고 혁신 클러스터 내의 특화된 서비스 활동, 노동시장 및 사업서비스 등을 공유하고 공통된 발전의 비전과 전략을 공유한다(남기범, 2006). 기업관점에서 기업 집적지역의 기업 혁신을 지원하기 위하여 대학이나 연구소 등을 함께 집적시켜 네트워크 기반 혁신을 지향하는 모델이 혁신클러스터 조성의 핵심이다. 유사한 용어로 테크노폴리스란 용어도 있다. 필자가 느끼는 혁신클러스터와 테크노폴리스 용어는 다소 차이가 있다. 혁신클러스터는 공간 내 산학연관 주체의 네트워크기반 혁신을 지향한다는 혁신문화에 대한 목적성이 강하게 포함된 용어라고 판단되며, 테크노폴리스는 도시 설계 및 기업집적 관점 등 인프라적 특성이 강하게 반영되어 있다고 판단된다. 그러나 국내에선 용어 사용 시 그다지 구분하지 않고 사용되고 있다.

우리나라에서 사용되는 혁신클러스터 용어는 참여정부에서 주로 사용되어지기 시작했다. 참여정부는 지역 거점별로 세계적인 경쟁력을 갖춘 혁신클러스터를 조성하는 방향으로 정책을 추진함으로써 혁신클러스터 정책을 국가균형발전을 달성하는 핵심적인 수단으로 삼았다. 그래서 연구기능이 집적된 대덕연구단지를 대덕연구개발특구로 지정하여 산업기능을 보완함으로써 연구개발주도형 혁신클러스터로 조성하는 사업을 추진한 바 있다. 한편, 기존 국가산업단지 중에서 지역거점별로 7개의 산업단지를 시범단지로 선정하여 부족한 혁신요소 등을 보완함으로써 혁신클러스터로 육성하는 산업단지(industrial park) 혁신클러스터 사업을 추진한 바 있다(국가균형발전위원회, 2007). 그리고 과거 산업단지 조성 과정에서 제조업 위주로 공간이 설계되어 혁신 요소가 부족한 점을 고려하여 산업단지 내에 대학을 유치하거나 정부출연연구소 입주지원 등을 추진해왔다. 관련 사업으로는 대학을 산업단지에 이전시키고 대학 캠퍼스 내 기업부설연구소를 집적시키는 산업통상자원부의 산학융합지구조성 사업과 산업단지 내 기업 인재수급과 기업지원을 위한 교육부 산업단지캠퍼스 사업이 추진된 바 있다. 그러나 이들 두 개 사업 모두, 학생 및 교수 이전 규모가 작고, 캠퍼스 부지면적과 건축 규모도 작아 운영비 조달 측면에서 최적 운영을 이루는데 한계가 있었다는 지적이다(기획재정부, 2017). 그러나 기 조성된 산업단지의 혁신을 위해서는 단지 내 기업과 대학 및 연구소의 지식네트워크 활성화가 중요하며, 본 사업은 더욱 확대될 필요가 있다. 본 사업의 성공을 위해서는 일부 학과 수준의 이전보다는 최소한 대학 단과대학 수준 이상의 캠퍼스 조성과 산학공동연구 활성화를 위한 충분한 수준의 인프라 및 R&D투자가 필요하다. 혁신클러스터의 핵심 성공요인인 지식의 네트워킹과 확산(spill-over),[6]

---

6) 대학의 연구기관에서 새로운 아이디어, 개념, 기술, 지식 등이 기업으로 이전되는 공식, 비공식 과정을 포괄하는 용어(Jaffe, 1989).

창의적이고 혁신적인 신기업의 창출(spin-off)[7)]이며, 이를 위해서는 물리적, 기능적으로 근접한 공간 내에서 대학과 기업이 상호작용을 촉진하여야 한다. 성공의 열쇠는 임계규모 이상의 투자와 상시 산학연협력 문화정착에 있다.

산학연클러스터

산학연클러스터는 산학연 협력을 중심으로 혁신을 지향하자는 의미를 담고 있다. 사이언스파크는 대학 내 창업을 기반으로 공간적 경쟁력을 보다 더 강조한데 비해, 산학연클러스터는 기존 기업과의 복합적 관계를 고려한 전략이다. 용어 중에 포함되어 있는 '클러스터'의 의미는 물리·화학적 융·복합화를 지향하자는 주장이 담겨있는데, 물리적 측면에서는 대학을 산업단지에 이전시켜 클러스터를 지향하거나, 대학 캠퍼스에 기업 또는 연구소를 집적시켜 스케일업(Scale-Up)하자는 목적을 담고 있다. 물론, 물리적 접근성 제고를 통해 화학적인 협력, 즉 소프트웨어적인 관계 활성화를 통해 혁신을 지향하자는 의미도 있다.

이러한 모델을 지원하기 위한 정부지원 사업으로는 중소기업청이 2007년 산학협력 기업부설연구소 지원 사업을 설계·지원한 바 있다. 산학협력 기업부설연구소 설치 지원 사업은 중소기업이 대학·연구기관의 풍부한 인적·물적 R&D 자원을 활용하여 기업부설연구소를 설치·운영함으로써 중소기업의 기술혁신 활동 제고 및 기술인력 일자리 창출을 도모하고자 하는데 있었으며 사업비의 75% 범위 내 최대 3년간 2억 원 한도 내에서 국비와 지방비를 2:1로 매칭하여 신규채용 연구인력 인건비(최대 3명), 장소임대료, 연구장비 사용료 등을 지원하며, 중소기업은 연차별로 소요비용의 25~75% 이상을 현금 또는 현물을 부담하고, 대학 및 연구기관은 설치장소, 연구장비 등을 제공하는 사업이었다. 최근에는 공간구축 사업으로 교육부·국토부·중소벤처기업부 공동사업으로 캠퍼스혁신파크 사업이 추진되고 있다. 이 사업은 대학의 여유 부지를 활용해 공간을 확보하고 창업기업을 입주시켜, 대학의 연구역량과 인프라를 활용해

---

7) 대학 구성원이나 기업의 연구인력이 창업한 신기업(Lambooy, 2004).

기업을 육성하자는 취지다.

그러나 이러한 모델을 추진하는데 있어 몇 가지 문제가 있다. 우선, 첫째 공간 확보를 위한 건축예산 부족이다. 대학은 규정상 학생이 낸 등록금을 기업을 위해 사용할 수 없다. 뿐만 아니라 연구개발간접비 등을 모아 놓은 산학협력단의 유보금도 양적 한계가 있으며, 제도적으로 투자할 명분도 약하다. 둘째 지속가능한 협력을 위해서는 R&D공동연구비 등 운영예산이다. 우리나라의 경우 대기업대비 중소기업 연구개발비 투자규모가 매우 적고, 중소기업 스스로 산학공동연구에 자체적인 연구개발비를 투자하는 문화가 낮은 현실을 고려할 때, 정부의 투자유인 노력이 지속될 필요가 있다는 점이다. 셋째 캠퍼스 입주기업의 기업 활동 촉진을 위해서 규제 완화가 절실하다. 사실 본 사업을 추진하면서 유휴교지를 활용한 기업·연구시설 유치 활성화에 대한 제약은 해소하고자 하고 있으나, 이미 산학융합지구조성 등 추진과정에서 발생한 입주기업의 공장등록 등 기업 활동 규제 완화 요구는 지속적으로 제기되어 왔으나 여전히 보완이 미흡한 실정이다.

위에서 살펴본 바와 같이 대학을 중심으로 산학연클러스터를 조성하는 대학도시 사업으로 캠퍼스혁신파크 사업을 확대할 필요가 있다. 추진 시, 개별 캠퍼스마다 기업 임대료 등으로 최소한의 운영비 조달이 가능하도록 임계규모 이상의 투자가 선행되어야 한다. 또한, 캠퍼스혁신파크 모델을 진흥하기 위하여 정부는 대학 내 기업유치 관련 규제를 완화하겠다고 발표한 바 있다. 위의 주장처럼 참여기업 기업 활동 규제완화뿐만 아니라 기존 대학의 학교기업 산학협동활동 법인세 비과세 적용[8] 등 창조적 기업활동 진흥을 통해 대학을 지역 이노베이션 허브로 육성할 필요가 있다.

혁신지구

최근에는 기성시가지 내 혁신지구(Innovation District)가 새로운 트렌드로 재조명되고 있다. 혁신지구는 신도시 조성 및 재건축·재개발

8) 현재 목적사업은 비영리사업자로 비과세 되고 있으나, 법인세법상 수익사업에 대해서는 영리법인과 동일하게 과세하고 있다.

과정에서 만들어지는 경우와 도시재생의 형태로 추진되고 있다. 신도시 조성과정에 혁신지구를 조성하는 사례로는 국가균형발전 과정에서 추진되고 있는 혁신도시와 혁신도시 내 산학연클러스터 지구 등이 대표적인 사례이며, 재건축·재개발 과정에서 추진되는 혁신지구는 좌초된 사업이기는 하나 용산국제업무지구가 있었다. 본 사업은 서울특별시 용산구 한강로3가, 이촌2동에 있는 용산역의 철도 차량사업소와 그 주변지역을 철거하고 대규모 업무지구와 명품 수변도시로 탈바꿈시키는 개발 프로젝트였으나 여러 가지 사정으로 결국 사업이 실행되지 못한 바 있다. 성공적인 사례로는 마곡도시개발사업이 있다. 본 사업은 서울특별시에서 추진한 도시 개발사업이었다. 지역적으로 강서구 마곡동과 가양동 일원에 서울시와 SH공사가 단독으로 추진한 사업이다. 원래 마곡지구는 서울 월드컵경기장 유치 부지였다. 그러나 2002 월드컵을 앞두고 난지도 쪽의 마포구 상암동에 서울 월드컵 경기장을 짓기로 결정을 하면서 마곡지구는 대신 신도시 사업을 계획하게 되었다. 이후, 이 지역은 LG그룹이 R&D 센터를 이전하였고, 코오롱과 넥센타이어 등 다수 대기업이 이전하면서, 마곡지구는 IT와 화학 이외에 제약회사들의 새로운 메카가 되었다. 해외 사례로는 런던 테크시티, 미국 캠브리지시의 캔덜 스퀘어, 뉴욕 브루클린 테크 트라이앵글 등이 있다. 최근 도시경제에서 일자리 외에도 주거, 어메니티의 중요성이 강조되면서 이들이 밀접한 도시가 혁신의 중심지로 주목을 받고 있는 것이다. 이를 활용한 정책이 혁신지구로서 최첨단 앵커기관(대학, 연구소, 대기업 등)과 기업이 스타트업, 기업인큐베이터, 엑셀러레이터와 함께 서로 연결되는 지리적 장소를 의미한다.

대학의 역할이 많이 요구되는 혁신지구는 도시재생과 관련이 깊다. 그러나 도시재생은 신도시 조성, 재건축·재개발보다 사업 진행속도가 느려 주민 체감도가 낮은 특징이 있다. 국내에서의 도시재생은 도시형 소공인을 지원하기 위한 전략의 하나로 도입된 바 있고, 집적지구 제도를 활용하고 있다. 도시형소공인은 「소상공인 보호 및 지원에 관한 법률」 제2조에 따른 소상공인에 속한다. 상시근로자 수가 10명 미만, 업종별 상시근로자 수 등이 대통령령이 정하는 기준에 해당(광업, 제조업, 건설업, 운수업은 10명 미만, 그 밖의 업종은 5명 미만)한다. 노동집약도가 높고 숙련기술을 기반으로 하며 일정지역에 집적하는 특성이 있는 제조업으로서 대통령령으로 정하는 업종을 주된 사업으로 영위한다고 정의되어 있다. 즉, 소공인의 특성은 오랜 전통과 숙련된 기술력을 갖춘 산업군을 형성하고, 기술의 첨단화 및 융복합화를 통해 최종 제품에 내재되어 새로운 지역산업을 견인하는 제조업의 근간을 형성하며, 숙련된 기술, 적은 자본, 풍부한 노동력으로 사업을 영위한다. 또한 지역의 특성에 맞게 적절히 위치하여 네트워크를 구축하는 경제구조를 가지며, 클러스터 형성을 통해 상호 유기적 협력관계를 형성하고 자원 및 투자, 의사결정 공유를 통해 불확실성을 제거하는 등 집단적 무형자산을 형성한다. 규모적으로 기업에 비해 영세하지만 국민경제에 있어서 매우 중요한 역할을 수행하는 주체이다. 사실, 숙련된 기술을 바탕으로 전·후방 산업과 연계하여 활동하는 생산과정상의 주요 구성원이며, 뿌리산업뿐만 아니라 산업용 부품, 식품, 의류, 섬유 등 가공산업과 귀금속·공예품 같은 소비재산업에서 주로 활동하고 있으며, 도시 내 일자리의 중요한 역할을 하고 있다(심지현·박철우·박문수, 2018). 정부에서는 이러한 소공인 지원을 위해 「도시형소공인 지원에 관한 특별법」(법률 제정 2014. 5. 28, 중소벤처기업부)과 「도시형소공인 지원에 관한 특별법 시행령」(대통령령 시행 2015. 5. 29, 중소벤처기업부)을 마련하고 지원하고 있다. 내용 중에 도시형소공인 집적지구의 지정, 도시형 소공인지원센터 설치·운영 등을 규정하고 있다. 이후 사업을 통해 소공인 집적지구 및 특화지원센터를 구축한 바 있다.

〈표 1〉 특별법의 구성

구분	주요내용
제1장 총칙	1) 목적, 2) 정의, 3) 국가 및 지방자치단체의 책무, 4) 다른 법률과의 관계
제2장 도시형소공인 지원계획의 수립 및 시행	5) 도시형소공인 지원 종합계획의 수립, 6) 시행계획의 수립, 7) 통계조사 등
제3장 도시형소공인 양성 및 숙련기술 고도화	8) 도시형소공인 양성 및 인력확보, 9) 경영지도 및 기술개발 지원, 10) 기술교육훈련기관의 지정, 11) 지정해제, 12) 우수숙련기술인 선정, 13) 기술의 전수 지원, 14) 우수 도시형소공인 육성 및 지원

제4장 도시형소공인 발전기반조성	15) 도시형소공인 집적지구의 지정, 16) 금융지원, 17) 인프라 구축, 18) 도시형소공인지원센터 설치·운영, 19) 사업장 및 작업환경 개선, 20) 공동사업 지원, 21) 종합정보시스템 구축·운영, 22) 사회적 인식의 제고
제5장 보칙	23) 권한의 위임·위탁, 24) 청문

이러한 소공인 지원사업의 성공을 위해서는 기술뿐만 아니라 비즈니스모델 컨설팅, IT 융·복합 마케팅 지원 등 산업 및 사회변화에 따른 지원이 절실한데, 대학이 그 역할을 해낼 수 있다고 판단된다. 이러한 사업지원을 위하여 대학의 몇 개 학과가 연합한 학교기업 형태의 외부 거점을 설치하고 운영할 필요가 있다. 즉, 대학이 캠퍼스를 떠나 학문을 실천하고 그 과정을 통해서 혁신형 선도인재를 육성할 수 있는 새로운 변화의 기회를 마련할 필요가 있다.

소멸저항대학도시

소멸저항도시는 인구감소시대 도시와 대학의 공간을 복합하자는 제안이다. 필자는 과거 생활중심대학을 제안한 바 있는데, 직업중심교육을 전담하는 전문대학이 보다 적합할 수 있는 모델이다. 생활중심대학은 직업교육을 전담하는 대학이 생활과 밀접한 비즈니스모델을 학교기업 또는 창업기업으로 운영하면서 현장 체험교육을 수행하는 것은 물론 프랜차이즈 모델로 발전시켜 졸업생들의 지역에서 창업하는 비즈니스모델 지원 기반을 만들자는 주장이었다(김주훈외, 2010). 이와 같은 모델은 우리나라에서 대학단위로 시행된 바는 없으나 소규모 학교기업사례가 발견되며, 해외에서는 다양한 사례가 있다. 특히, 일본의 경우는 경제침체 해결을 위한 민간주도 사회혁신 클러스터 조성의 일환으로 추진된 바 있다. 일본의 사회혁신 클러스터(Social Innovation Cluster in Sapporo)는 90년대 초반 장기적인 경기침체로 정부의 사회서비스 지원이 축소되자, 삿포로 시민들이 직접 대안을 찾기 시작하면서 발생했다. 이후 지방정부, 사회적 기업, 일반기업, 학교, 풀뿌리 단체, 소셜벤처 및 지원조직들과 협력적 거버넌스를 구축하여 새로운 개념의 지역 사회 혁신 클러스터로 발전된 사례다. 삿포로 혁신 클러스터 생태계 조성의 핵심기여 요소는 시민펀드였다. 시민들이 조성한 기금은 직접 사회적 기업을 만들어 출자하는 방법으로 사용되거나, 증권화시켜 펀드를 조성하는 방법으로 기업에 필요한 자금을 마련하였다. 이 모델은 이후 일본 전역으로 확산된 바 있다.

이 모델을 보다 적극적으로 추진하기 위한 방안으로 구조조정 대상인 지방대학을 공공형 대학으로 전환·이전하고, 특성화하여 전국단위 모집으로 전환함과 동시에 지방소도시에서 베이커리, 식당, 호텔 등을 직접 운영·경험하는 직업교육 특성화 대학으로 발전시키자는 주장이다. 이 모델은 인구 5만 이하,[9] 인구밀도가 낮은 지역에 일반 시민들을 위한 대학도시 「도시+캠퍼스」 복합 공간을 조성하고, 또한, 지방소도시 대학을 지역민들의 교육, 문화, 보건 등 최소한의 삶의 질을 보장하는 플랫폼으로 구축(초중등을 위한 i-아카데미, 평생교육원, 지역 보건소 및 원격의료센터, 드론물류센터, O2O(Online To Offline)문화예술극장 등을 복합적으로 조성)하여 교육, 문화, 예술 등 삶의 질 측면에서 우수한 모델이 될 수 있다고 판단된다. 이와 같은 생활편의형 대학도시를 구축하려면 캠퍼스 이전 및 소도시 구축을 위해 많은 재원이 필요할 텐데, 이 재원은 현재 모든 대학을 대상으로 지원하고 있는 교육부의 대학지원사업을 대학구조조정 예산으로 집중하고, 도심개발 사업에 민간사업자 참여구조를 통해 마련될 수 있을 것으로 판단된다.

지역요양보호특구·실버캠퍼스

우리나라는 지난 2018년 11월 20일 '지역사회 통합 돌봄 기본계획'의 발표 이후 2026년 지역사회 통합 돌봄의 보편적 제공을 앞두고, 지역 실정에 맞는 다양한 모델을 발굴하고 검증하기 위해 주거·의료·요양·돌봄 서비스를 종합적으로 제공하는 커뮤니티 케어 선도 사업을 진행하고 있다. 이런 가운데 정부는 고령자 주거를 중심으로 한 케어가 이뤄질 수

9) 대한민국 지방자치법상 기초지방자치단체인 시의 설치 기준에 "시는 그 대부분의 도시의 형태를 갖추고 인구가 5만 이상이어야 한다."라고 규정하고 있다.

있도록 '고령자 복지주택' 공급 확대도 추진 중이다. 이러한 정책을 종합화한 모델이 바로 미국에서 추진된 바 있는 'CCRC(Continuing Retirement Community,[10)11)] 은퇴주거단지)' 모델을 기반으로 고령자 커뮤니티케어를 실현하면서 지역경제도 활성화하자는 정책이다. 이와 관련하여 지방도시 재생과 연계한 '고령자 커뮤니티 케어 실현' 토론회[12)]가 열린 바 있다. 본 모델은 구조조정의 일환으로 폐교 예정인 캠퍼스를 한국형 CCRC(Continuing Retirement Community)[13)14)]로 조성하자는 내용이다. 사실 대학구조조정을 통해 폐교하면, 그 캠퍼스는 오랜 동안 방치될 수밖에 없고, 그 지역 경제는 침체될 수밖에 없다. 폐교에 따른 빠른 대안을 마련하기 위해 대안으로 제안하는 것이다. 폐교 대책은 「지방사립대학 재산처리기구」를 설치하고, 이를 중심으로 지방사립대학 매각, 통폐합(동일법인 등), 전환(직업교육 등), 캠퍼스 재개발 등의 방안이 모색될 텐데 이 과정에서 대안으로 제도개선방안과 추진방안, 운영주체에 대한 구체적인 전략을 마련해둘 필요가 있다.

4. 마무리

도시경쟁력의 핵심

경제적으로 가장 성공적인 도시와 대도시 지역은 이른바 "경제발전의 3T" 즉 기술(technology), 인재(talent), 관용(tolerance) 측면에서 탁월한 곳이라고 한다. 사람중심, 장소중심의 새로운 경제를 지속적으로 성공시키려면 도시를 생활하기 좋고 일하기 좋은 곳으로 만들어야 한다. 그런 점에서 대학 캠퍼스는 청년들에게 매력적인 공간이 될 수 있다. 이러한 공간을 지방 소도시와 융·복합시키는 전략은 저출산 시대 지방 위기를 극복할 수 있는 중요한 전략이 될 수 있을 것이라 확신한다.

---

10) http://www.mediasr.co.kr/news/articleView.html?idxno=68623.
11) https://news.joins.com/article/23789356.
12) http://www.silverinews.com/news/articleView.html?idxno=4543.
13) http://www.mediasr.co.kr/news/articleView.html?idxno=68623.
14) https://news.joins.com/article/23789356.

대학도시!, 산업경쟁력+도시경쟁력+사회적 자본 동반 상승이 목적

수축사회! 지식창출의 핵심인 대학의 역할 중요하다. 대학도시는 지역의 지속가능한 생존전략이다. 대학도시는 첫째, 부가가치 있는 미래산업을 육성해, 일자리를 제공할 수 있는 지역이 될 수 있도록 역할을 해야 한다. 둘째, 대학도시는 젊은 인구가 모이게 하는 가장 기본적인 기반이 되지만, 젊은 인구가 모이도록 매력적인 도시 형성 노력이 대학도시의 선순환 발전 동력이 될 것이다. 셋째, 지역 수요에 부합된 대학의 역할과 지역사회협력이 지방소멸시대 '지역 생존'의 열쇠라는 점을 지역사회와 공유할 필요가 있다.

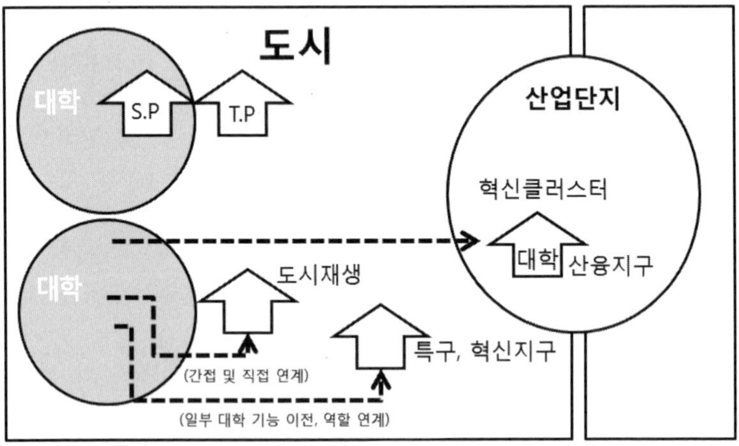

S.P : Science Park
T.P : Technopolis 또는 Techno Park.

[그림 5] 대학도시의 유형

참고문헌

기획재정부. (2017). 산업단지 지원사업군 심층평가, 기획재정부, 2017. 2.

김주훈외. (2010). 글로벌 금융위기 이후 한국경제의 발전방향, 한국개발연구원, 2010. 6. 22.

국가균형발전위원회. (2004). 세계의 지역혁신체계, 한울아카데미, 2004. 1.

권영섭, 신정철. (2006). 지방도시의 경쟁력강화를 위한 지역혁신사업의 효율적 추진방안 연구, 국토연구원.

교육부. (2021). 제2차 지방대학 및 지역균형인재 육성지원 기본계획, 2021. 3.

남기범. (2006). 혁신도시 산학연 클러스터 구축방향 심포지엄-산학연 협력과 혁신도시의 발전, 국토연구원·건설교통부, 2006. 12. 4.

리처드 플로리다. (2018). 도시는 왜 불평등한가. 매경출판㈜, 2018. 6. 29.

박동 외 10명. (2004). 세계의 지역혁신체계, 국가균형발전위원회, 2004. 2. 10.

이상호. (2019). 한국의 지방소멸 2019, 한국고용정보원.

이원철. 최종인. (2014). 과학연구단지의 기초원천 기술 활용방안에 관한 연구 : 지방과학연구단지를 중심으로. 벤처창업연구 제9권 제3호 (통권33호) pp.63-74.

엔리코 모레티. (2014). 직업의 지리학. 김영사, 2014. 7. 4.

우에타 가즈히로 외 3명(엮음). (2007). 도시경제와 산업살리기. 한울.

심지현, 박철우, 박문수. (2018). 학교기업 지원사업 발전방안 연구, 숙명여자대학교 산학협력단·교육부, 2018. 8.

장지상. (2007). 혁신클러스터, 국가균형발전위원회, 2007. 11. 19.

지역발전위원회. (2009). 지역발전과 광역경제권 전략, 2009. pp. 193-194.

홍성국. (2018). 수축사회, 매경출판㈜, 2018. 12.

Judith Rodin. (2005). "The 21st Century Urban University : New Roles for Practice and Research" American Planning Association. Journal of the American Planning Association; Summer ; 71, 3.

3부

고용창출형 혁신성장
잡스[Jobs] 경제

세대와 젠더 특성을 고려한 일자리 정책

I.

젠더의 상호교차성을 고려한 여성일자리 정책

심지현(숙명여자대학교)

I

젠더의 상호교차성을 고려한 여성일자리 정책

심지현(숙명여자대학교)

1. 사회분열을 가져오는 젠더 우선 정책의 한계

최근 온라인 상 두드러지는 젠더갈등은 '한남충' '김치녀'라는 신조어를 만들어냈고 온라인을 넘어서 일상에까지 그 영향력을 행사하고 있다. 여성혐오와 남성혐오가 높아지는 가운데, 우리 사회의 젠더 갈등은 하루가 다르게 심화되고 있는 상황이다. 특히 20대와 30대 청년을 중심으로 젠더갈등이 크게 심화하였다. 국내 다수의 설문조사 전문기업들의 발표에 의하면 청년세대는 젠더이슈에 대해 가장 치열하게 대립하는 세대이며, 익숙한 온라인을 활용하여 가장 적극적으로 의견을 피력하는 세대이다. 이들에게 젠더는 이념, 계층, 빈부보다 더 큰 갈등요소(리얼미터, 2018)이며, 결혼에 회의적이고 할당제 등 적극적 우대조치(Affirmative Action)에 대한 비판여론을 강하게 보이고 있다. 이들의 주장 이면에는 공정성에 입각한 성평등 지향이 존재하고 있는데, 이는 동등하게 대우받고 성별에 근거해 차별받지 않아야 하는 것이다. 성평등은 추구해야 하는 이념이지만 이념적 여성운동으로의 페미니즘은 지지하지 않는다고 보는 세대이다. 관련 제도와 정책을 입안하고 시행하는 중장년세대와 달리 청년세대는 성차별에 대한 인식이 크게 다르다. 성차별을 제도적으로 해소하기 시작한 이후 태어나 가부장적 성역할에 보다 자유롭고, 성평등을 교육받은 세대이다. 이들에게 있어 여성과 남성은 학업성적과 대학입시, 일자리를 놓고 경쟁하는 대상으로 특정성별을 적극적으로 우대하는 할당제 같은 정책은 공정성을 훼손하는 것이 된다. 이러한 상황에서 젠더란 남성과 여성을 가르는 이분법적인 잣대로 회자되며 희화화되고 있다. 하지만, 이런 사회분위기속에서 젠더란 단순한 생물학적인 성이 아닌, 상이한 사회적 위치, 관계, 경험을 통해 복합적으로 파생된 결과물임이 간과되고 있다. 예를 들어, 청년여성일지라도 부유한 가정이라는 배경으로 인해, 좋은 학벌이라는 사회적 위치를 취득하고, 이를 통한 풍부한 일경험을 쌓는다면 노동시장에서 상대적으로 다른 정체성의 조합을 가진 집단에 비해 우월한 입지를 확보할 수 있다. 따라서 젠더란 반드시 여성과 남성을 구분 짓는 기준이 아닌 것이다. 이는 상호교차성 측면의 기준을 적용한 예시가 된다. 상호교차성이란 최근 약 20년 사이에 급부상한 이론이자 방법론, 또는 패러다임이라고 볼 수 있는데, 상호교차적 혹은 겹쳐지는 사회적 정체성과 이와 관련한 구조, 차별 등을 연구하는 학문이다. 1989년 미국의 비판적 법인종이론 연구자 킴벌리 윌리엄즈 크렌셔는 이를 설명하기 위해 '상호교차성(intersectionality)'이라는 용어를 제시하였다. 기본적으로 상호교차성에 의하면 한 사람의 사회적 정체성을 규정하는 범주는 단일하지 않으며, 그가 가지고 있는 성별, 사회계급, 인종 등 다양한 상호교차성이 작용한 결과라는 점이 더 중요하다. 예를 들면 미국 사회에서 흑인여성은 흑인이라는 인종과 여성이라는 성별의 상호교차성으로 차별받는다. 이와 같이 성별, 젠더, 성정체성, 인종, 민족, 계급과 같은 정체성들이 상호 결합되었을 때 원래 없던 차별이나 특권이 생기는 경우를 지칭하는 개념으로 흑인 여성주의에서 시작된 용어지만, 인종 외에서도 다양한 곳에서 사용되고 있다. 상호교차성 이론에 기반한 여성주의를 교차여성주의 또는 상호교차성 페미니즘이라고 부른다. 북아일랜드의 "평등 및 다양성 주류화(Equality and Diversity Main streaming)" 프로그램은 사회에 만연해 있는 "젠더 우선 정책"의 부작용을 최소화하기 위해 상호교차성 이론을 활용하고 있다. 이 접근은 젠더를 포함하여 인간의 정체성을 구성하는 어떠한 단일차원에 대해서도 차별적 우선순위를 부여해서는 안된다는 상호교차성이

론의 원리에 기반한다. 교차성 분석에서 젠더가 중요한 요소임은 분명하나 모든 분석에 있어서 젠더에 가장 높은 우선순위를 부여해야 한다는 주장은 상호교차성의 원리에 배치되는 것이다. 이 원리에 따르면 사회문제를 분석함에 있어서 특정한 문제 범주나 구조의 중요성은 미리 선정하여 접근할 수 없는 것이며, 그 중요성은 문제에 접근하는 과정에서 발견되어야 하는 것이다(Rooney, 2006).

우리나라의 젠더갈등의 원인을 상호교차성 이론 측면에서 보자면, 젠더 우선주의에 의해 공정성이 훼손되었다고 느끼는 심리적 거부감에서 발생된 것으로 보인다. 남성 청년들 입장에서 여성권익을 신장하고 성평등 업무를 관장하는 여성가족부의 존재는 여성만을 위해 활동하는 부처로 남성인 자신들은 국가주도적 노력에서 배제된 것으로 받아들여진다. 우리나라는 2005년 이후 남녀대학진학률 역전이 이루어져 2019년 기준 여학생 74.5%, 남학생 66.6%로 나타나 남학생에 비해 학력적으로 우수한 능력을 갖추고 있는 집단임에도 여성이라는 이유로 각종 혜택을 받고 있다고 느껴지는 것이다. 하지만 이러한 현상은 비단 청년세대의 젠더갈등에서만 드러나고 있는 것은 아니다. 우리나라의 여성 일자리 관련 정책 또한 여성을 경력단절여성과 비경력단절여성으로 이분화한 정책에서 벗어나지 못하고 있다. 같은 여성일지라도 노동시장에 '참여하고 있는가?'와 '참여하고 있지 않은가?'의 정체성은 여성고용정책에서 가장 중요한 분류 젠더를 생성하고 있다. 한국의 여성정책은 '가족 중심'으로 설계되어, 결혼하여 출산을 하고, 가족을 꾸리고 있는 경력단절여성을 중심으로 수립되어 운영되고 있는 특성을 가지고 있다. 따라서 최근 결혼과 자녀출산에 대해 회의적인 시각을 가지고 있는 청년집단의 경우 여성정책의 고려대상에서 배재되고 있다. 상호교차성 측면에서 살펴보면 경력단절여성도 그녀가 가지고 있는 사회적 지위, 가족 배경, 학력수준, 전공 등에 따라 필요한 지원정책이 상이해야 한다. 모든 경력단절여성이 정부 정책의 수혜를 받아야 하는 집단은 아니다. 마찬가지로 노동시장에서 활발하게 경력을 쌓아가고자 하는 여성도 그녀의 사회적 정체성을 이루는 다양한 범주로 인해 경력단절여성보다 더 많은 정책적 고려가 필요할 수 있다. 하지만 지금까지 우리의 여성정책은 경력단절여성의 교차성에 대한 고려 없이 이들 모두를 반드시 지원이 필요한 취약계층의 프레임을 일괄적으로 씌우고 있음에 대한 반성이 필요하다.

본 원고에서는 상호교차성 측면에서 여성과 연령, 결혼유무 등의 정체성을 함께 고려해 보고자 한다. 경력단절여성 이외의 여성 집단들이 가지고 있는 정체성을 파악하고 이들의 고용실태를 간략하게 살펴봄으로써, 특정 집단만이 정책적 우선 고려의 대상이 되어야 하는가? 혹은 어떤 기준으로 집단을 구분해야 하는 것인가?에 대한 문제를 제기해보고자 한다. 나아가 향후 모든 여성의 삶을 긍정적으로 바꿀 수 있는 고용정책은 무엇이 되어야 하는가를 고민하고자 한다. 이를 통해 사회적 젠더갈등을 가져올 수 있는 정체성이 생물학적인 성별만이 되어야 하는 것은 아님을 지적하고, 분배의 공정성과 사회적 취약성 측면에서 여성고용정책이 상호교차성을 가지고 재구조화되어야 함을 논의하고자 한다.

2. 상호교차성에 따른 집단별 실태 분석

경력단절여성

20년 4월 기준 15~54세 기혼여성 857만 8천 명 중 경력단절여성[1]은 150만 6천 명으로 17.6%를 차지하고 있다. 경력단절 여성은 30대가 69만 5천 명으로 가장 많고, 그 다음이 40대(58만명), 50~54세(13만 4천 명), 15~29세(9만 7천 명) 순으로 나타나고 있다. 일반적으로 혼인하고 임신 및 출산이 이루어지는 시기와 부합하는 추세이다. 경력단절 여성이 정책 주요 대상으로 부각되어 사회적 주요 이슈가 된 것은 저출산, 고령사회에 대한 위기감에 기인한 것으로 보인다. 특히 고학력 주부로 경제가치창출에서 고려되지 않았던 여성들을 노동시장으로 복귀시키기 위해 2000년대 후반부터 본격적으로 여러 정책을 도입하게 되었다.

1) 비취업여성 중 결혼, 임신출산, 육아, 자녀교육(초등학생), 가족돌봄 때문에 직장을 그만 둔 여성.

〈표 1〉 여성경력단절 규모

	2016	2017	2018	2019	2020
15-54세 이하의 기혼여성	9,376	9,159	9,005	8,844	8,578
비취업여성	3,727	3,574	3,457	3,366	3,420
비취업여성비율(B/A)	39.8	39.0	38.4	38.1	39.9
경력단절여성(C)	1,924	1,831	1,847	1,699	1,506
경력단절 여성비율(C/A)	20.5	20.0	20.5	19.2	17.6

출처 : 통계청 「지역별 고용조사」 각년도.

2008년 "경력단절 여성 등 여성경제활동촉진법"은 여성고용정책의 중심을 실업자 중심에서 비경제활동인구 중심의 적극적 노동시장정책으로 이동하는데 중요한 역할을 하였다. 이 법에 근거하여 2009년부터 여성가족부와 고용노동부는 "여성새로일하기센터" 사업을 시작하여 경력단절여성들에게 직업인으로의 자신감과 역량을 회복시켜 노동시장복귀를 촉진하고 있다. 여성새로일하기 센터의 주요 역할은 출산, 양육 등으로 장시간 노동시장을 떠나있던 경력단절여성들에게 집단상담을 통한 직업의식교육, 취업욕구 파악을 통한 진로설계지원, 직업훈련을 통한 직업능력의 배양 등을 원스톱으로 이뤄질 수 있도록 하는 것이다. 경력단절여성을 대상으로 하는 지원제도의 성과는 그러나 연도별로 증감을 반복하고 있고, 특히 연령이나 학력에 따른 증감도 조사년도에 따라 상이하게 나타나는 등 정확한 환산이 어려운 상황이다. 경력단절은 결혼, 임신, 출산, 양육이라는 여성생애주기적 사건 뿐만 아니라 노동시장의 구조적 사유에 기인하는 부분도 크기 때문에 결국 한국사회에서 경력단절은 가정 내외, 그리고 사회 내의 여러 문제가 복합적으로 얽혀 있다. 따라서 여성의 경력단절은 일-가정양립의 갈등으로 인해서만 발생하는 것이 아니다. 경력단절여성 등의 실태조사에서 응답자들은 경력단절 당시 직장의 일자리 상태나 환경이 큰 영향을 미쳤다고 응답한다. 또한 가구의 경제적 상황과 인적자본의 수준, 과거 일자리의 질, 배우자의 유무와 총 가계수입 등에 따라 노동시장복귀가 결정되고 있다. 또한 2019년 경력단절여성 등의 실태조사 참여자의 70%는 혼인경험이 있으며, 유자녀자는 응답자의 54.5%로 혼인과 자녀유무가 경력단절여성의 필수조건이 아니다. 따라서 경력단절여성 현황을 분석하면 이들의 정체성 또한 단일화하기 어려운 것임을 확인할 수 있다.

> "경력단절여성들이 가지고 있는 학력과 전공, 배우자유무, 가계수입 등을 상호 고려한 보다 세분화된 예방 및 재취업 지원이 필요하다."

중고령 여성인력

최근의 자료를 살펴보면 50~59세, 60세 이상 여성경제활동 참여자의 규모는 점차 증가하고 있으며, 이는 베이비부머들의 규모 상 점차 확대될 것으로 예측되고 있다. 하지만 해당 연령대의 경제활동인구가 2005년부터 매년 3~6%씩 증가하고 있는 것에 비해, 실업률 또한 매년 10%씩 상승하다가 2019년에 비해 2020년에는 드디어 23.6% 증가하는 상황에 이르고 있다.

〈표 2〉 50세 이상 중고령여성 노동 규모[2)]

(단위 : 천)

	2016			2017			2018			2019			2020		
	경제활동인구	취업자	실업자	경제활동인구	취업자	실업자	경제활동인구	취업자	실업자	경제활동인구	취업자	실업자	경제활동인구	취업자	실업자
50~59세	2,604	2,553	51	2,684	2,631	54	2,743	2,681	62	2,831	2,769	62	2,777	2,693	83
60세 이상	1,664	1,632	32	1,780	1,741	38	1,877	1,830	47	2,095	2,034	61	2,295	2,218	78
합계	4,268	4,185	83	4,464	4,372	92	4,620	4,511	109	4,926	4,803	123	5,072	4,911	161
변화율	3.14%	3.20%	-1.20%	4.39%	4.28%	9.78%	3.38%	3.08%	15.60%	6.21%	6.08%	11.38%	2.88%	2.20%	23.60%

※ 변화율은 2015년 수치 대비임.

이들은 노동시장에서 가장 취약한 계층으로 파악되고 있는데, 성별·연령별 임금 통계를 살펴보면 모든 연령대에서 가장 낮은 임금을 받고 있는 집단은 바로 50~59세, 60세 이상 여성 중장년층으로 보고되고 있다. 이들은 노동시장의 여성차별과 연령차별에 동시에 직면해 있는 집단

---

2) 출처 : 통계청 「지역별 고용조사」 각년도.

으로 저임금 일자리에 편중되어 있다. 우리 사회는 고령화 시대에 대응하여 노동시장을 통해 문제를 해결하기 위해, 정년연장, 임금피크제를 도입하였다. 고령층의 고용안정과 소득보장을 통해 사회와 정부의 복지부담을 줄이기 위한 시도의 이면에는 결국 세계 최고 수준의 노인자살률, 빈곤률이 있다. 정부의 중고령인력활용에 대한 문제의식은 노년층의 경제적 삶을 나아지게 하는 것이 우리 사회의 당면과제이며, 이를 해결하는 것의 중요성에 대한 공감대가 폭넓게 형성되어 있음을 반증한다. 하지만 현재 우리 정부의 대응은 고령자라는 인구집단 전체를 접근하여 고령인력 절반인 여성중고령자의 특성을 고려하지 못하고 있다. 우리나라의 성별 직종분리는 다른 선진국과 비교할 때 매우 높은 편인데, 취업여성 내부에서도 양극화, 이중구조화되어 있다. 특히 우리나라의 중고령 여성인력의 경우, 경력단절 후 노동시장에 재진입하여 저임금 일자리에 종사하고 있는 특성상 성별과 연령이라는 이중적 차별에 노출되어 있다. 빠른 속도로 초고령화사회로 진입하고 있는 국내 현실상, 부족한 노동력 확보를 위한 측면에서도 해당 여성들에 대한 정책적 고려가 필요함에도 불구하고, 현재의 가족중심적 여성일자리 정책으로는 체계적 지원이 불가능한 상황이다. 상호교차성 측면에서 노동시장에서 가장 취약할 수밖에 없는 정체성을 복합적으로 보유하고 있는 여성중고령집단 대상 정책적 고려가 시급하다.

"생계형으로 지속적 경제활동이 필요한 중고령여성집단은 성차별과 연령차별의 이중고에 시달리고 있다."

기혼취업여성

우리나라의 15~54세 기혼여성 중 취업여성은 515만 8천명으로 경력단절여성의 3배 이상 규모의 기혼여성들은 일과 가정, 육아를 담당하고 있다. 이들은 결혼하고 임신, 출산하고 육아와 가사를 병행하고 있으면서 여전히 직장생활을 영위하고 있다는 측면에서 정책적으로 적극적인 고려를 받지 못하고 있다. 이는 기본적으로 경력단절을 선택하지 '못 하거나', '하지 않은' 기혼 취업여성들의 삶이 다른 집단에 비해 별다른 어려움을 겪고 있지 않다는 인식에 기인하고 있다. 기혼취업여성은 주로 일가정양립을 촉진하는 차원에서 남녀고용평등법과 근로기준법에 의해 모성보호를 추진하는 방향으로 고려되고 있다. 임신 및 출산지원제도의 경우 출산전후휴가제도, 배우자출산휴가제도, 임신기근로시간단축제도, 임신 및 출산 시기의 여성근로자 고용상황, 난임치료휴가제도, 기타모성보호제도가 포함된다. 육아 등 돌봄지원제도의 경우 육아휴직제도, 육아기근로시간단축제도, 가족돌봄휴직제도, 직장보육시설설치가 포함되며, 이외 유연근로제도와 남녀고용평등기회로 구성된다. 기혼취업여성 대상 정책과 제도는 위와 같이 대부분 기혼출산여성을 위한 내용으로 구성된다. 하지만 여성관리자 패널조사(2020)와 같이 현재 취업상태인 여성을 대상으로 시행되는 실태조사에서 여성근로자는 성별에 따라 채용, 업무배치, 임금, 교육훈련, 승진, 의사결정참여, 네트워킹 등 차별에 대한 인식이 높은 것으로 보고되고 있다. 즉 여성근로자의 근속을 위해 성차별적인 인사 관행이 해소되어야 하는 필요성이 강하게 제기되고 있다. 위에서 언급한 바와 같이, 여성근로자의 규모는 경력단절여성 규모의 3배 이상이며, 특히 30~55세 사이의 여성근로자의 규모는 다른 연령규모와 비교하여서도 가장 큰 부분을 차지하고 있다. 경력단절여성을 대상으로 한 많은 정책적 노력에도 불구하고, 이들의 노동시장 복귀에 가시적인 성과가 크게 두드러지지 않는 상황에서 최고의 경력단절정책은 경력단절예방정책이라고 볼 수 있다.

또한 한국의 유리천장은 세계적으로 높은 수준인데, OECD 가입 29개 국가 중 한국은 9년 연속 29위에 위치한다(이코노미스트, 2021). 실제로 상장법인 여성임원 비율은 5.2%로 근로자 대비 임원비율의 성별 격차는 6.3배이다. 이를 근로자당 비율로 환산하면 남성근로자 39명당 남성 임원 1명(2.57%)일 경우, 여성근로자는 244명당 여성 임원 1명(0.41%)인 수치이다. 즉, 한국의 기혼직장여성은 일가정 양립과 직장 내의 성차별적 인사 관행에 동시에 노출된 상황을 경험하고 있는 것이다.

"경력단절을 하지 않은 여성근로자의 삶의 질은 반드시
경력단절여성보다 나은가에 대한 고려가 필요하다."

청년여성

최근 이른바 '코로나 세대'로 불리는 20대 청년여성의 높은 자살률이 보고되고 있다. 2020년 청년여성의 자살률은 2019년 대비 25.5% 늘었고, 올 1~8월 자살을 시도하는 20대 여성은 전체 자살시도자의 32.1% 차지하고 있다(통계청, 2020). 하지만 사회적으로 이목을 끌지 않고 있는 가운데, 청년여성은 조용히 죽음을 선택하고 있다. 그 원인에 대해 전문가들은 노동시장에서 취약한 지위에 있는 여성근로자, 그 중 최근 높아진 청년실업률로 인해 단기적 서비스직에 몸담고 있던 청년여성들의 실업 등 노동시장의 전방에서 이를 경험하고 있기 때문으로 파악하고 있다. 여성실업률은 전년 대비 0.6% 증가(2021년 현재 3.4%)하였는데 그 중 20대 여성의 실업률은 7.6%로 가장 높았다. '가족중심'으로 설계되는 한국의 여성정책과 인사 전반에서의 차별금지에 초점을 맞추는 고용노동정책 기조에서 경력을 시작하고자 하는 기회조차 얻을 수 없는 청년여성들은 상대적 박탈감을 느끼고 있다. 노동시장에서 독립된 개인으로 살고자 하는 청년여성들 사이에서 가족을 형성할 의향이 낮아지는 가운데, 결혼하여 아이를 출산한 여성을 중심으로 하는 여성정책은 이들을 고려하지 않고 있다. 불안한 미래로 인해 결혼도 출산도 포기하거나 선택하지 않는 청년들이 늘고 있는 가운데, 한국은 빠른 속도로 초고령화 사회로 진입하고 있다. 2019년 처음으로 1인 가구 비율(30.2%)은 부부와 미혼자녀로 이루어진 가정(29.8%)의 비율을 추월하였다(통계청, 2019). 19~34세 청년을 대상으로 성별인식과 미래에 관한 연구결과를 발표한 가운데 여성의 78.4%는 출산 의향이 없거나 결정하지 않은 것으로 보고되었으며, 또한 23.9%의 응답자는 결혼을 하지 않을 것이라고 응답하였다(여가부, 2021).

"경력을 시작할 수 있는 기회 자체가 간절한 청년여성에게 20대는 향후 경력성공에 가장 중요한 시기이다."

3. 상호교차성 측면에서 여성일자리 정책의 새로운 지향점

상호교차성 측면의 여성일자리 검토

본 원고에서는 앞서 여성이라는 하나의 젠더 안에서도 이들이 가지는 다양한 정체성에 따라 고용시장에서의 안정적 위치에 자리하고 있는 것은 아님을 확인하고자 하였다. 여성이라는 동일집단 내에서도 이들의 연령과 결혼여부, 취업여부에 따라 크게 경력단절여성집단, 중고령여성집단, 기혼여성근로자집단, 청년여성집단으로 나누어 각 집단이 겪고 있는 어려움과 현황, 정책적 노력을 간략히 살펴보았다. 상호교차성 측면에서 여성이라는 동일 정체성에 추가적 정체성을 교차하여 살펴보았을 때, 원래 없던 차별이나 특권이 생긴다. 중고령여성집단은 성별과 연령으로 인한 이중차별을 겪고 있으며 이로 인한 저임금과 고용불안에 시달리고 있다. 기혼여성근로자는 여성+기혼+유자녀+근로자라는 4가지 정체성으로 인해 각각 감당해야 하는 어려움이 극대화된 집단이다. 직장에서는 가정을 돌보아야 하는 책임으로 인해 눈치를 봐야하고, 가정에서는 일한다고 유세 떨며 가정을 소홀히 한다는 지적에 시달려야 하며, 아이를 잘 돌보지 못한다는 죄책감을 느껴야 한다. 청년여성들은 신규직원채용 자체가 급감한 상황에서 노력이 부족하다는 지적을 받으며 아르바이트를 전전하거나 공무원 시험준비를 선택하고 있다. 젠더를 포함하여 인간의 정체성을 구성하는 어떠한 단일 차원에 대해서도 차별적 우선순위를 선험적으로 부여해서는 안된다는 상호교차성 이론의 원리에 따라 노동시장에서 여성이라는 동일 젠더집단에 고려해야 하는 이슈들이 다양함을 확인할 수 있다. 현재 한국의 젠더 갈등은 상호교차성의 원리가 고려되지 않고, 무조건적으로 남녀를 나누어 젠더를 모든 분석과 적용에 가장 높은 우선순위를 부여하고 있기 때문이다. 여성이라고 해서, 경력단절여성에 집중한 가족중심의 고용정책을 환영하는 것은 아니다. 청년여성은 여성고용정책에서 배제되고 있다는 상대적 박탈감을 느끼고 있으며 코로나로 인해 더 불안정하고 더 낮은 임금으로 내몰리고 있는 중고령 여성인력들도 보다 적극적인 정책적 지원을 필요로 한다.

〈표 3〉 연령, 결혼, 취업 상황에 따른 정책 집중도

	미혼, 비혼, 사별 등		기혼	
55세 이상	하	하	하	중
30~54세	하	하	중	상
30세 미만	하	하	중	중
	취업	실업, 미취업	취업	실업, 미취업

위의 〈표 3〉은 현재 우리나라의 여성고용정책을 연령, 결혼, 취업 상황별로 상호교차해서 대략적으로 분석한 내용을 보여주고 있다. 가족 중심 여성고용정책 특성 상, 기혼인 집단에 정책집중도가 높은 편이며, 특히 실업이나 미취업 상태의 기혼 여성들을 대상으로 정책집중도가 높다. 하지만 앞서 분석한 바와 같이 생계형 중고령자들과 청년들이 직면하는 어려움에 대한 고려는 상대적으로 부족한 편이다.

대상별 맞춤형 일자리정책 제언

이 장에서는 상호교차성을 고려한 다음과 같은 대상별 여성일자리정책을 제언하는 바이다. 첫째, 청년여성을 위해서는 경력 자체를 시작할 수 있는 기회가 제공되어야 한다. 청년여성들은 파트타임으로 일하며 구직활동을 하거나 취업준비를 하는 경우가 청년남성에 비해 높은 편인데(현대경제연구원, 2016), 이러한 일경험에 대한 사회적 인식이 낮아 결과적으로 청년남성에 비해 질적으로 낮은 일자리로 진입할 가능성이 상대적으로 높은 상황이다. 따라서 향후 이들의 경력의 질에 크게 영향을 미칠 수 있는 첫 일자리에 활용할 수 있도록 일경험에 대한 사회적 인식 향상과 이를 인정해줄 수 있는 제도적 장치가 마련될 필요가 있다. 둘째, 경력단절 없이 경력을 유지하고 있는 여성들을 위해 이들의 경력단절을 지원할 수 있는 다양한 제도가 필요하다. 특히 가정과 육아를 함께 병행하고 있는 기혼근로여성을 대상으로 일-생활균형에 활용할 수 있는 제도적 보완이 필요하다. 아동교육과 가족 및 가정돌봄에 있어 청년여성

과 중장년여성의 도움을 받을 수 있는 여-여 케어의 체계를 확립함으로써 청년여성에게는 우수한 일경험을 제공하고, 중장년여성에게는 안정적 일자리를 제공하는 효과를 기대할 수 있다. 셋째, 중장년 여성들을 위해 연령과 성차별 실태를 보다 면밀히 파악하고 적극적으로 대처할 수 있는 시스템을 마련함으로써 중고령여성인력들이 빈곤층으로 밀려나지 않을 수 있는 사회적 안전망을 마련하는 것이 필요하다. 또한 이들의 체력적 한계를 고려하여 도움이 필요한 기혼 여성에게 육아와 가사 등 실질적인 도움을 제공할 수 있는 양질의 시간제 일자리를 만드는데 정부의 재원이 보다 적극적으로 투입될 필요가 있다.

이 장에서는 한국의 젠더 갈등의 원인으로 상호교차성의 고려부족을 제시하고, 이 원리가 여성의 일자리 정책에서도 적용되고 있지 않음을 확인하고자 하였다. 여성의 일자리 정책에서도 경력단절여성이라는 특정 집단을 우선적으로 배려하고 있으며, 이외의 집단 상황을 검토함으로써 공정한 여성일자리 정책이 나아가야 하는 지향점을 제시하고자 하였다. 장기화된 경제불황과 코로나라는 전대미문의 전염병 사태는 우리사회를 더욱 어려운 상황으로 끌고 가고 있다. 사태가 지속될수록 지쳐가는 국민들은 정부의 정책이 모든 국민에게 공정한 것인가에 점차 눈을 돌리게 하고 있다. 현재는 청년 남녀 사이에서 두드러지는 젠더갈등은 상호교차성에 대한 고려가 없다면, 향후 여성집단 내의 상이한 정체성을 가진 집단사이의 갈등으로 확대될 가능성이 있다. 이미 청년여성의 높은 자살률은 사회에서 배제된 집단에 대한 박탈감을 보여주고 있는 것이다. 우리사회는 여성의 노동과 관련하여 보다 다각화된 시각을 가질 필요가 있다. 여성이라는 정체성은 개인이 가진 수많은 정체성 중 하나일 뿐이다. 연령에 따라, 경제적 상황에 따라, 개인의 성향에 따라 여성 노동에 가장 우선적으로 고려되어야 할 것은 무엇인가에 대해 고민하는 과정에서 정책적 기준이 재정립될 필요가 있다. 이 장에서는 경력단절여성에 대한 여성일자리정책을 비판하고자 하는 것은 아니다. 다만 현재의 일자리정책이 기회의 균등과 제도적 공정함을 충분히 고려하고 있지 못함을 드러내기 위한 기준으로 활용하고자 하였다. 우리 사회는 특정 기준 우선 방향성에서 벗어나 고용, 노동, 복지, 가족 등 남녀를 떠나 모두의 삶을 긍정적으로 바꾸는 정책에 초점을 맞춰야 한다. 정치권, 언론, 공공에서도 젠더문제를 둘러싼 의견을 양극화하는 편향된 보도나 감정적 표현보다는 건설적 대화와 토론을 유도해야 할 때이다.

참고문헌

여성가족부(2021). 청년의 생애과정에 대한 성인지적 분석과 미래 전망 연구.

이승현 외 (2020). 여성관리자패널조사. 한국여성정책연구원.

통계청「지역별고용조사」각년도.

통계청(2020). 사망원인통계.

Crenshaw, K. (1989) Demarginalizing the Intersection of Race and Sex : A Black Feminist Critique of Antidiscrimination Doctrine, Feminist Theory and Antiracist Politics. University of Chicago Legal Forum : 139-67.

Rooney, E. (2006). Women's equlity in Norther Ireland's transition : Intersectionality in theory and place, Feminist Legal Studies, 14(3), 353-375.

Ⅱ.
중장년 일자리 창출과 유지의 과제

이영민(숙명여자대학교)

Ⅱ

중장년 일자리 창출과 유지의 과제

이영민(숙명여자대학교)

1. 프롤로그

인구절벽과 고령사회가 대한민국을 위협하고 있다. 아이를 낳지 않아 인구 감소가 시작될 것이고, 노인인구가 급격하게 증가하여 사회적 활력이 저하되는 사회가 다가오고 있다. 특히, 사회의 허리라고 할 수 있는 40대와 50대 중장년 세대는 샌드위치 세대라고 불리며, 자녀부양과 노인봉양에 과도한 부담을 지고 있다. 또한, 회사에서는 생산성이 낮아지며 하는 일에 비해 높은 임금을 받고 있다는 비판을 받기도 한다. 예전에 고령세대가 누렸던 안정적이고 질 좋은 일자리도 점점 사라지고, 치열하게 경쟁하며 생존을 걱정해야 하는 상황에 직면한 것이다.

향후 4050 중장년 세대는 정년을 맞이하거나 퇴직 준비단계에 진입하면서 노동시장에서 퇴장하는 시기가 다가오고 있다. 경제의 원동력인 생산가능인구의 주축에서 고령세대 혹은 노인세대로 전환하는 시점이 되는 것이다. 이후 10년간 매년 30만명씩 260만명의 생산가능인구 감소가 이루어지는데, 다수는 4050세대와 같은 중장년 세대의 노동시장 퇴장으로부터 촉발되는 숫자이다. 아울러, 이들이 노동시장에서 벗어나면서, 인구의 구성비는 65세 이상 고령인구가 급격하게 늘어나는 초고령사회 기준과 맞을 것이다.

현재 정부가 중장년 세대를 위해 수립한 일자리 대책과 대표적인 사업들을 살펴보면, 정년연장과 같은 법적 이행방안 강구보다는 컨설팅을 통한 기업과 사업장 내 변화를 유도할 수 있도록 하고 있다. 아울러, 개별 기업단위에서 중장년 세대의 역량을 평가하거나 특별한 취업규칙을 통해 재고용이 이루어질 경우, 장려금을 투입하여 계속고용이 이루어지도록 하는 재정 투입 방식이 이루어지고 있다. 중장년 세대가 노동시장에 오래 잔류하도록 하는 조치들을 취하고 있는데, 효과는 평가에 따라 상이하나 대체적으로 효과가 나타나고 있다.

그런데, 중장년 세대의 일자리를 확보하고 노동 참여 기회를 확대하기 위해서는 법적 정년연장을 비롯하여, 전직지원서비스의 확대, 사업장 자율에 의해 노사합의를 통한 계속고용 확대 등이 이루어질 필요가 있다(박영범·채창균, 2014; 박철우, 이영민, 정동열 등, 2018). 개별 기업별로 상이한 고용환경을 고려할 때는 사회적 대화기구를 통해 중장년 세대 전반의 일자리를 위한 중장기적인 로드맵을 마련하고, 우수한 사례들을 발굴하여 홍보하고 공유하는 노력이 필요하다. 또한, 중장년 세대 일자리 문제로 인해 감소한다고 여겨지는 청년층의 일자리 문제를 동시에 해결하는 세대간 상생형 노동시장 구축방안도 필요할 것이다(신미식, 2016). 이 장에서는 중장년 세대 일자리 문제의 심각성을 짚어보고 이를 개선할 수 있는 다양한 아이디어들을 제시하고자 한다.

2. 인구구조, 경제산업, 노동시장의 변화와 중장년 세대

인구구조 변화와 중장년 세대의 관계

우리나라 인구는 향후 지속적으로 감소할 것으로 예측되고 있다. 2019년부터는 사망자가 출생아보다 많아지는 자연감소 현상이 나타나고 인구 성장률도 2029년도부터 마이너스로 전환되는 등 인구구조의 큰 변화가 예상되고 있다. 경제의 주축인 15세~64세 생산가능인구도 2017년도부터 이미 감소를 시작해서 2067년에는 현재의 거의 절반 수준으로까지 생산가능인구가 감소할 것이다. 이제 노동현장에서 일을 할 사람을 찾기도 어려워지고, 설령 일할 사람이 있다고 하더라도 노동생산성이 낮아지고 기업의 경쟁력이 낮아지게 될 것이다(안선영, 김동헌, 2014).

이러한 인구의 구조적인 변화에도 55세 이상 고령 취업자는 계속 증가하고 있고, 앞으로도 증가할 것으로 예측되고 있다. 중장년 세대가 고령세대 혹은 노인인구로 전환될 때쯤에는 경제활동참가율이 현재보다 10% 이상 높아져서, 거리나 상점에서 일하는 노인을 찾기가 어렵지 않을 것이다. 인구구조의 변화 측면에서 생각해 보면, 중장년 세대는 앞으로도 계속 일할 수 있는 기회를 갖게 될 것이다. 그러나, 이들이 일할 때의 근로조건은 열악하거나 적정한 대우를 받지 않게 될 가능성이 높다.

인구구조 변화에서 중장년 세대에 관심을 기울여야 하는 이유는 향후 이들의 고용상태가 지금보다 나아지지 않을 것이라는 점과 줄어드는 일자리에서 경쟁적으로 취업을 해야 하는 상황이 도래한다는 점이다. 특히 중장년 세대가 고령세대로 전환할 때에는 일할 수 있는 기회뿐만 아니라 일하더라도 받게 되는 처우가 현재보다 나아지지 않을 가능성이 높다. 따라서 이러한 상황을 해결하기 위해서는 중장년 세대의 경쟁력을 높이고, 미래사회를 준비할 수 있는 시간을 줄 수 있는 제도적인 뒷받침이 이루어져야 한다.

경제산업의 변화와 중장년 세대의 관계

중장년 세대가 직면한 현재 사회는 4차 산업혁명과 디지털플랫폼 경제 전환의 시대이다. 그런데, 기존 주력산업이 그대로 유지된 채 산업구조의 획기적인 변화가 없을 경우와 신산업이 등장하거나 ICT 기술혁신에 의해 기존 산업구조 변화가 심각하게 이루어질 경우의 상황을 가정할 때, 중장년 세대의 준비는 미흡할 뿐만 아니라, 심지어 위기에 처해 있다는 평가가 나오고 있다. 경제와 산업변화에 있어서 중장년 세대는 혼란과 혼돈의 시간에 직면해 있고, 이들을 위한 대안들이 쉽사리 나오지 않은 상황이다.

기존 산업이 주도하는 생산방식에서는 스마트공장과 산업인터넷을 통해 새로운 비즈니스 생태계가 갖춰지고, 제조업을 중심으로 하는 우리나라 산업구조하에서 중장년 세대의 일자리를 유지하기 위해서는 유연한 노동제도를 확립하거나 수도권 규제나 리쇼어링 규제 등을 해소해야 하는 상황이다. 또한, 산업변화가 대대적으로 일어날 경우, 기존 산업의 파괴정도나 보완정도에 따라 혁신적인 일자리를 새롭게 창출하거나 기존 일자리에 대한 진입 규제 해소를 통해 산업의 생태계에 맞는 중장년 일자리를 창출하고 유지해야 한다.

혁신의 속도가 너무 빠른 나머지 일자리의 파괴뿐만 아니라 양극화도 심해져서 중장년 세대는 이러한 변화에 적응하기도 어려울 뿐만 아니라, 청년세대와의 경쟁에 있어서 뒤처지는 상황이 초래될 가능성이 있다. 아울러, 인공지능과 로봇의 발달로 인해, 중장년 세대는 기계의 역습에 대응하고 자신의 일자리를 지켜야 하는 어려운 상황에 직면할 것이다. 경제와 산업의 활성화로 인해 사라지는 일자리도 급격히 증가하면서 일자리를 지키기 위한 중장년 세대의 관심과 노력은 매우 높아질 것이다.

노동시장의 변화와 중장년 세대의 관계

현재의 고령세대는 해방 이후 민주화시기까지 산업의 역군으로 경제 산업 발전에 중추적인 역할을 했다. 노동법이 작동하지 않고, 억압과 폭력적인 노동관행이 만연하고, 먹고 자는 기본적인 권리도 행사하지 못한 채 하루 12시간 이상 장시간 노동에 시달리며 일을 했다. 이러한 열악한 노동조건 속에서도 나보다는 국가를 우선시 하고, 잘먹고 잘살 수 있는 시대를 누릴 수 있는 희망으로 이를 악물고 일을 했을지도 모른다. 일을 한다는 것은 생계 유지만이 아니라 더 나은 미래를 꿈꾸는 수단이었을 것이다.

민주화시대를 거치며 산업역군이었던 고령세대는 사회의 주축이 되었다. 그리고 현재의 중장년 세대는 고령세대가 일시적으로 누렸던 노동권리를 보다 광범위하게 누리면서 먹고 살만한 삶의 질이 높아지는 시기를 경험했다. 그러나 1997년 IMF를 통해 이들의 삶은 극단적으로 바뀌었다. 본격적으로 시장만능주의와 경쟁주의를 촉발하는 신자유주의 물결 속에서 안정적인 직장도 없고, 능력주의가 판을 치는 노동현장에서 열악한 노동조건을 견디며 일을 하게 되었다. 그나마 중장년 세대는 지금의 청년세대보다는 행복한 순간들을 누려왔을지도 모른다.

2000년대 이후 사회의 주축이 된 중장년 세대는 불평등한 노동현장과 기술혁신에 종속된 근로조건 속에서 양질의 노동과 품격 있는 삶을 누릴 수 없는 상황에 직면하기 시작하였다. 폭발적으로 증가하는 비정규직과 고용형태가 불완전한 특수고용직 등이 노동시장을 상당히 점유하였고, 노동시장에서 밀려나기 시작한 중장년 세대는 마지막 탈출구로 자신에게 고용된 자영업자가 되어 새로운 산업을 만들어냈다. 현재 4050 중장년 세대는 안정적이고 연공서열형 임금이 보장된 공무원과 대기업 재직자를 제외하고는 삶의 여유가 없는 열악한 노동조건 속에서 하루 하루를 보내고 있다.

중장년 일자리 창출과 유지의 영향요인

중장년 근로자의 일자리를 창출하고 유지하는데 있어 영향을 미치는 요인들을 개인 요인(건강, 정서, 동기부여), 조직 요인(고정관념, 고용주와 관리자 인식, 연령차별, 세대차이, 인력계획, 교육과 경력개발, 일과 생활의 균형, 유연한 근무, 재배치, 작업환경), 사회 요인(법적요건, 연금, 취업지원 부족, 고용정책) 등으로 살펴보면 아래와 같다. 이를 통해, 중장년 근로자의 고용을 유지하는 데 긍정적인 영향을 미치는 방향으로 정책을 개발해야 한다. 예를 들어 중장년 근로자의 오랜 경험과 노하우의 암묵적 지식의 가치를 존중하고, 중장년 근로자의 긍정적인 특성을 고려하고, 인체공학적인 배려(건강을 위한 배려)에 기준하여 고정관념과 연령차별, 세대차이, 고용주의 관리자의 부정적인 인식을 긍정적으로 바꾸고, 중장년 근로자의 고용을 유지하는데 도움이 되는 작업환경, 인력계획, 교육과 개발, 취업지원 홍보, 고용정책, 일과 생활의 균형, 유연한 근무, 재배치, 건강등의 요인들을 고려하는 정책 또는 전략들을 실행하는 것이다.

〈표 1〉 중장년 고용 창출과 유지의 결정요인

구분	요인	내용
개인 요인	건강	건강이 좋지 않은 근로자는 노동력을 떠날 가능성이 높고 건강이 좋지 않은 실업자는 근로에 재진입할 가능성이 적다.
	정서	중장년은 정서적 만족을 얻고 자신의 정체성을 지원하는 곳으로 이동한다.
	동기부여	다른 사람들을 돕고 자신의 경험을 전달할 수 있는 기회, 직장의 가치에 부합하는 근로조건을 중요하게 생각한다.
조직 요인	고정관념	생산성이 떨어진다는 고정관념은 중장년 근로자를 평가절하하며 고용시장을 왜곡할 수 있다.
	고용주와 관리자 인식	조직의 연령장벽에 대한 연구의 대부분은 관리자의 차별적인 행동에 있었다. 중장년 고용을 위해서는 고용주 및 관리자들에 대한 인식교육이 필요하다.
	연령차별	고정관념에서 비롯되며 중장년 근로자의 고용 및 유지에 부정적인 영향을 미친다.
	세대차이	연령의 차이로 의견차이는 깊지 않다. 의사소통과 공유 가치관을 통해 세대간의 타협방안을 모색할 수 있다.
	인력계획 (채용,유지)	인력계획은 많은 변수에 따라 달라진다. 공정한 선택절차를 보장하는 것이 바람직하다.
	교육과 경력개발	교육 및 전문개발의 부족은 고용주, 조직에게도 심각한 영향을 미친다. 중장년 근로자의 스킬을 향상시키거나 암묵적 지식 활용이 중요하다. 그러나 학습기회가 거의 없다는 것을 암묵적으로 받아들이고 있었다.
	일과 생활의 균형	근로시간이 길면 중장년 근로자의 삶의 질 하락과 생산성에 영향을 미치게 되어 결국 노동시장의 흐름을 방해하는 요소로 작용한다.
	유연한 근무	생산성을 유지하고 고령 연령에 따른 장벽을 무너뜨리는데 도움될 수 있다.
	재배치	중장년 근로자의 숙련된 기술과 노하우를 전수할 수 있고, 유연성, 기술 향상 및 건강보호의 측면에서 좋은 방법이다.
	작업환경	연령에 관계없이 퇴직 결정에 가장 중요한 요소로 인용된다. 신체 기능저하의 근본적 원인과 함께 중장년을 배려하는 작업환경이 되어야 한다.
사회 요인	법적요건	세계 각국은 정년 연령을 점진적으로 높이고 있다. 그러나 실제현장에서는 주된 일자리 종사후 50세 전후 퇴직을 하게 된다.
	연금	개인 연금은 은퇴시기 결정에 영향을 미친다.
	취업지원 부족	채용프로세스에 대한 지식 부족으로 중장년이 노동시장에 진입하는데 어려움을 겪고 있다.
	고용정책	고용정책은 연령별 고용, 유지 및 퇴직률에 영향을 미친다. 한편, 정부에서 취해진 조치는 기업차원에서 취해진 조치와 대조를 이루기도 한다.

3. 정부의 노력과 정책 대응

정부도 인식하는 문제

인구구조의 변화나 중장년 세대의 노동시장 퇴장을 막고 생산활동의 기회를 부여하기 위해 정부도 그 필요성을 인식하고 있다. 중장년 세대는 퇴직 준비가 미흡하고, 은퇴 후 받게 될 연금도 고갈되고 있으며, 자신이 다니던 직장에서 은퇴할 경우, 재취업이 어렵고 이미 고령자라는 인식 때문에 사회활동에도 전념하기 어렵다는 것을 정부도 인정하고 있다. 특히 추가적인 소득 창출 기회가 막힌 상황에서 가계대출로 연명하거나 신용불량으로 전락하는 상황도 증가한다는 점에서 정부는 심각하게 받아들이고 있다.

정부 입장에서는 이러한 사회, 경제적인 변화에 효과적으로 대응하기 위해서 가장 필요한 것은 중장년 근로자가 자신이 원하는 한 자신이 다니던 직장에서 계속 머무르면서 경제활동에 참여하고 퇴직 후에도 계속해서 경제활동을 할 수 있는 여건을 만드는 것을 기대하고 있다. 중장년 근로자로서는 노후의 불안정한 자산과 소득 상태에서 지속적인 가계지출이 예상되는 상황에서 일하면서 노후에 대해 준비도 하고, 일을 통해 보람을 찾기를 기대하고 있다. 가능하면 오랫동안 일을 하면서 노동시장에 머무르는 것을 선호한다.

그러나, 기업으로서는 중장년 근로자를 계속 고용하는 것을 부담스러워 한다. 연령에 비해 다른 세대보다 생산성이 낮아서 일의 능률이 저해된다고 인식하고 있고, 경기주기에 따라 변동이 심할 경우, 인력 구조조정을 실행하기도 어려워 인력 운영의 경직성이 높은 대상을 중장년 세대라고 인식하고 있다. 일부 기업들의 경우 중장년 세대를 위한 별도의 일자리와 직무 배치를 통해 이들을 효과적으로 활용할 수 있는 방법들을 마련하고자 하나 다수의 기업은 이러한 노력을 시도조차 하지 않고 있다.

정부도 정책으로 대응하기 시작

정부도 4050 중장년 세대의 일자리 문제에 깊은 관심을 보이며 이들의 전생애 소득을 보장하고 적극적인 경제활동 참여를 통해 소득 기회를 창출하고, 이들이 일하는 일자리가 괜찮은 일자리가 되도록 다양한 방안들을 모색하고 있다. 대표적으로는 고용장려금과 같은 금전적인 지원을 통해 중장년 세대가 계속해서 일할 기회를 확보하고, 일터혁신컨설팅과 같은 사업을 통해 사업장의 문화를 개선하고, 임금체계 개편을 통해 기업의 부담을 경감시키면서 중장년 근로자의 일과 삶이 조화를 이룰 수 있도록 지원하고 있다.

중장년 세대의 원활한 퇴직 준비와 새로운 직장으로 전직하는 기회를 확대하기 위해 다양한 기본계획을 수립해서 이들의 고용을 촉진하고 직업능력을 개발하며, 전직 기반을 마련해서 재취업을 활성화하고자 한다(김석란, 김소영, 이영민, 2021; 김석란·이영민, 2013). 또한, 사회공헌 기회를 확대하고, 재정을 투입해 특화된 일자리를 더 많이 만들어서 소득과 연금 기회가 차단된 중장년 근로자의 생계유지를 돕고, 과도하게 몰려 있는 자영업 창업을 적절히 유도하는 등의 대책을 발표하였다. 이들을 위한 공공인프라 확충을 통해 각종 고용서비스를 제공하고자 하였다.

중장년 근로자의 원활한 노동 이행을 촉진하기 위해 중장년일자리희망센터를 중심으로 재취업, 창업, 생애설계, 사회공헌활동 참여 등의 종합적인 서비스를 제공하고 있다. 특히, 금융 분야의 경우, 센터뿐만 아니라 지역사무소 등을 개소하여 서비스 범위를 확대하고 있다. 이 외에도 디지털정보 활용 능력을 높이고, 자신의 직업 분야별로 필요한 특화훈련을 시행하여 중장년 근로자가 자신의 직무능력을 강화할 수 있을 뿐만 아니라 새로운 직업을 찾을 기회로 연결될 수 있도록 하고 있다. 향후, 퇴직이 예정된 중장년 근로자들의 경우, 적합한 직무알선뿐만 아니라 재취업 관련 구직을 촉진할 수 있는 수당도 제공하고 있다.

중앙정부만이 아니라 서울시는 50+재단을 설립하여, 50대 이상의 장년층을 대상으로 일자리 사업 소개, 적합 일자리 모델 발굴, 공헌형일자리 발굴 및 확산, 혼합형 일자리 모델 창출 사업을 시행하고 있다. 또한, 경기도는 일자리재단을 중심으로 40세 이상 중장년 세대를 대상으로 전업 및 재취업 지원 등의 서비스를 제공하고, 시군일자리센터를 연계하며, 4050 전담 상담사를 배치하며, 직업트렌드를 파악하여 분석하여 정보를 제공하고 있다. 충청남도는 충남인생이모작지원센터를 중심으로 도내 관계 기관들과 협업하여 중장년의 일자리 창출, 전문 강사 양성, 귀농, 귀촌 사업, 인생 설계지원사업 등을 추진하고 있다.

다른 나라의 중장년 일자리 대책

고령화에 대응하기 위해 일본, 독일, 미국의 사례는 우리나라 중장년 일자리 대책에 반영할만한 다양한 시사점들을 제공할 수 있다(박제성 등, 2018). 특히 일본의 경우, 정년연장을 시행하는 과정이나 법을 제정하는 과정 측면에 있어서 한국에 많은 정책적인 시사점 등을 제공하고 있다. 또한 독일의 사례는, 중장년 일자리를 위해 노동개혁과 사회적 대화 등 변화가 필요하다는 점이 중요한 특징이고, 미국의 경우 중장년 대상에 맞는 맞춤형 프로그램을 운영하여 일자리의 양과 질을 높인다는 점이 중요한 시사점이다.

일본의 경우, 정년연장이 이루어지기 전부터 관행을 혁신하는 정책과 법률로 이를 의무화하는 점에서 한국의 상황과는 다소 다를 수 있다. 그 이유는 고령화가 급속도로 진행되고 있는 한국적 상황을 볼 때 반드시 고려해야 할 선택의 과정이라고 볼 수도 있으나, 현장에서는 다양한 부작용 등이 예상되는 바이므로 한국적 상황에서 제도 정착을 위한 다양한 방안들을 모색할 필요가 있다. 다만, 일본의 경우, 중장년 일자리 창출을 위한 중요한 수단으로 정년연장을 활용하고 있고, 이를 통해 초고령사회에서도 중장년들이 지속적으로 일할 수 있는 인프라를 구축했다는 점이 중요한 시사점이다.

독일의 경우, 하르츠 개혁을 중심으로 노동시장 개혁을 통해 중장기적으로 노동시장을 개혁하고, 국민의 이해와 공감을 바탕으로 중장년 일자리 창출을 선도했다는 점에서 중요한 의의가 있다. 우리나라에서도 계속 이루어진 노동시장 개혁도 연장선상에서 노동시장 개혁의 중요성을 인식할 필요가 있다. 독일의 사회적 대화와 이를 통한 중장년 일자리 고용유지는 중요한 시사점을 가지고 있고, 4차 산업혁명과 같은 상황 속에서 업종별로 중장년 일자리 특수성이 다른 점을 반영하여 전직 준비를 위한 교육훈련에도 관심을 기울일 필요가 있다(박철우, 이상희, 이영민, 2018).

미국의 경우, 중장년 대상의 맞춤형 정책을 통해 55세 이상의 저소득계층을 대상으로 이들 상황에 맞는 대책들을 수립하고 지원책을 마련했다는 점이 중요하다. 우리나라에서도 중장년 일자리 대책을 수립할 때 성과목표를 명확하게 설정하고 지역사회 중심의 서비스와 프로그램을 다양하게 개발하여 실행할 필요가 있다. 미국은 전통적으로 민간자원의 혁신성을 높게 인정하고, 민간 주도의 일자리 창출과 정부의 세제지원을 중요시하고 있는데, 이러한 시장주의적인 개혁 방향을 통해 중장년의 일자리를 창출하고 지키는데 중요한 시사점이 있다.

4. 미래를 위한 대안 모색 : 중장년 일자리 창출의 방향

정부의 노력에도 불구하고 중장년 세대의 일자리 문제를 해결하기 위해서는 기업을 중심으로 이들의 고용을 활성화하는 방안을 마련하는 것이 중요하다(안종태, 오학수, 안희탁 등, 2014). 일자리를 만드는 것은 결국 기업이기 때문에 기업이 중장년 세대의 고용을 매력적으로 생각하고 적극적으로 활용할 수 있는 여건을 만드는 것이 중요하다. 아래에서는 이러한 방향의 한 관점에서 기업의 사회적 책임 관점에서 중장년 근로자를 내부 고용을 통해 오랫동안 일할 기회를 제공하거나, 일하는 기업과 연관된 기업으로 이동할 수 있도록 지원하거나, 새로운 직업으로 전화하는 방법들이 가능할 것이다.

한 직장에서 오래 일하기

중장년 세대가 다니는 직장에서 계속해서 일하기 위해서는 무엇보다도 이들을 고용하는 기업의 임금부담을 완화하기 위한 노력이 필요할 것이다(이영민, 2012). 중장년 근로자의 생산성에 부합하는 임금체계 개편을 통해 생산성과 성과에 부합하는 보상을 하는 것이 바람직할 것이다.

많은 한국기업은 여전히 연공서열제를 기반한 임금체계를 바탕으로 기본급이나 성과급이 가미된 임금체계를 운영하고 있다. 그런데, 중장년 근로자가 정년에 도달하거나, 정년 이후에도 한 직장에서 계속 일할 수 있는 여건을 만들기 위해서는 노사간 대화와 타협을 통해 각 기업에 맞는 최적의 임금체계로 개편을 해야 한다.

연공 서열의 개념을 최소화하고, 직책과 역할에 따른 인사관리제도를 운영하는 것도 한 방법이 될 수 있다. 먼저 직급체계를 단순화하고, 직책과 역할에 맞는 임금체계를 갖추고, 한 직급에서도 일정한 임기를 정하는 직책 임기제도를 통해 중장년 근로자들의 경력관리를 다양화하고, 새로운 경력경로를 통해 성과를 높일 수 있는 체계를 마련할 수 있을 것이다. 다만, 직책 임기제도의 경우, 임기 만료나 임기 기간 중 성과창출이 어려울 시 급여가 상당히 조정되는 현상이 나타날 수 있고, 동기 저하가 예상되므로 신중한 접근이 필요하다.

중장년 세대가 한 직장에 오랫동안 일하기 위해 가장 선호하는 방법의 하나는 자신의 업무 분야에 맞는 적합한 직무에 종사하거나 관련 직무를 개발하는 것이다. 직무수행을 위한 지식, 기술, 태도에 집중하고 직무 난이도를 비롯해 본인들의 관심과 흥미에 맞는 직무에 종사할 기회를 제공하는 것이다. 직무체계 개편이 필요할 수도 있고, 사업부서 설치를 통해 중장년 근로자의 역량이 발휘될 수 있는 조직을 강화하는 것도 필요하다.

중장년 세대중 선발을 통해 전문가 트랙으로 유도하는 방법을 고려할 필요가 있다. 전문가 제도는 사원급 근로자들을 대상으로 일정한 직급까지는 단일한 경력경로로 승진하도록 하고, 그 이후부터는 근로자 자신의 경력목표, 흥미, 관심사, 적성, 성과에 따라 관리직, 전문직, 전문위원, 일반직 등으로 경력을 형성하도록 돕는 제도이다. 전문가 트랙을 운영하기 위해서는 직무분석을 통해 전문적인 직책과 업무영역을 먼저 발굴하고, 이들의 적정 인력 수요와 활용범위를 결정하는 것이 필요하다.

유사한 직장으로 이동하기

중장년 근로자들의 고용기회를 확대하는 방안으로는 기업의 자회사나 협력사를 활용하는 방식을 생각해 볼 수 있다(이영민, 2018; 이영민, 2019). 전문용어는 출향이라는 제도인데, 모회사와 관련된 회사로 이직을 하는 개념이다. 중장년 세대의 출향은 자신이 일했던 직장에서 벗어나 외부 기업으로 이동한다는 점에서 이직과 유사하지만, 운영하는 방식에 따라 다른 기업으로 이동하는 것도 가능할 것이다. 모기업이 운영하는 자회사로 중장년 세대가 이동하는 출향의 경우, 대기업에서는 종종 나타나는 인력관리 방식으로서, 업종에 따라 이러한 이동을 통해 지속적인 고용기회를 확보할 수 있을 것이다.

중장년 근로자의 직무와 업무 내용에 따라 사회적 기업이나 협동조합과 같은 사회적 경제조직으로 이동하는 것도 가능할 것이다. 협동조합의 경우, 일자리와 복지를 연계하며, 사회, 경제적 요구에 대응하기 위한 비즈니스 모델로 운영하는 경우가 많은데, 이러한 일자리에 중장년 근로자들이 종사할 기회를 확대하는 것도 한 방법이다. 아울러, 사회적 기업과 같이 의미 있는 사회활동을 통해 일의 보람을 찾고 새로운 삶을 누릴 수 있도록 기회를 제공하는 것도 가능할 것이다.

경력을 전환하기

중장년 세대 일자리 확보를 위해서는 기업의 고용가능성이 크지 않고, 중장년 근로자가 새로운 경력 분야에서 일하기를 원한다면 경력을 전환할 기회를 제공하고, 전직서비스를 확대해야 한다(이영민, 2019). 장기교육, 학습휴가, 유급휴가훈련, 창업휴가와 같은 제도를 통해 중장년 근로자에게 적절한 경력경로를 새로 개척하고, 평생학습을 통해 지속적인 학습과 새로운 일자리에서 일할 기회를 확대할 수 있을 것이다. 특히 퇴직 전에 급작스럽게 학습휴가나 창업휴가를 통해 경력을 전환하기보다는 장려금을 지원하여 회사 재직 기간 중에 이러한 활동을 하도록 지원하는 것도 한 방법이다.

중장년 세대의 고용가능성을 확대하고 경력 전환 기회를 부여하기 위해서는 인위적인 구조조정방식을 통해 퇴직을 강제로 유도하기보다는 전직서비스 확대를 통해 재취업을 활성화하는 것이 바람직하다. 기업 차원의 인력감축 조치는 구성원들의 불안감을 조성하고, 중장년 세대의 업무 몰입을 저해한다는 점에서 그다지 바람직한 방식으로 볼 수 없다. 오히려 전직서비스를 통해 조직의 반감을 해소하고 새로운 직업을 갖도록 하여 기업의 활력을 제고하고, 전직서비스를 통해 재취업을 활성화하여 고용기회를 확대하는 것이 바람직하다.

정부에서도 전직서비스를 통한 재취업을 확대하기 위해 기업의 재취업서비스를 법적으로 의무화하여 추진하고 있다. 1,000인 이상 대기업을 중심으로 재취업서비스를 퇴직예정자들에게 제공하여 이들이 계속해서 노동시장 활동에 참여할 수 있도록 하고 있다. 전직서비스가 정말로 필요한 중소기업들에서 제공하는 서비스가 제한된다는 단점도 제기되고 있으나, 대기업을 중심으로 재취업서비스를 확대하여 퇴직예정자들이 성공적으로 재취업에 성공한다면, 향후 이러한 서비스를 보다 확대하여 제공하게 될 것이다.

지속적으로 경력을 개발하기

기업은 자사의 필요에 의한 적정한 중장년 근로자를 활용하여 조직의 활력을 유지하기 위한 한 방법으로 경로 선택제도를 도입할 수 있을 것이다. 경로 선택제도는 장기로 근속한 중장년 근로자가 자발적 의사를 통해 조기 퇴직을 선택할 경우, 퇴직 시기를 유연하게 결정하고 퇴직 예정 연도에 따라 퇴직금이나 인센티브를 추가로 지급하고, 퇴직 후 탄력근로제, 유연근로제, 시간선택제, 계약직 근무 등의 근로 형태로 계속 근무할 수 있도록 하는 것이다.

중장년 근로자는 지속적인 경력개발을 통해, 현재의 업무역량을 향상시킬 수도 있고, 이러한 능력을 향후 활용하여 전직의 기회로 활용할 수도 있을 것이다. 무엇보다도 이러한 경력개발 과정이 근로 생애 전반에 나타날 수 있도록 하는 것이 매우 중요하다. 변화하는 시대에서 이에 적응하는 가장 확실한 방법은 평생학습과 경력관리를 통해 변화에 대처하는 것이다. 따라서, 중장년 근로자들이 지속적으로 자신의 경력을 개발할 수 있도록 회사는 다양한 기회를 제공하고, 정부는 이들을 위한 학습비를 지원하여 끊임없는 학습이 이루어질 수 있도록 하는 것이 중요한 과제이다.

5. 에필로그

중장년 세대의 고령화를 하나의 현상으로 간주하고 해결대책을 강조하는 것도 중요하겠지만, 이에 대응하여 적극적으로 활용하려는 긍정적인 시각을 갖는 것도 중요할 것이다. 특히, 청년세대와 고령자 사이에 4050 중장년 세대는 샌드위치 세대로서, 부모 봉양 등으로 지속적인 은퇴 준비가 부족한 상황이다. 따라서 중장년 일자리 대책을 다양한 세대와 관점에서 수립하고 시행할 필요가 있다. 특히, 디지털 기술의 발전과 제조업 혁신 등 4차 산업혁명의 변화 속에서 중장년의 직무 전환과 재배치를 위한 교육훈련이 매우 중요하고, 이들의 역량을 강화해서 미래 사회를 준비해야 한다.

우리나라의 중장년 세대의 고용률은 현재까지 다른 OECD 국가들보다 양호한 편이나, 취업의 질은 산업별, 직업별, 규모별, 종사자 지위별로 매우 열악한 상황에 놓여 있다는 주장들이 많다. 특히 직업훈련, 산업재해, 사회보험 가입의 경우, 다른 세대보다 매우 열악한 처지에 있는 데이터도 제시되고 있다. 중장년층의 재취업 때 근로조건이 더욱 취약하고 임금 수준 및 실제 근무 형태가 매우 열악하다는 사실을 바탕으로 다양한 정책적인 시사점을 얻어야 한다. 그리고 정부는 재취업 활성화를 위해 많은 예산과 노력을 투입하기보다, 현역으로 일하는 중장년 근로자들에 대한 은퇴 준비와 지속적인 고용가능성을 높이는 방안들을 마련하는 것이 더욱 중요하다.

또한, 중장년들의 다양한 일자리 제공을 위한 직종과 직무의 발굴이 필요하다. 중장년은 나이와 체력으로 인해 경비와 같은 단순하고 비교적 진입이 쉬운 직종으로만 취업이 가능할 것이라는 편견이 여전히 존재한다. 그러나 고령화 시대 인적자원의 활용 측면에서 본다면, 이들이 퇴직

이전에 체득한 경험, 노하우, 지식 등을 살릴 수 있는 직종들을 찾아내고, 노동시장 변화와 직업 창출에 따른 새로운 직종들을 발굴하고 장년의 진입이 쉬울 수 있도록 제도와 지원의 확대가 필요하다.

고령화 시대 중장년 세대의 퇴직과 재취업의 요구는 계속해서 확대될 것이다. 그러나 아직 이렇게 많은 요구를 수용할 정도의 준비가 되어 있는지 의문도 있다. 현재 재취업을 담당하는 상담사들은 한 명이 너무 많은 구직자를 상대함으로 심층적인 상담과 지원이 어렵고 피상적인 상담만이 진행되고 있어 실질적인 취업률 역시 높지 못하고 있다. 따라서 중장년 고용지원서비스에 대한 전문성과 역량을 갖춘 전문가의 양성이 시급하며, 장년에 대한 속성과 특징을 명확하게 이해하고 이들에게 적합한 직무와 일자리에 대한 이해를 바탕으로 프로그램과 취업 상담이 이루어졌을 때보다 객관적으로 취업률 확대와 고용유지율 등의 성과를 산출할 수 있을 것이다.

또한, 기업의 수요를 보다 체계적으로 반영하여 장년 취업지원 프로그램을 개발할 필요가 있다. 직업훈련기관들은 기업 수요조사의 형식은 갖추고 있었으나, 실제 프로그램 내용이 훈련생의 취업률이나 향후 업무에 도움이 되는가에 대한 인식은 낮다. 따라서 직업훈련기관은 보다 현장 중심적이고 기업이 요구하는 인력을 훈련하기 위한 프로그램 개발과 지원에 노력을 기울여야 할 것이다.

아울러, 정부는 시급하게 이중적인 노동시장 개선을 통해 노동시장 구조를 개혁하고, 사회안전망을 보다 확대한다는 측면에서, 중장년층의 직업능력개발과 고용서비스를 수준별, 기간별, 대상별로 더욱 세분화하여 검토할 필요가 있다(관계부처합동, 2016). 먼저 사회보험제도로서의 고용보험 제도의 안정성, 저소득층의 보험요율, 사각지대의 해소 등에 관한 깊이 있는 논의를 통해 장년층의 직업능력개발과 고용서비스 확대를 위한 기초인프라를 구축할 수 있을 것이다. 기간 측면에서는 직업능력개발과 고용서비스 수급자의 지원 기간을 유연하게 하고, 대상별 특성에 맞게 선택과 집중적인 지원이 이루어지도록 제도와 사업들을 정교하게 설계할 필요가 있다.

참고문헌

관계부처합동(2016). 고령화시대, 생애고용을 위한 장년 고용서비스 강화 방안.

김석란, 김소영, 이영민(2021) 기업 인사담당자를 위한 재취업지원서비스의 이해와 적용. 박영사.

김석란, 이영민(2013). 기업 퇴직예정근로자의 고용가능성 제고를 위한 S사 재취업 교육프로그램 사례분석. 산업교육연구 26(3), 51-68.

박영범, 채창균 편(2014). 장년 고용과 정책과제. 한국직업능력개발원.

박제성 등(2018). 경제,산업 환경 변화에 대응한 새로운 노동 패러다임 확립에 관한 연구. 고용노동부.

박철우, 이상희, 이영민(2018). 기업의 전직지원 서비스 제공 모델 및 의무 법제화 방안 연구. 고용노동부.

박철우, 이영민, 정동열 등(2018). 한국의 장년고용. 고양 : 화산미디어.

신미식(2016). 한국의 세대간교육 활성화와 대학의 역할 : 청년세대와 노인세대를 중심으로. 한국동북아논총, 79(단일호), 197-216.

안선영, 김동헌(2014). 노동력의 고령화는 노동생산성을 저하시키는가?. 한국경제연구, 32(4), 157-181.

안종태, 오학수, 안희탁 등(2014). 정년 60세 시대 인사관리 이렇게 준비하자. 서울 : 호두나무.

이영민(2012). 인력 고령화 추세에 따른 기업의 인적자원관리 대응 방안. 상장협 연구, 64호, 134-155.

이영민(2018). 인력고령화와 기업의 장년 근로자 활용전략. 노사발전재단 포럼 발제자료.

이영민(2019). 전직지원서비스 발전방안. 노사발전재단 중장년포럼 발제자료.

Ⅲ. 은퇴선수들의 취업현황과 취업증진 방안

이윤재(숭실대학교)

III

은퇴선수들의 취업현황과 취업증진 방안

이윤재(숭실대학교)

1. 청년층 취업 사각지대로서 은퇴선수들의 고용 현황

은퇴선수 규모 및 무직자 비율(실업률)

코로나19로 인해 많은 실업자가 생기고 특히 청년층의 타격이 크다. 청년층의 실업률은 고공행진 중이며 전체 실업률과의 격차도 좁혀 지지 않았다. 2021년 5월 기준으로 전체 실업률은 4.0% 인데 청년층(15~29세)의 실업률은 9.3%로 2배가 넘고 있다. 이런 실업률 갭은 코로나19 이전인 2019년 2.33배, 2020년 2.25배였던 것이 2021년 5월 기준으로 다시 확대되어 2.33배에 이르고 있다. 일반 청년층의 고용상태도 여전히 개선되지 않고 있지만 은퇴선수의 실업 상황은 더 악화된 것으로 추정된다. 체육인(은퇴선수)들에 대한 고용관련 공식통계도 없다. 따라서 일반 청년층(15~29세)과 고용관련 통계를 비교하는 것은 쉽지 않다. 체육인들에 관한 통계는 대한체육에서 공표하는 '은퇴운동선수 생활실태 조사'를 토대로 한다. 또한 가장 최근 정부 자료로는 2020년 문화체육관광부 국정감사에서 발표된 자료도 참고한다. 대한체육회는 선수 경력 3년 이상이며 20세 이상 39세 이하인 자 중에 1년 이상 대한체육회에 등록을 하지 않은 자를 은퇴선수로 정의하고 있다. 운동선수들은 어린 나이부터 운동을 10년 이상 하고 20대 은퇴하는 경우가 많다. 따라서 은퇴선수의 대부분이 20대에 해당된다. 2019년 기준으로 은퇴선수의 약 80%가 20대 초반인 것으로 나타났다.[1] 실업팀에 취업하는 경우는 20대 후반에서 30대까지 운동을 하지만 그 기간이 길지 않다. 현실적으로 몇몇 종목을 제외하곤 30대를 넘기는 경우는 드물기 때문이다. 이런 현실을 반영하여 은퇴선수의 조사 대상을 20~39세로 한정하고 있는 것 같다.

대한체육회는 2012년부터 은퇴선수들의 실태를 파악해오고 있다. 아래 〈표 1〉에서 보는 바와 같이 매년 약 1만 명 정도가 은퇴하는 것으로 추산하고 있다. 운동선수들의 은퇴 이유는 불안한 장래 29.8%, 부상 24.8%, 경쟁력 부족 12.1%, 기타(군 입대, 팀 해체 등) 10.4%를 차지하고 있다(대한체육회, 2020). 부상이나 교체로 인한 비자발적인 은퇴 외에도 경쟁력 부족이나 미래 불안 등의 자발적인 요인도 은퇴의 큰 비중을 차지하고 있음을 보여준다. 이렇게 한 설문조사를 기초로 은퇴선수 규모를 파악하고 그들의 취업생태 및 기타 생활 상태를 실태조사 한다.

〈표 1〉 은퇴선수 현황

구분	2014년	2015년	2016년	2017년	2018년	계
인원수(명)	10,647	10,873	10,064	8,962	9,382	49,928

자료 : 대한체육회(2019).

상기의 〈표 1〉에서 보는 바와 같이 은퇴선수는 지난 2014~2018년 5년간 약 5만 명에 달하는 것으로 나타나, 연평균 약 1만 명 정도가 은퇴하고 있는 것으로 추산된다. 대한체육회의 다른 내부자료(2017. 5)에 의하면, 2007~2016년간 누적된 은퇴선수 규모를 121천 명으로 추산하고 있다.[2] 은퇴선수의 약 35~43%가 무직자인 것으로 추정되고 있는데, 이 무직비율을 실업률(%)로 간주하고 있다. 대한체육회가 발표한 '2019년도 은퇴운동선수 실태조사' 자료에 따르면, 은퇴선수 무직비율(실업률)

1) 고등학교 졸업 후 은퇴가 36%, 대학 재학 중에 은퇴 26.1%, 대학졸업 후 은퇴 17.5%에 달해 20대 은퇴가 전체 은퇴선수의 약 80%에 이르고 있다. 일반 청년들의 노동시장 진입시기와 비슷하여 그들과 취업경합을 벌여야 한다.

2) 대한체육회 (2017) 참조.

이 41.9%에 달하고 있다(표 2 참조). 엄밀하게 말하면 무직비율과 실업률은 다른 기준이지만 자료가 제한된 상황 하에선 무직비율을 실업률의 대체변수로 간주하기로 한다. 대한체육회 조사방법에 의하면, 전체 설문 응답자에서 비취업대상자(통계청의 비경제활동인구와 비슷한 개념)를 제외한 나머지를 취업대상자로 한다. 이들 취업대상자를 취업자와 무직자로 구분하여 무직비율(무직자/취업대상자)을 산정한다. 여기서 취업대상자를 통계청의 경제활동인구로 보고, 무직자를 실업자로 보면 무직비율을 실업률의 대리변수로 볼 수 있을 것이다.[3)]

무직비율을 실업률로 간주할 경우 2016년 기준으로 누적 은퇴선수 121천 명 중에 약 42천~52천명이 실업자임을 시사한다. 그리고 매년 약 1만 명가량이 은퇴하는데 이중에 35~43%가 실업자라면 매년 3~4천 명씩 실업자가 생긴다는 것을 의미한다. 무직비율은 기간을 달리해도 대체적으로 일정한 범위로 나타나고 있어 은퇴선수 10명 중에 3~4명은 직업을 찾지 못하고 있는 것으로 추정된다. 무직자 중에 상당부분은 비경제활동인구도 포함되어 있을 것으로 예상되어 무직자 전체를 실업자로 볼 수는 없지만 일자리를 찾지 못한 비율이 상당히 큰 것으로 추정된다. 지난 5년간(2015~2019) 연평균 무직비율이 36.8%인데 2019년 이후에 증가되는 추세를 보이고 있다. 무직비율이 2019년도에는 급상승했다. 코로나19 발생 이전인데 2019년도의 무직비율이 급증했는데, 2020년도엔 코로나19 영향으로 무직비율이 더 높아질 것이다. 서울시 소속의 은퇴선수에 대한 조사에서도 2019년 기준으로 무직비율이 36.1%로 나타나고 있어[4)] 은퇴선수 10명 중에 3~4명은 무직인 셈이다. 이는 청년층 실업률이 10%인 것과 비교하면 거의 세 배에 달하고 있다.

---

3) 통계청에서 발표되는 실업률과 대한체육회에서 발표되는 무직비율은 기준이 다른 점에 유의해야 한다. 은퇴선수 설문 피대상자가 취업자를 어떻게 인식하고 있는가에 따라 달라질 수도 있다. 예를 들면, 은퇴선수 A가 편의점에서 일주일에 두 시간씩 아르바이트로 잠깐 일하면서 취업준비를 하는 경우 본인은 제대로 된 일자리(취업)가 아니라고 인식하고 무직자로 답할 수도 있다. 그러나 이 경우 통계청 기준에 따르면 취업자로 간주된다.

4) 서울시체육회 내부 자료(2019) 참조.

〈표 2〉 은퇴선수 취업 업종 추이(2015~2019)

(단위 : %)

구분	스포츠 관련업종	사무직	판매 업종	서비스 종사	군인	기타	무직 (실업률)	계
2015	21.7	9.59	4.17	14.9	2.52	9.99	37.1	100
2016	25.08	9.1	5.27	17.09	4.48	3.61	35.38	100
2017	22.70	4.8	1.3	0.8	2.0	3.4	35.4	100
2018	35.8	7.5	2.5	9.5	1.5	9.4	33.8	100
2019	29.8	4.0	2.0	1.4	4.3	16.5	41.9	100

자료 : 대한체육회(2020).

이런 추세라면 실직 상태인 은퇴선수는 점점 누적적으로 늘어날 것이다. 은퇴선수들은 취업도 쉽지 않아 청년층의 고용 사각지대로 남아 있는 셈이다. 아래에서 더 상세한 내용을 언급하겠지만 은퇴선수들은 일반 청년층과 상황이 달라서 차별화된 별도의 취업대책이 필요하다. 은퇴선수들은 어린 시절부터 운동에만 전념해온 까닭에 취업준비가 일반 청년들에 비하여 많이 떨어져 취업하기가 쉽지 않다. 대부분의 은퇴선수들은 20대에 은퇴하기 때문에 일반 청년층과 일자리 경합을 벌이게 되어 양질의 일자리가 많은 제조업, 금융, 전문 직종에는 관심을 보이지 않는다. 일반 기업이나 조직에서 필요로 하는 기본적인 역량(문서작성이나 기초적인 사무처리 능력 등)이 떨어져 취업 경쟁에서 불리하기 때문이다.

청년 vs 은퇴선수 실업률 비교

다음 [그림 1]은 통계청 자료를 이용하여 은퇴선수 기준과 같은 20~39세의 일반 청년층의 실업률을 은퇴선수의 무직비율(실업률)과 비교한 것이다. 은퇴선수의 무직비율 데이터를 2019년도까지 밖에 입수하지 못하여 2015~2019년간 비교하였는데, 일반 청년층(20~39세)의 실업률은 2017년에 정점을 찍은 후에 점차 감소추세에 있다. 반면에 은퇴선수들의 실업률 격인 무직비율은 2015년에서 2018년도까지 약간 완만한 감소추세를 보이다가 2019년도에 급증한 것으로 나타났다. 이런 추세라면

2020년의 은퇴선수들의 무직비율이 더 상승했을 것이다. 2020년도는 코로나19로 인하여 피트니스센터를 위시한 대면 서비스 업종이 직격탄을 맞아 무직비율이 훨씬 더 급증할 것으로 추정된다. 은퇴선수들의 주요 업종의 하나인 스포츠 강사, 운동지도사 등인데 이들 대면서비스업이 코로나 19에 큰 타격을 받았기 때문이다(표 3 참조).

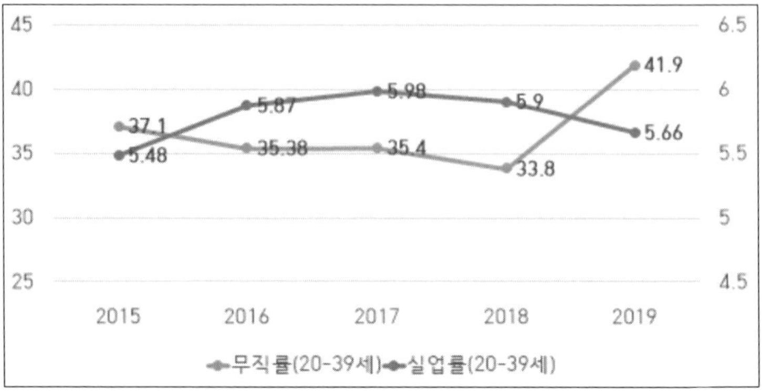

자료 : 통계청 자료 이용하여 필자 계산.

[그림 1] 은퇴선수와 동년배 청년의 실업률 추이 비교(%)

은퇴선수의 주요 취업 업종

다음은 은퇴선수들이 주로 취업하는 업종을 살펴보기로 한다. 은퇴선수들이 선호하는 업종은 자신감이 있고 친밀한 스포츠 분야에 집중하는 경향이 강하다. 〈표 2〉에서 확인되듯이 스포츠 관련 종사자가 약 30%로 가장 큰 비중을 차지한다. 그 다음이 서비스업, 판매업, 사무직 등이 뒤를 있고 있다. 스포츠 업종을 좀 더 세분화하면 스포츠 강사 및 트레이너(10.7%), 감독이나 코치(7.8%), 기타 스포츠 관련 분야(8.1%), 사무직, 군인이나 경찰 등을 선호한다(표 3 참조). 대한체육회(2019) 상세한 내용을 보면, 취업 대상자 중에 절반이 넘는 51.2%가 체육계열 직업에 종사하며, 나머지 48.8%는 비체육계열에 종사하고 있다. 체육계열 종사자를 좀 더 세분하면 트레이너 등 스포츠 강사가 35.9%로 가장 많고, 그 다음이 감독, 코치 26.2%, 학교 교사 7.8%, 운동처방사 3.9%, 스포츠관련 자영업자 2.9%, 스포츠 시설 관리자 1.9%, 스포츠 매니저

1.9% 순으로 선호되고 있다. 반면에 비체육계열은 사무종사자 14.3%, 직업군인 10.2%, 경호/경비원 7.1%, 영업/영업관리 7.1%, 자영업자(사업경영) 7.1%, 경찰 5.1%, 바리스타 5.1%로 나타나고 있다.[5] 이런 패턴은 다른 실태조사에서도 일관되게 나타나고 있다(표 3 참조). 취업한 선수들 대부분이 원하는 것은 감독이나 코치, 스포츠 지도자가 되는 것이고, 그 다음이 스포츠 관련 산업이나 업종에 종사하고 싶어 한다. 은퇴선수들의 이런 취업 분야 선호도 추세는 거의 매년 비슷한 추세를 보이고 있다. 체육계열에서 일자리를 찾지 못한 은퇴선수들은 비체육계열에서 일자리를 찾아야 한다. 현역 선수들이나 은퇴선수들 대부분이 운동과 관련된 직무(감독, 코치, 스포츠 지도자, 체육협회, 단체 직원 등)을 원하고 있지만 자리가 한정되어 아주 소수자만 취업 되고 나머지 대다수는 서비스 업종에서 일하고 있다. 그 외에 태권도, 유도, 사격 등은 직무와 관련성이 높은 경찰, 경호 등에 취업하기를 선호한다. 양질의 일자리가 많은 제조업이나 금융업 등은 일반 청년들과 경쟁에서 불리하다는 생각에 포기하는 경향이 강하다. 그러나 운동선수들은 일반 청년들에 비하여 장점도 많다. 인내력과 끈기가 강하며 단체 생활에 익숙하여 조직생활에 잘 적응할 수 있는 장점이 많다. 이런 장점들은 기업체에서 선호하는 인재상과 비슷한 점이 많아 취업에 유리한 면도 있다. 다만 그들에게 부족한 업무역량을 교육으로 보완하면 양질의 유능한 인재가 될 수 있다. 한편 많은 중견기업 및 중소기업들은 인력난에 애로를 겪고 있다. 은퇴 선수들을 교육시켜 양질의 일자리가 많은 부분제조업, 신성장 산업 부문 등)에 투입시킨다면 청년 일자리 미스매치를 줄일 수 있을 것이다.

〈표 3〉 은퇴선수의 주요한 취업 업종(2019)

구분	스포츠 강사/ 트레이너	감독/ 코치	교사	강습업체 운영	스포츠 시설관리	스포츠 분야/ 기타	사무 종사자	서비스 종사자	판매 종사자	군인	일반/ 기타	무직
비율 (%)	10.7	7.8	2.3	0.3	0.6	8.1	4.0	1.4	2.0	4.3	16.5	41.9

자료 : 대한체육회(2020).

5) 대한체육회(2019), p.23 참조.

은퇴선수들의 수입

대한체육회에서 은퇴선수들의 실태를 파악할 때 급여(수입) 수준도 함께 파악하고 있다. 월 급여를 급여 구간 별로 파악하고 있는데, 100~200만원 미만이 46.8%로 가장 많은 비중을 차지하고 있으며, 그 다음이 200~300만원 미만이 36.8%로 월 300만 원 미만이 83.6%에 이르고 있다. 그리고 월 400만원 이상 고액연봉자는 전체의 4.5%를 차지하고 있으며, 저임금 대상자인 월 100만원 미만도 4.5%에 이르고 있다(표 4 참조). 대한체육회에서 2017년도에 유사한 조사를 실시하였는데, 월 100만 원 미만은 4.7%로 나타나 비슷한 비중을 차지하고 있는 반면에 월 400만 원 이상의 고액 급여 비중은 2017년도엔 13.7%였는데 2019년도엔 4.5%로 급격히 줄어들었다. 그리고 국가대표 경력 있는 은퇴선수가 일반은퇴 선수보다 높은 월수입을 나타내고 있다.

〈표 4〉 은퇴선수들의 월 수입 분포 현황(2019)

구분	100만원 미만	100~200만원 미만	200~300만원 미만	300~400만원 미만	400만원 이상
비율(%)	4.5 (4.7)	46.8	36.8	7.5	4.5 (13.7)

주 : ( )의 숫자는 2017년 기준임.
자료 : 대한체육회(2020).

운동선수들의 평균수입을 일반 청년들과 비교할 때 대체적으로 낮은 상태는 아닌 것 같다. 실업팀 소속의 선수들이 많을 경우엔 평균소득이 올라간다. 아래 〈표 5〉를 통해 은퇴선수의 월 평균 수입을 청년의 생애 첫 월급과 비교 및 참고할 수 있다.6) 통계기준이 다르기 때문에 직접 비교는 무리이지만 참고로 활용될 수는 있다. 은퇴선수는 20~39세이지만 청년층은 15~29세로 비교 연령이 다름에 유의할 필요가 있다. 급여 체계가 호봉제를 이루고 있는 경우 나이가 많을수록 급여가 높게 나타난다. 또한 은퇴선수들의 급여는 첫 월급이 아닌 재직 기간 동안의 월 평균 수입인 반면에 청년층은 생애 첫 월급이기에 낮다. 연령기준도 다르

6) 일반청년들의 월 평균 급여에 관한 통계를 구할 수 없어 통계청의 청년 생애 첫 월급 자료를 참고한다.

고 월 급여 기준도 달라 동일 선상에서 비교하는 것은 무리지만, 은퇴선수들의 월 평균 수입을 청년들과 간접적으로 비교하여 참고하는 정도임을 밝힌다.

〈표 5〉 청년 (15~29세)의 생애 첫 월급 비중(%)

	2017.5	2018.5	2019.5	2020.5
100만원 미만	16.7	17.8	17.7	17.9
100~200만원 미만	67.1	64.9	61.8	58.7
200~300만원 미만	12.8	15.3	18.1	20.5
300만원 이상	2.3	2.1	2.4	2.9

주 : 통계청 자료를 필자가 재구성 함.

일반 청년들의 첫 월급은 은퇴선수들에 비하여 상대적으로 저임금의 비중이 높은 반면에 고액급여 비중은 낮은 것으로 나타나고 있다. 청년층의 경우 월 100만원 미만의 비중이 17%를 넘는 반면에 은퇴선수들의 저임금 비중은 5%를 넘지 않고 있다. 반면에 은퇴선수들의 월 300만 원 이상은 2019년 기준으로 12%에 달하는데 청년들은 3%에도 미치지 못하는 것으로 나타나고 있다(표 4 및 표 5 참조). 비교기준이 다름을 감안해도 청년 시기에는 은퇴선수들이 일반 청년에 비하여 상대적으로 고액임금 비중(분포)이 높은 것으로 추정된다. 또한 은퇴선수들과 일반 청년들의 기대임금(reserved wage) 수준에서도 상당한 차이가 있는 것으로 나타났다. 청년층과 은퇴선수들에게 중소기업에 취업한다고 가정했을 경우 희망 급여(연봉)에 대한 설문조사를 비교했다. 서울시청, 구청, 공사(교통공사, SH공사, 시설공단 등) 소속의 운동선수들을 대상으로 중소기업에 취업할 경우 희망하는 급여수준을 조사했다. 일반 청년들은 대상으로도 동일한 방법으로 조사한 것을 상호 비교했다.[7] 일반 청년과 운동선수들을 대상으로 중소기업에 취업할 경우 입사할 희망연봉(이 조건 이상이면 입사), 적정연봉(적정하다고 생각하는 수준), 최소연봉(이 수준 이하이면 입사포기), 최고연봉(이 조건이면 무조건 입사) 등 다양한 연

7) 장욱희, 이윤재, 박주영 (2018) 참조.

봉조건을 PSM(Price sensitivity method)방식[8]으로 조사했다. 여기서 한 가지 흥미로운 차이점을 발견했는데, 운동선수들이 기대하고 있는 연봉수준이 일반 청년들에 비하여 높게 나타나고 있다(표 6 참조).

〈표 6〉 청년과 운동선수들의 중소기업 취업 시 기대임금 비교

(단위 : 만원)

	일반 청년 (2018년 기준)		운동선수 (2019기준)
	미취업자	취업자	미취업자
적당한 연봉	2,700	2,800	4,200
낮지도 높지도 않은 연봉	2,300	2,600	3,900
입사 포기 수준	2,200	2,400	3,200
무조건 입사	3,200	3,800	5,500
적당한 연봉 범위	2,300 ~ 2,700	2,600 ~ 2,800	3,900 ~ 4,200
최저와 최고 연봉	2,200 ~ 3,200	2,400 ~ 3,800	3,200 ~ 5,500

자료 : 장욱희, 이윤재, 박주영 (2018), 장욱희, 이윤재(2019).

〈표 6〉에 의하면, 청년들이 중소기업 입사 시에 생각하고 있는 적정한 연봉 범위가 2,300~2,700만원 수준인데 미취업 운동선수들은 3,900~4,200만 원으로 매우 큰 차이를 보이고 있다. 은퇴선수들이 재취업에 나설 경우 그들의 기대임금(reserved wage)이 높게 나타나는 경향이 있다. 실업팀에서 받던 수입(승리 수당 등 포함)이 또래에 청년들에 비하여 높은 편이다. 실업팀 선수로 받던 급여수준을 취업 시에 기대임금(reserved wage)으로 여기는 것 같다. 대한체육회(2018,b)에 의한 조사에서도 운동선수들의 희망연봉이 현역 선수시절보다 상당히 높게 나타났다. 현역 운동선수의 평균 연봉이 2,999만원인데 재취업 시 희망연봉은 5,160만원으로 그 격차가 2,161만원에 달했다. 한편 은퇴선수들

8) PSM방식은 기업체에서 어떤 제품(서비스)를 출시할 경우 소비자들의 가격 반응을 보고 적정가격을 정할 때 활용되는 분석기법이다. 가격대 비교를 위해 '싸다', '비싸다', '너무 싸다', '너무 비싸다' 등의 가격 구간을 통해 소비자들의 반응을 보고 가격을 설정할 때 참고로 활용한다. 이 방법을 청년들이나 은퇴선수들의 중소기업에 취업하려고 할 때 급여 조건을 보기 위해 적용했다. 상세한 것은 장욱희, 이윤재, 박주영(2018) 참조할 것.

은 중소기업에 대한 취업 선호도가 그다지 높지 않다. 2019년도의 대한체육회의 조사에 의하면, 중소기업 취업 비중은 19.9%에 이르고 있으며, 개인사업체(자영업) 27.9%로 중소기업 취업보다 더 큰 비중을 차지하고 있다. 중소기업 취업 보다는 자영업을 선호하는 것으로 읽혀진다. 서울시 및 각 지자체의 체육관련 협·단체도 은퇴선수들이 가고 싶어 하는 직장이지만 소수만 채용하고 있어 경합이 치열하다(표 7 참조). 그리고 고용형태는 여전히 비정규직이 많아(55.7%) 고용의 불안정성이 높다. 대한체육회(2018) 자료에 따르면, 2018년도의 비정규직이 비중이 64.6%였던 것에 비하면 개선되었지만 일반 임금근로자와 비교하면 고용불안정성이 대단히 높은 편이다. 일반 임금근로자의 경우 2018년도의 임금근로자 중 비정규직의 비중이 32.9%인 것과 비교하면 은퇴선수들의 비정규직 비중은 매우 높다.

〈표 7〉 은퇴선수들의 일자리 현황(2019)

	구 분	비중(%)
기업규모 및 형태	대기업 / 중견기업	10
	중소기업	19.9
	개인사업(자영업체)	27.9
	공공기관	24.9
	체육협회 및 단체	11.4
	기타	6
고용 형태	정규직	44.3
	비정규직(계약직)	55.7

2. 은퇴선수들에 대한 취업지원 현황

우리나라 체육계는 오랫동안 엘리트 선수 위주로 운영되어 왔다. 올림픽에서 금메달, 은메달, 동메달 따는 것에 집중하고 엘리트 선수들에 대한 지원에 초점을 맞췄다. 그로 인해 일반선수들에 대한 은퇴 후의 취업 지원은 소홀하게 되었다. 올림픽 메달리스트들은 은퇴 후에도 감독이나 코치 등 체육인의 엘리트 코스를 밟아 진로나 취업에 큰 문제가 없지만 일반선수들은 취업의 사각지대에 놓일 수밖에 없게 되었다. 이런 문제점을 해소하고자 대한체육회에서 2013년부터 은퇴선수들에 대한 실태 파악 및 그들의 진로 및 취업알선 대책을 지원하고 있다. 국민체육진흥법 제14조(선수 등의 육성), 제33조 제4호(체육인의 복지 향상) 제5호 국가 대표 은퇴선수 지원 사업) 등에 의거하여 2013년부터 은퇴선수 지원 사업이 본격적으로 추진되고 있다. 이런 변화의 일환으로 은퇴선수들에 대한 체계적인 취업지원 서비스를 제공하기 위하여 대한체육회 산하에 은퇴선수진로지원센터가 설립되어 운용되고 있다.

은퇴선수진로지원센터 운용

현역선수 및 은퇴선수들에 대한 진로 및 취업촉진을 위하여 대한체육회와 국민체육진흥공단이 합동으로 '체육인진로통합센터'를 설치하고, 그 산하에 '은퇴선수진로지원센터(대한체육회 조직)', '체육인아카데미(국민체육진흥공단 조직)', '스포츠산업일자리센터(국민체육진흥기금 조직)'을 두고 운동선수들에 대한 취업상담, 취업알선, 취업교육 등을 제공하고 있다(그림 2 참조).

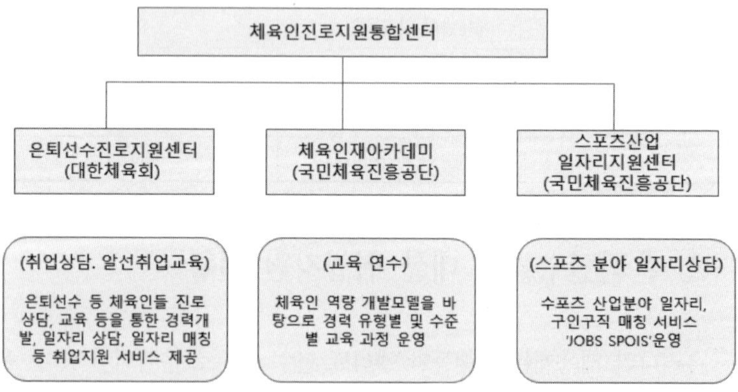

자료 : 대한체육회 (2018, a) p.24에서 인용.

[그림 2] 체육인들을 위한 취업/진로지원 체계

[그림 2]에서 보는 바와 같이 대한체육회 산하의 '은퇴선수진로지원센터'에서 주로 은퇴선수들에 대한 취업/진로상담, 일자리 매칭 등을 수행하고 있다. 또 다른 조직으로는 국민체육진흥공단 산하에 체육인들의 교육, 연수활동을 주로 수행하는 '체육인재 아카데미'와 스포츠산업분야 일자리지원센터가 있다. 국민체육진흥공단은 은퇴선수들의 취업이나 진로에 특화하기 보다는 체육 전반에 걸친 교육(지도자 교육 등) 및 스포츠 산업지원에 더 많은 관심을 갖고 있다. 은퇴선수들에 대한 특화된 사업은 실질적으로 대한체육회 산하 '은퇴선수진로지원센터'를 중심으로 운영되고 있다. 대한체육회의 체육진흥본부 밑에 교육복지부에서 관장하고 있다. 은퇴선수들에 대한 진로상담, 각종 취업지원과 관련된 일을 교육복지부에서 맡고 있는데 인력과 예산 부족으로 한계가 있다. 은퇴선수지원에 대한 주요 업무로는 다음과 같다.[9]

[은퇴선수 지원]

- 은퇴선수 취업지원 서비스 운영
  - 교육, 상담, 컨설팅, 취업알선, 사후관리
  - 멘토링 프로그램, 집합교육, 취업,창업 전문교육 등
- 현역 운동선수(잠재은퇴선수) 진로교육 지원(전문인력 운영)
- 스포츠스타 진로 지원(멘토링) 사업 운영
- 은퇴선수 맞춤형 직업훈련 지원
- 은퇴선수 잡매칭 시스템(홈페이지) 운영
- 은퇴선수 생활실태조사
- 고용능력개발위원회 운영

은퇴선수진로지원센터는 대한체육회의 교육복지부에서 관장하고 있는데 현실적으로 직접 운영하기 곤란하여 외부 유관 기관(컨설팅 업체들)에게 위탁 운영하고 있다. 위탁운용 업체들이 떠맡다 보니 책임 관리 운용이 쉽지 않고 취업 알선에서 구인업체 발굴 등 취업 및 진로관련 데이터(DB) 축적이 잘 안되고 있다. 상담사들을 통하여 진로상담 등이 주로 이뤄지고 있으며 구직상담은 상대적으로 저조한 것으로 파악되고 있

9) 대한체육회(2017), "은퇴선수 지원사업총괄 현황," 참조.

다. 취업알선을 위한 구인업체 발굴 등이 활발해야 취업률을 올릴 수 있는데 이런 부분은 상대적으로 약하다. 또한 위탁업체에 맡기다 보니 구인업체 발굴 및 취업알선 등에 대한 인적 네트워킹, 노하우, 관련 DB구축 등이 잘 구축되지 못하는 한계점이 있다. 장기적인 관점에서 대한체육회 유관부서에서 DB구축 및 전문가를 양성하여 실효성 있는 은퇴선수 진로/취업 전문성을 쌓는 것이 바람직하다. 외부업체 위탁 운용은 편하고 단기적으로는 비용이 적게 드는 것 같지만 실효성 있는 지원이 될 수 없다. 또한 위탁업체에 맡길 경우 은퇴선수들에 대한 개인정보에 대한 관리도 쉽지 않다. 개인정보 유출 및 개인정보 유용 문제가 발생될 소지도 있다.

은퇴선수 진로지원센터를 외부 위탁업체에 맡긴 경우(은퇴)선수들의 참여율이 낮았으며 취업성공률도 낮은 것으로 평가되었다. 은퇴선수들은 진로지원센터 존재 여부도 모르는 경우가 많아 적절한 홍보가 필요함을 지적하고 있다.[10] 또한 대한체육회(2018, a)에 의하면, 은퇴선수 사업평가에서 은퇴선수 취업률이 33%로 저조했으며 사업평가 점수도 32.5로 낮게 나타나 기대에 미치지는 못하는 것으로 평가되었다.

은퇴선수들의 인식부족과 적절한 홍보 필요

중앙정부 차원에서 운동선수(은퇴선수)들에 대한 별도의 독립적인 지원프로그램은 없다. 형식적으로는 정부 및 지자체가 지원하고 있는 다양한 청년취업 지원 프로그램 속에 포함되어 있다. 청년층 나이와 은퇴선수의 나이가 비슷하기 때문이다. 청년층에 대한 통상적인 기준은 15~29세이지만 취업지원과 관련된 청년층의 나이는 그 보다 더 연장되는 경우가 많다. 예를 들면, 고용노동부의 청년일자리 지원 사업은 15~34세로 은퇴선수의 기준인 20~39세와 비슷하다. 운동선수(은퇴선수 포함)들도 청년 연령에 속해 정부가 지원하는 청년취업 프로그램에 참여할 수 있지만 현실적으로 거의 활용되지 못하고 있다. 운동선수들은 현역 선수

10) 은퇴선수 간담회에서 지적된 주요 항목 중의 하나임. 상세한 것은 대한체육회(2018, a) 참조.

시절에는 당장 경기에서 승리하는 것이 지상 목표이기에 운동에만 집중하느라고 다른 곳에 신경을 못 쓴다. 감독이나 코치도 운동에만 집중하라고 요구하는 분위기이다. 이런 분위기로 인해 청년층 취업지원에 대한 정보를 잘 모른다. 또 다른 이유로는 각종 청년취업지원 프로그램은 일반 청년들을 위한 것이지 운동선수들과는 거리가 멀다. 정부의 각종 지원 대책은 일반 청년들에게 상대적으로 유리한 측면이 많아 은퇴선수들은 자신들에게 실질적인 혜택이 없다고 여기고 있다. 취업에 필요한 일반적인 역량도 떨어져(예 : 문서작성 역량, 취업에 필요한 전공지식, 이력서 작성이나 면접 등) 취업활동에 불리하다고 여긴다. 또한 운동선수들은 운동이나 스포츠 관련 업종 외 제조업 등 다른 업종에 대해 관심이 없다. 상기에서 언급한 이유 등으로 인해 정부에서 청년층의 취업촉진을 위하여 제공하는 각종 다양한 지원 대책에 대해 은퇴선수들은 잘 모른다. 예를 들면, 중소기업에 청년들이 취업할 경우 정부가 보조금을 지원해주는 정책(예 : 청년내일채움공제 사업)이나 청년들의 취업활동을 지원해주는 정책(예 : 청년구직활동지원금)들에 대하여 잘 모른다.[11] 은퇴선수들은 위에서 살펴봤듯이 운동관련 직종에 관심이 많고 제조업이나 기타 서비스 업종 등에 대한 인식이 부족하고 관심도 적어 구직활동에 소극적인 경향이 짙다. 또한 은퇴선수들의 취업경로를 살펴보면 지인이나 가족 소개로 취업하는 비율이 상당히 높다. 반면에 일반 청년들은 구직정보를 통해 일자리를 얻는 비율이 높다. 다음 〈표 8〉은 취업경로를 세분화하여 보여주고 있다. 취업경로에 대한 2018년도 설문조사에서 지인/가족에 의한 취업이 41.9%로 높은 비중을 차지하고 있다. 공개채용이 28.9%, 그리고 특별채용이 27.8%로 비슷했다. 흥미로운 것은 국가대표 출신 은퇴선수는 지인/가족을 통한 취업비율은 38.5%로 전체 은퇴선수보다 낮았으며 공개채용을 통한 취업비중은 38.5%로 10%포인트나 높게 나타났다(표 8 참조).

11) 필자가 서울시 현역 운동선수들에 대한 은퇴대비 진로교육에서(2019~2020) 청년들을 대상으로 한 취업지원 프로그램(청년내일채움공제, 청년구직활동지원금, 취업성공패키지 등)에 대하여 알고 있느냐는 질문에 거의 대다수가 모르고 있었다.

〈표 8〉 은퇴선수의 취업경로 (2018년 기준)

(단위 : %)

구 분	지인 / 가족 관계	공개 채용	특별 채용
은퇴선수 (전체)	41.9	28.9	27.8
국가 대표	38.5	38.5	20.9
일반 선수	43.1	28.7	26.4

자료 : 대한체육회(2018, a).

대부분의 운동선수들은 은퇴선수들에 대한 취업/진로지원 프로그램이 있는 줄조차 모르는 경우가 태반이다. 대한체육회 실태조사(2018, 2019)에 의하면 은퇴선수 지원 프로그램에 대해 모르고 있다는 응답비율이 72.9%(2018년), 79.4%(2019)에 달하고 있다. 은퇴 후에 대비한 지원프로그램의 존재조차도 잘 알지 못하는 상황에서 아무리 좋은 프로그램을 만들어도 쓸모가 없게 된다. 진로취업지원 교육에 참여한 비율이 17.2% 정도이고 대다수인 82.8%는 진로 교육 경험이 없다고 한다. 한편 은퇴선수들은 진로상담과 적극적인 정보제공을 요구하고 있다. 은퇴를 앞둔 선수들에게 필요한 지원이 무엇이냐는 설문에 진로상담 27.8%, 취업관련 정보제공 20.6% 순으로 나타났다(표 9 참조). 은퇴선수들이 취업에 대한 정보를 쉽게 제때 얻지 못해서 지인이나 가족에게 의존하고 있을 가능성이 높다. 이런 정보소통의 미스매치를 해소하기 위한 효율적인 대책이 필요하다. 정보제공 외에도 취업에 필요한 자격증 시험 대비 12.3%, 경제적인 지원 11%, 스포츠 진로교육 10.3% 등으로 나타났다(표 9에서 1순위 참조).

〈표 9〉 은퇴를 앞둔 선수들에게 필요한 지원(2019)

	1순위 (%)	2순위 (%)	3순위 (%)	다중응답(%)
진로 상담	27.8	16.6	8.3	17.5
취업관련 정보제공	20.6	20.4	14.0	18.6
자격증시험 대비	12.3	14.3	16.0	14.2
경제적 지원	11.0	8.7	13.2	11.0
스포츠 진로 교육	10.3	12.3	10.9	11.1
이력서/자기소개서 첨삭	4.0	5.7	6.9	5.5

자료 : 대한체육회(2019) 참조.

운동(은퇴)선수들은 현재 정부의 청년 취업촉진 정책에서 실질적인 취업 사각지대에 놓인 셈이다. 위에서 살펴봤듯이 매년 약 1만 명 정도가 은퇴하고, 그 중에 대략 35%가 실업자인 셈이다. 십년 누적되면 은퇴선수 청년층의 실업자만 해도 3만 5천에 이른다. 현재 연간 청년실업자의 10%에 이르는 규모이다. 2020년 청년(15~29)의 실업자가 37만 명이었던 것에 비춰 보면 은퇴선수들의 실직자가 계속 누적되고 있는 것을 방치할 수 없다. 은퇴선수들은 일반 청년들과 달리 취업시장에서 전문성(전문지식) 및 취업역량(문서작성 능력 등)이 떨어져 취업시장에서 밀려나고 있다. 따라서 은퇴선수들에 대한 생애주기에 따른 맞춤형 지원 대책이 필요하다. 체육계 지도자(행정담당자들, 감독 및 코치 등)들이 운동선수의 생애(life-cycle) 관점에서 은퇴 후의 진로에 대해서도 사전에 충분히 준비할 수 있도록 관심을 가져야 한다.

3. 은퇴선수들에 대한 효율적인 취업·진로 지원 개선책

선수의 생애주기 관리 및 종합적인 지원 대책 필요

운동선수들이 은퇴하는 시점은 60% 이상이 고등학교 졸업 및 대학 재학 중에 한다. 대부분의 경우 운동경력이 10년 이상이다. 어린 시절부터 운동만 해온 탓에 취업에 필요한 직무역량도 부족하여 취업 경쟁에서 불리하다. 또래의 청년들은 오랫동안 취업에 필요한 역량을 축적하고 취업에 대한 정보를 수집하고, 취업준비를 꾸준히 해서 취업에 유리하다. 반면에 운동선수들은 오로지 운동에만 전념한 탓에 취업준비 기간도 짧고 관련된 정보도 부족하다. 운동선수, 감독 및 코치들은 승리를 위해 운동에만 집중하여 경기력을 높이려 하기 때문에 취업준비는 경기력 향상에 걸림돌이라고 생각한다. 이런 분위기 때문에 코치나 감독 등이 취업준비에 대한 교육의 필요성을 인정하면서도 실제로 선수들을 취업준비 교육에 참여시키는 것에 대해서는 소극적이다. 실업팀의 감독이나 코치는 운동경기 승리로 평가받기 때문에 우승에 집중할 수밖에 없는 구조다. 운동선수도 좋은 성적을 내야 인정받고 은퇴 후에 코치나 감독 또는 지도자로 전직할 수 있기 때문에 우선은 경기력 향상에 집중한다. 운동선수 중에 극히 일부선수만 은퇴 후에 코치나 감독으로 경력을 쌓은 후에 체육관련 분야 협회나 단체에 취업하여 운동관련 분야에서 일한다. 그 나머지 대부분의 일반 선수들은 부상, 경기력 저조, 미래에 대한 불안 등으로 20대에 취업준비도 없이 은퇴를 한다. 따라서 다음과 같은 실효성 있고 체계적인 지원개선책이 필요하다. 첫째, 체육행정 담당자들, 감독, 코치들이 운동선수를 생애주기 차원에서 관리하여 은퇴 후 취업/창업 준비를 위한 교육에 적극 참여하는 실효성 있는 정책개발이 필요하다. 이를 위해 대한체육회, 각 지자체에서 운동선수들의 은퇴 대비 교육 확대 및 전문가의 컨설팅 지원이 절실하다. 둘째, 운동선수들의 은퇴 후 교육, 훈련을 위해 문화체육관광부, 대한체육회 및 지자체의 체육관련 조직들과 정부의 고용관련 유관 기관들(고용노동부, 중소벤처기업부 등)과 다양한 협업이 필요하다. 예를 들면, 고용노동부의 취업성공패키지, 국민취업지원제도, 청년구직급여 등은 은퇴선수들도 잘 활용할 수 있는 프로그램인데 정작 은퇴선수들은 그에 관한 정보를 잘 모른다. 현재 정부는 청년취업(창업)을 촉진시키기 위한 다양한 프로그램과 재원을 투입하고 있는데, 은퇴 선수들은 관련 정보도 잘 모르고, 준비가 안되어 정책의 사각지대에 놓여 있다. 한편 군인들의 경우 제대 후에 취업을 촉진시키기 위한 다양한 지원 프로그램이 유관기관과 협업을 추진하고 있는 것을 참고할 필요가 있다. 예를 들면, 2017년도에 중소기업중앙회와 육군 간에 중소기업 취업 시범 사업을 체결하여 추진하고 있다. 셋째, 대한체육회 산하에 은퇴선수진로지원센터의 역할을 강화시킬 필요가 있다. 현재는 대한체육회의 교육복지부 부서에서 관장하고 있으며 외부 컨설팅업체에 위탁 경영하고 은퇴선수들에 대한 실질적인 서비스가 제대로 안되며 서비스 수준도 낮다. 대한체육회의 은퇴선수진로센터를 독립적인 기구로 격상시키고 활성화시켜야 한다. 중·장기적인 관점에서 대한체육회 내에 취업 전문가를 확보하여 실효성 있는 프로그램 개발 및 운용 노하우를 내재화해야 한다. 운동선수들에 관한 각종 DB 구축을 통해 빅데이터 및 AI로 연계 활용할 수 있는 실효성이 있는 일관된 프로그램 개발해야 한다. 또한 동시에 구인업체 발굴 등 네트워크를 구축하는 등 은퇴선수들을 위한 취업·창업 플랫폼 역할로서 은퇴선수진로지원센터를 활성화시켜야 한다.

은퇴선수를 위한 실효성 높은 취업·창업 교육 강화

2019년도 은퇴선수의 생활 실태조사에 의하면 은퇴한 결정적 사유는 불안한 미래 29.8%, 부상 24.8%, 경쟁력 부족 12.1%, 팀 해체 10.4%, 환경적 어려움, 계약조건, 관계불화 등 6.9% 순으로 나타났다. 불안한 미래 때문에 자발적으로 은퇴하는 비율이 가장 높다는 점에 유의할 필요가 있다. 이는 선수들의 스트레스 종류에서도 확인되고 있다. 불확실한 미래에 대한 스트레스가 0.864로 가장 크며, 진로전환 스트레스 0.773, 그리고 경제적인 스트레스 0.771 순으로 나타났다. 취업준비도 없이 부상 등으로 갑자기 은퇴하거나 충분한 직업전환 준비 없이 은퇴를 하는 경우 딱히 은퇴선수 청년들이 갈 곳이 별로 없는 것이 현실이다. 많은 경우 특별한 직무 기술이 필요치 않은 저임금 서비스 직종에 종사한다. 상기의 〈표 2〉를 보면 서비스종사자나 판매종사자 비중이 높을 경우에는 무직비율이 낮아진다. 이는 은퇴선수들이 희망하는 체육관련 종사자 외에는 상당수가 저임금 서비스 업종에 종사하고 있음을 시사한다. 선수들은 자신의 경력에서 그 동안 운동만 해 왔기 때문에 취업에 대한 시야가 매우 좁다. 필자는 지난 몇 년 동안 운동선수들의 진로 및 취업 특강에 참여했을 뿐만 아니라 운동선수들과 직접 면담을 경험했는데, 운동선수들이 취업에 대한 정보가 매우 부족하고 은퇴 후 업종 선택 폭도 제한적이라는 것을 알게 되었다.[12] 운동과 관련된 업종으로 국한하려는 경향이 강하고 스포츠 외에도 다양한 유망한 업종이나 직종이 있다는 것을 일깨워 주고 그에 필요한 교육을 제공해 줘야 한다. 자신의 적성에 맞는 업종이나 직종을 개발하여 스포츠외 다양한 업종으로 진출시킬 필요가 있다.

12) 대한체육회 고용능력개발위원회 위원장(2017~2019) 및 서울시체육회 소속 선수들 은퇴대비 진로/취업 교육 특강(2019, 2020).

운동선수들에게 한국폴리텍대학의 직업훈련 교육에 참여할 의사가 있느냐는 질문에 62.5%가 참여할 의사가 있다고 답했다. 교육기간은 1개월 18.5%, 3개월 27.5%, 6개월 17.3% 등 6개월 이내가 63.3%로 단기간 위주였다. 운동과 교육의 병행이 쉽지 않음을 반영하고 있다. 반면에 2년 학위과정도 17.3%로 장기간 교육받겠다는 비중도 꽤 높았다. 운동 이외의 분야로 전환하려면 상당한 기간 동안 체계적인 교육이 필요하다. 한국폴리텍대학에 개설된 과정 중에 선호하는 교육과정을 살펴보면 남성은 건축, 자동차, 호텔운영, 조리, 의료보건, 디자인, 정보통신/IT 등 관련 직종에 대한 요구가 높은 반면 여성은 보건의료, 디자인, 사무행정, 호텔운영, 조리, 건축 순으로 나타났다. 한편 은퇴선수들이 한국폴리텍대학에 개설하길 희망하는 과정으로는 운동처방사 스포츠마케팅 전문가 스포츠 영상 경기분석 스포츠 영상 크리에이터 등이었다. 여전히 운동이나 스포츠 관련 업종에 관심이 컸다. 그러나 이 분야에 대한 분야 진출도 만만치 않다. 스포츠산업 분야에 대한 체육(스포츠) 관련 졸업생의 진출 비중을 보면 대졸 기준으로 스포츠 서비스 업종은 비체육계열 졸업자가 절반 이상인 55.2%, 스포츠 용품 업종도 33.9%를 점유하고 있다(대한체육회, 2018.b 참조). 스포츠 시설업종은 스포츠 계열 졸업자가 다수인 51.6%를 점유하고 있다. 스포츠 업종에서도 장래가 유망하며 급여, 복리후생 등 조건이 좋은 업종은 비체육계열 졸업생과 경합을 벌여야 한다.

은퇴선수를 위한 맞춤형 차별화된 교육 설계

은퇴선수들은 일반 청년들에 비하여 취업에 필요한 역량이 부족하므로 차별화된 맞춤형 교육이 필요하다. 예를 들면, 은퇴선수들은 문서작성 능력, 자료처리 능력, 통계 활용 능력 등에서 대다수의 선수들 스스로 '하위수준'으로 평가하였다(서울시체육회, 2020. 7). 따라서 취업시장 진입에 필요한 기초 스킬을 배워야 함을 시사한다. 이를 위해 은퇴선수들을 위한 맞춤형 차별화된 프로그램이 필요하다. 또한 업종에 따라서 필요한 직무역량도 다르다. 예를 들면, 체육계열 업종과 비체육계열 업종에 따라서 취업역량의 중요도가 다르다. 체육계열 업종에 취업하려는 경우에는 운동선수 경력, 학력, 자격증, 인성(평판관리) 등의 순으로 중요하게 평가되었다. 반면에 비체육계열 업종의 경우는 인성(평판관리)이 가장 중요한 평가 요인이었으며, 그 다음이 운동선수 경력, 인맥, 신체조건의 순서였다(대한체육회, 2019 참조). 따라서 비체육계열에 취업하려는 경우에는 인성 면접 대비가 중요함을 시사한다. 은퇴선수들의 취업 성공률을 높이기 위해선 대상 기업에 대한 타깃팅도 중요하다. 미취업 은퇴선수들이 희망하는 기업규모나 형태를 살펴보면 제1위가 체육협회 및 단체 29%, 그 다음이 공공기관 24.8%, 중소기업 17.9%, 대기업/중견기업 13.8%, 개인사업체(자영업) 10.3%, 기타 4.1% 순으로 나타났다(대한체육회, 2019). 일반 청년층과 상당히 다른 양상을 보이는 부분이다. 일반청년들은 공공기관, 대기업, 중견기업, 그리고 중소기업 순으로 선호하고 있다. 이는 은퇴선수들의 현실적인 취업 가능성을 반영하여 중소기업에 대한 선호도가 대기업/중견기업 보다 앞서고 있다. 은퇴선수들의 취업 선호도와 중소기업의 구인난의 미스매치를 잘 해결할 수 있는 방안을 강구할 필요가 있다. 중소기업은 구조적인 구인난으로 애로를 겪고 있다. 특히 코로나19로 인해 외국인 근로자 유입이 안되어 더 심한 인력을 겪고 있다. 엎친데 덮친 격으로 2021년 7월 1일부터 시작되는 근로시간(52시간) 단축이 종업원 5~49 업체까지 확대되어 대다수의 중소기업 인력난을 더 악화시킬 우려가 있다. 은퇴선수들은 단체 조직생활에 익숙하여 적응력이 높고 인내력과 끈기를 갖고 있는데, 이런 장점들이 중소기업체에서 선호하는 인재상에 가깝다. 중소기업 구인난 해소와 함께 은퇴선수들의 취업기회 확대에 기여할 수 있도록 은퇴선수와 중소기업 간에 미스매치를 해소시킬 수 있는 지원 대책이 필요하다.

체육지도자 및 체육관계 행정가들의 협력 및 협업 지원체계 구축

운동선수뿐만 아니라 감독, 코치 및 지도자, 그리고 체육관계 행정가들과 함께 협업해야 소기의 성과를 낼 수 있다. 대부분의 감독이나 코치들도 운동선수들의 은퇴에 대비해서 사전에 취업이나 창업에 필요한 교육 및 훈련을 받을 필요가 있다는 것은 인정하지만, 현실적으로 운동경기에서 성과(승리)를 내야 하기 때문에 선수들이 은퇴대비 교육받을 수 있도록 배려해주는 것에 대하여 주저한다. 운동경기에만 집중해야 하는데 취업을 생각하면 운동에 집중하지 못해 경기력 향상에 방해 요인으로 작용한다고 생각한다. 그리고 운동 훈련 시간을 할애하여 은퇴준비 교육을 받을 수 있도록 시간배정을 잘 안 해주려고 한다. 이런 문제를 해결하기 위하여 적절한 온/오프라인 교육개발이 필요하고, 그에 필요한 인프라구축에 재정적인 지원이 뒤따라야 한다. 또한 실업팀에서 감독이나 코치에 대한 평가방식을 재검토할 필요가 있다. 운동선수들을 생애주기 관점에서 파악하여 종합적인 관리 차원에서 선수 및 감독이나 코치들에 대한 평가방식도 유연하게 바뀌어야 할 것이다. 필자가 운동선수들에 대한 특강에서 만난 선수들과 편하게 얘기를 나눠 본 결과 대부분의 선수들이 은퇴대비 취업에 관한 교육의 필요성에 대하여 높은 공감을 나타냈으며 지속적인 별도의 교육을 해줬으면 좋겠다는 의견을 표했다. 그리고 취업관련 교육을 받을 때 감독이나 코치의 허락을 받기가 쉽지 않다는 점을 애로 사항으로 언급했다.

참고문헌

대한체육회(2017), “은퇴선수 생활 실태 및 진로사업 개발”, 서울 : 대한체육회.

대한체육회 (2018, a), “2018년 은퇴선수 지원사업 평가 및 개선방안 연구,” 서울 : 대한체육회.

대한체육회 (2018, b), “은퇴선수 실태조사 및 일자리 발굴 연구결과 보고서,” 서울 : 대한체육회.

대한체육회 (2019), “2019년도 은퇴선수 실태조사,” 서울 : 대한체육회.

장욱회, 박유선 (2020), “은퇴 경제인 맞춤형 교육 프로그램 설계 및 파일럿 테스트 연구,” 서울시체육회 연구보고서.

장욱희, 이윤재, 박주영 (2018), “청년의 일자리 인식조사 및 맞춤형 정책방안 연구,” 일자리위원회 연구보고서.
장욱희, 이윤재 (2019), “은퇴경기인 일자리 지원사업 맞춤형 정책방안 연구,” 서울시체육회 연구보고서.

Ⅳ.

노인 맞춤 돌봄 서비스의 치매예방전문가 일자리

김경도(KOMOT CEO)

Ⅳ

노인 맞춤 돌봄 서비스의 치매예방전문가 일자리

김경도(KOMOT CEO)

1. 노인대상 사회서비스

사회서비스는 개인 또는 사회 전체의 복지증진 및 삶의 질 제고를 위해 사회적으로 제공하는 서비스로서 사회복지, 보건의료, 교육, 문화, 주거, 고용, 환경 등을 폭넓게 포함하고 있다. 사회서비스의 특성으로는 지역사회에 기반을 두고, 지역 주민의 니즈(needs)를 반영한 선택권을 부여하여 복지 분야에 "소비자 주권" 개념을 도입한 것이다. 생애주기별 사회서비스 영역 중 노인의 영역으로는 장기요양, 노인돌봄, 치매돌봄, 노인일자리, 지역통합돌봄, 노인건강관리 등으로 나누어 관리되고 있다. 한편, 사회서비스는 일자리 창출 분야로도 주목받고 있다. 고용위기가 본격화된 새로운 밀레니엄 이후 정부마다 "일자리가 복지"라는 말과 함께 사회서비스 일자리 창출을 공언하여 왔다. 초고령화 사회를 맞이하면서 조기은퇴, 100세 시대 도래의 결과로 노인일자리의 요구가 급증하고 있기 때문이다. 최근 정부는 사회서비스 공공일자리 확충을 목표로 2022년 34만 개로 계획하고 있다. 본 원고는 직접 노인 일자리 참여관련과 노인서비스 수혜관련으로 구분하여 살펴보고자 하였다. 그 중 사회서비스형 노인일자리 목표 3만 7천 개는 실적 4만 개로 3천 개가 증가한 108.5%이나 노인을 고객으로 한 돌봄 서비스는 일자리 목표 2만 1천 개

중 실적 1만 9천 개로 2천 개가 부족한 93.2% 이다. 사회서비스 분야의 공공일자리는 고용유발 효과가 큰 산업이 아니라 취약계층과 사회적 약자에 대한 돌봄이 주된 영역인 사회보장급여이다. 현 사회서비스 일자리는 공적 책임성을 높이고, 일자리의 질을 개선하기 위한 제도적 장치가 요구된다. 한편 사회서비스의 주요 영역 중 재활의 경우 특수치료(노인의 정신적, 정서적, 사회적 및 신체적 건강 촉진 등) 전문성이 요구되는 일자리는 민간화가 요구되는 영역으로 발전될 필요가 있다.

치매국가책임제

정부는 「치매관리법」에 따라('11. 8 제정, '12. 2 시행) 치매를 예방하고 치매환자에게 적절한 의료서비스를 제공하기 위한 치매관리 사업을 추진하고 있다. 2020년 정부는 「제3차 국가치매관리종합계획(2016~2020)」에 따라 지역사회 중심의 치매예방·관리, 치매진단·치료·돌봄지원, 치매환자 가족의 부담경감, 연구 및 기술개발을 통한 지원 등의 과제를 추진해오고 있다. 치매국가책임제 및 관련주요 현황에 의하면 치매예방 및 친화적 환경조성을 위한 주요내용으로 노인복지관 치매예방프로그램 제공 등이 있다. 2017년 10월, 건강보험 제도개선을 통해 중증치매환자의 의료비 부담비율을 최대 60%에서 10%로 대폭 낮추었다. 2018년 1월부터 인지지원등급을 신설하여 경증 치매환자도 장기요양등급을 받아 장기요양서비스를 이용할 수 있게 되어 2020년 7월 기준으로 1만 6,984명의 경증치매환자가 인지지원등급을 받게 되었다. 2018년 봉사참여 파트너가 총 100만 명이 양성되어 활동 중이다. 2019년 12월, 256개 모든 치매안심센터가 인력 및 기능을 갖추어 정식 개소하였으며 60세 이상 어르신 372만 명(치매환자 50만 명)이 상담, 돌봄, 인지강화 프로그램을 제공 받았다. 국가치매연구개발계획에 따라 2020년부터 9년간 2,000억원을 투자하여 치매원인, 진단, 치료기술개발 연구를 추진하고 있으며 예방을 위한 프로그램 개발 재정예산은 '19년 이후 최초 291백만 원이 집행되고 있다. 치매안심센터가 치매발굴에만 집중하고 예방에 대한 역할과 전문성 결여로 제 역할을 하지 못하고 있다는 지적이 있다. 치매예방프로그램 개발과 전문가의 육성이 시급하며 이에 대한 대응 방안이 요구되고 있다.

노인맞춤돌봄

보건복지부는 2020년 1월 2일(목)부터 '노인맞춤돌봄서비스'를 시작했다. 돌봄이 필요한 고령·독거노인의 급속한 증가, 가족제도의 약화, 노인의 사회적 관계망 악화로 돌봄의 사회화 요구에 따라 서비스 다양화, 참여형 서비스 신설, 개인별 맞춤형 서비스제공, ICT기술을 활용한 첨단 서비스 도입, 생활권역별 수행기관 책임운영이 실시되고 있으며, 은둔형·우울형 노인에 대한 특화서비스 확대 등 노인돌봄서비스가 제공되고 있다.

노인돌봄사업은 기존에 6개의 내역사업으로 ① 노인돌봄 기본서비스 ② 노인돌봄 종합서비스 ③ 단기 가사서비스 ④ 초기 독거노인 자립지원서비스 ⑤ 독거노인 사회관계 활성화 사업 ⑥ 지역사회 지역연계사업을 '노인맞춤돌봄서비스'로 통합 개편한 바 있다. 또한, 서비스 대상자를 45만 명으로 확대하고 욕구별 맞춤형서비스가 시행됨에 따라 수행인력은 전담사회복지사 약 2,000명, 생활지원사 약 2만 6,000명 일자리를 계획했다. 서비스의 특징은 사업간 칸막이 해소, 개인별 맞춤형 서비스, 생활권역별 수행기관 책임운영, 가구방문서비스와 참여형 서비스실시, 은둔형, 우울형 노인에 대한 심층서비스 등이다. 서비스대상은 65세 이상 기초생활수급자, 차상위계층 또는 기초연금수급자 중 독거 조손가구 등 돌봄이 필요한 노인이며 서비스 제공절차는 신청에서 사후관리까지 개인별 맞춤형 서비스 제공이다. 서비스 내용은 안전지원, 사회참여, 생활교육, 일상생활분야의 다양한 서비스를 서비스제공 계획에 따라 제공한다. 서비스제공 수행 인력은 전담사회복지사·생활지원사이며 이들은 안전문제 등 동행방문, 집단 프로그램운영지원 등 업무지원 인력으로 사회서비스 노인일자리에 투입되고 있다.

〈표 1〉 치매예방-노인맞춤돌봄서비스 제공 매뉴얼

서비스 구분			설명 / 예시
대분류	중분류 (제공시간)	소분류	
생활 교육	신체건강 분야 (최소 20분)	영양교육	영양상담 및 균형잡힌 영양관리 식단을 교육하고, 이용자가 함께 식사하는 공동밥상 프로그램 운영을 통해 사회적 관계 및 영양관이 개선을 도모함.
		보건교육	구강관리, 청력 및 시력관리, 개인위생등 보건영영의 교육을 통해 이용자의 생활습관 개선을 도모함.
		건강교육	체조, 스트레칭, 낙상방지운동, 유·무산소운동 등을 통해 이용자의 신체기능 강화 및 유지로 활기찬 생활을 도모함.
	정신건강 분야 (최소 20분)	우울예방 프로그램	원예, 명상 등 우울증 예방프로그램을 통해 이용자의 상황을 파악하고 우울감 예방 및 관리할 수 있도록 지원함.
		인지활동 프로그램	색칠하기, 종이접기, 미술치료 등 소근육 사용 프로그램을 통해 이용자의 인지기능을 자극하고, 잔존인지기능을 유지 및 강화하도록 도모함.

노인맞춤돌봄서비스는 대분류는 사회참여, 생활교육, 일상생활지원, 연계서비스(민간후원지원)이며 중분류는 제공시간 60분에서 20분까지의 7개의 영역으로 되어 있다. 소분류의 경우 실제적 프로그램으로 14개의 활동으로 구분되어 서비스 프로그램이 제공되고 있다. 여기에서 살펴본 주요 서비스는 생활교육의 신체건강분야는 영양, 보건, 건강으로 서비스제공에 큰 어려움이 없을 것이나 정신건강분야인 우울예방프로그램, 인지활동프로그램은 뇌·인지 및 심리 등 통합콘텐츠, ICT적용 디지털제품 등이 개발공급되고 있으나 이를 집단, 개인 등 맞춤형 서비스에 따른 설계·디자인·운영·데이터관리 등 전문인력이 요구되고 있다.

〈표 2〉 치매예방-우울예방 프로그램 세부내용

항목	세부내용
① 서비스명	생활교육 〉 정신건강분야 〉 우울예방 프로그램
② 목적	다양한 프로그램을 통해 대상자의 우울증을 예방
③ 제공방법	○ 제공절차 ① 1단계 : 이용자의 정신건강 상태 점검 ② 2단계 : 서비스 계획 수립(주제선정, 장소섭외 등) ③ 3단계 : 서비스 제공 ④ 서비스 실시 결과 기록 및 점검 ○ 제공방법 - 우울증 선별도구(PHQ-9), 노인우울척도(GDS) 등 검사도구를 활용하여 대상자의 우울정도 측정 - 전문검사가 필요한 경우 전문기관 연계를 통한 검사 실시 - 고위험군의 경우에는 별도의 프로그램 서비스 연계(예 : 특화 서비스 제공) - 정신건강복지센터, 협력병원 등 전문적인 상담, 프로그램 등의 전문강사를 활용하여 진행 - 이용자의 우울증을 유발하는 일상생활 속 스트레스 상황을 이해하고, 스트레스를 관리하는 프로그램을 통해 우울감 예방 및 관리를 지원 - 프로그램은 원예치료 등 대상자의 우울예방에 있어 실증적 근거가 있는 프로그램을 활용 [우울예방 프로그램 예시(최윤정 외, 2018)] • 고위험군 개입 프로그램 - 개별상담 : 지역 정신건강전문요원 등 전문가의 개별상담 - 맞춤형 사례관리 : 사회복지사와 정신건강전문요원이 공동으로 사례관리 제공 - 사례 슈퍼비전 실시 : 개별상담 및 사례관리에 대해 실무자들의 슈퍼비전 실시 • 예방프로그램 - 집단프로그램 : 정신건강 전문가의 5~10회기에 걸친 집단프로그램 실시

〈표 3〉 치매예방-인지활동 프로그램 세부내용

항목	세부내용
① 서비스명	생활교육 〉 정신건강분야 〉 인지활동 프로그램
② 목적	다양한 프로그램을 통해 이용자의 인지기능 자극 및 잔존인지기능 유지, 강화
③ 제공방법	ㅇ 제공절차 ① 1단계 : 이용자의 정신건강 상태 점검 ② 2단계 : 서비스 계획 수립(주제선정, 장소섭외 등) ③ 3단계 : 서비스 제공 ④ 서비스 실시 결과 기록 및 점검 ㅇ 제공방법 - 치매안심센터, 의료기관 등을 통해 치매검사 연계 - 검사결과에 따른 프로그램 지원계획 수립 - 색칠하기, 종이접기, 미술치료 등 소근육 사용 프로그램을 통해 이용자의 인지기능을 자극하고, 잔존인지기능을 유지 및 강화되도록 도모함. - 고위험군의 경우 치매안심센터, 협력병원 등 전문적인 상담, 프로그램 등의 전문 강사를 활용하여 진행 - 이용자의 인지기능 저하를 촉진하는 일상생활 속 생활습관을 파악하고, 인지활동 저하 예방 및 유지, 관리 프로그램 지원 [인지기능 유지 및 강화를 위한 미술프로그램 예시(이연주, 인근매, 2018)] • 친밀감 형성 및 자기표현 - 젊은 시절의 모습이나 소개하고 싶은 모습을 콜라주하기 - 자신이 좋아하는 것을 선택하여 콜라주하기 - 어린 시절 친구와 함께 즐겁게 놀았던 놀이를 콜라주하기 • 자기탐색 및 긍정적 자아상 인식 - 자주 다녔던 장소나 여행을 기억하여 콜라주하기 - 젊은 시절에 이루고 싶었던 꿈을 회상하여 콜라주하기 - 자신이나 가족의 결혼이나 행사를 기억하여 행복한 순간을 콜라주하기

치매예방

만 60세 이상의 노인을 대상으로 하며 1차 선별검사를 통해 인지장애 판정을 받은 사람에 대하여 진단검사를 실시하고 진단검사 결과 치매 진단자에게는 감별 검사를 실시한다. 현 정부에서 치매는 예방이 중요하다고 하지만 치매발굴에만 집중하고 있어 무분별한 조기검진으로 치매 환자만 양산하고 있다는 문제가 제기되고 있다. 치매안심센터는 예방에 집중해야 하며 치매예방프로그램 확산의 중심이 되어야 한다는 것이다.

[치매 안심 센터 운영]

<주요업무 흐름도>

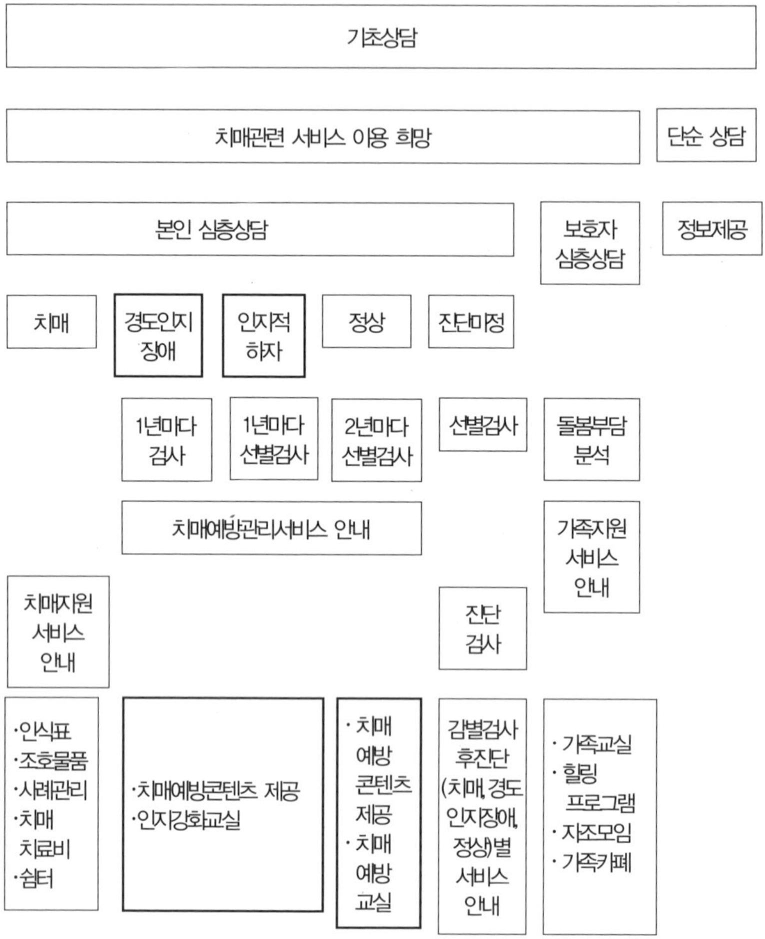

뇌운동 인지강화는 뇌인지의 활성화 콘텐츠 개발이 중요하며 이에 대한 프로그램은 참여자의 특성에 따라 장기간 제공되어야 하며 1교실 당 최대 20명 8회기로 회당 60분은 효과적 측면의 고려로 실시되고 있다.

〈표 4〉 두근두근 뇌운동 인지강화교실 교육 커리큘럼 예시

회기	1교시	2교시	시간(분)
사전준비 : 프로그램 참여자 모집, 면담, 사전검사(MMSE-DS, SGDS-K, SMCQ 등)			
1	프로그램 소개 및 안내 치매조기진단 및 예방의 필요성 치매예방수칙 333 소개	치매예방운동 치매체크 사용법 (치매예방실천지수)	90
2	치매체크 사용법 치매예방운동	두근두근 뇌운동 (지남력, 주의력/직업기억)	90
3	원예치료 치매예방운동	두근두근 뇌운동 (지남력, 집행기능/억제력/ 전환능력/순서결정	90
4	음악치료 치매예방운동	두근두근 뇌운동 (지남력, 기억력/언어능력)	90
5	미술치료 치매예방운동	두근두근 뇌운동 (지남력, 주의력/직업기억)	90
6	직업치료 치매예방운동	두근두근 뇌운동 (지남력, 집행기능/억제력/ 전환능력/순서결정)	90
7	치매예방실천지수 확인 치매예방운동	두근두근 뇌운동 (지남력, 소근육 운동기능)	90
8	인지치료 치매예방운동	두근두근 뇌운동 (지남력, 주의력/직업기억)	90
9	미술치료 치매예방운동	두근두근 뇌운동 (지남력, 기억력/언어기능)	90
10	원예치료 치매예방운동	두근두근 뇌운동 (지남력, 시공간능력)	90
11	음악치료 치매예방운동	두근두근 뇌운동 (지남력, 주의력/직업기억)	90
12	직업치료 치매예방운동	두근두근 뇌운동 (지남력, 집행기능/억제력/ 전환능력/순서결정	90
13	치매예방실천지수 확인 치매예방운동	두근두근 뇌운동 (지남력, 시각-운동협응기능)	90
사후관리 : 사후검사(MMSE-DS, SGDS-K, SMCQ 등), 만족도 평가, 면담, 프로그램 재참여 의사 확인			

프로그램의 종류로는 작업치료, 원예치료, 음악치료, 미술치료, 운동치료 등이 있다.

작업치료

- 정의 : 신체적, 정신적 기능이 저하된 사람에게 의미 있는 치료적 활동(직업)을 통해 최대한 독립적으로 일상생활을 수행하고 능동적으로 사회생활에 참여함으로써 행복한 삶을 영위할 수 있도록 치료, 교육하는 보건의료의 한 전문 분야
- 프로그램 종류 : 컴퓨터 인지재활, 회상치료, 신체기능 증진활동, 기억력 및 현실인식 훈련

원예치료

- 정의 : 식물을 통한 원예활동에 의해서 사회적, 교육적, 심리적 혹은 신체적 적응력을 기르고 이를 말미암아 육체적 재활과 정신회복을 추구하여 삶의 질을 향상
- 프로그램 종류 : 모종심기, 누름꽃 공예, 수경식물 재배 등

음악치료

- 정의 : 악기 연주, 노래부르기, 작사활동을 통해 언어능력, 주의력 등의 인지기능을 향상시키고, 불안, 우울을 감소시켜 사회 적응을 높이는데 효과적인 치료
- 프로그램 종류 : 악기 연주하기, 노래 부르기, 창작가사 쓰기 등

미술치료

- 정의 : 미술 활동을 통해 감정이나 내면세계를 표현하고 기분의 이완 및 감정적 스트레스를 완화시켜 공간지각 및 감퇴된 기억력 향상에 효과적인 치료
- 프로그램 종류 : 종이접기, 점토공예, 수채화 그리기 등

운동치료

- 정의 : 개인의 신체적 상태에 적합한 신체활동을 근력과 균형능력 향상 또는 유지시킴으로써 낙상예방 및 정서적 안정에 도움을 주는 치료
- 프로그램 종류 : 실버요가, 실외 운동(활동) 등

2. 노인 맞춤 돌봄 서비스와 일자리

전국 및 시도별 치매유병현황을 살펴보면 '20년 기준 60세 이상 남자노인 530만 명 중 6.26%인 33만 명이며, 여자노인은 654만 명 중 8.04%인 53만 명으로 전체 1,184만 명 노인의 7%인 86만 명이다. 이는 치매환자 중증도별 유형은 최경도, 경도, 중증도, 중증으로 나뉜다. 한편, 경도인지장애 환자유병 현황은 남자노인은 113만 명이고, 여자노인은 127만 명이다. 현재 독거노인의 경우 '20년 50만 명에서 '35년에 313만 명으로 2배로 급증하며 85세 이상 노인의 경우 '20년 77만 명에서 '35년에 176만 명으로 3배로 증가할 것으로 예상하고 있다.

주요 욕구	분류	서비스 내용
안전취약 (독거 등)	안심 서비스군	• 정보통신기술(ICT)장비 설치 후 모니터링 * 정기적 방문 (월 1~2회 등)
사회-정신영역 취약	일반돌봄군 * 월 16시간 미만 서비스	• 안전지원(안전·안부확인, 생활안전점검, 정보제공, 말벗) • 사회참여(사회관계 향상 프로그램, 자조모임) • 생활교육(신체·정신건강 분야) * 영양, 건강운동 교육, 우울예방·인지활동 프로그램 등
신체영역취약	중점돌봄군 * 월 16시간 이상 서비스	• 일상생활 지원(이동·활동지원 등) * 외출, 병원동행, 나들이, 영양·식사관리, 위생·청소관리 등
우울-은둔	특화사업 대상	• 사례관리, 집단프로그램 등 * 필요시 연계 서비스 제공
장기요양 진입 등	사후관리	• 연계서비스(생활지원·주거개선·건강지원 등 민간후원 연계 * 생활용품, 식료품, 후원금, 의료연계, 건강보조지원 등

[그림 1] 노인 돌봄사업

사회복지사

전담사회복지사는 노인맞춤돌봄서비스의 이해와 실제, 고위험 노인관리의 이해(자살예방, 학대예방, 치매예방), 시스템 전산교육의 공통필수 14차와 특화서비스 총 15차 등 직무교육을 수료하여야 한다.

〈표 5〉 수행인력 자격

구분	자격조건
노인맞춤돌봄서비스 전담사회복지사	• 노인맞춤돌봄서비스(특화서비스 포함) 중간관리자급 역량을 갖춘 자 • (자격요건) 사회복지사업 근무경력이 있는 사회복지사 자격증 소지자 – 사회복지사업법 제2조 제1호에 따른 사회복지사업 근무기간으로 산정함 – 사회복지사 자격증 소지 외 별도의 부가기준은 지역별 여건을 고려하여 시·군·구 및 사업수행기관에서 조정 가능

구분	기본급*	비고
전담사회복지사 (경력 4년 이상)	2,250,000원	4대 보험 본인부담금 포함
전담사회복지사 (경력 1년 이상~4년 미만)	2,050,000원	

구분	근무시간	근무장소
광역전담사회복지사	주 5일, 일 8시간 근무 (09:00~18:00, 휴게시간 1시간 제외)	광역지원기관
전담사회복지사 * 일반 및 중점/특화서비스	주 5일, 일 8시간 근무 (09:00~18:00, 휴게시간 1시간 제외)	수행기관, 대상자 가정

생활지원사

생활지원사는 노인맞춤돌봄서비스의 이해와 실제, 노인돌봄기술, 고위험 노인관리의 이해(자살예방, 학대예방, 치매예방), 시스템전산교육과 선택과목, 선태과목 A~C형 선택 중 1가지로 직무교육, 역량강화교육을 수료하여야 한다.

〈표 6〉 수행인력자격

구분	자격조건
생활지원사	• 노인맞춤돌봄서비스(특화서비스 포함) 수행을 위한 역량과 의지를 갖춘 자 • (우대사항) 사회복지사 또는 요양보호사 자격 * 자격에 관한 별도의 부가기준은 지역별 여건을 고려하여 시·군·구 및 사업수행기관에서 조정 가능 • 생활지원사 는 장기요양 방문요양서비스 제공자의 겸직 지양(겸직으로 인한 방문 요양서비스 유인 우려) O 직접일자리사업 중앙부처·자치단체 합동지침에 따라 종사자 선발 및 관리

구분	기본급*	비고
생활지원사	1,137,090원	4대보험 본인부담금 포함

구분	근무시간	근무장소
생활지원사	주 5일, 일 5시간 근무 (09:00~14:30, 12:30~18:00 등 휴게시간 30분 제외)	수행기관, 대상자 가정

요양보호사

요양보호사는 치매·중풍 등 노인성 질환으로 독립적인 일상생활을 수행하기 어려운 노인들을 위해 노인요양 및 재가시설에서 신체 및 가사 지원 서비스를 제공하는 인력이다. 요양보호사 교육과정은 이론 강의(80시간), 실기연습(80시간), 현장실습(80시간)으로 240시간을 수료하여야 한다. 교과목은 요양보호개론, 요양보호관련 기초지식, 요양보호각론, 특수요양보호각론(치매요양보호기술, 임종 및 호스피스 요양보호기술, 응급처치기술) 이다. 치매요양보호기술은 치매대상자의 일상생활지원, 치매대상자의 문제행동 대처, 치매대상자와의 의사소통으로 6시간 이론 4시간 실습이다.

<표 7> 수행인력 자격

구분		내용
자격체계	종목	요양보호사
	등급	1,2 급
직무내용		(요양보호사 1급) 장기요양급여수급자나 장기요양수급자가 아닌 복지대상자에게 신체활동 및 일상생활 서비스 제공. ※ 시설서비스·재가서비스(방문요양·방문목욕·주야간보호 단기보호)제공 (요양보호사 2급) 장기요양수급자에게는 일상생활 활동서비스를 제공, 장기요양수급자가 아닌 복지대상자에게 신체활동 및 일상생활 등 서비스 제공 ※ 시설서비스 및 장기요양급여수급자에 대한 신체활동서비스 제외 (노인주거복지. 재가노인복지서비스를 제공하는 기관에만 취업가능)
자격취득요건		요양보호사가 되려는 사람은 제39조 3에 따라 요양보호사를 교육하는 기관(이하 "요양보호사교육기관"이라 한다)에서 교육과정을 마치고 시·도지사가 실시하는 요양보호사 시험에 합격하여야 함.

3. 치매예방전문가와 일자리

치매예방전문가 실태와 현황

치매예방으로 이해되는 민간자격현황은 키워드 '치매', '뇌인지', '실버', '회상' 검색 30개로 주관부처는 문화체육관광부 18개(60%), 보건복지부 7개(23%), 교육부 5개(17%)로 주체는 영리법인, 비영리법인, 개인회사로 구분된다. 치매예방의 노인맞춤 돌봄의 신체적, 정신적 분야 중 정신건강 영역의 우울, 인지관련 민간자격은 보건복지부의 키워드인 '뇌인지' 4개(57%), '회상'3개(42%)이다.

<표 8> 노인돌봄 전문인력(사회복지사, 요양보호사) 현황 2020.11.10

총계	사회복지사	요양보호사	재가		시설	
			사회복지사	요양보호사	사회복지사	요양보호사
470,920	26,395	444,525	19,610	377,726	6,831	73,082

〈표 9〉 보건복지부 공고 제2018-821호-민간자격 신설 금지분야 세부사항 공고

법	분야	명칭
사회복지사업법	① 제11조 및 제13조 ② 시행령 제6조 제1항	'사회복지사' 또는 이와 비슷한 명칭
노인복지법	① 제39조의 2	'요양보호사' 또는 이와 비슷한 명칭

「자격기본법」 제17조 제1항, 시행령 제23조 제1항에 따라 민간자격 신설금지분야 공고

〈표 10〉 2020년 11월 19일 - '치매전문가' 민간자격에 관한 질의와 응답

분야	Q	A
치매(노인건강증진)	'치매전문가'라는 자격이 있나요?	"치매예방 관리"는 「자격기본법」 제17조 및 "민간자격 신설금지분야공고"의 "자격금지분야"로 금지.
보건복지부 보건복지상담센터 ☎129		

〈표 11〉 '치매' 민간자격

주관부처	자격명	등록년	자격관리기관
문화체육관광부	치매 재활레크레이션	2015	(사)국제웃음치료학회
문화체육관광부	치매 재활레크레이션 지도자	2015	(사)좋은친구여가운동협회
문화체육관광부	치매 재활레크레이션	2014	(사)한국대학레크레이션 협회

〈표 12〉 '뇌인지' 민간자격

주관부처	자격명	등록년	자격관리기관
보건복지부	뇌인지회상지도사	2018	(사)한국뇌인지회상요법연구회
보건복지부	뇌인지상담사	2018	뉴로피드백 교육연구소
문화체육관광부	실버두뇌훈련지도사	2019	한국인재산업자격협회
교육부	뇌인지보드게임지도사	2019	한국사고력창의교육협회
보건복지부	실버뇌인지상담사	2019	한결평생교육개발원
보건복지부	뇌인지지도사	2019	한국창의인재자격협회
문화체육관광부	뇌인지건강지도사	2019	회움아르떼
교육부	뇌인지보드게임지도사	2020	사단법인 한국복지상담진흥회
교육부	뇌인지활용지도사	2020	(주)행복디자인교육컨설팅
문화체육관광부	뇌인지레크레이션강사	2020	한국평생교육치유협회
문화체육관광부	두뇌인지댄스지도사	2020	와와액티브리더십교육원
문화체육관광부	두뇌인지놀이저격증	2020	한국실버놀이문화협회
문화체육관광부	뇌인지실버오감놀이지도사	2020	한국동화사회적협동조합
문화체육관광부	뇌인지오감놀이지도사	2021	인앤에듀

〈표 13〉 '실버' 민간자격

주관부처	자격명	등록년	자격관리기관
문화체육관광부	실버매트필라테스 지도사	2021	한국실버요가협회
문화체육관광부	실버체조강사	2020	실버케어협동조합
문화체육관광부	실버웃음지도사	2020	에듀가실버강사양성전문교육원
문화체육관광부	실버브레인레크레이션강사	2020	한국실버레크레이션강사협회
문화체육관광부	실버음악놀이지도사	2021	박숙실버강사교육원
교육부	실버인지지도사	2020	실버인지지도사협회
교육부	실버인지미술전문가	2001	주식회사 실버교육협회
문화체육관광부	실버책놀이지도사	2020	글로벌 라인댄스 지(G)
문화체육관광부	실버트로트댄스지도사	2019	실버건강연구소

〈표 14〉 '회상' 민간자격

주관부처	자격명	등록년	자격관리기관
보건복지부	노인회상 상담사	2020	㈜레벤그리다한국문화다양성 연구원
보건복지부	노인회상 지도자	2020	㈜레벤그리다한국문화다양성 연구원
문화체육관광부	실버회상심리미술지도사	2020	한국문화통합협회
보건복지부	뇌인지회상지도사	2018	(사)한국뇌인지회상요법연구회

디지털 케어

디지털치료 및 예방은 비약물로서 인지훈련, 인지재활, 음악치료, 미술치료, 원예치료, 운동요법, 생활습관 등 다양한 전문영역에 활용되고 있다. 인지훈련은 기억력, 집중력, 시공간기능, 계산력 언어기능 등 다양한 인지기능을 자극해 주는 것이며 인지재활은 장애가 심한 영역으로 집중 자극하며 음악치료는 음악을 통해서, 미술치료는 그리기, 색칠하기 등이며 운동은 일정시간 기준을 두고 운동을 함에 있어 모바일 등의 통신기기 등 다양한 디바이스를 활용하여 앱, 영상, 터치 등 경증치매 노인들에게 직간접적으로 적용하고 있다.

AI 스피커의 경우 SK의 NuGu의 마음챙김 콘텐츠, KT는 GiGa

Genie3의 돌봄기능, LGu+ 등이 있으며 AI로봇은 로보케어의 '실벗', 케어유의 "피오', 오퍼스원 '씽고' 등이 출시로 현장에 보급되고 있다. VR '콘텐츠'는 '회상기법'을 활용한 기억회상중심의 콘텐츠로 VR진단과 함께 디지털 케어에 대응하고 있으며 휴먼아이티 솔루션은 '팔팔케어'로 장보기, 요리하기 등 340개 콘텐츠로 일상생활의 교육 훈련을 공급하고 있다.

〈표 15〉 디바이스 종류별 제품 현황

디바이스	기업명	최근 기술협력	분야	제품명
스피커	SK, KT, LGu+	KT+바이칼 AI	인지장애 선별 솔루션	다큐 브레인
로봇	㈜로보케어	T3	'보미'도 개발	'실벗'
	와이닷츠	음성인식기술	'앵무새' 로봇	'피오'
	오퍼스 원	블루투스	'춤추는 댄싱로봇'	'씽고'
VR	세븐포인트원	포털인터넷기업등	'과거 회상기법'	'센텐츠'
	휴먼아이티	티온플러스	'인지재활'	'팔팔케어'

뇌·인지회상지도사와 일자리

치매는 의식의 장애는 없으나 기억력장애, 언어장애, 행동장애 등 전반적인 인지기능 장애를 나타내는 후천적 인상증후군이다(조유향, 2006:47-48). 회상(Reminiscence)은 의미 있는 과거경험을 고찰하는 것이며 역사적으로 자신을 돌아보는 내적 경험 또는 정신과정으로 회상요법을 통해 과거에 대한 기억을 자연스럽게 돌이켜 볼 수 있도록 돕고 이를 통해 기억력 향상을 도모한다. 실제로 이미 다양한 회상요법은 치매예방 및 치료과정에서 필수적으로 활용되는 항목이며 국내외 다수의 연구논문들이 그 효과성을 입증하고 있다.

세계적인 치매 안심마을로 대표되는 네덜란드 호그백 마을에서는 회상요법을 통해 인지력 강화로 노인들의 자존감을 회복함으로써 치매예방에 대한 많은 사례가 나오고 있다. 미국 펜실베니아의 노인요양원은 과거 1940년 시공간의 회상장소를 구현함으로써 뇌 인지력을 자극하는 프로그램으로 호평을 받고 있다.

국내의 치매환자를 위한 기억여행(저자 : 김기웅, 이정원) 저서는 치매노인들과 가족들의 여행을 통해 회상요법을 간편하고 효과적으로 시행할 수 있도록 개발된 교재이다.

일본에서 발간된 회상법과 회상요법(저자 : 고바야시 간지)은 국내에서 번역되고 출판되었으며 이는 '수다를 즐기는 심리회상법'으로 치매예방 및 억제에 대한 도움이 될 수 있는 내용이다.

노인맞춤돌봄의 정신건강분야에 치매예방을 위한 콘텐츠 개발과 집단 및 개인화 맞춤형 프로그램은 심층적인 전문영역으로 전공분야별 전문가 일자리 창출이 가능한 신 직업군으로 이해된다.

4. 결론

국내 초고령화 사회의 급속한 노인인구증가에 따른 경증치매노인의 증가에 대한 대응은 치매 선별검사 등에 치중되어 있어 향후 치매예방에 대한 본질적인 노력으로 콘텐츠 및 프로그램 공급에 관심을 가져야 할 것이다.

보건복지부 노인돌봄관련 치매예방은 인지, 우울 등에 투입되는 사회복지사, 생활지원사, 요양보호사로서 치매예방 개선 및 대응에 대한 전문영역이 한정적임에 따라 직접적인 프로그램을 운영할 전문인력의 확보와 공급이 시급하게 필요하다. 보건복지부 치매예방 관리 「자격기본법」 제17조 및 '보건복지부 민간자격신설추진문야 공고'와 '자격금지분야'로서 관련 자격 신설 금지에 따라 보건복지부 공인 '치매전문가' 자격은 없으며 치매 예방을 위한 '운동심리', '회상', '뇌인지' 등 키워드의 민간자격은 다수 관리되고 있다. 한편, '치매예방전문가'로 유사한 명칭은 문화관광체육부와 교육부의 민간자격이 다수 있으며 '실버', '인지', '치매예방' 등을 사용하고 있어 보건복지부의 소관 민간자격으로 오해의 소지가 있을 것으로 보인다. 보건복지부 민간자격에 대한 조사에 따르면 치매예방을 위한 가장 유사한 키워드는 '뇌인지', '회상요법으로 (사)한국뇌인지 회상요법 연구회가 치매예방 프로그램 전문기관으로 이해되며 뇌·인지회상지도사(전문가, 1급, 2급)의 과정을 운영하고 있다. 이는 전공별 영역인 음악, 미술, 춤 등 예체능분야, 원예, 이야기, 향기, 심리 등 전문영역별 통합 프로그램으로 고경력단절자 및 여성전문가들에게 적합한 신 직업군으로 창직이 가능할 것으로 판단된다. 따라서 뇌·인지 회상지도사의 양성 및 현장 프로그램 연구 및 보급 확산에 일자리의 해답이 있을 것으로 판단된다.

참고문헌

보건복지부. (2020). 치매정책 사업안내.

보건복지부. (2021). 노인맞춤돌봄서비스 사업안내.

보건복지부. (2019). 「장기요양실태조사 결과 밥표」 보도자료.

대구광역시. (2016). 제1기 신규임용 후보자과정 분임연구소 보고서 모음집.

김형용, (2021). 복지동향 : 사회서비스 공공일자리, 허와 실, 참여연대 사회복지위원회.

서울특별시. (2020). 50+세대 일자리 조사연구(사회서비스 일자리편).

보건복지부. (2020). 「치매국가책임제 시행 이후 3년, 달라진 점과 달라질 점」 보도자료.

유진상,(2019). 헬스케어바이오 : ② 제역할 못하는 치매안심센터.

이경훈,(2021). 치매예방 '실벗'–홀몸 어르신 케어 '보미'.

장민제,(2020). 신아일보 : 로보케어, 치매예방 로봇 '실버' 올해 우수제품에 선정.

장숙희,(2007). "치매예방프로그램의 효과에 관한 연구", 조선대학교 박사학위논문.

중앙치매센터. (2021), 도서목록 : 예방.

조재민,(2018). 옛 기억 되살리는 회상요법 비약물적 치료법으로 '주목' : 디멘시아 뉴스.

국회예산정채처, (2020), 사회보장정책 분석 Ⅳ.

보건복지부,(2020), 「2019 장기요양 실태조사 결과 발표」에 대한 보도자료.

대전광역시사회서비스원,(2020), 노인맞춤돌봄서비스의 문제점과 개선

방안 : 함께해u.

편보경,(2018), “입원중인 노인 우울환자에 저공한 이야기치료 기반 회상요법의 효과” 서울대학교 대학원 석사학위논문.

백운용, (2019). 한국뇌인지회상요법연구회, 뇌인지회상지도사전문가 배출 : 국제신문.

정유석, (2019). 커널대, 남병웅 교수 ‘시니어 치매예방교육’ 출강 : NSP 통신.

민단비, (2021). AI스피커가 어르신 돌본다 ‘KT광주시 서구 AI돌보서비스 시작’ : 이코노믹 리뷰.

보건복지부, (2018). 「민간자격 신설 금지분야 세부사항 공고」.

한국직업능력연구원, http://www.pqi.or.kr/indexMain.do.

(사)한국뇌인지회상요법연구회, http://memory.ac/.

4부

고용창출형 혁신성장
잡스Jobs 경제

혁신환경

Ⅰ. 노동정책과 산업정책의 균형이 필요

이상희(한국산업기술대학교)

I

노동정책과 산업정책의 균형이 필요

이상희(한국산업기술대학교)

1. 도입 : 소득주도성장과 노동존중 정책

우리나라는 오래 전부터 이중노동시장으로 대변되는 노동시장 양극화 문제를 안고 있다. 이 문제를 풀 수 있는 해법은 간단치 않으며 매우 복잡한데 최근 전개된 노동정책의 단면을 보자면 이 문제를 너무 쉽게 간과하고 있다는 느낌을 지울 수 없다. 소득주도성장의 상징적 정책은 아마도 2017~2018년간 전개된 파격적인 최저임금 인상으로 보인다. 나아가 노동존중의 상징적 정책은 주 52시간제, 공공부문의 비정규직의 정규직화도 포함된다고 할 수 있다.

이밖에 산업현장에 제법 영향을 줄 수 있다고 논란이 됨에도 전격적으로 추진된 노동정책은 다음과 같다. ILO 협약 기준에 부합하도록 하기 위해 기업별 노동조합에 실업자 내지 해고자가 가입할 수 있도록 하는 노동조합 및 노동관계법 개정, 공무원 등에게 적용되던 국경일을 정한 관공서의 공휴일에 관한 규정의 적용을 민간의 일반 근로자에게 확대시킨 근로기준법 개정, 근로자로 보기 어렵지만 근로자와 유사한 플랫폼 등 특수형태근로종사자에 대한 산재보험과 고용보험 당연 가입 개선 등이 그러하다. 물론 이 과정에서 단체협약 최장 유효기간 3년으로의 확대와 6개월단위 탄력적 근로시간제와 같이 유연근무시간제 개선도 있었다. 단체협약 유효기간 확대와 6개월 단위 탄력적 근로시간제 외에는 모두 산업현장의 부담을 가중하는 것임에도 노동시장 양극화 해소 내지 노동존중 사회를 정착시키기 위한 내용이다.

지금 즈음이면 그간 추진된 노동정책이 과연 이중노동시장으로 대변되는 노동시장 양극화 문제 해소에 일조하고 과연 우리나라 전체 노동자들이 노동이 존중받는 일자리를 얻고 있는가에 대한 엄정한 평가가 필요하다.

일견 그렇게 될 수 있다는 기대도 할 수 있겠다. 그러나 산업현장의 생산활동이 역동적이지 못하거나 투자나 기업 활동에 부하가 걸리면 일자리 창출 등 노동시장 문제도 근원적으로 해결되기가 쉽지 않다.

이를 위해 그간 추진된 주요 노동정책의 추진 내용을 훑어보고 이들 정책이 산업현장 내지 산업경쟁력에 미치는 영향을 가늠해 보면서 노동정책의 적절성을 검토해본다. 나아가 포스트코로나시대 노동정책의 과제도 점검하여 COVID-19로 가속화된 4차 산업혁명 정책과도 공존할 수 있는 균형적 노동정책의 방향성을 검토한다.

2. 주 52시간제

내용

2018년 7월 1일부터 시행된 새로운 주 52시간제 이전의 우리나라 근로시간 규율은 1주일의 의미를 일요일(토요일도 휴일인 사업장에서는 토요일~일요일)을 제외한 6(5)일로 해석 운영해 왔다. 따라서 휴일근로시간이 1주간의 연장근로에 해당하지 않는 것으로 운영해 왔다.[1] 즉 이 시기 법률이 허용하는 근로시간은 6일(토요일도 휴일인 경우에는 5일, 이하 같음)에 대한 주 40시간과 주 6(5)일간 연장근로 상한인 12시간을 합한 주 52시간으로 규율해 왔다. 따라서 달력상 주 7일 중 6(5)일 외에 1주간에 포함되지 않은 일(토)요일에 추가적인 휴일근로가 가능했다. 이

1) 근기 68207-2855, 2000. 9. 19.; 근기 01254-11483, 1990. 8. 17. 등 고용노동부의 일관된 입장이었다.

때문에 달력상 1주간에는 연장근로까지 포함한 주 52시간에 더하여 일(토)요일 휴일근로까지 포함하여 최소 주 52시간 이상 최대 주 68시간의 근로가 가능했다.

그런데 1주간은 달력과 같이 월요일부터 일요일까지로 해석되어야 하고 근로기준법이 허용하는 근로시간은 7일간 주 52시간으로 한정되므로 이를 초과하는 휴일근로는 모두 연장근로에 해당하고 나아가 근로기준법상 근로시간 기준을 위반하는 것으로 보아야 한다는 하급심 판결들이 등장했다. 관련 하급심 판결은 종전의 1주간 근로시간 운영과 같은 판단을 한 사례와 섞여 존재하게 되었다.[2] 주 52시간제는 이를 기점으로 해서 근로시간제도 개선 논의에 불을 붙였고 하급심의 엇갈린 판결들 때문에 대법원 전원합의체에 회부[3]되었다.

한편 그 사이에 우리나라의 근로시간은 OECD회원국가와 비교해서도 장시간근로 국가라는 사실을 부인하기 어렵다는 인식이 널리 확산되었다. 하급심 판결에 대한 대법원의 결론을 기다리는 시기와 장시간근로 개선 요구 시기가 결합되어 근로시간 단축을 위한 근로시간제도 개선 촉구가 높아졌다. 정부는 2012년 3월부터 실근로시간단축을 위한 노사정위원회 논의를 시작했다. 2014년 12월 노사정 기본합의를 보았지만 일부 쟁점에 대한 이견으로 논의가 중단되었다가 2015년 9월 15일 노동시장 구조개선을 위한 노사정 합의문 의결에서 주 52시간제 개선에 합의했다. 정치권에서도 여야를 막론하고 장시간근로의 개선을 위해 근로시간단축과 관련한 노동계와 국민일반의 여론에 촉각을 곤두세울 수밖에 없었다. 제19대 국회와 제20대 국회에 걸쳐 관련 근로기준법 개정안이 여러 개 발의되기도 했다.

---

2) 가령 서울고등법원 2011. 11. 18. 선고 2009나74153 판결.; 대구고등법원 2012. 5. 31. 선고 2011나4408 판결.; 서울고등법원 2012. 10. 19. 선고 2011나85903 판결.; 서울고등법원 2012. 11. 9. 선고 2010나71280 판결.; 서울고등법원 2012. 11. 9. 2010나50290 판결 등은 1주일을 7일로 전제로 하는 판결을 보이기 시작했다. 그러나 서울고등법원 2012. 2. 3. 선고 2010나23410 판결, 부산고등법원 2017. 11. 15. 선고 2015나5422 판결 등은 1주일을 종전 대법원과 같이 근로의무가 있는 6(5)일을 전제로 하는 판결을 보였다.

3) 전원합의체에 회부된 사건은 바로 위의 서울고등법원 2011. 11. 18. 선고 2009나74153 판결인데, 이 사건의 대법원 접수일은 2011. 12. 28.이지만 관련 하급심 사안의 중대성으로 전원합의체로 회부결정은 2015. 9월에 이루어졌다.

주 52시간제 개선의 핵심은 1주일의 의미를 월요일에서 일요일까지라는 달력과 일치시키는 것이냐? 아니면 근로계약상 근로의무가 있는 날인 소정근로일로 일치시키는 것이냐이다. 이 문제의 결론에 따라 그간 행해왔던 근로시간이 근로기준법에 위반하거나 휴일근로가 연장근로에 해당하여 할증임금이 중복하여 소급적으로 부과되는지 여부가 갈라진다. 이 때문에 한편으로는 대법원이 이 문제에 대한 결정을 지연하고 있는데 이에 대해 빠른 결단을 내려주어야 한다는 요구와 다른 한편으로는 정부 및 국회가 이 문제에 대해 주 52시간제 입법 결단을 통해 조속히 매듭 지워줘야 한다는 요구가 병존했다. 이러한 입법 환경에 따라 2018. 2. 28. 국회본회의 통과와 2018. 3. 13. 국무회의 의결을 거쳐 2018. 7. 1. 1주일이란 휴일을 포함한 7일이라는 정의 규정(제2조 1항 7호)을 두는 주 52시간제 근로기준법이 개정되기에 이르렀다. 다만 그 시행 시기는 기업규모별로 순차적으로 시행되도록 정해졌다.

한편 주 52시간제 시행 근로기준법 개정 결정 직후인 2018. 6. 21. 대법원 전원합의체에 회부되었던 사건의 판결이 내려졌다. 공개변론을 통해 상당한 국민적 관심 속에 진행된 재판부는 개정되기 전 구 근로기준법의 운영과 같이 1주일은 휴일을 제외한 근로의무가 있는 날을 의미하고 휴일근로가 연장근로에 해당하지 않는다고 판단했다. 이를 구체적으로 보면, "구 근로기준법과 근로기준법 시행령 규정의 내용과 체계 취지 목적, 근로관계 당사자의 인식과 기존 노동관행 등을 종합하여 고려하면, 구 근로기준법의 1주간 기준근로시간과 1주간 연장근로시간은 휴일이 아닌 소정근로일을 대상으로 근로시간의 규제를 의도한 것으로 이해되고, 구 근로기준법상 1주에 휴일을 포함할 것인지 여부는 근본적으로 입법정책 영역에 속하는 문제로 근로기준법의 제정 및 최근 개정 경위를 통해 알 수 있는 입법자의 의사는 휴일근로와 연장근로를 명확히 구분하여 휴일근로시간을 연장근로시간에 포함하지 않겠다는 것임이 분명하며, 휴일근로시간이 1주간 기준근로시간 및 연장근로시간에 포함되지 않는다는 것은 근로관계 당사자들에게 일종의 사회생활규범으로 자리 잡았다고 평가할 수 있고, 구 근로기준법상 휴일근로도 연장근로에 포함되어 1주간 최대 근로시간이 52시간이라고 해석하게 되면 개정 근로기준법부칙 조항과 모순이 생기고 적용 과정에서 불합리하고 혼란스러운 결과가 발생하는 것을 피하기 어려워 법적 안정성을 깨뜨리므로, 휴일근로시간은 구 근로기준법 제50조 제1항의 1주간 기준근로시간(40시간) 및 제53조 제1항의 1주간 연장근로시간(12시간)에 포함되지 않는다."[4]고 판시했다.

대법원은 종전의 근로시간제도 운영 관행을 충분히 존중하여 고려했고 부가적으로 이미 입법으로 개선된 법적용과 관련한 규범적 조정을 고려한 것으로 보인다.

영향

주 52시간제 개선 시행이 우리나라의 장시간근로 문제를 해결하는데 필요한 입법 수단이라는 것은 틀림이 없다. 장시간근로 관행이 초래하는 폐해도 부정할 수 없고 무엇보다도 OECD회원국 중 우리가 가진 경제산업 능력에 비해 장시간근로 국가라는 오명에서 벗어나지 못하고 있다는 국제사회에서의 체면 문제도 있다. 따라서 중장기적으로 장시간근로 문제를 해결해야 한다는 당위성에 대해서는 부정적 판단이나 부정적 평가를 할 것까지는 없다.

그러나 우리나라에서 주 52시간제 실근로시간단축 정책 추진과정에서 고려되어야 할 여러 가지 어려운 사정들도 존재하고 있음을 부정할 수 없다. 우선 우리 경제산업 구조가 장시간근로 실태에 노출될 수밖에 없는 환경에 놓여 있다. 우리나라는 OECD회원국에 비해 자영업 비중이 25%를 넘고 이는 OECD 평균 15%를 훨씬 넘는다. 또 우리나라는 제조업 비중도 높은 편에 속한다. OECD회원국 중 독일 일본과 더불어 제조업이 강한 국가에 속한다. 특히 우리나라의 제조업은 원하청관계에 의존하고 있는 비중이 높은 편으로서 하청기업의 근로시간이 원청기업에 영향을 많이 받는 구조로 되어 있다. 이 때문에 실근로시간을 단축하는 주 52시간제에 가장 민감한 영향을 받는 곳이 중소영세기업 부문으로 알려져 있다. 이러한 사정들을 고려하여 현행 주 52시간제 시행을 개정 후 9

4) 대법원 2018. 6. 21. 선고 2011다112391 전원합의체 판결.

개월이 지난 2019. 7. 1.부터 시작했지만 가장 마지막 시행 완료 대상인 5~50명 미만의 근로자를 사용하는 중소영세기업은 그로부터 2년 후인 2021. 7. 1.로 정하기도 했다. 그러나 이것만으로 충분치 못하다는 것이다.[5] 그만큼 우리나라에서 주 52시간제 시행 환경이 어렵다는 것을 대변하는 것이다.

게다가 실근로시간을 단축시키는 주 52시간제 개선을 법정근로시간을 단축시킨 주 40시간제와 비교해보면 다음과 같은 차이가 있다. 주 40시간제는 전산업과 업종 그리고 전사업장에 대한 것이기 때문에 비록 주 4시간 정도의 단축 수준임에도 그 파급 영향이 큰 것이다. 이에 비해 주 52시간제는 장시간근로가 많은 산업 내지 업종 그리고 장시간근로가 많은 사업장에 한정하는 것이지만 최대 주 16시간 만큼을 단축하는 것이다. 근로시간과 생산성이 비례하는 산업이나 사업장에서는 주 40시간보다 주 52시간제 시행의 파급 영향이 더 심할 수 있다는 것이다.

이밖에 주 52시간제 시행 시 실근로시간이 단축되는 부문만큼 임금이 줄어든다. 그런데 우리나라 산업현장의 실태를 보면, 실근로시간 단축시 대기업은 지불능력과 유노조 프리미엄으로 단축된 근로시간에도 불구하고 종전 임금이 유지되어 임금이 더욱 상승하게 된다. 그러나 중소기업은 근로시간 단축에 따른 지불능력 부족과 무노조 여건으로 임금 보전이 안 되기 때문에 단축된 근로시간만큼 임금이 정직하게 감소된다.

한편 실근로시간 단축으로 임금이 감소하고 고용은 추가로 일어났는지도 미지수이다. 일부 실증분석의 결과가 추가적 고용이 일어날 수 있다는 실증을 보여주고 있을지라도 주 52시간 시행 이후 실제 우리나라 고용창출 환경이 그러한 실증을 뒷받침하고 있다고 볼 수 있는지 장담하기 어렵다. 특히 앞서 본 바와 같이 대기업 부문의 경우 실근로시간단축에 따른 임금이 보전되어 버리므로 추가적 고용 가능성이나 여력이 당연하다고 할 수는 없다. 그렇다고 중소기업은 줄어든 임금만큼 비례하여 추가적인 고용이 일어났을까? 중소기업은 오히려 저임금 현상이 더욱 심화되어 고용기피 현상이 심해졌을 가능성이 높다.[6]

---

5) 중소기업계, 김부겸 총리 만나 호소 "주 52시간제 유예를", 아시아경제, 6. 4. (https://www.asiae.co.kr/article/2021060409341254216).

주 52시간제의 결과가 추가 고용도 일어나지 않고 대기업 공공부문 종사자들의 행복 지수는 높였을지언정 중소영세기업 종사자들의 소득감소 유무에 어떤 영향을 초래할까? 결과론적이지만 우리나라의 고질적 노동시장 문제인 이중노동시장 구조만 더 심화시켰을 개연성도 없지 않다. 중소기업에서는 임금감소로 인한 산업인력 유출로 산업경쟁력에 문제가 생겼을 가능성이 높다. 이러한 부정적 효과를 예견했다면 보다 덜 충격적이게 시행을 충분히 순연시키는 방법으로 추진되어야 했을 것이다. 이러한 경험은 일본의 근로시간단축 정책에서도 발견할 수가 있다. 일본은 주 48시간에서 주 46시간, 주 44시간, 주 40시간으로 2시간씩 단계적으로 단축하는 방법을 취했고 주 40시간으로 완전한 이행도 기업규모나 부담능력을 고려하여 무려 10년의 경과규정을 두어 시행했다. 우리나라는 이와 비교하면 근로시간 단축이 산업현장에 미칠 부정적 효과를 너무 쉽게 간과했음을 알 수 있다. 향후 노동정책 추진시 산업에 미치는 영향에 대한 세심한 분석이 필요하다.

3. 최저임금제

내용

근래 대통령 공약으로 최저임금 1만원이라는 목표가 제시되고 이의 달성을 위한 최저임금 정책 경로를 겪고 있다. 최저임금 인상 목표를 1만원으로 설정한 근거 내지 배경으로서는 최저임금을 통해 저소득층의 소득을 높여주면 경제성장률을 더 높여 줄 수 있다는 이른바 소득주도성장 정책에 기반한 것으로 볼 수 있다. 그러나 최저임금 인상이 고용에 미치는 부정적인 영향에 대한 논의가 적지 않은 만큼 그 실현을 어떻게 달성할 수 있을지에 대한 궁금증도 높았다.

---

6) 김승택외, 제조업 근로시간단축의 고용효과 : 장시간근로 중소제조업을 중심으로, 한국노동연구원 2019. 12.에서는 연착륙이 이루어지는 방향의 노력이 우선되어야 고용이 증가할 수 있고, 임금총액 감소를 근로자가 감내할 수 있는 정책대안과 중소기업 일자리 창출을 위한 정책대안의 필요를 전제로 하고 있음을 고려하면 실근로시간 단축의 긍정적 효과를 도출하는데 상당한 어려움이 있음을 암시하고 있다.

그런데 2017년 결정된 2018년 적용 최저임금 인상률이 16.4%로 결정되었다. 이전 연도별 평균 인상률에 비하면 파격적이다. 특히 전년 7.3% 대비 두 배를 훌쩍 넘는 인상률이었다. 파격적인 인상으로 소상공인이나 중소영세기업에 부정적인 영향이 우려되었다. 이 때문에 정부는 소상공인과 중소영세기업에 대한 지원정책으로 일자리안정자금지원, 카드수수료 인하, 아파트 경비원 고용유지 지원 등의 정책을 추진했다. 급격한 최저임금 인상으로 지불 능력이 안 되기 때문에 그나마 유지되고 있는 고용 탈락이 우려되어 정부가 지원을 서두른 것이다. 당시 최저임금 위원회도 급격한 인상에 따른 부정적 영향을 사실상 시인할 정도였다.

이 때문에 2018년 결정된 2019년 적용 최저임금 인상률은 10.9%로 결정되었다. 전년도 급격한 인상률에 대한 경제에 부정적인 영향 여부에 대한 논란이 적지 않았지만 2019년 적용 기준과 관련하여서는 속도 조절론이 등장했기 때문에 인상률이 조정된 것으로 보아야 한다.[7] 이로써 최저임금 1만원 목표 달성에 상당한 차질이 예상되었다. 그러나 전년도보다는 대폭 낮은 인상률로 결정되었지만 두 자리 수를 유지했고 특히 전년도 인상률과 합하면 27.3%로 무려 30% 가까이 인상률에 달하는 것으로 기록된다. 또 이 때부터 고용률 하락 현상도 일부 확인되어 미디어 공간에서는 이를 둘러싼 정책의 공과에 대한 논란도 격해졌다.

결국 2019년에 결정된 2020년 적용 최저임금 인상률은 2.87%로 대폭 낮아졌다. 물론 2019년말 시작된 코로나 사태도 최저임금 인상률에 상당한 영향을 주었으나 사실상 직전 2년간 지나친 인상에 따른 고용과 경제에 악영향을 고려한 것으로 보는 것이 맞다. 그리고 코로나 사태가 본격적으로 진행되는 2020년에 결정된 2021년 적용 최저임금 인상률은 1.5%에 그쳤다. 당장의 실물경제의 사정을 고려한 것이다.

한편 파격적 최저임금 인상률이 적용되기 시작한 2018년 6월 12일 최저임금 산입범위 개선이 이루어졌다. 종전에는 최저임금에 포함되지 않았던 상여금과 식비, 숙박비, 교통비 등 복리후생적 임금에 대해 매월 지급하는 상여금과 복리후생적 임금의 일정 부분을 최저임금에 포함하

7) 연합뉴스 2018. 7. 16. 문대통령 "최저임금委 결정 존중…대선공약 못 지켜 사과" (https://www.yna.co.kr/view/AKR20180716102100001?input=1179m).

여 단계적으로 산입범위를 넓혀 2024년부터 100%가 최저임금에 산입되도록 개정되었다(최저임금법 제6조 제4항 각호, 부칙 제2조 참조). 이렇게 되면 최저임금 산입범위의 확대로 근로자들의 실수령 임금액이 점차 줄어드는 효과가 생기기도 한다. 아마도 급격한 최저임금 인상에 대한 완충 효과를 노린 것이기도 하고 한편으로는 그간 중소기업들이 희망한 최저임금제도 개선 요구 내용이기도 한 것이다.

영향

최저임금은 저숙련 사업 내지 한계 사업의 부담 능력과 밀접한 관련을 가지기 때문에 최저임금 인상이 고용에 미치는 영향에 대한 논쟁이 오래전부터 있어 왔다. Card & Krueger(1994)의 최저임금 인상은 고용을 증가시킨다는 연구결과에 대해 Neumark & Wascher(2000)의 최저임금은 고용에 악영향을 미친다는 주장을 하고, 이들이 다시 재반박을 하는 방식의 유명한 논쟁으로부터 시작했다. 이후 최저임금이 고용 또는 경제 산업에 미치는 영향에 대한 수많은 실증 결과를 둘러싼 논쟁이 일어났으며 이러한 내용들은 국내의 최저임금 논의 때에도 소개되고 있기도 하다.[8] 최저임금이 고용에 미치는 영향에 대한 논쟁은 근로시간단축이 고용에 미치는 영향보다 더 많은 논의가 대립하고 있다.

그런데 이러한 논쟁은 주로 최저임금의 연례적 인상 내지 평이한 인상을 둘러싸고 벌어지는 논쟁들이다. 말하자면 선진국의 경우 1~3% 내지 성장률이 높은 국가의 경우 7~8% 정도 인상률을 보이다가 갑자기 두 배 이상 내지 30% 이상 인상되는 정도의 환경에서도 최저임금이 고용에 미치는 영향 논쟁을 적용할 수 있을까? 그렇지 못할 가능성이 높다. 적어도 우리나라에서 소개되고 있는 최저임금이 고용 등에 미치는 영향에 대한 실증 분석은 평이한 최저임금 인상 그 자체를 대상으로 하는 것이지 급격하거나 파격적인 최저임금 인상을 대상으로 하는 것은 아니다.

그렇다면 2018~2019년간 무려 30% 가까이 인상된 최저임금의 경우

---

8) 이에 대하여는 이상희외, 글로벌 노동환경 비교분석 연구(산업통상자원부), 2016. 11. 제4절 최저임금 부분을 참조.

그간 경제적 실증 분석을 통한 최저임금이 고용에 미치는 영향 논쟁을 적용하기는 어렵다고 본다. 더구나 당시 최저임금 인상 이후 일자리 안정자금 지원 등의 정책을 전격적으로 추진한 것은 급격한 최저임금 인상이 고용에 악영향을 줄 가능성을 최소화 시키기 위한 것으로 보아야 하기 때문에 적어도 특별히 높은 최저임금 인상의 경우 고용에 심각한 영향을 줬다고 보아야 한다. 앞서 본 바와 같이 2018년 최저임금 적용시기의 일자리 안정자금 지원 등의 정책 이후 전개된 2019년 최저임금 적용시기에 와서는 정부조차도 최저임금이 고용에 미치는 영향을 고려한 속도조절론이 등장했고 이를 인정된 것이다. 그리고 그 다음 해에 가서는 코로나 사태도 있었지만 대폭 하향인상으로 이어진 것이다. 최저임금을 급히 하향 조정한 것에 대해 이를 모두 코로나 사태를 원인으로 돌리기도 어렵다. 이미 급격한 인상을 결정한 2017년부터 여당 내부에서도 다른 목소리[9]가 나올 정도로 고용 악영향에 대한 우려론이 심각하게 제기된 것으로 보아야 한다. 설령 코로나 사태가 없었다고 가정하더라도 급격한 최저임금 인상에 따른 일자리 안정자금 지원 등을 한 두해 지원한다고 해결될 일이 아니고, 언제까지 지원을 해야 하는지에 대한 답이 없을 정도였음을 감안하면 최저임금 1만원 인상은 확실히 고용에 부정적인 영향이 내재되었다고 보아야 한다.

한편 2017년부터 2021년까지 결정한 연도별 최저임금 평균 인상률은 이전 정부 4년간 연평균 7.425%의 인상률을 보인 것에 비해 5년간 7.36%의 인상률을 보이고 있다. 얼핏 보면 이전 정부보다 연평균 인상률이 높지 않아 코로나 사태를 제외하고는 고용에 미치는 영향이 부정적이라고 하기 어렵다고 할 수도 있겠다. 그러나 최저임금 인상을 매년 7~8% 인상하는 경우와 어느 해에 두 배 이상에 달하는 급격한 인상을 하는 경우에는 상식적으로 보더라도 최저임금에 영향을 입고 있는 중소영세기업이나 자영기업에게는 치명적일 수 있다. 매년 조금씩 인상하는 것은 적응할 수 있지만 파격적인 인상 조건은 당장 감당하기도 어렵거니

9) 서울경제 2017. 7. 21. "대기업 노조 말만 듣고 선무당소리를 당론으로"…주진형 '최저임금' 작심 비판(https://www.sedaily.com/NewsView/1OIK9IPAKQ https://www.sedaily.com/NewsView/1OIK9IPAKQ).

와 향후 전망까지 가세하여 스마트화 등 고용 대안에 주력할 가능성을 높일 수 있기 때문이다. 따라서 이전 정부에 비해 연평균 인상률이 비슷하거나 낮음을 이유로 하여 고용에 미치는 영향이 커지지 않았을 것이라는 주장도 설득력이 낮다.[10] 이밖에 상여금과 복리후생비의 최저임금 산입범위 개선도 이에 각각 해당하는 일부 중소기업에 한정되는 것으로 이것이 급격한 최저임금인상 부담을 완화시켜 고용에 긍정적으로 기능했으리라는 평가를 하기는 어렵다.

4. 법정공휴일의 적용 확대

내용

2018년 3월 20일 휴일에 관한 근로기준법 개정이 이루어졌다. 이들 개정 내용은 2018년 7월 1일부터 시행되었다. 휴일에 관한 근로기준법 개정 내용은 사용자는 근로자에게 대통령령으로 정하는 휴일을 유급으로 보장하여야 하고(제55조 제2항 본문), 여기(법 제55조 제2항에 본문)에서 대통령령으로 정하는 휴일이란 관공서의 공휴일에 관한 규정 제2조 각호(1호 일요일은 제외)의 공휴일을 말한다(근로기준법 시행령 제30조 제2항). 관공서의 공휴일에 관한 규정 제2조 1호(일요일)를 제외한 각호는 국경일, 신정일, 구정과 전후일, 석가탄신일, 어린이날, 현충일, 추석 전후일, 성탄절, 공직선거일, 기타 정부가 수시로 지정하는 날을 말한다(제2조 각호). 종전 관공서의 공휴일에 관한 규정이 있어도 근로자에게는 매년 5월 1일 근로자의 날(근로자의 날 제정에 관한 법률 본문)

10) 가장 최근의 실증분석 연구에 따르면 2018년 파격적인 최저임금 인상은 물론 최저임금 인상 자체는 고용에 부정적인 효과를 준다는 결론을 보여 준다. 배진한 김우영, 한국의 최저임금과 자영업(2021. 3. 노동경제론집 제44권 1호 한국노동경제학회)에서는 2018년 최저임금 인상은 고졸 이하의 자영업자에게 큰 타격을 주고 청년 임금근로자의 자영업으로의 입직을 현저히 낮춘 것으로 나타났고, 강창희, 최저임금 인상이 근로자 고용규모에 미치는 영향(위와 같은 논문집)에서는 2018년 최저임금 인상은 중소기업의 고용규모를 감소시키고 제조업 도소매 등 모든 업종, 모든 연령층에서 고용이 감소했으며 특히 청년층과 노년층에서 더 많이 감소했고, 2009~2019년간 최저임금 인상에서는 소규모 기업과 제조업에서 고용이 많이 감소했으며 청년층과 노년층이 중년층보다 더 많이 감소한 것으로 나타났다.

만 법정공휴일에 해당했지만 이제는 유급주휴일이 일요일인 경우 이외의 나머지 국경일과 명절 등 관공서의 공휴일인 약 11일(2022년) 내지 15일(2020년)에 대해서도 유급휴일로 보장되어야 한다.

2021년 7월 7일 공휴일에 관한 법이 제정되었다. 이 법은 제2조에서 공휴일을 열거하고 제3조에서는 공휴일이 토요일이나 일요일, 다른 공휴일과 겹칠 경우에는 대체공휴일로 지정하여 운영할 수 있도록 했다. 이 법은 2022년 1월 1일부터 시행되고, 다만 해당 대체휴일이 유급으로 의무화하는 것은 아니다.

그간 근로자에 대한 공휴일은 5월 1일 근로자의 날(노동절)이 유일했다. 휴일에 관한 근로기준법 개정은 근로자에 대한 유급주휴일 이외에 관공서의 휴일에 해당하는 공휴일도 유급으로 보장하는 것이다. 휴일을 추가하는 동시에 유급으로 보장하는 내용이다. 물론 우리나라 사업장의 상당 부분에서는 관공서의 휴일을 유급이든 무급이든 단체협약이나 취업규칙 등을 통해 보장받고 있다. 그러나 중소기업의 상당 부분에서는 이른바 공휴일 보장이 당연한 실태는 아니었다. 따라서 공휴일을 유급휴일로 추가하는 것은 공휴일이 보장되지 않은 사업장에서는 근로시간 단축 효과와 임금상승 효과를, 공휴일이 보장되더라도 무급휴일인 경우에도 임금상승 효과를 초래하게 된다.

영향

우리나라의 공휴일 수가 어느 정도 수준인가에 대해서는 국제비교에서 다양한 평가가 있을 수 있다. 또 우리나라의 연차유급휴가일 수까지 포함하여 근로자에게 부여되는 모든 휴일 수준의 비교에 대해서도 다각적인 평가가 있을 수 있다.

그러나 우리나라의 유급휴일을 다른 나라와 비교할 경우 다음의 점이 고려되어야 한다. 첫째, 우리나라는 이미 일주일에 하루씩 주어지는 휴일이 대부분의 국가에서 무급으로 운영되는 것에 비교하여 유급휴일로 부여되고 있는 점이다. 우리나라의 독특한 유급휴일 제도이다. 유급공휴일을 추가하는 것은 사실상 10주 이상의 유급주휴일이 더 추가되는 것과 같은 효과가 생기는 것이다. 둘째, 유급휴일의 개선이 하루 이틀 정도 확대하는 개선이 아니라 한꺼번에 최소 11일 이상의 수준으로 확대하였다는 점이다. 그간 유급이 아니라 무급 공휴일 하나 더 추가하는데에도 상당한 격론을 벌여 왔던 과거의 관행에 비하면 매우 전격적인 개선 방안이다.

공휴일은 대기업과 공공부문의 경우 대부분 휴일로 정하거나 나아가 유급휴일로 정하는 경우가 많지만 중소영세기업의 경우에는 사정이 많이 다르다. 지불능력이 적은 중소영세기업에서 공휴일을 유급휴일로 확대하는 것은 적지 않은 근로시간 단축과 임금상승에 해당하는 추가적 부담을 초래하는 것으로 이어지고 있기 때문이다. 부담능력이 있는 대기업 공기업에 비하여 중소영세기업에서는 적지 않은 경영상 부담을 직접적으로 지는 것으로 보인다. 더욱이 유급주휴일 제도는 전사업장에 대해 적용되지만 대체공휴일 보장은 상시 4인 이하 사업장에 대해서는 적용되지 않음을 고려하면 휴일보장과 관련한 영세기업과 그렇지 않은 기업 간의 격차 발생과 같은 문제도 초래할 것이다.

5. 노동관계법 개정

내용

2021년 1월 5일 정부는 노동조합 및 노동관계조정법(이하 노조법), 근로기준법 등 노동관계법 10개 법률을 개정했다.[11] 주요 내용은 ILO 핵심협약에 부합하는 집단적 노사관계법 개정, 근로시간 유연화 관련 개정, 특고(특수형태 고용직)종사자에 대한 산재보험 및 고용보험 적용 확대 개정이다.

2017년 정부는 ILO 핵심협약 비준을 국정과제로 채택했다. 이에 따라 ILO 핵심협약에 부합하는 노동관계법 개선 정책이 추진되었다. 주요

11) 노동조합 및 노동관계조정법, 공무원의 노동조합 설립 및 운영 등에 관한 법률, 교원의 노동조합 설립 및 운영 등에 관한 법률, 근로기준법, 고용보험법·고용산재보험료징수법, 산재보험법·고용산재보험료징수법, 청년고용촉진법, 한국산업인력공단법, 노동위원회법 등 10개 법이다.

내용을 보면 먼저 그간 초기업별 노조에만 가입이 가능했던 해고자나 실업자 등이 기업별 노조에도 가입이 허용되도록 했다. 이를 위해 해고자가 기업별 노조에 가입할 수 없도록 한 노조법 제2조 제4호 라목 단서를 삭제했다. 특정 기업이나 사업장에서 해고자 원직복직을 위한 노력을 하고 있는 근로자들이 자기가 몸담고 있었던 기업별 단위노조에 가입하여 활동하는 것이 가능하다는 것이다.

다만 해고자 내지 실업자와 같은 근로자가 특정 기업별 노조에 가입함에 따라 이른바 비종업원이 기업내 출입이나 활동과 관련한 분쟁이 예상될 수 있다. 이 때문에 해당 기업의 종업원이 아닌 조합원은 사업장 내 노조 활동시 효율적인 사업의 운영에 지장을 주지 않아야 한다는 규정(노조법 제5조 제2항)을 두었다. 또 해당 기업의 종업원이 아닌 조합원은 근로시간면제 한도(노조법 제24조 제2항)나 교섭대표노조의 결정(노조법 제29조의2 제10항), 그리고 쟁의행위 찬반투표 의사결정에 참여하거나 포함되지 않도록(노조법 제41조 제1항) 했다. 이밖에 기업별 노조의 임원은 종업원 자격이 있는 조합원만 할 수 있도록 했다(노조법 제23조 제1항).

한편 그간 노조전임자에게 급여를 지원하는 것을 부당노동행위로서 금지하였고, 급여지원을 요구하거나 이를 관철하기 위한 쟁의행위가 금지되고 있었다(구 노조법 제24조 제2항 및 제5항). 그런데 주지하는 바와 같이 우리나라는 ILO로부터 노조전임자 급여지원은 입법으로 관여할 사항이 아니라는 이유로 노조전임자 급여지원 금지 규정의 삭제를 수차례 요청받아 왔었다. 이에 노조전임자 급여 지원 금지 규정을 삭제함과 동시에 근로시간면제제도와 통합하여 근로시간면제한도 범위 내에서 유급근로시간의 처리가 이루어지도록 하였다(노조법 제24조 제3항). 다만 종전 노조전임자 급여지원 관행의 문제가 되살아나지 않도록 하기 위해 한도 초과의 근로시간면제 한도 부여는 부당노동행위로써 금지하고 또 한도를 초과하는 근로시간면제 내용을 정한 단체협약 등 사용자의 동의를 무효로 한다고 규정했다(노조법 제24조 제4항).

근로시간제도와 관련하여서는, 그간 최대 3개월 단위기간의 탄력적 근로시간제만 허용해 오던 것을 최대 6개월 단위기간의 탄력적 근로시간제 허용(근로기준법 제51조의2조)과 정산기간 1개월의 선택적 근로시간제를 신기술 연구개발 등의 업무에 한하여 정산기간 3개월의 선택적 근로시간제를 허용(근로기준법 제52조 제1항)했다.

이밖에 플랫폼노동종사자 등 특수형태근로종사자에 대한 고용보험 적용을 당연 가입으로 개선하고, 특수형태근로종사자 산재보험 적용 제외 신청사유를 제한하여 산재보험 당연가입이 실현되도록 개선했다.

영향

그간 우리나라가 국제사회에서 ILO 핵심협약 비준을 수차 약속한 바도 있고, 2015년 한-EU FTA 발효 내용 중 ILO 핵심협약의 효과적 이행에 대한 합의도 있었다. 이 때문에 ILO 핵심협약 비준을 위한 국내 노동관계법 개선이 불가피한 측면도 있었다. 그러나 ILO 핵심협약에 부합하는 국내의 노사관계제도 개선은 몇 가지 문제를 안고 있었다.

우선, 국내 노사관계 체제가 ILO의 영향력 있는 유럽 국가 등에 비해 생태계를 달리하는 체제라는 것이다. 우리나라는 산별노조 등 초기업별 노사관계 체제도 있지만 실제 본질은 기업별 노사관계를 주로 하는 체제로 평가된다. 이 때문에 유럽국가들의 노동조합 조직은 기업 외부에서 주요 조합활동을 하고 산업별·업종별 수준의 근로기준에 대한 협상을 하며 이를 기반으로 기업 내에서는 종업원대표조직에 의한 협력적 갈등 관리가 이루어지고 있다. 이에 반해 우리나라는 기업 외부에서 이루어지는 초기업 노동조합 조직은 전국적 산업별 조합활동을 전개하고 있지만 주요 근로조건은 산업별·업종별 수준으로 정해지는 것이 아니라 전부 기업 내 갈등적 노사관계를 통해 개별 기업 단위 수준으로 정해진다. 이러한 기업 내 노사관계 갈등으로 인해 그간 우리나라 노조법에서는 전국이나 산업단위의 초기업 노동조합에는 해고자나 실업자도 조합가입이 가능했지만 기업 내 노동조합에는 해고자 등 비종업원은 조합가입이 금지되었다. 그러나 노동조합 자체가 초기업 노조관행을 전제로 하는 ILO의 입장에서는 해고자나 실업자가 기업 내 노동조합에 가입하지 못하는 사정을 충분히 고려하지 못하는 것이다. 엄밀히 보면 해고자나 실업자가 기업 내 노동조합에 가입하더라도 기업으로서는 해당 실업자 조합원을 위해 부담해야 하는 법적 채무는 없다. 문제는 초기업 노사관계를 가진 유럽 등 국가에 비해 기업 내 노사관계를 주로 하는 우리나라가 값비싼 노사관계 갈등 비용을 치룰 가능성이 고조될 수 있다는 것이다. 이는 노사관계 경쟁력 측면에서 부정적이다. 이 때문에 ILO 핵심협약 기준을 고려하더라도 비종업원인 조합원이 기업 내 조합활동의 한계 등에 대해 명확하고 구체적인 규율로 보완이 되었어야 했다. 물론 개정법은 비종업원인 조합원은 사용자의 효율적인 사업 운영에 지장을 주지 않는 범위 내에서 조합활동을 할 수 있다는 규정(노조법 제5조)을 신설했다. 그러나 이러한 규정 방식은 한편으로는 간소한 기준이 부득이하다는 점도 인정되지만 다른 한편으로는 효율적인 사업 운영에 지장을 주지 않는 범위 내의 해석을 둘러싼 소모적인 노사갈등을 피할 수 없다는 문제점으로부터 벗어나기가 어렵다.

한편 한 국가의 노동관계법은 일자리와 같은 고용에 미치는 영향 등을 고려하여 고용의 안정성뿐만 아니라 유연성도 도모될 수 있는 균형있는 제도가 필요하다. 2021년 개정된 노동관계법은 노동조합 활동권 보장 제고와 특수형태근로종사자에 대한 고용보험과 산재보험의 적용 확대는 물론 단체협약 최장 유효기간의 3년으로 확대, 근로기준법상 최대 3개월 단위기간의 탄력적 근로시간제를 최대 6개월 단위기간의 탄력적 근로시간제로 확대 및 정산기간 1개월의 선택적 근로시간제를 신기술이나 연구개발 등에 한하여 정산기간 3개월의 선택적 근로시간제 확대 개편을 통해 나름대로 노동시장의 균형을 도모한 것으로 볼 수도 있다. 그런데 그간 우리나라는 압축성장시대 전부터 취약한 노동조합의 보호를 위한 부당노동행위 형사처벌 제도와 파업기간 중 대체근로 금지 규정이 있었다. 사실 이들 규정은 다른 국가에서는 보기 어려운 규정들이다. 부당노동행위 구제명령에 위반할 경우 형사책임이나 파업 시 파견근로자 대체근로 투입 금지와 같은 것은 있지만, 부당노동행위 자체에 대한 형사처벌과 파업시 포괄적이고 전면적인 대체근로 금지는 입법례가 없다. 특히 그간 집단적 노사자치에 맞게 노동조합 활동권 보장이 꾸준히 제고되어 왔고, 이번 ILO 핵심협약 기준에 부합하는 제도 개선 도모 시 국내의 집단적 노사관계의 균형을 꾀할 수 있는 기회였음에도 불구하고 오랫동안 문제로 되어 온 관련 제도 개선 논의를 제대로 하지 못했다. 모처럼 맞이한 대폭적 노동관계법 개정 내용이 노동조합 활동권 강화나 특수형태근로종사자에 대한 사회안전망 강화에 비례한다는 단체협약 유효기간 확대와 근로시간제도 유연성 제고가 있음에도 불구하고 국제관행이나 비교법적 기준으로도 보기 드문 부당노동행위 형사처벌 제도와 파업 시 대체근로 금지 제도의 개선을 포기한 것과 비교하기는 어렵다. 이들 제도는 국제비교법적으로도 문제가 되는 것이지만 우리나라의 노사 주체로부터 매우 민감한 갈등적 쟁점이라는 사실도 충분히 이해가 된다. 이상에서 본 바와 같이 근래 주요 노동관계법 개선에 수반되는 대폭적 집단적 노사관계제도 개선 등의 기회를 모처럼 접하였지만 주로 ILO 핵심협약에 맞추는 노력의 전념과 특수형태근로종사자 등에 대한 사회안전망 확충으로 이루어졌다. 그 결과 노동단체권 보장 및 노동시장 안전망 제고 노력으로만 귀결되었다. 이에 반하여 집단적 노사관계의 균형 제고와 일자리 창출 등을 위한 노동시장 유연성 제고 노력은 상대적으로 적게 되었다고 할 수 있다.

6. 결론 : 평가 및 포스트코로나시대와 노동

평가

앞서 훑어 본 그간의 노동정책이 추진된 내용을 시기적 순서로 서술해보면 다음과 같다.

(1) 먼저 2년간 30% 가까이 최저임금을 인상시켜 적용한 시기는 2018. 1. 1.~ 2019. 1. 1.부터이다.

(2) 주 52시간제는 2018. 7. 1. 개정하였지만, 그 시행 시기는 300인 이상 대기업 사업은 2019. 7. 1.부터, 50~300인 미만 사업은 2020. 1. 1. 부터, 5~50인 미만 사업은 2021. 7. 1.부터 시행되었다.

(3) 관공서가 정하는 유급공휴일 적용은 2018. 7. 1. 개정하였지만, 그 시행 시기는 300인 이상 사업은 2020. 1. 1.부터, 30~300인

미만 사업은 2021. 1. 1.부터, 5~30인 미만 사업은 2022. 1. 1.부터 시행된다.

(4) 탄력적 근로시간제의 단위기간과 선택적 근로시간제의 정산기간의 확대는 2021년 4월 1일부터 시행되었다.

(5) 특고종사자 산재보험 당연 적용과 플랫폼노동 종사자 고용보험 확대 적용은 2021년 7월 1일부터 시행되었다.

(6) ILO 핵심협약에 부합하는 노동단체권 보장 강화 규정은 2021년 7월 6일부터 시행되었다.

(7) 공휴일이 토요일이나 일요일, 다른 공휴일과 겹칠 경우에는 대체공휴일로 지정하는 법은 2022년 1월 1일부터 시행된다.

이상과 같이 추진된 노동정책의 시간적 간격과 중첩 관계를 간단하게 도식화 하면 다음과 같이 나타난다.

2018.1.1.	2019.1.1.	2019.7.1.	2020.1.1.	2021.1.1.	2021.7.1.	2021.7.6.	2022.1.1.
최저임금 16.4% 인상	최저임금 10.9% 인상						
		주 52시간제 (300인 이상)	주 52시간제 (50~300인 미만)	주 52시간제 (5~50인 미만)	주 52시간제 (5~50인 이상)		
			공휴일확대 (300인 이상)	공휴일확대 (30~300인 이상)			공휴일확대 (5~30인 미만)
							대체휴일
						노동단체권 강화	
							산재보험 고용보험 적용확대

위의 도식을 보면, 2018. 1. 1. 최저임금 인상에 따른 부담에서 시작하여 매년 쉴 틈이 없는 노동존중 규제가 전개되어 왔다. 물론 이 시기에 모든 규모의 기업에서 최저임금 인상의 영향을 입는 것은 아닐 것이

다. 그러나 적어도 2년간 30% 가까이 인상시키는 경우 최저임금 산입범위에 영향을 받는 임금체계를 가진 일부 대기업에서도 최저임금의 영향에 놓일 수 있다. 주 52시간제의 경우 중소기업은 급격한 2019년 최저임금 인상의 영향 후인 2020년부터 시행되었지만 최저임금에 상당한 충격을 입은 이후에 곧바로 추가 부담이 가중되는 구조임을 알 수 있다. 게다가 주 52시간제 확대와 유급공휴일 확대 시행이 연차적으로 이어져 추가 부담이 겹겹으로 중첩되는 영향으로 나타날 수도 있다. 여기에 노동단체권 강화와 대체휴일 적용 시행 등 산업현장의 사업주에게 부담을 가중하는 정책이 이어져 사실상 최근 산업현장에서 기업부담은 5년동안 계속 누적적으로 이어져오는 구조로 볼 수 있다. 이에 대해 기업의 부담을 그나마 완화해 줄 수 있는 가능성을 주는 것이 노조법상 단체협약 유효기간 확대와 근로기준법상 유연근로시간제 활용 강화이다. 그러나 이 제도는 시행되더라도 단체협약의 경우 노사 간 협약의 유효기간의 조정이 있어야 사실상 적용 효과가 발생하고 탄력적 근로시간제와 선택적 근로시간제의 경우에도 단위기간이나 정산기간의 연장은 근로자대표와 협의 등을 경유하여 연장에 서면으로 합의해야 적용 효과가 발생하는 것이다. 따라서 당장은 산업현장에 부담을 가중하는 정책이라는 성질을 부정하기 어렵다.

다만 이렇게 추진된 정책의 내용 측면에서 정책의 방향성은 동의를 얻을 수 있다. 그러나 단기간 내에 추진될 경우 산업현장의 부담이나 혼란 가능성을 고려하면 부정적 영향을 최소화하는 방안이 모색될 필요가 있었다. 적어도 노동존중 차원의 입법적 결단은 존중할 수 있다고 하더라도 그 시행 시기는 가중되는 부담을 충분히 소화해 낼 수 있도록 순연할 수 있는 완충기를 두어야 했음에도 그렇게 하지 못한 아쉬움이 있다. 노동정책의 경우 정책의 필요성이 백번 인정된다고 하더라도 이를 전격적으로 급격히 시행할 경우 고령자나 청년 일자리 감소 등의 부작용으로 오히려 노동존중이 아니라 일자리가 무시되는 정책으로 귀결될 수가 있기 때문이다.

포스트코로나 시대와 노동정책

포스트코로나 시대 노동의 특징은 종전부터 전개된 4차 산업혁명이 우연히도 COVID-19라는 등에 올라탔다는 사실로부터 설명되어야 한다. 이것은 디지털에 기반한 4차 산업혁명이 COVID-19를 계기로 기존 노동방식의 변화를 더욱 가속화한다는 것을 의미한다. 구체적으로 기존의 근로시간과 근로장소 등이 고정된 전통적 공장제 노동방식이 아니라 시간과 공간의 경계가 고정되지 않은 유연한 노동방식이 확산되고 있다. 또 기존의 인적·조직적 법적 종속성을 중심으로 하는 전통적 종속노동방식이 아니라 독립자영인적 성질을 가져 인적·법적 종속성은 없지만 경제적 종속성이 인정되어 일정한 보호를 필요로 하는 플랫폼 노동 방식이 확산되고 있다. 이러한 4차 산업혁명의 내용이 코로나 시기에 더 가속화할 수 있는 실험기를 가지게 되었다. 재택근무 등 비대면 노동이나 배달앱 등과 같은 플랫폼노동은 COVID-19 시기에 꽃을 피웠고 이것이 포스트코로나 시대로 이어질 것이다.

이러한 포스트코로나 시대 노동의 특징을 국내의 산업구조와 노동시장 및 노사관계 환경에 비추어 검토하자면 다음과 같은 과제들이 제기될 수 있다.

먼저, 포스트코로나 시대에는 그간 계속 심화되어온 이중노동시장구조가 더 가속화될 가능성이 높다. 그간 대기업은 디지털화에 기반한 재택근무 등 부담능력이 나은 여건으로부터 코로나 시기를 버티고 있지만 중소영세기업의 경우 디지털 기반도 취약하고 부담능력도 낮아 노동시장환경이 매우 악화되었다. 특히 코로나 시기 주로 여성 근로자들과 디지털 취약계층의 고용불안정성이 심화될 것으로 보인다. 포스트코로나 시대 소득 내지 노동시장 양극화 가능성은 글로벌 국제사회에서도 같은 현상으로 발생되고 국내 대부분의 산업에서 이러한 경향으로 이중노동시장 구조가 더욱 심화될 것으로 보인다.

이러한 이중노동시장 구조에 대해서는 종전부터 생산성과 괴리된 연공임금체계 등의 개선과 대기업 공공부문 정규직 유노조 부문의 연대와 양보 노력이 필요하다는 전문가들의 주장이 있어 왔지만 메아리에 불과한 실정이다. 그나마 기업정책으로서 대중소기업 상생협력 정책 등은 계속 연명되고 있고 이로써 실제 1차밴드 부문의 생산성 향상에는 적지 않은 기여가 있었을 것으로 보인다. 이 문제를 해결하기 위해 노동법제도의 개선 주장도 있지만 법제도 개선을 둘러싼 정치적 갈등 등을 고려하면 해결하기가 쉽지 않다. 그렇다고 필요한 개혁 부분을 손 놓고 있을 수도 없다. 이중노동시장구조 문제는 당사자인 노사관계 이외에 국내의 국민일반이나 소비자에 대한 이해도 일정정도 가진다. 따라서 국민적 여론도 수렴될 수 있는 사회적 대타협기구 같은 대화 채널도 운영하면서 연공임금의 점진적 개선 노력은 물론 대기업 공공부문 정규직 유노조의 연대와 상생의 양보 및 중소기업의 생산성 제고를 위한 R&D 지원 등 필요한 협력 정책이 지속될 필요가 있다. 요컨대 이중노동시장구조 개선 정책은 노동정책과 산업정책 및 공정거래정책 등이 연동되어 이루어질 필요가 있다.

한편, COVID-19는 우연히도 4차 산업혁명이 본격적으로 진행되는 과정에서 발생했다. 노동의 측면에서 4차 산업혁명의 가장 큰 특징은 노동방식의 변화이다. 앞서 언급한 바와 같이 4차 산업혁명은 시간과 공간을 넘나드는 노동방식이 급속도로 확산되기도 하지만 이러한 노동방식은 자동화를 직면하면서 인적자원 관리의 방향이 디지털 직무역량이라는 커다란 전환점을 맞이하게 된다. 독일에서는 산업 4.0에 맞추어 이를 노동 4.0(Arbeit 4.0)으로 부르고 이에 대한 대책 수립에 전력하고 있다.[12] 이러한 노동방식에 기름을 부은 것이 바로 COVID-19이다. 전세계적으로 감염 예방을 위해 임시대응방편으로 비대면 노동이 활용하게 되는 이른바 재택근무 등 비대면 노동의 거대한 실험장으로 들어서게 된다. 우리나라도 예외가 아니어서 상당 부분의 산업현장이 비대면 방식의 재택근무를 활용했다. 그러나 종전 국내에서 재택근무와 같은 유연근무 방식은 그 활용률이 거의 없었다. 원인은 다양하겠지만 근로자측의 경우에는 주로 활용의 필요성을 인지하지 못하고 있는 것이다.[13] 산업이 디

12) 이에 대해서는 박지순, 4차 산업혁명과 노동법의 과제, 강원법학 제54권, 2018. 6.
13) 강민정외, 2018년 기준 일 가정 양립 실태조사(고용노동부), 2019. 12. 유연근로제도 활용도도 매우 낮지만 특히 원격 재택근무 활용도가 가장 낮고, 원격 재택

지털화되어 팽창하고 있음에도 불구하고 공장제 노동방식에 맞는 제도를 굳건히 유지하고 있고 경쟁력 높은 대기업의 노사 당사자들이 현재의 고용안정에 안주하고 있기 때문이기도 할 것이다.

우리나라뿐만 아니라 전세계가 COVID-19 시기에 재택근무가 급증했다. 물론 감염병 예방을 위한 임시적 대응 방안일 수 있다. 그럼에도 다음과 같은 의문이 제기된다. COVID-19 기간동안 지구촌이 거대한 재택근무 실험기를 경유했는데, 과연 포스트코로나 시대에 이를 활발하게 활용할 수 있을까? 이에 대한 답은 쉽지 않다. 나라마다 다를 것이기 때문이다. 노동관행이나 놀이문화 등의 차이에 따라 적극적으로 재택근무 방식이 확산되는 사례도 있을 것이고 그렇지 않을 경우도 있을 것이다. 그런데 우리나라는 그렇지 않은 사례에 해당할 가능성이 높다. 디지털 기반은 어느 정도 있음에도 불구하고 노동문화 측면에서 이를 선호하는 것이 확인되지 않고 보다 근원적으로는 근무방식 변화에 필요한 취업규칙 변경이나 단체협약 개선 등 노사 당사자 간 필요한 일련의 절차가 경직적으로 존재하기 때문이다. 포스트코로나 시대에는 거대한 생산성 내지 노동 효율성 제고 트랜드가 확산될 가능성이 있다. 이에 대응하는 근무방식의 유연한 변화, 구체적으로 유연한 재택근무 활용 관련 제도에 대한 사전 정비가 필요하다.

포스트코로나 시대에는 플렛폼 등 소규모 자영방식 고용의 확산 등 고용형태의 다양화가 가속화 될 것이다. 우연찮게도 코로나시기를 겪으면서 노동의 측면에서는 근로자 등 노무제공 종사자들로부터 적지 않은 일자리 탈락이 발생했고, 경영의 측면에서는 비대면 노동방식의 효율성과 인적자원관리의 편리함을 경험했기 때문이다. 이들은 기존의 작업시간과 작업장소에 기반한 지시감독을 핵심요소로 하는 근로관계의 종속성을 벗어나 일련의 작업과정에서 사업자로부터 지시감독적 종속성이 없이 자율적 재량적 노무제공을 하는 방식이다. 그러나 이들은 결코 온전한 의미에서 자율성이나 재량성이 인정되는 안정적인 지위에 기반한 일자리를 누리지는 못한다. 작업방식에서 전통적 공장제 근로자들과는

근무 등 유연근무제 도입이 낮은 이유에 대한 절반 이상의 응답이 희망 또는 필요한 근로자가 없어서라는 내용으로 나타났다.

달리 작업과정의 지시감독은 없지만 노무제공 계약 체결 과정에서 경제적 종속성이 강하게 자리잡고 있다. 따라서 이들에 대한 노동법적 적용 방식의 보호는 아니더라도 경제적 종속성으로부터 오는 불안정성을 잡아 줄 대안적 보호 방식이 필요하다. 이 때문에 앞서 검토한 바와 같이 플랫폼노동 종사자 등에 대한 고용보험 적용 확대가 이루어지기도 했다.

플랫폼노동 종사자에 대한 보호의 필요성은 글로벌 사회에서도 문제로 되고 있다. 보호의 당위성은 충분히 공감되는데 문제는 보호 방식이다. 그런데 플랫폼노동의 출현은 전통 산업에서 일자리 창출이 점점 어려워지고 경영측면에서는 디지털을 활용한 노동법 적용 이외의 인력활용 방식을 고민하면서 시작한 것이다. 따라서 플랫폼노동 종사자 보호는 전통적 노동법의 틀내에서 소화하기는 어렵다. 전통적 노동법과는 다른 접근 방식이 필요하다. 구체적으로 이들에 대한 경제적 종속성이 있으므로 노무제공과정에서 최소한의 사회안전망에는 들어오도록 해야 한다는 것이다. 노동법을 적용하여 새로운 일자리를 내는 이머징 마켓에 해당하는 플랫폼 노동시장 영역을 과도하게 규제할 것이 아니라 새로운 노무방식에 걸 맞는 보호체계로 가는 것이 합리적이다.

근래 코로나 시기 경제위기를 경유하면서 종전부터 문제되어 왔던 청년세대의 일자리 진입이 더욱 어려워지고 있다. 밀레니얼 세대로서 MZ노동세대로 불리워지는 청년들은 미처 고용에 진입하지 못하는 현실에 직면하기도 하지만 고용에 진입한 MZ세대 청년들은 기업조직내 근로문화와 소통방식에서 갈등에 직면하기도 한다. 특히 우리나라와 같이 과도한 연공서열형 임금체계가 굳건히 유지되는 한 MZ세대의 노동생산성 유인에 부정적으로 작용할 것이다. 기존의 공장제 노동 중심의 노동운동에 대해서도 MZ세대는 무관심으로 보이고 오히려 합리적 성과나 평가에 관심을 가지고 이를 적극적으로 요구하는 것이 표출되기도 한다. 최근 등장하는 70세 정년연장론[14]도 미처 취업시장에 진입하지 못한 MZ세대 청년들에게는 세대간 갈등을 불러오는 것들이다. 정년연장은 어떤 방식으로든지 청년고용에 긍정적인 신호를 주지는 않기 때문이다.

---

14) 세계일보 8. 5. [단독] 정부 '정년 이후 고용연장' 공론화 물밑작업 (https://www.segye.com/newsView/20210805515227?OutUrl=daum).

특히 우리나라와 같은 근속기간에 비례하는 임금구조를 가진 사업장일수록 정년연장은 청년고용과 정면으로 충돌하는 것이다.

이렇게 우리나라는 연공서열형 임금체계 문제 때문에 정년연장이 고용에 미치는 부정적 영향이 클 가능성이 높다. 실제 2013년 60세 정년연장에 대한 실증연구에서도 정년연장 규정 적용 시행을 전후로 하여 고령자의 정년보장도 확보하지 못하고 오히려 청년고용에 부정적인 영향을 미쳤다는 결론을 얻고 있다.[15] 물론 2013년 60세 정년연장시 임금피크제 등 임금조정 노력을 부여하였으나 이 노력은 노사 간 협치를 요소로 하는 바람에 산업현장에서 임금조정이 제대로 작동되지 않았다. 연공서열형 임금조정 문제는 최근 등장하는 70세 정년연장 논의에서도 쟁점으로 될 것이고, 이와 관련하여 고용에 미치는 부정적 영향 등이 심각하게 우려될 것이다. 정년연장의 경우 일본의 정년연장 경험을 시사받는 것도 좋다. 일본은 60세 정년은 12년에 걸쳐 완성하고 65세 정년은 13년에 걸친 완성이 시행 중에 있으며, 70세 노력의무도 이제 시작했다. 말하자면 정년연장에 대한 산업현장의 충격을 흡수할 수 있도록 시행시기와 방법에서 세심한 고려를 하는 정책으로 볼 수 있다. 향후 70세 정년연장은 기업으로 하여금 단기간 내에 의무화 하도록 압박하는 방법이 아니라 여러 가지 선택적 옵션을 부여하여 청년세대 고용을 잠식하지 않으면서도 70세 정년연장으로 유도하는 정책적 고민이 필요하다.

한편 MZ세대의 생산성과 노동효율을 높이려면 근로자 개인의 자기결정권이 존중되어야 하고 개인의 성장이 담보되는 인적자원관리가 필요하다. 이를 위해서는 기업 내에서 MZ세대 근로자들에 대해 근무장소와 근로시간 등을 유연하게 적용 운용하고 개별적 특성에 맞는 학습프로그램의 개발이 필요하며, 특히 조직내 소통문화가 수평적으로 이루어질 수 있도록 관리할 필요가 있다.

---

15) 남재량, 정년 60세 이상 의무제 시행의 고용효과 연구, 한국노동연구원, 2018. 12.

참고문헌

강민정외, 2018년 기준 일 가정 양립 실태조사(고용노동부), 2019. 12.

강창희, 최저임금 인상이 근로자 고용규모에 미치는 영향, 노동경제론집 제44권제1호, 한국노동경제학회, 2021. 3.

김승택외, 제조업 근로시간단축의 고용효과 : 장시간근로 중소제조업을 중심으로, 한국노동연구원(고용노동부), 2019. 12.

박지순, 4차산업혁명과 노동법의 과제, 강원법학 제54권, 2018. 6.

배진한 김우영, 한국의 최저임금과 자영업, 노동경제론집 제44권제1호, 한국노동경제학회, 2021. 3.

이상희외, 글로벌 노동환경 비교분석 연구(산업통상자원부), 2016. 11.

Ⅱ.

디지털 대전환 시대를 대비한 지식재산분야 일자리 창출 및 전문인력 양성방안

이병욱(충남대학교)

Ⅱ

디지털 대전환 시대를 대비한 지식재산분야 일자리 창출 및 전문인력 양성방안[1)]

이병욱(충남대학교)

1. 서론

세계적인 기업인 마이크로소프트(Microsoft)사의 CEO인 사티아 나델라(Satya Narayana Nadella)는 최근의 COVID-19로 인한 상황으로 인해 2년에 걸릴 디지털 전환(DT, DX : Digital Transformation)이 2개월 만에 이루어졌다고 표현하였다. 즉, 보건 안전 위기 이전 시대에서도 거대 변화의 동인이라 주목받던 디지털 전환이 COVID-19를 통해 더욱 가속화되고 있는 것이다. 디지털 전환은 COVID-19로 인한 언텍트 사회로의 변화를 촉진하고 있고, 기존의 등속도가 아닌 가속도로 움직이고 있는 기술과 산업의 변화와 더불어 노동시장에서 요구하고 있는 인재상의 변화도 촉발시키고 있다. 특히, 디지털 전환시대의 핵심 키워드는 '기술 혁명'과 '융합'이라 할 수 있으며, 주된 흐름의 방향성은 창의적 아이디어 기반의 산출물을 통한 높은 부가가치 창출을 지향한다.

이러한 미래의 방향과 환경 속에서 가치있는 지식을 창출, 보호, 활용할 수 있는 일자리와 인재 확보만이 미래를 대비할 수 있는 효율적인

1) 이 글은 이병욱, 나문용, 박기문, 이규녀, 이성상, 김송이, 정훈섭(2018) 연구의 일부를 참고하여 작성하였음.

전략이다. 단순히 과학기술에 기반을 둔 지식을 창출하는 것에 그치지 않고 이를 보호하고 활용하여 새로운 일자리와 시장을 창출함과 동시에 발명에 의한 산출물을 부가가치로 전환할 수 있는 역량을 가진 창의인재 양성과 활용 시스템을 구축하기 위한 정책을 마련할 필요가 있다.

디지털 전환시대의 미래 변화

세계경제포럼(WEF : World Economic Forum)에서는 2016년에 The Future of Jobs를 통해 디지털 전환시대의 주요한 변화 동인을 과학기술적 측면과 사회·경제적 측면으로 구분하여 제시하였다. 과학기술적 측면에서는 '모바일 인터넷', '클라우드 기술', '빅데이터', '사물인터넷(IoT)' 및 '인공지능(AI)' 등의 기술이 주요 변화 동인이고, 사회·경제적 측면에서는 '업무환경 및 방식의 변화', '신흥시장에서의 중산층 등장' 및 '기후변화' 등이 주요 변화의 동인이라 분석하였다.

〈표 1〉 제4차 산업혁명의 변화 동인

기술적 측면		사회·경제적 측면	
모바일 인터넷, 클라우드 기술 (Mobil internet, cloud technology)	34 %	업무환경의 변화, 업무의 유연성 (Change nature of work, flexible work)	44 %
연산능력, 빅데이터 (Processing power, Big Data)	26 %	신흥시장에서 중산층 (Middle class in emerging market)	23 %
새로운 에너지 공급 및 기술 (New energy supplies and technologies)	22 %	기후변화, 천연자원 (Climate change, natural resources)	23 %
사물인터넷 (Internet of Things)	14 %	지정학적 불안감의 증가 (Geopolitical volatility)	21 %
공유경제, 클라우드 소싱 (Sharing economy, Cloud souring)	12 %	소비자의 신념 및 사생활 이슈 (Consumer ethics, privacy issues)	16 %
로보틱스, 자동수송 (Robotics, autonomous transport)	7 %	노령화 사회 (Longevity, ageing societies)	14 %
인공지능 (Artificial Intelligent)	7 %	신흥시장에서 젊은 세대 (Young demographics in emerging market)	13 %
진보된 제조업, 3D 프린팅 (Advanced Manufacturing, 3D printing)	6 %	여성의 경제적 능력 및 열정 (Women's economic power, aspirations)	12 %
진보된 소재 및 생명공학 (Advanced Materials, BIO Technology)	6 %	급속한 도시화 (Rapid urbanization)	8%

출처 : WEF(2016), The Future of Jobs. 재구성.

또한 주요 국가의 대학, 연구기관, 컨설팅 기업들도 미래 사회의 변화와 그 동인에 대한 연구 결과를 다음과 같이 제시하고 있다.

〈표 2〉 미래 사회의 변화 동인과 변화 예측

국가	기관	내용
미국	보스톤 컨설팅	• 기술적 측면의 변화 동인들이 일자리 지형에 직접적인 영향을 미쳐 기술 발전을 적용(adoption)함으로써 제조업 생산성이 크게 향상 • 이러한 변화의 중심에는 빅데이터, 로봇 및 자동화 등의 기술이 자리할 것으로 예측
영국	옥스퍼드 대학	• 유럽 노동시장이 '글로벌화'와 '기술적 혁신'으로 인해 변화될 것으로 전망 • 과학기술의 발전이 단순 업무에서부터 복잡한 업무까지 자동화시켜 일자리뿐만 아니라 업무영역에서도 커다란 변화가 나타날 것으로 전망 • S/W 및 빅데이터 등 정보통신기술(ICT)의 발달로 업무영역이 자동화되고, 자율주행기술 및 3D 프린팅 기술 등의 등장으로 일자리 지형이 크게 변화할 것으로 예측
캐나다	CEDA	• 과학기술적 측면 : 클라우드 서비스, 사물인터넷(IoT), 빅데이터, 인공지능 및 로봇기술 등 • 과학기술 외적측면 : 글로벌화, 인구통계학적 변화, 사회변화 및 에너지 부족 등

출처 : 김진하(2016). 제4차 산업혁명 시대, 미래사회 변화에 대한 전략적 대응 방안 모색. 재구성.

이상의 미래 전망 자료를 분석해보면, 과학기술 측면과 사회·경제적 측면의 디지털 전환은 가속화 될 것이며, 과학기술 측면에서 디지털 전환과 미래 사회 변화를 야기하는 주요 변화 동인은 정보통신기술(ICT) 플랫폼이 핵심이라고 할 수 있다. 그리고 디지털 전환을 통한 변화는 사회·경제적 측면에서도 많은 영향을 미칠 것이다. 현대경제연구원의 연구에 따르면, 디지털 전환은 속도, 범위, 영향력 등의 측면에서 3차 산업혁명과 차별화되고, 인류가 한 번도 경험하지 못한 새로운 시대를 접하게 될 것으로 예상하고, 획기적인 기술 진보, 파괴적 기술에 의한 산업재편, 전반적인 시스템의 변화 등이 디지털 전환의 주요 특징임을 강조하고 있다. 즉 디지털 전환은 경제 및 산업구조, 노동시장 등 다양한 분야에서도 많은 영향을 미칠 것이며, 현재도 진행 중이다.

이러한 디지털 전환에 따른 다양한 변화에 대응하기 위해서는 다각적인 측면에서의 혁신이 필요한데 유연한 노동시장, 교육시스템, 인프라, 법제도 등의 개선이 중요한 요소로 평가되고 있다. 스위스 최대 은행 UBS가 2016년 세계경제포럼에서 노동시장의 유연성, 기술수준, 교육수준, 인프라 수준, 법적 보호 등 5개 요소를 기준으로 디지털 전환에 가장 잘 적응할 수 있는 국가들을 평가한 결과는 다음과 같다.

〈표 3〉 디지털 전환에 대비한 5대 요소별 국가 순위

순위	국가	노동시장 유연성	기술수준	교육 시스템	SCO 수준	법적 보호	전체
1	스위스	1	4	1	4.0	6.75	3.4
5	미국	4	6	4	14.0	23.00	10.2
12	일본	21	21	5	12.0	18.00	15.4
13	독일	28	17	6	9.5	18.75	15.9
25	한국	83	23	19	20.0	62.25	41.5
28	중국	37	68	31	56.5	64.25	55.6

출처 : UBS(2016). Extreme automation and connectivity : The global, regional and investment implications of the Fourth industrial revolution.

이 표에 따르면 한국의 경우 타 국가에 비해 디지털 전환에 따른 노동시장의 유연성과 교육시스템의 변화 정도가 낮아 이 부문에서의 개선이 요구된다. 따라서 정부와 기업은 디지털 전환의 본질과 영향력을 인지하고 미래의 경제·산업·사회 환경 등의 변화에 능동적으로 대응할 수 있는 인재 양성 시스템 구축과 기존 인력에 대한 직무역량 향상 교육 및 훈련에 정책의 무게 중심을 두어야 한다. 특히, 미래 환경을 주도할 혁신적 디지털 기반 기술 변화와 관련 산업 분야의 창출과 재편에 본질적으로 대응할 자산이라고 할 수 있는 지식재산(IP : Intellectual Property) 분야에서 요구되는 다양한 전문 인력이 그 역할을 수행할 수 있는 일자리의 창출과 이러한 인력들의 양성, 배분과 활용을 위한 적극적인 정책 마련이 필요하고 관련 인프라와 플랫폼 마련이 절실하다.

디지털 전환(Digital Transformation) 시대에 지식재산 전문 인력의 중요성

한국을 포함한 많은 국가에서는 경제 성장률 둔화, 생산성 하락, 새로운 기술과 산업의 등장에 적극적으로 대응하기 위해 새로운 지식과 기술의 창출·확산, 연구개발 투자를 통한 기술혁신과 기술변화를 수용하고 응용할 수 있는 인력의 역량을 모델링하여 교육 훈련을 하기 위한 다양한 정책 과제를 생성하여 추진하고 있다. 특히, 디지털 전환에 기반한 신기술의 등장과 혁신적 변화가 경제의 성장과 사회의 성숙을 위한 새로운 방향과 성장을 촉진시키는 동력원이 될 수 있기 때문에 아이디어에 기반한 기술을 창출하고, 보호하고, 활용할 수 있는 지식재산 분야의 일자리 창출과 이러한 일자리에 입직하여 사회적, 경제적 역할을 담당할 전문 인력에 대한 개념 규정과 양성을 중요한 과제로 설정하여 추진하고 있다.

지식재산 분야의 전문 인력은 지식재산에 대한 전문 교육과정 이수와 오랜 경험 등을 통해 지식재산의 창출, 활용, 보호로 구성된 생태계의 전주기에 대한 이해와 지식, 기술, 태도를 갖춘 수준 높은 인력을 의미한다. 지식재산 분야의 전문성의 수준과 활동 영역에 따라 국가지식재산위원회가 제시한 국내 지식재산 인력을 구분하여 제시하면 다음과 같다.

유형		지식재산 활동 영역		
		창출	관리	서비스
지식재산 전문성	높음 (전문인력)		지식재산 전담인력 (기업/연구소/대학)	·지식재산 법률서비스 인력 (변리사/심사관/변호사) ·지식재산 경영서비스 인력 (사업화/기술이전/가치평가) ·지식재산 교육서비스 인력 (전담교육자)
	중간 (준전문인력)	연구개발인력 (교수/연구원/대학원생)	지식재산 겸임인력 (기업/연구소/대학)	·지식재산 서비스 실무자 ·지식재산 비전담 교육자
	낮음 (잠재인력)	학생(초·중·고·대), 기업인력, 일반인		

출처 : 국가지식재산위원회 (2016). 제2차 국가지식재산 기본계획(2017~2021).

[그림 1] 지식재산에 대한 전문성 수준과 활동 영역에 따른 지식재산 인력의 구분

앞서 언급하였다시피 디지털 전환시대의 핵심 키워드는 '기술 혁명'과 '융합'을 꼽을 수 있으며 이러한 키워드는 특허를 필두로 하는 지식재산과 관련성이 높은 단어들이자 지식재산이 미래를 대비시켜 줄 것이라고 확신시켜 주는 키워드이기도 하다. 이와 관련한 예를 제시하면 다음과 같다. 현재 각국 정부와 기업은 디지털 전환시대를 관통하는 원천 기술을 창출하고 선점하기 위해 많은 노력을 하고 있다. 이러한 노력의 결과로 출원하여 등록된 전 세계의 Industry 4.0 관련 7가지 산업분야 기술[2]의 특허수를 파악한 결과, 관련 특허의 등록 건수는 불과 5년 만에 12배 이상 폭발적으로 증가하였다. 따라서 지식재산의 창출과 선점이 디지털 전환시대의 '쌀과 밀'이며 핵심 전략인 것이다. 뿐만 아니라 창출된 지식재산을 보호하고 활용할 수 있는 인적 인프라를 미시적이고도 각 분야와 연계하여 꼼꼼히 구축하고, 이에 필요한 일자리 만들기 정책을 추진함과 동시에 이들 일자리에 배치되어 활용될 지식재산 전문 인력 양성에 정책적 목표를 설정하고 실천 전략을 마련해야 한다.

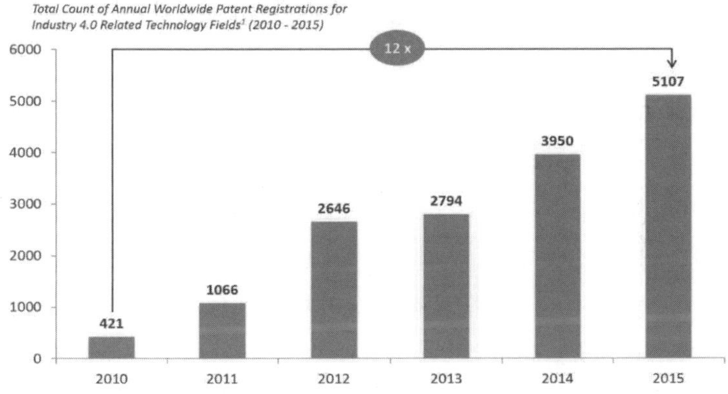

출처 : European Patent Office - Espacenet : http://worldwide.espacenet.com/ (IoT Analytics(https://iot-analytics.com/).

[그림 2] Industry 4.0 관련 기술의 전세계 특허 등록 건수(2010~2015)

2) Cyber physical systems, Cloud computing, Big data and analytics, (IT)System security, Additive manufacturing/3D Printing, Augmented reality(HMI), Robotics/Humanoid robots(HMI).

[그림 2]와 같이 전 세계적으로 디지털 전환 관련 핵심 기술의 특허가 12배 이상으로 양적으로 확대되고 있고 질적으로는 표준 특허 선점에 대한 경쟁이 가열되고 있지만 〈표 4〉에 제시한 것처럼 한국 기업의 관련 역량은 미국과 일본에 비해 낮은 수준이다. 그리고 정부의 관련 정책 마련과 추진 실적도 기대에 미치지 못하고 있다.

〈표 4〉 미국 대비 디지털 전환 핵심 기술 수준 격차

(단위 : %)

구분	빅데이터 플랫폼	사물인터넷	소프트웨어	3D프린터
한국	76.3 (1.6년)	80.9 (1.2년)	76.7 (1.9년)	73.1 (2.2년)
일본	80.8 (1.3년)	82.9 (1.1년)	79.0 (1.7년)	85.1 (1.2년)
중국	69.6 (2.2년)	70.6 (2.0년)	70.1 (2.4년)	72.0 (2.4년)

출처 : 동아일보(2017.3.16.), "AI 경쟁 승패 3년 안에 갈린다." (https://www.donga.com/news/Economy/article/all/20170316/83347523/1). 재구성.

더 심각한 사실은 우리나라의 경우 창출된 기술을 보호하고 활용할 수 있는 지식재산 전문 인력의 필요성을 낮게 인식하고 있다는 점이다. 각종 연구 결과를 살펴보면 기업이(특히, 중소기업 이하) 지식재산 전문 인력의 채용을 하지 않는 주된 이유는 관련 인력 채용 시 소요 비용의 부담과 적합인 인력 확보의 어려움, 지식재산 관련 업무의 중요성에 대한 인식 부족이 주요 원인으로 지목되고 있다. 이러한 원인의 결과로 우리나라는 4차 산업혁명으로 일컬어지는 디지털 전환시대에 대한 대응력이 낮고 불충분하다고 판단될 수 있으며 이를 개선하기 위해서는 다양한 분야의 과학 기술 전문 인력의 양성과 더불어 지식재산을 창출하고, 보호하고, 활용할 수 있는 지식재산 전문 인력에 대한 일자리 만들기와 관련 인재 육성을 위한 핵심 정책을 과제로 생성하여 추진할 필요가 있다.

디지털 전환시대를 주도하기 위한 지식재산 전문 인력은 체계적인 지식재산 교육을 통해 복합문제 해결 역량, 자기주도적 문제해결 능력, 새로운 지식 창출 능력, 창직 역량, 창의성, 창업 역량, 미래 경제 이익 창출 능력 7가지 역량을 배양해야 하며, 이를 기반으로 디지털 전환시대에 역동적인 역할을 할 수 있도록 지원 방안도 마련하여 추진하여야 한

다. 디지털 전환시대에서 지식재산 전문 인력에게 요구되는 필요 역량들과 세부 내용을 제시하면 〈표 5〉와 같다.

〈표 5〉 디지털 전환시대 지식재산 전문 인력의 필요 역량

순번	필요 역량	내용
1	복합문제 해결 역량	산업현장의 실제적 문제 상황과 각 학문의 연관성을 이해하여 실제 현장 직무와 삶에서 요구되는 복합문제 해결 역량
2	자기 주도적 문제해결 능력	이미 학습한 내용과 학습해야 할 내용을 창의적 문제해결과정을 경험하고 관련 지식을 스스로 구성하는 능력
3	새로운 지식 창출 능력	지식재산의 이해를 통하여 이공계 분야 등 다양한 영역에서 새로운 지식을 창출하고 서비스 제공 역할
4	창직 역량	4차 산업혁명 시대에 대비하는 새로운 일자리 창출에 관한 학습 경험을 통하여 국가 발전의 원동력에 기여할 수 있는 인재
5	창의성	창의성을 배양할 수 있으며, 소비자의 요구 변화를 파악하여 새롭고 가치 있는 산출물 도출
6	창업 역량	미래에 대비한 인성과 지식, 핵심 역량을 겸비하고 새롭고 가치 있는 아이디어의 실천과 산출물, 지식재산 경영 학습경험을 기반
7	미래 경제 효익 창출 능력 및 지식재산 생산 능력	미래 경제적 이익을 창출시켜 주는 무형 자산

이상에서 제시한 디지털 전환시대에서의 지식재산 전문 인력의 필요성과 일자리 창출의 당위성, 그리고 지식재산 전문 인력 양성을 위한 인프라 구축을 위한 기준이라고 할 수 있는 지식재산 전문 인력에게 새롭게 요구되는 역량에 기반하여 디지털 전환시대를 응전할 수 있는 인력 양성을 위한 지식재산 교육 패러다임을 기존의 것과 대비하여 제시하면 [그림 3]과 같다. 그리고 이러한 패러다임을 제대로 구현하기 위해서는 디지털 전환시대에 필요한 지식재산 분야를 세분화하여 재구조화하고, 각 분야별 지식재산 전문 인력에게 요구되는 핵심 역량을 도출하여 이를 기준으로 구체적인 인력 양성 방안을 마련하여야 한다.

	기존 패러다임	디지털 트랜스포메이션 시대의 패러다임
1	실패하지 않도록 정답 중심 교육	비구조화 경험을 통한 정답을 찾는 창의성 교육
2	교사 등 학습 내용 중심 교육	학습자의 아이디어 창출 등 산업현장 문제해결중심 교육(PBL)
3	교과 중심의 융합 교육	융합 그 자체로, 복합문제해결 중심 교육
4	지식과 숙련 중심의 교육 (죽어있는 교육)	융합시대의 협력적, 최신 미래 과학기술 중심 교육 (살아 있는 교육)
5	주어진 학습 경험 내 교육	스스로 찾아보고 학습하는 구성주의에 기반한 교육
6	경제적 효익(무형자산)과 무관한 교육	미래 경제적 효익 창출이 가능한 교육
7	학제 간 학습이 제한된 교육	학제 간 융합이 가능한 교육
8	창업과 연계가 부족한 교육	창업 등 아이디어 활용이 가능한 교육
9	공급자 위주의 교육	학습자 중심, 수요자(Needs) 중심 교육
10	일자리 창출과 연계가 부족한 교육	일자리 창출과 연계한 밀접한 교육

[그림 3] 디지털 전환시대의 지식재산 교육 패러다임

2. 본론

디지털 전환시대를 적극적으로 대응하기 위해 미국, 일본, 독일, 핀란드 등 주요 선진국은 학교교육, 대학교육, 직업교육 등 다양한 영역에서의 혁신을 통해 인재 양성을 위해 노력하고 있으며, 이중에서 대학교육은 사회구조적 환경과 산업 기술 환경에 부응하며 빠르게 변화하고 있다. 지식재산 분야에서의 전문 인력 양성을 위해서는 창출에 해당되는 발명교육의 인식, 발명 기법 함양, 실제 발명을 통한 특허 출원과 등록 경험은 초·중·고를 비롯한 전체 교육의 과정에 포함되어야 하고 지식재산 분야의 전문 인력 양성은 대학 이상의 수준에서 체계적으로 제공되어야 한다. 참고로, 현재 우리나라 대학에서의 지식재산 교육은 지식재산 교육 선도대학, 지식재산 관련 학과를 설치한 대학, 지식재산 관련 전문 대학원에서 운영되고 있다.

지식재산 전문 인력 양성 실태

한국의 지식재산 전문 인력 양성 실태를 알아보기 위해 전국의 지식재산 선도대학의 학부와 대학원의 교육과정을 분석한 결과를 제시하면 〈표 6〉과 같다. 이들 지식재산 교육 선도대학은 주로 공과대학(원)에 설치되어 운영하고 있었으며, 지식재산 및 공학 소양 과목, 그리고 IP-R&D 컨설팅, IP사업화, IP 전략 기획 분야 과목 등을 주로 편성하고 있었다. 아울러 선도대학의 학부 과정에서는 지식재산 관련 과목을 평균 34.1개, 대학원 과정은 평균 7.7개의 과목을 개설하였지만, 두 과정 간 과목의 내용과 수준에서는 거의 차이가 없었다. 그러나 긍정적인 측면은 지식재산 산업의 재편에 따라 공학적 측면에서의 지식재산 창출에서 점차 경영과 금융 분야로 관련 과목의 내용이 융합되고 확산되는 경향이 있었다.

〈표 6〉 지식재산 교육 선도대학(원)의 지식재산 관련 평균 개설 과목 수

(단위 : 개, %)

구분		평균 개설 과목 수
지식재산 선도대학	학부	34.1(78.8)
	대학원	7.7(21.2)
	총합	41.8(100.0)

지식재산 선도대학의 교육과정에 대한 특징을 구체적으로 살펴보면 다음과 같다. 첫째, 지식재산법, 지식재산 일반과 같은 지식재산 기초소양과목과 캡스톤 디자인, 창의공학설계 등 공학 기초 소양 과목이 여러

개의 반으로 중복 개설되는 경향이 있었다. 둘째, 디지털 전환으로 인해 총 11개로 분화될 수 있는 다양한 지식재산 분야의 관련 직무 중에서 IP-R&D 컨설팅, IP사업화, IP 전략 기획 분야 과목은 대부분의 대학에서 편성하고 있었으나, IP 거래, IP 금융, IP 가치평가, IP 관리, 글로벌 IP 관리, IP 분쟁 분야 과목은 1~2개 대학에서만 소수 과목으로 편성되어 운영하고 있었다. 셋째, 최근에는 많은 선도대학이 공통적으로 창업과 관련된 과정을 개설하고 있었지만, IP 사업화와는 거리가 먼 '일반 창업'에 대한 과정이 다수를 차지하고 있어 기술 창업, IP 창업, 더 나아가 새로운 일자리로 연계될 수 있는 차별화된 교육과정 개설이 필요한 것으로 나타났다. 넷째, 일부 대학에서는 자연대, 사회대, 예술대, 경영대, 의과대 등에서도 지식재산 강좌를 개설하고 있으며 더 나아가 지역 전략 사업과 연계된 과정을 다수 개설하고 있었다. 지식재산 분야의 교육에서도 범교과적이고 융합적인 특색을 띄는 과정이 생겨나고 있었다.

한편, 지식재산 분야 인력을 양성하고 있는 또 다른 유형의 기관인 지식재산 관련 학과 및 지식재산 전문대학원은 지식재산 전문 인력을 양성하는 공통적 교육 목표와 대학별로 특성화된 인력 양성을 목표로 수립하고 교육과정을 편성하여 운영하고 있었지만 각 대학의 교육과정은 설정된 인력 양성 목표를 달성하기에는 한계가 있었다. 다시 말해, 대학 지식재산 관련 학과에서는 지식재산 전문 인재 양성이라는 공통적인 목표와 학과별로 IP 사업화, 기술경영, 분쟁 대응 등의 차별화된 인력 양성 목표를 수립하고 있지만, 이들 목표와 교육과정 편성 과목, 그리고 운영 현황들과는 불일치하는 경우가 많아 이에 대한 개선이 요구된다.

〈표 7〉에 제시된 바와 같이 A대학 창업지식재산학과는 인력 양성 목표 중에 IP-R&D 컨설팅, IP 권리화, 글로벌 IP 관리, IP 분쟁 직무, IP 사업화와 관련된 교육 목표로 교육과정을 편성하고 있으나, 글로벌 IP관리와 IP 분쟁 관련 과목은 거의 편성하지 않고 IP 정보 조사 분석과 같은 기본 과목을 편성하고 있었다. B대학 지식재산학과는 인력 양성 목표 중에 IP-R&D 컨설팅, 글로벌 IP 관리 직무와 관련된 교육 목표에 따라 교육과정을 편성하고 있었으나 교육 목표와는 거리가 있는 IP 금융, IP 사업화, IP 분쟁 관련 과목을 추가 편성하고 있었다. D대학 지적재산권

〈표 7〉 지식재산 관련 학과의 인력 양성 목표 및 인재상 분석 결과

구분	지식재산 분야 인력 양성 목표	교육 목표 내용				교육과정 편성 과목			
		A대학 창업 지식 재산 학과	B대학 지식 재산 학과	C대학 지식 재산 학과	D대학 지적 재산권 학과	A대학 창업 지식 재산 학과	B대학 지식 재산 학과	C대학 지식 재산 학과	D대학 지적 재산권 학과
1	IP-R&D 컨설팅	O	O			O	O		
2	IP 정보 조사분석					O		O	
3	IP 권리화	O				O			
4	IP 전략 기획								
5	IP 거래			O				O	
6	IP 금융			O			O	O	
7	IP 가치평가			O				O	
8	IP 관리			O	O			O	
9	글로벌 IP 관리	O	O		O		O		
10	IP 사업화	O		O		O	O	O	O
11	IP 분쟁	O			O		O		O

학과는 인력 양성 목표 중에 IP 분쟁에 관한 저작권 인력 양성 목표에 따라 교육과정을 편성하고 있었으나 IP 관리와 글로벌 IP 관리 관련 과목은 거의 편성하지 않았고, 교육 목표에 제시되지 않은 IP 사업화 관련 과목을 추가 편성하여 운영하고 있었다. 그러나 C대학 지식재산학과의 경우에는 인력 양성 목표 중에 IP 거래, IP 금융, IP 가치평가, IP 관리, IP 사업화에 관한 목표에 따라 교육과정을 편성하고, IP 정보 조사 분석과 같은 기본 과목을 추가 편성하고 있다.

지식재산 전문대학원의 경우에는 공통적으로 IP 분쟁, IP 전략 기획, 글로벌 IP 관리에 관한 인력 양성 목표를 설정하고 있었으나, 여기에서도 교육 목표와 교육과정 편성 현황은 일부 불일치하는 경우가 있어 이에 대한 개선도 필요하다.

〈표 8〉 지식재산 전문대학원 목표 및 인재상 분석 결과

구분	지식재산 분야 인력 양성 목표	교육 목표 내용				교육과정 편성 과목			
		E대학	F대학	G대학	H대학	E대학	F대학	G대학	H대학
1	IP-R&D 컨설팅				O	O			
2	IP 정보 조사분석					O	O		
3	IP 권리화		O		O		O	O	O
4	IP 전략 기획	O	O	O	O	O	O	O	O
5	IP 거래						O		
6	IP 금융			O		O	O	O	
7	IP 가치평가					O	O		
8	IP 관리	O					O		
9	글로벌 IP 관리	O		O	O		O	O	O
10	IP 사업화					O	O		
11	IP 분쟁	O	O	O	O	O	O	O	O

〈표 8〉에서와 같이 E대학 지식재산 전문대학원은 인력 양성 목표 중에 IP 전략 기획, IP 분쟁에 관한 목표에 따라 교육과정을 편성하고 있었으나, IP 관리와 글로벌 IP관리 관련 과목은 거의 편성하지 않고 있었다. 하지만 IP-R&D 컨설팅, IP 정보 조사분석, IP 금융, IP 가치평가, IP 사업화 관련 과목을 추가 편성하여 운영하고 있었다. F대학 지식재산 전문대학원은 인력 양성 목표 중에 IP 분쟁, IP권리화 및 IP 전략기획에 관한 목표에 따라 교육과정을 편성하고 있었으며 IP 사업화에 대한 과목을 다수 추가 편성하여 운영하고 있었다. G대학 지식재산 전문대학원은 인력 양성 목표 중에 IP 전략 기획, IP 금융, 글로벌 IP 관리, IP 분쟁에 관한 목표에 따라 교육과정을 편성하고 있으며, IP 권리화와 같은 기본 과목을 추가 편성하여 운영하고 있었다. H대학 지식재산 전문대학원은 인력 양성 목표 중에 IP 권리화, IP 전략 기획, 글로벌 IP 관리, IP 분쟁에 관한 인력 양성에 따라 교육과정을 편성하고 있으나, IP-R&D 컨설팅 관련 과목은 거의 편성하지 않고 IP 정보 조사 분석과 같은 기본 과목을 추가 편성하여 운영하고 있었다.

이상의 내용을 기반으로 국내 대학의 지식재산 전문 인력 양성 실태

분석을 통한 시사점을 제시하면 다음과 같다. 먼저 지식재산 교육 선도대학의 경우 첫째, 지식재산 교육 선도대학의 공과대학에 IP 거래, IP 금융, IP 가치평가 분야에 관련 과목을 개설하여 지식재산 활용 관련한 융합적 인재를 길러주는 방안을 검토할 필요가 있다. 또한 IP 창출과 활용 중심의 융합적인 전문 인재를 양성하는 '융합지식재산대학원' 설치 및 운영하는 방안도 검토할 필요가 있다. 특히, 이론 형태의 교육은 축소하고 산학협력 및 프로젝트 중심에 기반한 창업형, 일자리 맞춤형 교육과정으로 운영되어야 한다. 둘째, 지식재산 교육 선도대학의 경영대학에 경영 및 경제학과, 금융 관련 학과 대상으로 지식재산 일반과 IP 관련법 등 지식재산소양을 필수과목으로 개설하고, IP 거래, IP 금융, IP 가치평가 등 지식재산 활용 분야의 직무와 관련이 있는 과목을 선택과목으로 개설할 수 있도록 지원해야 한다. 이는 타 전공 분야와의 공유형 IP 인재 양성에 기여할 것으로 기대된다. 셋째, 대학교수에 대한 지식재산 교육인 T3 교육을 공과대학 소속 교수뿐만 아니라 경영대학 교수 등으로 확대하고 산업분야별, 대상군별로 세분화하여 추진되어야 하며, 타 전공 분야와의 공유형 IP 인재를 양성하는 지식재산 교육 네트워크와 인프라를 구축해야 한다. 넷째, 초·중등교육 및 전문대학, 4년제 대학과 연계하는 IP 평생교육 양성 체계를 구축하기 위해서 4년제 중심 대학 지식재산 교육 선도대학 사업을 전문대학으로도 확장하는 IP-Tech 선도대학 사업(가칭) 도입도 검토할 필요가 있다. 초·중등학교의 실과(초등단계) 및 기술(중등 단계) 과목, 지식재산 일반 과목(고등학교 단계), 그리고 특성화고등학교의 발명특허특성화고 지원 사업, 4년제 대학의 지식재산 교육 선도대학 지원 사업(약 200여 개 대학)이 존재하는 반면, 고등직업교육기관이라고 할 수 있는 전문대학을 중심으로 한 국가 지원 사업이 부재한 실정이므로 전문대학을 대상으로 한 IP-Tech 선도대학 지원 사업(가칭)을 발굴하여 전 학교급에서의 지식재산 교육을 통한 일자리 창출 및 지식재산서비스 인력 양성에 기여할 수 있는 시스템 구축이 필요하다.

다음으로 지식재산 관련 학과 및 지식재산 전문대학원과 관련된 지식재산 전문 인력 양성 실태 분석에 기반하여 도출된 시사점을 제시하면 다음과 같다. 첫째, 지식재산 관련 학과 및 지식재산 전문대학원은 설정한 인력 양성 목표와 교육과정이 다양하게 개설되어 있었으나 목표와 교육과정 편성 과목간의 일관성이 결여되어 있는 학과 및 전문대학원이 많아 이를 개선하기 위한 노력이 필요하다. 둘째, 지식재산 관련 학과 및 지식재산 전문대학원에서 설정한 다양한 인력 양성 목표를 기업 재직자 대상으로 달성하고자 한다면 재직근로자의 학습 기회 및 환경적 특수성을 고려하여 나노 디그리(Nano-Degree) 및 매치업(Match業) 프로그램 방식의 3~6개월 단기인증 프로그램으로 운영하는 방안이 효과적이다. 따라서 지식재산 교육 목표와 교육과정간의 일관성에 대한 개선과 아울러 교육 형식과 방식, 그리고 인증 방식에 대한 개선 방안 마련도 검토되어야 한다. 셋째, 대학에서 운영되고 있는 디지털 전환시대에 필요한 지식재산 관련 일자리 창출 전략과 연계하여 혁신성장 주도형 IP 인재의 양성, 배분, 활용을 위한 생태계를 구축하여야 한다. 이를 위해서는 지식재산 인력 양성 사업의 다각화와 개혁을 통하여 창출, 보호, 활용(서비스) 인력 중심의 일자리 창출형 정책 방안을 마련하고, 특히 지식재산 서비스업으로 전환 가능한 과목 신설 등이 적극 검토되어야 한다.

국외의 지식재산 전문 인력 양성 실태

국외의 지식재산 전문 인력 양성 체계를 구체적으로 살펴보면 다음과 같다. 첫째, 지식재산 전문 인력 양성을 적극적으로 추진하고 있는 외국의 경우 지식재산 교육에 특화된 고등교육기관은 소수지만 지식재산 교육이 지식재산 전문 인력 양성 및 지식재산 업무 숙련도 향상에 초점을 둔 실용적, 전문적 교육을 지향하고 있다. 먼저 일본은 지식재산 분야에서 전문적인 직업 능력을 가진 인재 양성을 목적으로 지식재산전문직대학원(知的財産専門職大学院)을 설립하여 운영하고 있으며, 교육과정 구성이나 교육 방법 등에서 실용적인 교육을 운영하고 있다.

〈표 9〉 일본 오사카공업대학 지식재산학부 Three Courses(3コース制) 프로그램

구분	주요 과목	진로
지식재산 전문가 과정 (IP Professional Course)	특허법 및 실용신안법, 상표법, 국제 지식재산법, 현대기술과 특허, 특허디자인 탐구, 국제 지식재산 탐구 등	기업의 지식재산 부서, R&D 기획 부서, 특허법률사무소 등에서 지식재산 전문가로 활동
브랜드 및 디자인 과정 (Brand & Design Course)	시장 및 브랜드, 브랜드 전략, 디자인 전략, 브랜드 및 디자인 지식재산권 탐구, 콘텐츠 지식재산권 탐구 등	브랜드 경영 전문가, 제품디자인 전문가, 기업의 상품 기획, 콘텐츠 제작 관리자 등으로 활동
비즈니스 경영 과정 (Business Management Course)	혁신과 기업 경영, 경영전략론, 지식재산 경영 연구, 지역 지식재산 탐구, 기업 경제학 등	지식재산 전문 지식과 기술을 갖춘 비즈니스 전문가 등으로 활동

또한 나고야상과대학(名古屋商科大学) 경제학과의 경우 교육과정이 현대 경제 영역, 공공정책 영역, 지식재산 영역 3가지 영역으로 구분이 되는 특징이 있다. 지식재산 영역에서는 기술과 지식재산권법 지식을 바탕으로 비즈니스에 지식재산을 활용하는 방법 등을 학습하게 된다. 이중 지식재산과 관련된 주요 교과목으로는 지식재산론, 저작권법, 디자인법 및 상표법, 지식재산권 제도와 기업 활동 등이 있으며 졸업생들은 취득 가능한 자격으로 변리사, 지식재산기능사(지식재산권관리기능검정) 등이 있다.

러시아의 경우에는 지식재산 분야의 전문가를 양성하기 위해 설립된 고등교육기관인 지식재산아카데미(Russian state academy of intellectual property)를 통해 지식재산 전문 인력을 양성하고 있다. 러시아 지식재산아카데미는 지식재산 교육에 특화된 고등교육기관으로 인정받고 있으며, 정부 기관이 교육 및 기관 운영을 주도하고 있다는 점이 특징이다.

싱가포르는 싱가포르 국립대학에서 변리사 양성 등을 위한 지식재산 교육을 실시하고 있지만 실제 기업을 비롯한 현장에서 요구하는 지식재산 관련 실무 역량을 높일 수 있는 교육이 미흡하다는 자체 진단을 통해 2017년을 끝으로 운영을 중단하고, 2017년에 지식재산 허브 마스터 계획(IP Hub Master Plan)에 대한 계획을 수립, 발표하면서 지식재산 실

무 중심, 업무 숙련도 제고를 위한 교육을 위해 싱가포르 사회과학대학에 'Master of IP and Innovation Management' 과정 등을 신설하여 변리사 시험 응시를 위한 자격 부여를 비롯한 지식재산 전문 인력을 양성하는 교육기관으로 지정하여 운영하고 있다.

국외의 지식재산 인력양성 체계의 두 번째 특징으로는 교육 수요자의 상황이나 요구에 맞는 교육과정의 다양화가 이루어지고 있다는 점이다. 일본 오사카공업대학은 지식재산학부와 연계하여 조기진학제도(Quick Master Program)를 운영하고 있다. 이 제도는 학업 성적이 우수한 지식재산학부 학생들이 학부를 3년 만에 마치고 지식재산전문직대학원에 조기 입학하는 프로그램으로 이 과정을 이수한 학생들은 5년 만에 지식재산 학사와 석사 학위를 취득할 수 있다. 싱가포르, 영국 등은 지식재산 분야에서 준석사(Graduate Diploma)과정을 운영하고 있다. 싱가포르의 경우 싱가포르 사회과학대학의 'Master of IP and Innovation Management 과정'에 개설한 교과목 중에 필수로 정해진 7개 교과목을 수강하면 Graduate Diploma in IP and Innovation Management 과정을 이수한 것으로 인정하며, 영국의 경우에도 브루넬 대학(Brunel university) 등에서도 지식재산 준석사 과정(Intellectual Property Postgraduate Certificate)을 운영하여 실무에 강한 지식재산 분야의 전문 인력 양성을 하고 있다.

국외의 지식재산 인력양성 체계의 세 번째 특징은 지식재산을 주된 업(業)으로 하는 지식재산 전문 인력 양성 교육과 함께 지식재산을 주된 업(業)에 활용하려는 인력에 대한 교육 프로그램이 마련되어 있다는 것이다. 싱가포르는 혁신주도 경제로의 전환 계획에 따라 만든 'Skills Future 프로그램'을 통해 직장 경험을 가지고 있는 인력들을 대상으로 지식재산을 자신의 주된 업(業)에 활용하기 위한 지식 및 기술 습득을 지원하고 있다. 특히, 'Skills Future 프로그램'에서 고려하고 있는 지식재산 부문의 교육은 지식재산 사업화 활동과 관련된 컨설팅이나 소송 및 분쟁 해결, 지식재산 보호 등의 전문화된 서비스를 제공하는 전문 인력뿐만 아니라 일반 기업 내에서 지식재산을 활용하는 인력에 대한 교육을 포괄하는 것이 주된 특징이다.

<표 10> 싱가포르 'Skill Future 프로그램'의 주요 내용

구분	주요 내용
Skills Future Study Awards	• 혁신주도 경제로의 전환에 따라 미래 경제를 선도할 유망 분야에서 요구되는 새로운 기술과 역량을 개발하고, 심화시키기 위해 필요한 교육 및 훈련을 지원하는 프로그램 • 관련 분야에서 업무 경험이 있는 초기 또는 중급 경력의 인력을 대상으로 하며, 5,000 SGD(약 400만원)의 금액을 관련 교육과정 수강에 사용할 수 있음. 매년 최대 2,000건까지 지원하며 현재 항공 운송, 금융, 정보통신망 기술, 에너지 및 화학, 지식재산, MICE 등 40개 분야의 교육과정을 지원
Skills Future Qualification Award	• Workforce Skills Qualifications(WSQ)의 자격 수준 중 Level 4~6에 해당하는 Diploma, Special Diploma, Graduate Certificate 또는 Graduate Diploma를 취득한 국민에게 1,000SGD(약 80만원) 현금 제공 • Workforce Skills Qualifications(WSQ)의 자격 수준 중 Level 1~3에 해당하는 Certificate, Higher Certificate, Advanced Certificate를 취득한 국민에게 200SGD(약 16만원) 수여
Skills Future Credit Scheme	• 25세 이상의 싱가포르인이 Skills Future Singapore(SSG)에서 인정된 교육과정, 대학 교육 등 직무역량 강화를 위한 교육 프로그램을 이수할 경우 처음에 500SGD(약 40만원)을 지원하고, 이후 정기적으로 금액을 추가 지원해주는 제도
Skills Future Mid-Career Enhanced Subsidy	• 40세 이상의 경력을 갖춘 싱가포르인들에게 평생학습을 지원하고, 경력 근로자의 숙련 기술 습득을 지원하는 프로그램으로 Skills Future Singapore(SSG)가 지원하는 교육과정 및 싱가포르 5개 대학(NUS, NTU, SMU, SUTD, SIT, SUSS)의 교육 과정을 포함하여 교육 프로그램 수강료의 90%를 보조금으로 지급 (5,000SGD(약 400만원)의 비용이 소요되는 교육프로그램을 이수하는 경우 90%를 보조금으로 받고, 나머지 500SGD는 Skills Future Credit Scheme을 이용하면 자체 부담 없이 교육 프로그램을 이수할 수 있음)
Education and Career Guidance	• 교육, 훈련, 기술 및 직업에 대한 정보를 제공함으로써 교육 및 직업 결정에 도움을 주는 것을 목적으로 하는 프로그램으로 학생에게는 직업 선택에 필요한 체계적인 교육 및 진로지도 서비스를 제공하고, 성인에게는 경력개발에 필요한 교육훈련 정보를 제공

국외의 지식재산 인력양성 체계의 마지막 특징은 변리사 등 지식재산 전문 자격제도와 지식재산 교육의 연계성이 뚜렷하다는 점이다. 영국의 경우 지식재산 관련 학위 취득자 또는 사전에 정해진 대학의 지식재산 관련 과정을 이수한 사람에게 변리사 시험의 일부 과목을 면제하고 있으며, 일본도 2009년부터 전문직 학위를 가진 자에 대해서도 변리사

시험 일부를 면제해주는 제도를 시행하고 있다. 특히 일본의 경우에는 지식재산 관련 교육 이수자는 변리사 시험 일부 과목이 면제되며, 지식재산 교육과정이 변리사 시험뿐만 아니라 지식재산관리기능검정(知的財産管理技能検定), 비즈니스 저작권 검정(ビジネス著作権検定), 정보검색능력 검정(情報検索能力検定), 지식재산권 번역 검정(知的財産翻訳検定) 등과 연계되어 있는 특징이 있다. 싱가포르에서는 특허법 104조와 Patents(Patent Agents) Rules 2001에 따라서 싱가포르 사회과학대학 'Master of IP and Innovation Management 과정' 등을 이수한 사람에게 변리사 시험 응시 자격을 부여하고 있는 것이 특징이다.

〈표 11〉 지식재산 관련 자격제도와 지식재산 교육의 연계

구분		주요 사례
지식재산 전문 자격제도 (국가 자격제도)	고등 교육기관과 연계	• 싱가포르 변리사 : 변리사 시험에 응시하기 위해서는 싱가포르 사회과학대학 Master of IP and Innovation Management 과정 등 법률에 정해진 지식재산 교육과정을 이수하여야 함. • 일본 변리사 : 2009년부터 전문직 학위를 가진 자에 대해서 변리사 시험 일부를 면제 • 일본 지식재산관리기능사(지식재산관리기능검정) : 지식재산학과 등 고등교육기관의 교육 목표와 연계. 민간 자격이었으나 2008년 국가 자격으로 변경 • 영국 변리사 : 브루넬 대학 Intellectual Property Postgraduate Certificate 등과 같이 지식재산규제위원회(IPReg)의 인가를 받은 지식재산 교육과정의 경우 변리사 시험 일부 과목 면제
		• 미국 특허변호사, 특허변리사 : 32개 분야의 이/공학 학사학위 소지자로 응시자격을 제한(32개 분야 학사학위가 없으면 이에 상응하는 과학, 기술 관련 교육을 받았다는 것을 증명하여야 응시자격 부여) • EPO 변리사 : 과학 및 공학 분야의 석사 또는 학사에 해당하는 학력을 가지고 있고, 실무훈련 기간이 3~6년 이상인 경우에 응시자격 부여
지식재산 전문 자격제도 (민간 자격제도)	일반 교육기관과 연계	• 일본 지식재산 애널리스트(일본 지식재산교육협회), 지식재산번역검정시험(지식재산번역협회) 등 • 싱가포르 지식재산아카데미(IP Academy Singapore) : 무형자산관리 전문가 인증 교육 • 일본 지식재산교육협회 : 지식재산 기능사(지식재산관리기능검정)에 대한 후속 교육과 인증 기능사 자격 • 미국 National Federation of Paralegal Associations : Paralegal 양성프로그램

디지털 전환(Digital Transformation) 시대 지식재산 인재 필요 역량

디지털 전환시대의 지식재산 전문 인력과 관련하여 국내·외에서는 인력양성의 중요성을 인지하고 관련 체계를 지속적으로 갖추어 나가고 있다. 다만 우리나라의 경우 국외의 인력양성 체계에 비해 실용적인 체계를 갖추지 못하고 있다는 점이 한계이다. 그렇다면 디지털 전환시대를 대비하기 위한 지식재산 전문 인력이 갖추어야 할 인재상과 필요 역량은 무엇인지에 대한 고민이 필요하다. 급격한 기술 및 산업 환경 변화 속에서 지식재산 인력 양성 체계가 미비할 경우 우수 지식재산 창출, 활용 및 보호에 한계요인으로 작용할 수 있기 때문이다. 이병욱 등(2018)이 연구한 제4차 산업혁명 시대에 필요한 지식재산 분야별 전문 인력 양성 방안 연구에서 지식재산 전문가를 대상으로 한 델파이 조사를 통해 제시한 디지털 전환시대 대비 지식재산 분야별 전문 인력의 인재상과 필요 역량은 다음과 같다.

〈표 12〉 디지털 전환시대에 필요한 지식재산 분야별 전문 인력의 필요 역량

순번	지식재산 분야	필요 역량(핵심 역량)
1	IP-R&D 컨설팅	• 특허 포트폴리오 분석 • 제품 및 기술 동향 분석 • 아이디어 발굴 • 권리 확보 가능성 판단
2	IP 정보 조사분석	• 기술 및 시장 동향 분석 • 기술분류체계 수립 • 유효특허 선별 및 정량분석 • 핵심특허 선정 및 정성분석 • 특허맵 작성 및 활용
3	IP 권리화	• 배경기술 이해 • 명세서 작성 및 지원 • 도면 작성 및 지원 • 지식재산 권리화 및 지원
4	IP 전략 기획	• 특허 포트폴리오 구축 전략 수립 • 연구개발 전략 수립 • 권리화 전략 수립 • 사업화 연계 전략 수립 • 지식재산 위험 관리 • 연구개발 동향 분석

5	IP 거래	• 거래 대상 발굴 • 기술 마케팅 • 계약 조건 협상 • 지식재산 계약 전략 수립 • 거래 계약 체결 및 관리 • 거래 계약 이행 및 사후 관리 • 지식재산 기반 인수합병 전략 수립
6	IP 금융	• 지식재산 기반 투자, 담보 관리 • 지식재산 가치 판단 • 지식재산 위험성 판단 • 지식재산 금융상품 분석
7	IP 가치평가	• 기술성 평가 • 권리성 평가 • 시장성 평가 • 사업성 평가
8	IP 관리	• 지식재산 유지 관리 • 영업비밀 관리 • 연구노트 관리 • 특허 포트폴리오 관리 • 직무발명제도 운영
9	글로벌 IP 관리	• 국제 지식재산 관련법 적용 및 모니터링 • 국제 규약 및 규범 대응 • 해외 지식재산권 권리화 • 해외 지식재산권 유지 관리 • 해외 문서 작성 • 국제 통상 협상
10	IP 사업화	• 지식재산 사업 기회의 발굴 및 평가 • 사업 모델 개발 및 지식재산 사업화 계획 수립 • 사업화 추진 전략 수립 • 사업 기회의 타당성 평가 및 사업화 역량 진단 • 시제품 제작 및 마케팅 • 사업화 자금조달 전략 수립
11	IP 분쟁	• 침해 조사 및 모니터링 • 권리 범위 해석 및 침해 감정 • 권리 행사 전략 수립 • 분쟁 방어 전략 수립 • 분쟁 대응 • 분쟁 교섭 협상 • 손해배상액 산정

〈표 12〉에서와 같이 디지털 전환시대에 필요한 지식재산 분야별 전문 인력의 필요 역량에 기반하여 전문가를 대상으로 디지털 전환시대에 필요한 지식재산 분야의 상대적 중요도(AHP) 분석 결과는 다음과 같다.

〈표 13〉 디지털 전환시대에 필요한 지식재산 분야의 상대적 중요도(AHP) 분석 결과

순위	지식재산 분야	가중치	백분율
1	IP 사업화	0.132	13.22%
2	IP 분쟁	0.125	12.52%
3	IP 전략 기획	0.110	11.00%
4	IP-R&D 컨설팅	0.104	10.41%
5	IP 권리화	0.095	9.47%
6	글로벌 IP 관리	0.089	8.90%
7	IP 가치평가	0.077	7.69%
8	IP 정보 조사분석	0.073	7.25%
9	IP 거래	0.071	7.11%
10	IP 관리	0.068	6.80%
11	IP 금융	0.056	5.64%

* 일관성 검증값(Consistency Index, CI)=0.0104(CI 〈 0.10).

조사 결과 전문가 집단은 디지털 전환시대에 필요한 분야로서 IP 사업화, IP 분쟁, IP 전략 기획, IP-R&D 컨설팅, IP 권리화 분야 순으로 중요하다고 인식하였지만, IP 거래, IP 관리, IP 금융은 상대적으로 그 중요도를 낮게 인식하고 있었다. 해당 내용을 기반으로 실제 지식재산 분야 산업 현장의 실무 책임자를 대상으로 조사한 결과를 바탕으로 현재의 전문 인력 수급 정도와 향후 인력 수요를 예측해 보면 다음과 같다.

〈표 14〉 지식재산 분야별 전문 인력 수급 정도 (5년 이내) 및 향후 인력 수요 (5년 이후)

지식재산 분야	분야별 직무 정의	현재 수급 정도* (5년 이내)			향후 인력 수요** (5년 이후)		
		평균	표준편차	순위	평균	표준편차	순위
IP-R&D 컨설팅	지식재산 관련 연구 개발 기획, 관리, 컨설팅(IP-R&D), 제품 분석, 아이디어 발굴 등 업무	3.72	0.878	9	3.79	0.717	6
IP 정보 조사 분석	지식재산 정보 분석, 기술 동향 분석, 지식재산 권리성 분석, 특허맵 작성 등 업무	3.50	0.966	10	3.81	0.833	5
IP 권리화	지식재산 출원, 등록 등의 법률 대리 및 지원 업무, 명세서 작성 및 검토, 도면 작성 등의 업무	3.22	1.003	11	3.40	0.987	11
IP 전략 기획	특허 포트폴리오 구축, 권리화 전략 수립, 사업화 연계, 지식재산 위험 관리 등 업무	3.96	0.868	4	3.87	0.652	3
IP 거래	지식재산 기반 기술 이전/라이센싱의 실무적 계약과 코디네이터, 국제 거래 등의 지식재산권 공급자와 수요자간에 중개하는 업무	3.96	0.910	4	3.75	0.757	9
IP 금융	지식재산 기반으로 융자, 투자 및 자산 유동화, 기술가치보험, 분쟁보험 등의 금융 관련 업무	4.00	1.028	3	3.87	0.785	3
IP 가치 평가	사업화를 통한 지식재산의 경제적 가치를 가액·등급 또는 점수 등으로 표현하기 위한 정성/정량 평가, 평가모델 설계 및 운영 등 업무	3.81	0.913	7	3.77	0.891	8
IP 관리	기업, 공공기관, TLO, 협회 등의 지식재산 관리 및 제도 운영, 글로벌 네트워크 구축, 지식재산 교육, 저작권 관리 등 업무	3.78	0.839	8	3.68	0.827	10
글로벌 IP 관리	지식재산에 기반한 국제 규약과 규범 대응, 국제 협상, 국제 관련법 적용 및 모니터링, 해외지식재산권 관리 등의 업무	4.15	0.856	1	3.92	0.805	1

IP 사업화	지식재산에 기반하여 제품을 개발·생산 또는 판매하거나 그 과정의 관련 기술을 향상시키기 위한 사업기획, 마케팅, 사업화 관련 업무	4.06	0.856	2	3.92	0.703	1
IP 분쟁	지식재산권 관련 분쟁 대응, 지식재산권 침해 여부 등에 대한 분석, 침해 조정 등 업무	3.87	0.870	6	3.79	0.769	6
계		3.82	0.908	-	3.78	0.793	-

* 1'매우 부족하다', 2'대체로 부족하다', 3'보통이다', 4'대체로 충분하다', 5'매우 충분하다'
** 1'매우 감소할 것이다', 2'감소할 것이다', 3'현행 유지', 4'증가할 것이다', 5'매우 증가할 것이다'

지식재산 11개 분야별 전문 인력의 수급 정도와 향후 인력 수요는 각각 평균 3.82, 평균 3.78로 보통(현행 유지) 이상으로 응답되어 지식재산 인력의 양적 수급이 적절한 수준 이상이며 앞으로의 인력 수요도 현행 유지 또는 증가할 것으로 예상할 수 있다. 응답자들이 인식한 지식재산 분야별 전문 인력의 현재 5년 이내에 수급 정도가 대체로 충분하다는 지식재산 분야는 '글로벌 IP 관리'인 것으로 나타났으며, 'IP 사업화', 'IP 금융', 'IP 거래', 'IP 전략 기획'의 순서로 충분하다고 분석되었다(평균 약 3.82). 하지만 평균 3.82 이하로 인력 수급이 다소 부족한 분야는 'IP 권리화', 'IP 정보 조사 분석', 'IP-R&D 컨설팅', 'IP 관리'인 것으로 나타났다. 그리고 지식재산 분야별 전문 인력의 향후 5년 이후에 인력 수요가 가장 높은 분야는 '글로벌 IP 관리'와 'IP 사업화'로 나타났으며, 다음은 'IP 금융', 'IP 전략 기획'의 순서로 나타났다. 특히 이 4개 분야는 인력 수급이 보통 또는 충분한 편이지만 향후에도 현행 유지 이상으로 수요 인력이 필요할 것으로 인식하여 이에 인력 양성이 지속적으로 필요한 것으로 나타났다.

따라서 디지털 전환시대에 필요한 지식재산 11개 분야별 전문 인력의 수급 정도는 적절하지만, 향후에도 분야별 인력 수요는 현행 유지 이상으로 증가할 것으로 예측된다. 11개 분야 중에 '글로벌 IP 관리', 'IP 사업화', 'IP 금융', 'IP 전략 기획' 4개 분야는 충분한 편이지만, 그럼에도 불구하고 향후 5년 이후에도 그 분야 수요 인력은 현행 유지 또는 증가할 것으로 나타나 이들 분야에 대한 지속적인 양성 방안이 마련되어야 한다. 또한 'IP-R&D 컨설팅', 'IP 정보 조사 분석', 'IP 권리화' 분야는 현행 수급 정도에 비하여 향후 인력 수요가 다소 높게 나타나 현행보다는 인력 양성 규모를 확대해야 한다. 결론적으로 지식재산 분야별 전문 인력 수요는 전반적으로 현행 유지 또는 증가할 것으로 예상되므로 이에 대한 분야별 인력을 양성하는 수급 대책이 마련되어야 할 필요가 있다. 이러한 방안에 앞서 이들 지식재산 분야의 다양한 일자리의 분화와 창출, 그리고 관련 산업 분야에서 실제로 적용 가능한 환경을 만들어 나가기 위한 정부와 산업체, 특히 공공부문과 중소기업의 노력이 선행되어야 할 것이다.

3. 결론

디지털 전환시대에는 지식재산 전문 인력의 양성이 무엇보다 중요하지만, 국외 사례에 비해 국내의 지식재산 전문 인력 양성 체계는 미흡한 실정이다. 이러한 문제점을 해결하기 위해 디지털 시대의 혁신 성장과 일자리 창출을 리드하는 지식재산 인재 양성을 비전으로 설정하여 관련 정책을 설계하여 추진할 필요가 있다. 이러한 정책 방안을 통해 달성해야 할 목표는 타 영역과의 지식재산 교육 네트워크 구축, 지식재산을 기반으로 한 국가 혁신성장 기여와 일자리 창출, 각 계층 및 분야에서의 수요자 공감의 지식재산 교육 생태계 구축으로 설정할 수 있다. 그리고 체계적인 정책 방안 제시를 위하여 앞서 제시한 디지털 전환시대에 요구되는 지식재산 전문 인력의 핵심 역량을 기반으로 지식재산 전문 인력의 양성 유형을 구분하여 제시하면 다음과 같다. 첫째, 타 전공 분야와의 융합을 기반으로 하는 공유형 IP 인재, 둘째, 혁신성장을 주도할 일자리 창출형 IP 인재, 셋째, 수요자 공감 위주의 IP 인재로 구분할 수 있다. 구체적인 지식재산 전문 인력 양성을 위한 정책과 전략을 제시하면 [그림 4]와 같다.

비전	혁신 성장과 일자리 창출을 리드하는 IP 인재 양성

목표	1. 타 영역과의 지식재산 교육 네트워크 구축 2. IP를 기반으로 국가 혁신성장 기여와 일자리 창출 3. 각 계층 및 분야에서의 수요자 공감의 지식재산 교육 생태계 구축

추진 전략		
	1. 타 전공 분야와의 공유형 IP 인재 양성	1-1. IP 사업화, IP 금융, IP 거래 등 해당 전문인력 대상으로 IP 교육체계 구축 1-2. 대학, 산업별 기업 등 재직자를 대상으로, 3~6개월 단기 교육과정 인증 및 운영(가칭 : P-IP 지원사업) 1-3. 유관부처, 기관 등 IP 교육과정이 필요한 영역에서의 지식재산 교육 네트워크 구축
	2. 혁신성장 주도형(일자리 창출형) IP 인재 양성	2-1. 지식재산인력양성사업 변화를 통한 일자리 창출형 인재 양성 (창출, 활용(서비스) 인력 중심) 2-2. IP 활용과 창출 중심의 '융합지식재산대학원' 설치 및 운영 2-3. 2년제 대학의 IP-Tech 선도대학(가칭) 사업 (4년제 중심 대학 지식재산 교육 선도대학 사업의 확장)
	3. 수요자 공감 위주의 IP 인재 양성 생태계 구축과 제도 개선	3.1. IP 창출, 보호, 활용 관점에서 '지식재산서비스' 인력 확대 기반 제도 개선 3.2 벤처 및 중소기업 맞춤형 인재 양성(IP 복합적 문제해결)을 위한 지식재산 교육 지원체계 구축 3.3 초·중등교육 및 대학과 연계하는 IP 평생교육의 인력 양성 체계 구축

[그림 4] 디지털 전환시대의 지식재산 전문 인력 양성 방안 모형

[그림 4]에 제시된 해당 인재 양성 유형과 방안에 따른 기대 성과물과 정책 추진 시기, 그리고 추진 주최와 지원 기관을 제시하면 〈표 14〉와 같다. 추진 시기는 단기(1년 이내), 중기(2~3년), 장기(3년 이상)로 구분하여 제시하였으며, 주최는 지식재산 분야를 총괄하는 특허청이 주관이 돼야 하며, 교육부, 중기부 등 각 부처 간의 협업을 통해서 해당 영역의 과제가 추진될 필요가 있다.

〈표 15〉 지식재산 전문 인력 인재 양성 방안에 따른 결과물, 추진 시기 및 주체(지원) 기관

강도 : ●(강함), ◕(밀접), ◒(보통)

단기 : 1년 이내, 중기 : 2~3년, 장기 : 3년 이상

<table>
<tr><th rowspan="2">영역</th><th rowspan="2">정책 방안</th><th colspan="3">결과물</th><th rowspan="2">추진 시기</th><th rowspan="2">주최 (지원)</th></tr>
<tr><th>일자리 창출</th><th>잠재적 IP 인재 양성</th><th>생태계 구축</th></tr>
<tr><td rowspan="3">1. 타전공 분야와의 공유형 IP 인재 양성</td><td>1-1. IP 사업화, IP 금융, IP 거래 등 해당 전문인력 대상으로 IP 교육체계 구축</td><td>◒</td><td>◕</td><td>●</td><td>단기</td><td>특허청</td></tr>
<tr><td>1-2. 대학, 산업별 기업 등 재직자를 대상으로, 3~6개월 단기 교육과정 인증 및 운영(가칭 : P-IP 지원사업)</td><td>◕</td><td>●</td><td>◒</td><td>중기</td><td>특허청 (교육부)</td></tr>
<tr><td>1.-3. 유관부처, 기관 등 IP 교육과정이 필요한 영역에서의 지식재산 교육 네트워크 구축</td><td>◕</td><td>◕</td><td>◕</td><td>단기</td><td>특허청 (각부처)</td></tr>
<tr><td rowspan="3">2. 혁신성장 주도형 (일자리 창출형) IP 인재 양성</td><td>2-1. 지식재산인력양성사업 변화를 통한 일자리 창출형 인재 양성 (창출, 활용(서비스) 인력 중심)</td><td>●</td><td>◕</td><td>◕</td><td>단기 / 중기</td><td>특허청</td></tr>
<tr><td>2-2. IP 활용과 창출 중심의 '융합지식재산대학원' 설치 및 운영</td><td>●</td><td>●</td><td>●</td><td>중기</td><td>특허청</td></tr>
<tr><td>2-3. 2년제 대학의 IP-Tech 선도대학(가칭) 사업 (4년제 중심 대학 지식재산 교육 선도대학 사업의 확장)</td><td>●</td><td>●</td><td>●</td><td>단기</td><td>특허청</td></tr>
<tr><td rowspan="3">3. 수요자 공감 위주의 IP 인재 양성 생태계 구축과 제도 개선</td><td>3.1. IP 창출, 보호, 활용 관점에서 '지식재산서비스' 인력 확대 기반 제도 개선</td><td>●</td><td>●</td><td>●</td><td>장기</td><td>특허청</td></tr>
<tr><td>3.2. 벤처 및 중소기업 맞춤형 인재 양성(IP 복합적 문제해결)을 위한 지식재산 교육 지원체계 구축</td><td>◕</td><td>◕</td><td>●</td><td>중기</td><td>특허청 (중기부 등)</td></tr>
<tr><td>3.3. 초·중등교육 및 대학과 연계하는 IP 평생교육의 인력 양성 체계 구축</td><td>●</td><td>●</td><td>●</td><td>단기 /중기</td><td>특허청 (교육부)</td></tr>
</table>

참고문헌

국가지식재산위원회 (2016). 제2차 국가지식재산 기본계획(2017~2021).

김진하(2016). 제4차 산업혁명 시대, 미래사회 변화에 대한 전략적 대응 방안 모색.

이병욱, 나문용, 박기문, 이규녀, 이성상, 김송이, 정훈섭(2018). 4차 산업혁명 시대에 필요한 지식재산 분야별 전문 인력 양성 방안. 특허청.

UBS(2016). Extreme automation and connectivity : The global, regional and investment implications of the Fourth industrial revolution.

WEF(2016), The Future of Jobs.

European Patent Office - Espacenet :

http://worldwide.espacenet.com/

(IoT Analytics (https://iot-analytics.com/)

동아일보(2017.3.16.), "AI 경쟁 승패 3년 안에 갈린다."

(https://www.donga.com/news/Economy/article/all/20170316/83347523/1).

Ⅲ. 중장년층 디지털 리터러시 교육을 위한 지역중심 전직 지원 통합 거버넌스 구축

최윤정(대한상공회의소)

III

중장년층 디지털 리터러시 교육을 위한 지역중심 전직 지원 통합 거버넌스 구축

최윤정(대한상공회의소)

1. 프롤로그

2020년 초, 코로나19의 발발로 인해 온 세상이 혼돈에 빠졌다. 여행·관광업처럼 갑자기 주저앉은 산업이 있는가 하면, IT 서비스업처럼 갑자기 급부상한 산업도 있다. 하루아침에 직장을 잃은 근로자들이 생기는가 하면, 또 여기저기서 높은 연봉으로 서로 모셔가려는 이들도 생겼다. 사람들이 서로 만나지 못하는 사이, 대면시장은 폭락했다. 모두가 폭삭 망했다고 생각했다. 대면시장에 절대적으로 의지하던 숙박·음식업, 스포츠·오락서비스업, 판매서비스업, 교육업 분야의 고용률은 가히 절망적이었다.

무엇보다 베이비붐 세대의 본격적인 은퇴와 인공지능(Artificial Intelligence, 이하 AI)과 로봇 등에 의해 대체되는 30~40대 젊은 퇴직자들이 증가하면서 자영업자 대열에 합류하는 인력이 급격히 늘고 있다. 하지만 코로나19와 같은 외부적 환경변화는 이들이 새로운 제2의 인생을 시작하는데 너무나도 큰 걸림돌이 되고 있다.

일한 만큼 더 일해야 하는 중장년층

100세 시대: 중장년 근로자들에게는 퇴직도 두려운데 살아온 만큼 더 살날이 남았다는 것도 두렵다. 치솟는 집값에, 아직 끝나지 않은 자녀들 교육과 결혼도 걱정이고, 은퇴 후 생활비 마련도 고민이다.

국민연금공단이 전국 50세 이상 가구원이 있는 4,531가구(7,343명)를 대상으로 조사한 '국민노후보장패널 8차 조사결과(2020)'에 따르면, 특정한 질병이 없는 한 50대 이상 중·고령자들은 한 달 적정 노후 생활비로 부부 가구는 267만8천 원, 1인 가구는 164만5천 원이 필요하다고 한다. 그러나 통계청 '고령자통계(2020)'에 따르면 65세 이상 고령자 중 은퇴 후 생활에 대한 준비를 하고 있거나 준비가 된 비율은 48.6% 수준에 불구해 중장년층들의 은퇴 후 생활이 사회적으로 큰 문제가 되고 있다. 불가피하게 퇴직 후에도 꽤 오랫동안 다시 일을 해야 하는 실정이다.

2021년 통계청 '경제활동인구조사 고령층 부가조사' 결과에 따르면, 우리나라 15세 이상 경제활동인구 45,049,000명 중 중고령층(55~79세) 인구는 14,766,000 명으로, 전체 인구의 약 1/3에 해당하는 32.8%를 차지한다. 이 중 근로활동 경험이 있는 55~65세 중장년층 근로자들이 주된 일자리에서 퇴직하는 평균 연령은 만 49.3세, 반면 퇴직 후에도 일하기를 원하는 근로자들은 68.1%, 희망퇴직 상한 연령은 평균 73세인 것으로 나타났다. 즉, 평균적으로 직장에서 퇴직한 이후로도 23년을 더 일해야 한다는 것이다.

이전에는 한 직장에서 30년 동안 일하면 금거북이도 주고 기념식도 하는 등 오랫동안 수고했으니 이제 편히 쉬라며 축하를 해줬다. 그런데 이제는 한 직장을 그만두고도 다시 그 만큼의 세월을 일해야 하는 처지이니 중장년 퇴직자들의 고충이 이만저만이 아닐 것이다.

여기에 지난 1년 간 연금 수령자 비율은 48.4%, 월평균 연금 수령액은 64만원이다. 그러나 퇴직자들이 원하는 임금수준은 남자 200~250만 원, 여자 100~150만 원 수준으로 본인들의 기대에 25%에도 못 미치는 수준이다. 그나마 정부가 다양한 일자리 정책을 통해 중장년층 인구의 경제활동을 지원하고 있어 경제활동참가율은 전년보다 0.5%p 상승한

58.0%, 고용률은 0.7%p 상승한 56.0%로 높아졌다. 하지만 어디까지나 정부의 일자리정책 덕분에 한시적으로 높아진 수치이지 영구적이지는 않다는 것이 문제이다.

더 큰 문제는 중장년층이 퇴직 후 재취업이나 자영업으로 진입하는 분야가 사업·개인·공공서비스업 38.1%, 도소매업이나 숙박·음식업 17.6% 등 코로나19의 영향을 크게 받는 산업에 분포되어 있다는 점이다. 작년에 비해 중장년층 퇴직자들이 선호하는 관리자나 전문가 비중은 1.3%p, 사무직은 0.4%p, 서비스·판매 종사자는 0.7%p 하락하였고, AI나 로봇에 의해 대체되는 일자리가 점점 늘어날 전망이어서 중장년층 일자리 감소 추세는 앞으로도 지속될 것으로 보인다.

전직 지원, 퇴사하는 직원을 위한 기업의 투자?

이에 정부는 2020년 5월부터 '고용상 연령차별금지 및 고령자고용촉진에 관한 법률(이하 전직 지원법)'을 시행, 상시근로자 수 1,000명 이상의 기업은 의무적으로 50대 이상 퇴직예정자들에게 퇴직 3년 전부터 전직 교육을 지원하도록 정하고 있다. 이 법은 상시근로자 수 1,000명 이상인 대기업 및 중견기업을 대상으로 하고 있어 우리나라 전체 기업의 약 98% 이상을 차지한다는 중소기업에 다니는 근로자들은 혜택을 받지 못한다는 한계가 지적되고 있다. 물론 이 법은 처음에 중소기업에까지 전직 지원의 부담을 지우지 않겠다는 배려의 일환으로 제정되었다. 하지만 중소기업 근로자들은 전직 지원에 있어서도 역차별을 받고 있다고 느낀다. 전직 지원 컨설턴트들에 의하면 법이 시행되었다고 해도 대기업들이 이에 맞춰 적극적으로 움직이는 것도 아니라고 한다. 그만큼 전직 지원 서비스를 기업에서는 비용이자, 규제이자, 부담으로 생각하기 때문이다.

전직(轉職), 직업이나 직무를 바꿈: 직업과 직무가 엄연히 다른 말인데 인터넷 사전에서는 이렇게 정의한다. 회사를 나와 '뭐 해먹고 살지?'가 급한 우리들로서는 그저 '하던 일을 바꾸는 것' 정도로 이해하면 족할 듯하다. 전직(outplacement)은 우리나라는 물론 미국 등 해외에서도 원래 군에서부터 유래된 개념으로, 전직 지원 서비스는 제대군인들의 제2

의 인생을 지원하기 위해 교육과 일자리매칭 서비스를 제공하던 것을 의미한다. 제2차 세계대전을 계기로 시작된 개념인 것에 비하면 여전히 확산이 더딘 개념이다. 우리나라에서도 제대군인을 중심으로 2000년대 초반까지 활발히 논의되었다가 지지부진한 상태이고, 2020년 소위 전직지원법의 제정으로 인해 대기업을 중심으로 다시 관심을 끌고는 있지만 여전히 소극적인 모습이다.

전직 지원은 기업이 구조조정 등의 이유로 직원을 내보내야 할 때, 기업이 예산을 지원하여 퇴직(예정)자들에게 다른 직업을 찾도록 교육을 시켜주고 일자리 정보를 제공해주는 서비스이다. 이는 퇴직(예정)자들에게는 갑작스러운 퇴사로 인한 심리적 충격과 스트레스를 완화해주고, 회사에 대한 불만을 반감해주며, 새로운 직무 및 직업환경에 빠르게 적응할 수 있도록 도와주는 효과가 있다. 또 기업 입장에서는 구조조정 과정에서 발생할 수 있는 갈등요인을 최소화 하고, 잔류 직원들의 조직몰입 및 심리적 안정을 도모해 기업의 생산성 저하를 방지할 수 있는 장점이 있다. 또 국가적 차원에서도 경험 있는 인력을 사회적으로 활용하고, 원활한 인력수급을 도모할 수 있다는 순기능이 있다.

그럼에도 불구하고 왜 전직 지원 서비스가 여전히 답보 상태일까? 답은 기업에 수익이 되지 않기 때문이다. 경영의 최종 목표는 기업의 이익 창출이다. 그러나 전직 지원 서비스는 퇴사하는 직원들을 위한 서비스이다. 다시 말해 더 이상 자기 회사 직원이 아닐 사람들을 위해 비용을 써야 한다는 말이다. 그러니 당연히 소극적으로 임할 수밖에 없다.

전직 지원도 빈익빈부익부, 국내외 전직 지원 관련 정책 현황

해외 주요 선진국들의 전직 지원은 대부분 퇴직 인력풀의 DB를 구축하고, 그들의 지식과 경험, 노하우를 활용하여 중소기업을 지원할 수 있도록 하는 정책으로 추진되고 있다.

일본의 경우, '산업고용안정센터'에서 중장년 퇴직자들을 대상으로 취업지원 서비스를 제공하고 있는데, 공공기관인 ATAC(Advanced Technologist Activation Center)를 중심으로 퇴직 전문인력들로 하여금 중소기업 컨설팅을 지원하도록 하고 있다.

미국은 SCORE(Service Corp of Retired Executives) 등의 민간단체가 퇴직 전문인력을 DB로 구축, 전·현직 경영자들이 중소기업이나 소상공인을 대상으로 경영컨설팅을 제공하도록 하고 있다.

독일은 SES(Senior Experter Service)라는 퇴직전문가 파견사업을 통해 전문가들의 지식과 기술을 국내외 프로젝트에 연계해주는 사업을 추진하고 있다. 미국과 독일 모두 민간 협·단체의 후원이나 자원봉사를 통해 전직 지원 관련 교육 및 서비스를 제공하고 있으며, 정부가 일부 재정을 지원하는 형태이다.

우리나라도 2020년 '신중년 퇴직 전문인력 활용방안'을 발표하고, 2021년부터 중장년 일자리 희망센터를 통해 퇴직 전문인력의 DB를 구축하고, 중소기업에 매칭하여 컨설팅을 제공하는 서비스를 시범적으로 추진하고 있다. 이는 기존의 전직 지원이 '구인기업 발굴 및 매칭서비스' 중심이던 것을 '재취업 지원 및 생애경력설계' 중심으로 전환하는 것으로, 전직 지원법 시행에 따른 기업의 전직 의무화를 지원하기 위한 정책이다.

이밖에 정부에서 퇴직 전문인력을 지원하는 사업으로는 '적합직무채용장려금', '기업퇴직자 사회공헌 일자리 연계 지원', '신중년 경력형 일자리', '월드프랜즈코리아 KOICA 자문단, 재능기부뱅크 지원 등이 있다.

우리 정부는 늘어나는 중장년 퇴직자들의 새로운 일자리 창출을 위한 정책마련에 힘을 쏟고 있다.

2021년에도 정부는 25개 부처(청)의 179개 일자리사업을 지원하고 있는데, 총 예산은 30.6조원으로, 2020년 대비 약 20%(25.5조원) 정도 증가한 금액이다. 이는 정부 총지출 대비 5.5%로 증가한 것이다.

〈표 1〉 2020~2021년 일자리사업 예산

(단위 : 억 원, %)

대상	총 예산	직접일자리	직업훈련	고용서비스	고용장려금	창업지원	실업소득
2020년	254,998	28,587	22,434	11,994	64,950	23,585	103,447
2021년	306,039	31,164	22,754	17,694	82,697	26,342	125,387

이와 함께 정부는 코로나19와 급속한 기술변화 등으로 늘어나는 중장년 이직자의 재취업을 지원하기 위해 2021년부터 450개 기업을 대상으로 무료 '재취업지원 서비스 컨설팅'을 실시하는데, 진로상담, 취·창업 알선, 직업훈련 제공 등 기존의 전직 지원과 유사한 내용을 담고 있다.

외국도 그렇지만 우리나라도 퇴직 인원에 대한 전직 지원은 민간기업, 그 중에서도 대기업을 중심으로 추진되고 있다. 예를 들어, 현대중공업의 경우, 정년퇴직자들 중 산업현장교수를 중소기업과 매칭하여 생산성 15% 향상, 작업시간 연 450시간 단축 등의 성과를 낸 바가 있다. 또 삼정전자의 경우, 생산설비 분야 퇴직자들을 멘토로 삼아 마스크 제조업체에 파견하여 생산공정 개선, 효율화 및 기술지도를 통해 투자없이 일일생산량을 기존보다 약 68% 가량 증가시키는 효과를 얻은 사례도 있다.

이외에도 포스코 뉴맵 프로그램이나 삼성전자의 경력개발센터, KB은행의 경력컨설팅센터 등의 활동과 한국무역협회의 중소기업 컨설팅, 전경련의 경영자문 봉사단, 사설 교육 플랫폼을 활용한 프로젝트 매칭, 각종 민간 전직 지원기관을 통한 일자리 매칭 및 취업 컨설팅 등이 민간 영역에서 전직 지원의 대표적인 사례로 꼽힌다.

그러나 대부분의 사례에서 보듯 현재 우리나라에서 추진 중인 중장년 전직 지원 및 일자리 관련 정책이나 기업의 전략들은 대기업을 위주로 진행되고 있으며, 그나마도 전직 지원 의무화 법에 대한 지원책일 뿐 중소기업에 실질적인 도움이 되지는 못한다는 지적이 많다.

무엇보다 대기업 출신의 고경력, 숙련전문가들은 중소기업 퇴직자들에 비해 노후의 생활여건이 좋은 편이다. 퇴직 후 생활도 빈익빈부익부 차이가 극명히 대비되는 현실이 안타깝다. 하루빨리 중소기업 퇴직자들을 위한 전직 지원 방안이 마련되어야 할 것이다.

퇴직도 두려운데 디지털은 더 두려운 중장년층

문제는 최근 팬데믹 상황에 따른 디지털 기술의 급격한 발달로 인해 30~40대 젊은 직장인들도 AI나 로봇에 일자리가 대체되어 뜻하지 않게 비자발적 퇴직자가 되고 있다는 것이다. 100세까지 50~60년을 더 살아가야 하는 상황에서 이들이 바로 이직하지 못할 경우, 필연적으로 2~3개 이상의 새로운 직업을 가질 수밖에 없다는 뜻이다. 같은 직종으로 이직할 수 있는 경우라면 다행이지만, 로봇에 의해 대체된 일이라면 다시 일자리를 잡기가 쉽지 않은 것이 사실이다. 전직이 절실히 필요하다는 의미이다.

이러한 추세는 최근 한국은행 연구(2021)에서도 확인할 수 있다. 즉, 2019년 실업률 4% 중 코로나19의 원인으로 인한 실업률은 0.1% 수준, 나머지 3.9%는 디지털 기술의 발달에 의한 실업률이라는 것이다.

그럼 코로나19가 종식되면 다시 원래 상태로 돌아가겠는가? 전문가들은 물론 일반인들도 이제는 '아니다'라고 답한다. 왜? 이미 이런 변화가 돈이 된다는 것을 알았고, 더 편하다는 사실을 확인했기 때문이다.

코로나19 발발 이후 1년이 훌쩍 지난 지금도 여전히 코로나19는 확산세이지만, 주저앉은 산업이 하나둘씩 살아나기 시작했다. 아니, 정확히는 살 길을 모색하기 시작한 것이다. 식당에서는 배달앱을 활용해 배달을 시작했고, 이제는 1~2시간씩 줄서야 먹을 수 있는 콧대 높은 유명 식당들에서도 배달에 동참하기 시작했다. 장보기도 이제는 핸드폰으로 한다. 유통하고 판매하는 일도 플렛폼을 활용하니 더 빠르고, 더 많이 사고팔 수 있게 됐다. 교육시장도 마찬가지다. 대면이 아니면 효과가 없을 것이라며 호언장담하던 교육시장이 어느 새 절반 이상 비대면 교육으로 전환했다. 아예 비대면 교육만 하겠다고 선언한 교육업체들도 등장했다.

물론 모두가 좋은 예는 될 수 없다. 어딘가에서 주저앉는다면, 어딘가에서는 우뚝 일어서는 곳도 있고, 누군가가 새 일거리를 얻게 되면, 누군가는 일터를 잃기도 한다. 그러나 팬데믹 상황으로 인해 디지털 기술이 세상을 빠르게 혁신시켰다는 데에는 어느 누구도 이견이 없을 것이다. 4차 산업혁명이 화두가 된 이후 몇 십 년 안에 도래할 세상이 코로나19로 인해 바로 눈앞으로 성큼 다가온 것이다. 그야말로 이제는 디지털을 아는 자와 모르는 자로 세상이 양분된다고 해도 과언이 아니다.

디지털? 정말 편한 세상이 되었다고?

땡볕에 줄서서 한 끼 식사를 기다리고, 무겁게 장바구니를 들고 다닐 필요도 없다. 급한 데 은행 대기줄을 기다릴 필요도 없고, 퇴근 후 밤늦게까지 멀리 가서 교육을 들을 필요도 없다. 모두가 이 편한 세상에 감탄 중이다. 바로 디지털 기술이 코로나 세상을 e-편한 세상으로 바꿔 놓은 것이다.

그런데 그 안에서 웃지 못하는 이들이 생겼다. **바로 중장년층들이다.** 이 사회를 힘들게 일궈 일으켜 놓은 장본인들이 이제는 디지털 기술 때문에 우는 상황이 발생했다. 갑자기 온 세상이 디지털을 모르면 살 수 없는 세상으로 바뀌어 버린 것이다.

한 친구에게서 이런 이야기를 들었다.

60대 어머니와 친구 두 분이 매번 가던 식당으로 점심을 먹으러 갔는데, 어느 날 갑자기 키오스크(kiosk)라는 물체가 식당에 들어왔단다. 처음 보는 기계에 당황해 어떻게 써야할지, 무엇부터 눌러야 할지도 모르는 상황이었다.

"직원에게 대신 주문해달라고 하자."

그런데 아르바이트생들은 배달앱에서 울리는 벨소리에 맞춰 배달음식을 포장하느라 정신이 없었고, 도대체 기계 쓰는 방법을 알려줄 기미가 안 보였단다. 아무리 설명을 읽어봐도 모르겠고, 뒤에는 사람들의 대기줄이 점점 길어지고, 물어보자니 창피하고, 세 명 다 신용카드를 손에 쥔 채 식은땀만 줄줄 흘리다 결국에는 그냥 밥을 못 먹고 나왔단다.

그러면서 하는 말, **"이제 우리 같은 늙은이들은 이놈의 기계 때문에 굶어 죽는 세상이 왔구나!"**라고 하셨단다. 그리고 일생에서 자괴감을 가장 크게 느낀 날이라고 하셨단다.

또 다른 예를 보자. 자그마한 중소기업에서 지난 20여 년간 회계와 경리 일을 담당하던 44세 A씨의 예이다. 어느 날 회사에도 ERP 시스템(전사적 자원관리 시스템, Enterprise Resource Planning, ERP)이 도입되었고, 엊그제 입사한 20대 젊은 직원이 이것저것 해가며 시스템을 관리했단다. 덕분에 쉽게 일처리를 해 편하다고 생각하던 차에 코로나19

사태가 발생했고, 회사에서는 어쩔 수 없이 감원을 했다. 20여 년 동안 이나 회사에 충성을 했건만 ERP 시스템을 잘 다룰 줄 모른다는 이유로 A씨가 회사를 떠나야 하는 상황이 됐단다. '뭐 경력이 있는데, 다른 회사에 다시 취직하면 되지' 라고 생각했는데, 막상 다시 일자리를 찾으려니 이제는 거의 모든 회사가 ERP 시스템을 쓸 뿐만 아니라 코로나로 인해 디지털 기기를 이용해 재택근무를 해야 하는 상황이다. 결국 새로운 기술을 배우지 않으면 20년 동안 했던 일도 할 수 없게 된 세상이 되어 버렸다.

우울한가? 절망적인가?

이면을 보자. 50대 프리랜서 강사인 B씨는 평소 시간당 100만 원 이상의 고액을 받으며 기업에서 강연을 해왔는데 코로나가 시작된 이후로 강의 의뢰가 뚝 끊겼다. 6개월간은 어떻게 살아가야 할지조차 감을 잡을 수 없는 절망의 시간을 보냈다고 한다. 그러나 먹여 살려야 하는 처자식이 있는 처지라 정신을 차리고 밤을 새워가며 공부를 한 끝에 교육플렛폼을 통해 전자책을 팔기 시작했다. 처음에는 수익도 없고, 괜히 힘만 빼는 것 아닌가 하여 불안했는데, 점차 시장이 커지고 인지도도 높아지면서 이제는 제법 그를 찾는 수강생들이 늘었다고 한다. 집에서 일을 하다 보니 남는 시간에 SNS 판매 마케팅에도 도전하여 부가 수입도 올리고 있다. 그동안 강의 경험을 바탕으로 라이브 방송을 통해 제품도 판매하고, 줌을 활용해 강의도 다시 하게 되고, 예전만큼 수입을 회복할 수 있게 되었다. 더 큰 것은 이제 누가 불러줘야만 일할 수 있는 구조가 아니라 본인 스스로가 일할 수 있는 시장을 개척하게 된 것이다. 그야말로 코로나 **'덕분에'** 엉겁결에 새로운 인생 2막을 시작하게 된 셈이다.

또 다른 예로 경력단절 여성이었던 C씨를 들 수 있다. 결혼 전 SW프로그래머로 일했던 C씨는 결혼 후 아이 3명을 낳으며 어쩔 수 없이 경단녀가 되었고, 10여년 후 다시 일을 하고 싶어도 아이들과 가족들 걱정 때문에 일터로 나갈 수가 없었다. 그러나 코로나19 이후에 디지털 시장이 활성화되면서 개발자들이 부족하다는 소식을 접하고, 얼른 정부에서 지원하는 무료 교육프로그램을 수강했다. 그야말로 10년 만에 새로운 기술로 본인을 업그레이드 한 것이다. 수강 후에는 재택근무를 할 수 있는 IT 분야 플랫폼에 등록하여 집에서 PC를 이용해 3개 중소기업의 프리랜서 개발자로 활동 중이다. 그야말로 코로나19 **'덕분에'** 새로운 일자리를 찾은 우수사례라고 할 수 있다.

2. 디지털 문맹, 중장년 디지털 리터러시 교육이 시급하다!

사례에서 보듯이 디지털 일자리가 최근에는 핫한 이슈가 되고 있다. 특히 코로나19 때문에 대면시장이 위축될 때 디지털을 접목할 수 있는 직종은 오히려 크게 성장하는 계기가 되었다. 같은 중장년 자영업자라 할지라도 배달 플랫폼과 디지털 마케팅을 활용할 줄 아는 이들은 이 시기에도 매출을 올리며 성장하는 반면 그렇지 못한 이들은 하루가 멀다 하고 가게 문을 닫는다.

2018년 기준으로 국내 퇴직 전문인력은 68,055명이며, 이 중 50대가 76.5%, 60~64세가 23.5%를 차지한다. 2015~2018년 누적 퇴직 전문인력 수는 195,000명으로 10명 중 4명 정도가 미취업상태라고 한다. 이 중 대다수는 자영업에 합류하게 되는데 디지털이 대세가 된 이 시점에 하루가 다르게 진화하고 있는 시장에서 살아남기가 쉽지 않은 것이 사실이다.

이럴 때 가장 많이 듣게 되는 말이 바로 **"가까이 있는 누구라도 좀 알려주면 좋겠어요"**이다. 본인들도 디지털 문맹에서 탈출하고 싶지만 어디 가서 물어볼 데가 없다고 한다. 그렇다고 멀리 있는 교육기관에 가서 디지털 교육을 받자니 멀기도 멀고, 본인들에게 필요한 교육도 아니고, 교육시간도 길고, 내용도 어려워서 따라갈 수가 없다는 것이다.

디지털 분야 정부 일자리 정책

물론 정부에서는 다각도로 중장년 퇴직자나 퇴직을 앞두고 있는 근로자들을 위해 디지털 분야 일자리 정책을 발표하고 있다.

2020년을 기준으로 정부가 추진하는 중장년층 전문인력 활용사업은 과학기술분야 898억 원, 인문사회분야 132억 원, 기타 670억 원 등으로 과학기술분야에 집중되어 있다.

정부는 디지털 분야의 중장년층 전직 및 일자리 지원정책의 일환으로 2021년부터 5,100명의 근로자들을 대상으로 약 243억 원의 예산을 투입해 '신중년 적합직무 고용 장려금 제도'를 실시한다. 50세 이상 실직자를 고령자 적합직무에 고용한 중소·중견기업에 근로자 1인당 40~80만 원을, 기업에게는 최대 960만 원을 지원하는 정책이다. 신중년 적합직무는 디지털형, 환경형, 신중년 창직형 등 최근 트렌드에 부합하는 29개 새로운 직무를 추가하여 총 213개의 직무가 해당된다.

또 정부는 '신중년 퇴직 전문인력 활용방안'을 통해 직업훈련 교·강사, 숙련기술자 기술 노하우 교육, 퇴직 전문인력 노하우를 활용한 VR 등 ICT 기술융합 현장작업 매뉴얼화, AI 기반 수집·가공시스템 연구 등을 기획하고 있다.

정부 각 부처별로도 디지털 신기술을 활용한 분야의 인력양성과 재취업을 위해 다양한 사업을 추진하고 있다. 예를 들어, 교육부는 '한국형 온라인 공개강좌 콘텐츠개발 및 활용지원에 22억 원, 산업통상자원부는 바이오인력 및 나노융합 기술인력양성에 70억 원, 공공연구기관 활용 전문기술인력 양성에 36억 원, 미래형 자동차 현장인력 양성에 14억 원 등을 투입할 예정이다. 또 중소기업부는 스마트공장 전문인력양성에 47억 원, 해양수산부는 스마트항만 전문인력양성에 3억 원을 지원한다.

이외에 과학기술분야 퇴직 전문인력 활용사업으로는 고경력과학기술인 활용지원, 스마트마이스터, 신중년 연구자 일자리창출지원, ICT혁신기술 창업벤처 멘토 전문활용, 산업현장교수 지원, 신중년 직업훈련교사 양성과정, 현장코칭 숙련인력 양성, 중견기업 기술전문 경력인 활용지원, 고경력 연구인력 채용 지원, 퇴직 기술인력 중소기업 활용지원 등이 있다.

한마디로 정부는 최근의 디지털 트렌드를 반영하여 중장년층 인력을 대상으로 디지털 양성교육을 추진하고 있는 것이다.

중장년층, 더 이상 '돌봄의 대상'이 아닌 '삶의 주체'로 인식

문제는 현재 정부가 추진하고 있는 대다수의 일자리 정책들이 대기업이나 중견기업에서 퇴직하는 기술숙련자나 고경력자들의 재능을 중소기업에 지원하는 형태라는 점이다. 여기에 아직까지 우리나라 디지털 교육은 전문기술 교육에 치중해 있으며, 해당 분야 기술을 가지고 있는 퇴직자나 숙련자들을 대상으로 실시하고 있는 것이어서 디지털과 관련 없는 분야의 중장년층들은 정부가 지원하는 교육에 참여하거나 이를 통해 재취업하기는 매우 어려운 것이 사실이다.

이런 면에서 중장년층은 여전히 디지털 분야에서는 취약계층이다. 아무리 디지털 분야의 고용시장 확장, 디지털 정책지원 확대가 이루어지고 있어도 정작 중장년층은 디지털이 무엇인지, 무엇부터 시작할지 등 디지털 교육에 대한 가이드가 없다는 것이 문제이다.

더 큰 문제는 중장년, 고령층을 '돌봄의 대상'으로 보고 있다는 것이다. 100세 시대라는 이야기가 나온 지가 수십 년 째, 그러나 사회적으로 여전히 중장년층 이상은 돌봄의 대상이자 복지수혜를 받는 계층이라는 인식이 크다. 그렇다보니 아직 사회적으로 활동하고, 일하기 충분한 나이임에도 불구하고 퇴물 취급을 받는다. 특히 디지털이 대세가 된 이 시점에 디지털을 활용할 줄 모르는 중장년층은 '시대에 뒤떨어지는 세대, 함께 일하기 힘든 세대, 사회적으로 부담이 되는 세대'로 인식되고 있다는 것이 문제이다.

이에 저출산고령사회위원회는 '제4차 저출산·고령사회 기본계획(2021~2025)'을 통해 중장년 및 고령자들을 '부양 대상'이 아닌 '삶의 주체'로 인식하고, 신중년의 능동적 역할과 선택을 지원하기 위한 사회적 기반을 마련하는 정책을 선보였다. 여기에는 신중년들의 경력을 훈련과 취업지원으로 연결하여 생애경력설계 서비스를 제공하고, 퇴직자들에게 재취업 지원 등 주된 일자리 퇴직 후에도 전문성을 활용할 수 있는 기회를 확대하는 방안을 제시하였다. 실로 반가운 소식이 아닐 수 없다.

주목할 점은 기본계획에 중앙과 지역 거버넌스를 구축해 인구문제에 공동대응할 수 있는 협의체를 운영한다든지, 미래 시대를 대비해 평생직업훈련을 제공하여 인적역량을 제고하는 등의 방안이 포함되어 있다는 것이다. 이는 지역 인구 고령화와 지역소멸을 우려한 지역상생 기반을 구축하는 전략이라 할 수 있다.

이는 나아가 중장년층이 퇴직 후 어떻게 디지털 전직 교육을 받고 재취업을 할지, 어떻게 디지털 일자리를 찾고, 적응할 수 있을지 등에 대한 해답을 줄 수 있을 것이다. 우리나라 전직 지원 및 교육에 있어 일자리 연계에 관한 관심과 관련 정책은 많았지만, 정작 교육을 지원하는 형태는 기존의 교육방식과 크게 다르지 않았다. 즉, 정부나 기업이 지원하는 예산 범위 내에서 정해진 교육기관에 가서, 정해진 커리큘럼에 따라 교육을 받고, 일자리가 매칭되는 기업이 있으면 취업을 하는 식이다. 그렇다 보니 교육을 받기 위해서는 먼 거리를 감수하더라도 이동을 해야 하고, 교육기간이 끝나면 더 이상 관련 교육을 받거나 누구와 상의할 수도 없게 된다는 것이 문제이다.

특히 중장년층은 기업에서 퇴직하면 지역의 자영업자로 합류되는 비중이 높은데, 이들이 마땅히 가서 교육 듣고, 쉽게 물어보고 할 곳이 부족하다. 특히, 디지털을 잘 모르는 중장년 퇴직자들은 취업을 위한 전문기술교육이 아니라 일상생활 속에서 디지털 기기를 어떻게 쓰는지, 자영업자라면 배달앱이나 ERP 시스템을 어떻게 설치하고, 무엇을 눌러 써야 하는지를 배우고 싶어 한다. 즉, 디지털 리터러시(Digital Literacy) 교육이 우선적으로 필요하다는 것이다. 그러려면 궁금한 사항이 생길 때마다 곁에서 바로바로 알려주고, 전화로 쉽게 물어볼 수 있는 사람이 필요하고, 그런 커뮤니티가 지역 내 가까운 곳에 위치해 있어야 효과적으로 일자리를 찾고 적응할 수 있다.

3. 중앙-지역 연계 및 사회적 파트너십을 활용한 해외 전직 지원 사례

이제는 전직 교육도 '지역중심', '수요자 중심'의 교육설계가 필요하다. 평생교육이 성인들의 문맹을 퇴치하기 위해 처음 시작된 이후 직업훈련, 기술훈련 등의 과정을 거쳐 지금은 전 생애에 걸친 통합교육을 지향하는 것처럼 전직 교육도 통합적이고 체계적인 교육이 필요하다.

이제는 '**디지털 문맹'에 대처하는 전직 교육이 필요한 시대**가 되었다. 디지털에 취약한 중장년들을 위해 전직 교육에 디지털 리터러시 교육을 포함시켜 디지털 문맹탈출을 도와야 한다.

지자체나 지역 내 대학이 유기적인 전직 지원 서비스와 교육체계를 구축할 필요가 있다. 여기에 지역 내 중소기업들과 산업별 혹은 지역별 협의체, 각종 협·단체 등 산업계 지원 단체들이 유기적으로 정부와 거버넌스를 구성해 '지역 내 전직 지원 통합 거버넌스'를 구축하여 중장년층의 전직을 지원해야 할 것이다.

중앙-지역 간 유기적 협력을 통한 전직 지원 사례

이와 관련된 해외 주요국 사례로, 벨기에의 '림뷔르흐 실행계획'을 들 수 있다. 벨기에는 플랑드르, 왈로니아, 브뤼셀 등 주(state) 단위로 연방화된 국가로 성인교육을 포함한 모든 교육의 책임을 커뮤니티에서 지게 되는 체계이다.

플랑드르 주정부는 평생교육정책 아젠다를 통해 고령 근로자에 대한 특별한 관심과 근로자 경력관리를 통해 지속적인 고용에 투자하고, 경력과 직업변화 및 전환이 필요한 경우 취업안내를 제공하도록 하고 있다. 그 대표적인 사례가 '림뷔르흐 실행계획'이다. 림뷔르흐 주(state)에 위치한 포드자동차가 2014년 생산부진으로 공장을 폐쇄하면서 실직자들이 대거 발생하였다. 그러자 림뷔르흐 주정부는 관광, 물류, 에너지, IT 신기술, 건설 등 5개 산업클러스터를 육성, 지역 내 대학과 연계하여 직업훈련 프로그램을 개발하였다. 림뷔르흐 주정부는 실직 및 퇴직자들의 DB를 구축하고, 이들에게 직업훈련을 실시하여 이직 가능한 직종과 노동시장 전망 등 관련 정보를 제공, 집중상담을 지원함으로써 지역 내 고용을 급격히 늘리는 성과를 거뒀다. 실직자와 퇴직자들에게 신기술을 습득할 수 있도록 지원하고, 새로운 산업으로 재배치함으로써 지역 내 실직으로 인한 충격 완화 및 지역 산업전환의 기회를 마련한 것이다.

벨기에는 평생교육체계를 통해서도 지역 내 근로자들의 직업훈련을 돕고 있다. 플랑드르 지역은 훈련 및 고용서비스(Vlaamse Dienst voor Arbeidsbemiddeling en Beroepsopleiding, VDAB) 정책을 통해 68개 교육센터를 운영, 실업자들로 하여금 고용시장에 접근하는 기본 기술교육과 직업기술을 습득할 수 있도록 지원하고 있다. 그야말로 지역중심의 민-관-학 협력을 통한 평생교육, 전직 교육의 우수사례라 할 수 있다. 아직까지 중앙집권적인 체계를 유지하는 한국의 평생교육정책이 지역별 분권화 추세를 따라 변화되고 있는 시점에서 벨기에의 사례는 향후 우리나라의 평생교육 및 전직 교육의 새로운 프레임을 제시할 수 있을 것이다.

또 다른 사례로는 일본의 지역고용개발촉진법에 따른 지역고용체계를 참고할 수 있을 것이다. 일본은 1987년 '지역고용개발촉진법'을 제정, '고용개발촉진지역', '자발고용창조지역' 등으로 지역을 분류하고 지역이 자발적으로 고용계획을 세우고, 중앙정부는 이를 승인·지원하는 형태로 고용정책을 추진, 지방의 권한을 대폭 강화하였다.

또 아베 정부는 2014년 '마을·사람·일자리 창생법'을 제정, 윤택한 지역사회를 형성하고, 지역사회의 인재 확보와 지역 일자리 창출을 위해 '지역 주도'의 고용정책 수립 및 운영조직을 구성하였다. 일본 정부는 이를 통해 지역 내 빈 점포나 유휴자원을 활용한 일자리 창출, 지역경제 견인, 산학관 연계를 통한 지방대학 진흥, 중앙기관의 지방 이전 등을 이루고자 하였다.

일본의 경우, 우리나라와 유사하게 평생교육정책에 있어서도 중앙정부의 관여가 큰 것이 특징이다. 그러나 최근 중앙과 지역 행정연계 시스템을 구축, 평생학습도시를 선언하며 지역살리기 전략에 평생학습의 개념을 접목시키기 시작하였다. 이러한 평생교육체계에 직업훈련과 노인교육이 포함되어 있는데, 이는 중앙정부와 지자체 간 유기적 연계시스템 구축이 미흡한 우리나라의 평생교육 및 전직 교육체계 수립에 참고할만한 사례라고 할 수 있다.

지역·산업별 협의체 지원 등 사회적 파트너십을 통한 전직 지원 사례

미국의 경우, 17세기 직업교육 및 기술교육의 필요에 따라 학교가 세워지기 시작하여 민주주의, 형평성, 시민성 형성, 의무교육 및 사회교육 등의 이슈를 거쳐 성인교육에 이르기까지 평생교육의 내용과 정책이 포괄적으로 발전했다. 미국 역시 중앙정부와 주정부가 구분된 연방국가로, 지방정부와 지역 내 교육기관, 기업 간 파트너십(partnership) 관계를 강화하는 교육체계를 지향한다.

미국에서 지역 차원의 고용·노동정책으로는 '인력투자법'에 근거한 지역인력투자위원회(Local Workforce Investment Board, WIB)와 원스톱 고용센터(one stop career center) 등의 사례를 들 수 있다. 즉, 지역인력투자위원회는 인력투자에 관한 5개년 계획을 개발, 노동력투자법 제도 개선, 기금배분원칙, 연차보고서 작성 등의 기능을 수행하고, 원스톱 고용센터 감독기능을 수행한다. 이때, WIB에는 노동부 외에 다양한 부처가 파트너기관으로 참여한다.

한편 미국의 평생교육체계에는 노인 및 은퇴자를 위한 지역 내 성인교육, 지역 내 대학의 은퇴자 학습기구, 전역군인의 전직 지원 등의 내용도 포함되어 있다. 이는 우리나라의 전직 교육에 있어서도 지역 사회 평생학습 유관기관과 이해관계자들의 적극적인 파트너십이 중요함을 알려주는 사례가 될 것이다.

캐나다는 연방정부 국가로 중앙집중식 교육이 아닌 주정부 차원의 교육체계로 운영되고 있다. 캐나다는 다른 어떤 분야보다도 직업교육에 관심이 많은데, 성인인구 중 절반 정도가 성인교육에 참여하며, 총 교육비의 약 20% 정도가 직업훈련에 지원되고 있다. 성인교육은 기술직업훈련교육, 교양 및 학술 교육, 성인문해교육 등을 중심으로 구성되어 있다. 직업훈련은 지역사회전문대학협회를 중심으로 진행되는데, 전문기술교육훈련과정과 평생교육과정 등 취업과 관련된 프로그램을 단순 기술직에서 창조직까지 다양한 수준으로 개발해 제공하고 있다.

캐나다의 교육은 원칙적으로 주정부가 자치적으로 운영하는데, 중장년 및 여성 취약계층, 노인의 평생교육을 생애학습과 지역 네트워크 연계 등을 통해 지원하고 있다. 특히 퇴직 노인들의 기술개발 정책을 시행하여 취업하지 못하는 노인들에게 프로그램이나 재정을 지원하고 있다. 즉, 전직 교육을 평생교육체계 내에서 수행하고 있는 것이다.

무엇보다 캐나다는 노동시장에 부응하는 고용연계 활동이 이루어지도록 산업별 인적자원개발협의체(Sector Council, SC)가 유관업체들과 협력하여 정보를 제공하고 있는 것이 특징이다. SC는 산업분야별 파트너십 제도(SPI)를 통해 역할을 점차 확대하여 노사정 협력과 수요자 중심의 실용적인 교육, 인적자원개발의 활성화 등의 역할을 하고 있다. 즉, 정부-산업체-산업별 협의체-노동조합의 유기적 연계를 통한 지역 내 교육체계 수립의 사례가 되고 있다.

독일의 경우, 평생교육을 계속교육(Weiterbildung)이라고 하며, 직업교육과 개인·사회·경제 등 직업활동에 필요한 모든 교육과정을 포함하는 개념이다. 독일의 평생교육은 직업계속교육과 비직업계속교육으로 구분되는데, 직업계속교육은 자질향상교육과 전직 교육의 하위 개념이며, 비직업계속교육은 성인교육의 하위 개념이다. 즉, 직업계속교육을 통해 직업전환교육을 제공, 실직자나 퇴직예정자를 대상으로 완전히 새로운 지식과 능력을 습득하도록 하여 새로운 직업활동을 가능하게 한다.

독일은 시민대학 연합체를 통해 시민대학을 운영하는 방식으로 평생교육을 제공하는데, 그 중 연령층에 맞춘 산업체 계속교육, 하이테크 부문 산학연계 등을 통해 퇴직 근로자들의 전직을 지원한다. 특히 독일은 2001~2008년까지 '학습하는 지역들'이라는 독일 최대 규모의 평생교육 사업을 진행하였는데 현재 독일 전역에 76개 학습하는 지역 네트워크가 산재한다. 이를 통해 독일은 중앙보다는 지역을 중심으로 평생교육 공급구조 개선 및 지원정책을 펴고 있다. 독일의 사례를 통해 우리나라도 각 지역 주민들이 거주지 가까운 곳에서 교육을 받고, 가까운 지역 내 기업, 대학, 지자체로부터 교육시설이나 장소를 확보하는 등 전직 지원에서도 지역 중심의 네트워크를 활성화할 필요가 있을 것이다.

한편 평생교육의 대표국가 중 한 곳인 스웨덴은 유연성과 평생학습을 주요 이슈로 평생교육정책을 시행하고 있다. 특히 IT기술과 발전된 교육방법을 통해 유연성 있는 개별화 교육을 가능케 하고 있는데, 여기에는 사회적 파트너 간 상호협력과 대화가 중요한 역할을 한다.

스웨덴은 1968년부터 각 지자체가 운영하는 학습센터의 일종인 '지방자치 성인교육'을 통해 일반 교육은 물론 성인직업훈련을 제공하고 있다. 또 사업자 지원훈련이나 직업훈련, 학습조직의 일종인 스터디서클 등을 활용해 성인직업교육을 지원하고 있다.

4. 중장년 문맹 탈출을 돕는 디지털 전직 교육 관련 정책

우리 정부도 2018년 대통령이 '좋은 일자리 창출을 위해서는 정부와 지자체의 강력한 협업이 필요하며, 하향식으로 이뤄지던 지역 일자리 창출 사업을 지방정부가 주도하는 상향식(bottom-up)으로 바꿀 것'을 주장한 후 2019년부터 '지역 고용정책 개선방안'을 마련, 지역이 주도하는 일자리 정책을 실시하고 있다. 지역 내 고용위기 업종에 대한 선제적 대응 패키지 사업, 지역 일자리 목표 공시제, 지역 단위 업종별 일자리 네트워크, 지역 고용 아카데미, 지역고용심의회 등의 사업을 통해 지역 일자리 확충 및 지역 활성화를 도모하고자 하는 것이다. 이때, 지역 인적자원개발위원회(Regional Skills Council, RSC)를 고용정책 전문위원회로서 활용하고 있다.

2021년에는 현장맞춤형 직업훈련을 통해 지역 일자리 위기 극복 지원이라는 목표를 달성하고자 RSC를 활용, 코로나19로 인한 위기산업 종사자 5,000명에 대해 직업훈련을 지원해 새로운 직장으로의 이·전직을 지원할 예정이다. 정부는 '찾아가는 직업훈련'을 통해 지역단위 민-관협력 전직 지원체계를 수립하고자 인천, 충북, 부산, 광주, 제주 등 10개 RSC를 통해 대상자 심층상담과 맞춤형 취업지원 서비스를 제공하도록 할 예정이다. 이 사업은 RSC가 주관하고 지방고용노동청이나 한국산업인력공단, 한국직업능력연구원 등 유관기관이 협업하여 지역 내 위기업종에 대한 지원을 실시하게 된다.

한편 정부는 'K-digital Training' 사업을 통해 2021~2025년까지 미래형 실무인재 18만 명을 양성한다는 목표를 세우고, 전국의 폴리텍대학을 중심으로 러닝팩토리, 스마트공장 특화캠퍼스, 4차 산업학과 신설 등 디지털 및 신기술 분야 학과 신설·개편 방안을 추진하고 있다.

이와 함께 폴리텍대학은 융합실습공간인 '러닝팩토리' 사업을 확대, 지역의 산업과 캠퍼스별 주력학과를 연계하여 시제품 제작 지원 및 청소년 진로체험 활동 등 지역사회에서 직업교육기관의 역할을 확대해 가고 있다. 특히 바이오, 로봇·특수용접, IT, 디자인융합, 빅데이터, AR, 3D 프린팅 등 디지털 교육과 관련된 실습환경을 구축하여 지역 주민들의 교육을 지원하고 있다.

이밖에도 정부는 지역별 특화산업에 대해 디지털 교육을 통한 일자리 창출 사업도 추진하고 있다. 예를 들어, '대전-첨단기술산업' 연계를 통해 정부출연연구원의 연구원을 활용한 기술·기업자금 3.8억 원을 지원, 124명의 고용창출 성과를 냈다. 또 '서울-SW 일자리 네트워크'를 통해 특성화고 취업 지원, G밸리 중심의 노동환경 개선, IT-SW 산업 관련 서울지역 특화 일자리 사업 개발 등을 추진하였다.

지역 평생교육체계와 디지털 전직 교육체계 연계를 통해 지방 교육 활성화

그야말로 지방대학들이 학령인구 감소 우려로 위축돼 가고 있는 이 시대에 지역 내 대학을 통해 중장년 퇴직예정자들의 디지털 교육을 실행한다면 지역 중장년의 직무전환을 통해 새로운 일자리로 연계가 가능할 뿐만 아니라 지방대학을 살리는 길이기도 하다. 특히 아직까지 전직 교육의 체계적 구축이 부족한 상태에서는 지자체가 주축이 되어 디지털 전직 교육을 평생교육체계에 포함시켜 지역 내 대학이나 직업훈련기관들과 연계하여 운영할 필요가 있다. 다만, 이 경우 지역마다 일자리 창출 역량과 정책에 차이가 있고, 지역 내에서 자율적으로 운영할 수 있는 일자리 정책이 부족하며, 관련 법체계가 미비한 것이 문제로 지적되고 있다.

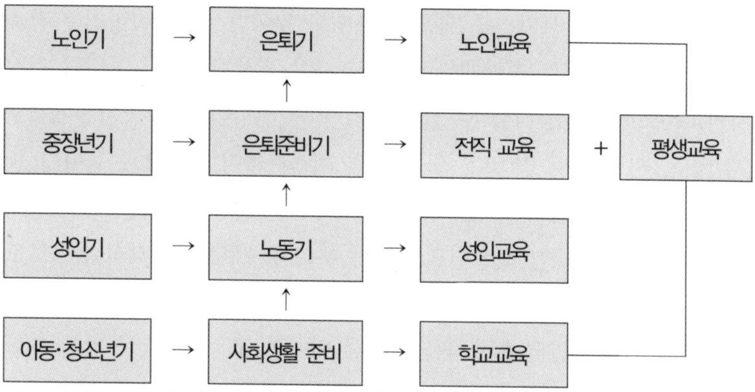

* 주 : 한상길(2009), 'OECD 순환교육 체계'를 재구성.

[그림 1] OECD 순환교육체계를 활용한 디지털 시대 평생교육-전직 교육 연계 모형

요약하면 우리나라도 그렇지만 해외선진국들 역시 전직 지원에 대해서는 제대군인 전역자들을 중심으로 한 정책이 대부분이며, 별도의 전직 지원체계를 갖춘 경우는 매우 드물다. 대부분 평생교육체계 중 직업교육·훈련이나 성인교육, 기술교육의 일환으로 전직 교육을 실시하고 있다. 이에 지역 중심의 평생교육체계를 구축하고, 평생교육의 내용 중 전직 교육이나 직업훈련교육 등을 포함하도록 구성할 필요가 있다.

'지역 중심 전직 지원 통합 거버넌스 구축'을 통해 지역상생 방안 마련

중장년층이 쉽게 디지털 전직 교육을 받기 위해서는 가까운 지자체나 전직 지원 기관, 지역 내 대학 등이 유기적인 전직 지원 서비스와 교육체계를 구축, 지원해야 할 것이다. 여기에 지역 내 중소기업들과 지역 및 산업별 협의체, 각종 협·단체 등 산업계 지원단체들이 정부와 유기적으로 협력해 '지역 중심 전직 지원을 위한 통합 거버넌스' 체계를 구축해 지원해야 할 것이다. 이때, 지자체 차원에서는 지역 내 전직 지원 교육기관을 새로 유치하고, 별도의 교육과정을 만들고, 컨설턴트를 새로 모집하고 할 여력과 시간이 부족하다. 따라서 지역 내 평생교육체계를 활용하여 전직 교육체계를 수립한다면 크게 부담스럽지 않은 선에서 지역

내 전직 지원 통합서비스를 제공할 수 있을 것이다. 이는 학령인구 감소로 위기를 겪고 있는 지방대학의 성인교육을 평생교육뿐만 아니라 전직 지원교육으로도 확장시킬 수 있는 계기가 될 것이어서 대학 차원에서도 의미있는 시도가 될 것이다. 또 대기업 퇴직자들이 고향으로 돌아가 중소기업에 자리를 잡거나 혹은 자신들의 재능을 활용해 지역의 소기업이나 자영업자들을 위한 컨설팅으로 하게 하는 등 새로운 일자리 창출로도 이어질 수 있을 것이다. 코로나19의 영향으로 인해 공동화되어가는 대학 및 지역 사회복지관의 인프라를 활용해 비대면 교육이나 컨설팅을 해도 좋고, 임대료부담으로 폐업을 하는 자영업자들을 모아 공유 주방 형태의 사업장을 저렴한 비용으로 제공할 수도 있을 것이다.

[그림 2] 지역중심 전직 지원을 위한 통합 거버넌스체계

중장년 퇴직자 혹은 퇴직예정자들을 대상으로 지역 내 대학이나 유관기관들에서 디지털 전직 교육을 개발하고 제공한다면 대학이나 유관

기관들은 성인 교육대상을 유치하고, 새로운 프로그램을 운영할 수도 있어 지역 내 입지를 확고히 할 수 있을 것이다. 이렇게 모인 중장년 퇴직자들은 그들만의 커뮤니티를 생성해 공동관심사에 대해 정보를 공유할 수도 있고, 질문이 생길 경우 서로 서로 해결해 줄 수도 있는 '자발적 학습체계'를 갖출 수 있다. 그야말로 중장년층들이 이구동성으로 말하는 "누구에게라도 물어볼 수 있으면 좋겠다"는 디지털시대의 애로사항을 해결할 수 있는 방법이다.

여기에 중앙정부에서는 다양한 정책지원을 통해 지역 내 전직 지원 통합거버너스에 대한 예산이나 인프라를 지원해주고, 지자체와 지역 내 중소기업, 지역 및 산업별 협의체 등이 교육체계나 컨설팅, 전직 준비를 위한 가이드, 일자리 연계 방안 등을 마련, 지원해야 한다. 이러한 체계를 활용한다면 중장년층의 전직 준비에서부터 전직 교육, 취·창업까지 생애주기적 전직 설계를 통해 지역 중장년층을 지원할 수 있을 것이다. 그야말로 지역경제도 살리고, 지역 주민도 살리고, 지역의 대학도 살리는 등 디지털 시대에 지역상생 방안이 될 수 있을 것이다.

에필로그

100세 시대, 디지털 시대: 중장년층 전직 지원에 있어서도 일자리 수요가 충분한 디지털 분야로의 재취업 및 창업을 유도하는 것이 바람직할 것이며, 이를 위해 디지털 리터러시 교육은 기본이 될 것이다. 젊은 세대라면 좀 더 적극적으로 디지털 전문기술교육을 제공하여 전문개발자로 양성 후 새로운 일자리로 전환할 수 있는 기회를 제공하는 방법도 있다. 공통적으로 디지털 시대에 필요한 의사소통능력과 윤리의식 등 디지털 소양교육도 필요할 것이다. 지역 내 대학의 평생교육체계에 이러한 디지털 전직교육체계를 연계해 지역 주민들의 디지털 역량 향상 및 지역경제 활성화를 도모할 필요가 있다.

이와 함께 중장년 및 고령층 지역 주민들의 여가활동과 봉사활동 등 사회적으로 의미있는 삶을 살기위한 지원방안 마련도 필요하다. 일자리가 필요한 중장년 시기부터 전직 교육을 통해 지역 내 거버넌스에 합류

할 수 있도록 하여 자연스럽게 평생교육에까지 연계될 수 있도록 유도해야 할 것이다.

즉, 정부-지자체-지역 내 중소기업-지역 내 대학-지역 및 산업별 협의체 간의 유기적 연계를 통해 '지역중심 전직 지원을 위한 통합 거버넌스' 구축이 필요하다.

여기에 하나 더! 근로자들이 퇴직 후 안정적인 제2의 인생을 설계하기 위해서는 은퇴하기 3~5년 전부터는 체계적인 전직 교육과 컨설팅 지원이 필요하다. 그래야 생애주기적 관점에서 인생 2막을 준비할 충분한 시간을 확보할 수 있기 때문이다. 그러나 기업의 상황이 급변하는 요즘 같은 시기에 이를 예견하기란 쉽지 않고, 기업에서 전직 지원 및 교육을 부담으로 인지하는 상황에서는 더더욱 어려운 일이다. 따라서 전직 지원 및 교육은 정부와 지자체, 파트너 기관들의 적극적인 지원이 필요하며, 동시에 개인 차원에서도 재직하는 동안 생애설계를 염두에 두고, 본인에게 필요한 전직 교육을 찾아 듣는 등 제2의 인생에 대한 준비가 필요하다.

참고문헌

경영·회계·사무ISC. (2020). 2020년 제2분기 이슈리포트 : 디지털시대 경영·회계·사무 분야 여성일자리 전망 및 경력개발. 경영·회계·사무ISC.

고용노동부. (2019). 고용노동부·일자리위원회 「지역 고용정책 개선방안」, 고용노동부 보도자료(2019. 9. 3.).

고용노동부. (2019). 신중년 적합직무 고용지원 확대, 고용노동부 보도자료(2019. 2. 22.).

고용노동부. (2019). 지역·산업 고용포럼 종합 회의, 고용노동부 보도자료(2019. 12. 6.).

고용노동부. (2020). 2021년 일자리사업 예산(안), 고용노동부 보도자료(2020. 9. 1.).

고용노동부. (2020). 2021년 기업대상 무료 '재취업지원서비스 컨설팅', 고용노동부 보도자료(2020. 12. 18.).

고용노동부. (2020). 4차산업혁명 대비 디지털·환경분야 신중년 적합직무 고용장려금 지원대상 확대, 고용노동부 보도자료(2020. 12. 31.).

고용노동부. (2021). 공공 고용서비스 강화 방안, 고용노동부 보도자료 (2020. 6. 18.).

고용노동부. (2021). 현장맞춤형 직업훈련을 통해 지역 일자리 위기 극복 지원, 고용노동부 보도자료(2021. 4. 20.).

관계부처합동. (2020). 신중년 퇴직전문인력 활용방안, 관계부처합동

관계부처합동. (2020). 제4차 저출산·고령사회 기본계획(안), 관계부처 합동.

관계부처합동. (2017). 제4차 산업혁명에 대응한 지능정보사회 중장기 종합대책. 관계부처합동.

권대봉·김재현·이형민·이윤수. (2012). 아웃플레이스먼트(Outplacement) 연구의 경향 분석 : 2000년대 이후 국내 학술지를 중심으로. HRD 연구 14(3) 1-23.

김규동. (2001). 아웃플레이스먼트의 실태와 과제. 임금연구, 9(3), 146-160.

김창호·최용선. (2010). 공기업 전직 지원 제도가 조직신뢰 및 몰입과 기업성과에 미치는 영향, 한국인사행정학회보 9(3) 99-127.

문한나·박상오·이소민(2020). 전직 예정자의 경력정체성과 고용가능성의 관계에서 경력탄력성의 매개효과. 기업교육과 인재연구 22(2) pp.1-32.

변종임·이희수·최돈민·구교정·김동은·김옥남·박형충·최종철·최정하. (2006). 각국의 평생교육정책, 교육과학사.

소상공인진흥원. (2010). 국내 기업·공공기관 퇴직지원 프로그램 실태조사, 소상공인진흥원.

임운택. (2006). 이직·실직 근로자를 위한 국내 전직 지원 서비스(Outplacement Services) 현황과 활성화 방안, 사회과학논총, 25(2), 167-194.

장서영·손유미·이요행·정시원. (2013). 사무직 베이비부머 퇴직설계 프로그램 개발 연구. 한국고용정보원.

최윤정. (2021). 조직 내외부 전직 지원 여부가 구성원들의 조직몰입에 미치는 영향, 한국인사관리학회 하계학술대회 발표논문.

최은수. (2019). 주요 외국의 평생교육정책, 학지사.
표성일·노애경. (2020). 전직 지원 2030년. 생각나눔.
한국교육개발원. (2016). 주요국의 교육정책 비교연구, 한국교육개발원.
한국은행(2021). 고용상태 간 노동이동 분석을 통한 실업률 분해. 조사통계월보 75(4).
한국폴리텍대학. (2019). 융합실습공간 '러닝팩토리' 전국 뻗어나간다, 한국폴리텍대학 보도자료(2019. 10. 3.)

고용노동부. (2021) http://www.moel.go.kr
국가법령센터. (2021). https://www.law.go.kr
서울시. (2021). https://www.seoul.go.kr
아웃소싱타임즈. (2021). http://www.outsourcing.co.kr/news
통계청. (2021). https://kostat.go.kr

Cherrington, D. J. (1994). Organizational Behavior : The Management of Individual and Organizational Performance 2nd ed., Allyn and Bacon.
Meyer, J. P. & Allen, N. J.(1991). A Three-Component Conceptualization of Organizational Commitment, Human Resource Management Review 1(1), 61-89.
Meyer, J. P. & Allen, N. J. (1997). Commitment in the Workplace : Theory, Research and Application, California : Sage Publications.
Zenffane, R. (1995). Organizational Commitment and Perceived Management Styles : The Public-Private Sector Contrast, Management Research News 18(6/7). 9-20.

찾아보기

[ㅈ]

[ㅊ]

[ㅋ]

[ㅌ]

[ㅍ]

[ㅎ]

필자 약력

박철우 한국산업기술대 기계공학과 교수
김지운 홍익대학교 경제학부 조교수
김선우 과학기술정책연구원 혁신기업연구단 선임연구위원
양현모 전략컨설팅 집현(주) 대표이사
정안정 KoPEA 상임이사/PETes 대표
정형철 수원대학교 데이터과학부 교수
박일주 한국과학기술기획평가원 부연구위원
박문수 단국대학교 다산링크스쿨 및 링크사업단 조교수
송우경 산업연구원 연구위원
심지현 숙명여자대학교 인적자원개발학과 교수
이영민 숙명여자대학교 행정학과 교수
이윤재 숭실대학교 경제학과 교수
김경도 KOMOT CEO
이상희 한국산업기술대학교 지식융합학부(노동법) 교수
이병욱 충남대학교 기계·재료공학교육과 교수
최윤정 대한상공회의소 책임연구원